俄 国 史 译 丛 · 历 史 与 文 化

Серия переводов книг по истории России

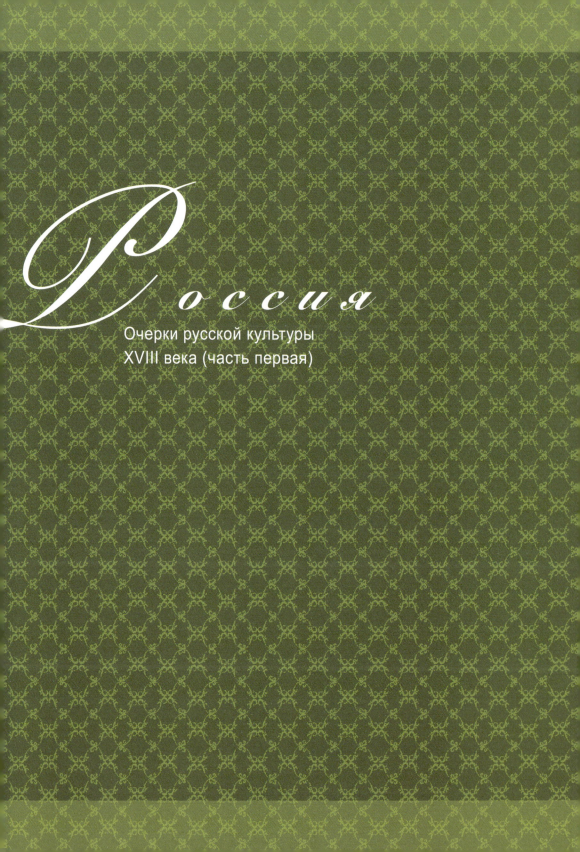

Россия

Очерки русской культуры
XVIII века (часть первая)

俄国史译丛·历史与文化

СЕРИЯ ПЕРЕВОДОВ КНИГ ПО ИСТОРИИ РОССИИ

狂飙年代 （第二卷）

18世纪俄国的新文化和旧文化

Очерки русской культуры XVIII века (часть первая)

〔俄〕鲍里斯·亚历山德罗维奇·雷巴科夫/主编

Борис Александрович Рыбаков

张广翔 周婉玉/译

社会科学文献出版社

SOCIAL SCIENCES ACADEMIC PRESS (CHINA)

Б. А. Рыбаков

Очерки русской культуры XVIII века.Ч.1.Под ред.

Акадкмика Б. А. Рыбакова. — Москва: Издательство

Московского университета, 1985. — 384 с.

1. 耕作的农民

3. 穿华丽连衣裙的女士 A. Я. 纳雷什金娜
与孩子的肖像画

2. 穿华丽连衣裙、内衬短裙和长衫，肩披
三角纱巾，戴冠状头饰的女士。
橱柜上的彩绘，18 世纪 30~40 年代

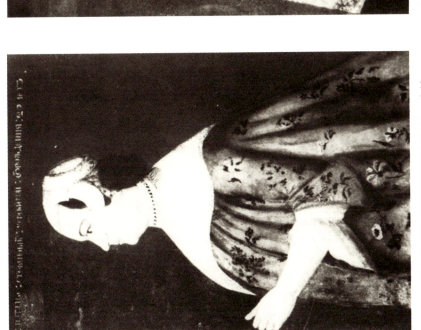

5. 穿礼服的女士，礼服由胸衣和下摆极大的箍骨裙组成。画家 И.К. 别列津
K. 季申娜的肖像画，画家 И.К. 别列津
于 1759 年作

4. 穿背部有华托褶皱的宽松连衣裙，肩披
三角纱巾、戴压发帽的女士，1741 年
H.C. 切列维娜的肖像画，1741 年

7. 穿无袖的宽松连衣裙、露出里层衬衫、披着披肩的女士。M.И. 洛普辛娜的肖像画, 画家 В.Л. 波洛维科夫斯基画于 1797 年作

6. 穿妇女裙的女士。别尔斯基公爵妻女的肖像画, 18 世纪 70 年代

9. 18世纪末的男士套装：燕尾服、坎肩、短裤。
Г.И.斯卡拉杜莫夫的自画像

8. 男士礼服：外层为卡夫坦袍，内层为系有宽腰带的
无袖短上衣，领口处系花边领带。
Г.Д.斯特罗冈诺夫的肖像画，
画家 P.H.尼基廷于 1715 年以前所作

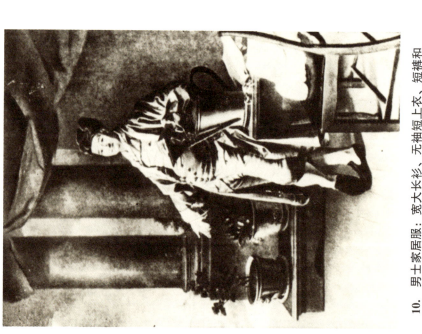

11. 穿常礼服（腰身细、下摆长）的男士。父亲的肖像
画，画家 Γ.И.斯卡拉杜莫夫作

10. 男士家居服：宽大长衫、无袖短上衣、短裤和
椭圆形尖顶帽。Π.А.杰米多夫的肖像画，
画家 Д.Γ.列维茨基于 1773 年作

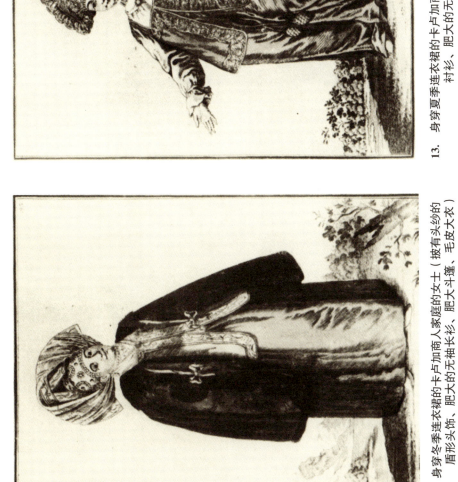

12. 身穿冬季连衣裙的卡卢加商人家庭的女士（披有头纱的盾形头饰、肥大的无袖长衫、肥大斗篷、毛皮大衣）

13. 身穿夏季连衣裙的卡卢加商人家庭的女士（盾形头饰、衬衫、肥大的无袖长衫、宽松的背心）

15. 农村女性的服装：衬衫、肥大的无袖长衫、宽松的背心、头纱

14. 穿羊皮大衣、戴护耳棉帽的女农民

本书获得教育部人文社会科学重点研究基地
吉林大学东北亚研究中心资助出版

出版说明

　　《狂飙年代：18世纪俄国的新文化和旧文化》俄文原书为四卷本，主要研究俄国18世纪的文化，四卷本内容设置没有先后之分，本书为俄文版第一卷，考虑出版时间，中文版调整为第二卷。

俄国史译丛编委会

主编简介

鲍里斯·亚历山德罗维奇·雷巴科夫（Борис Александрович Рыбаков）（1908~2001） 历史学博士，教授，苏联/俄罗斯考古学家，斯拉夫文化及古俄罗斯史学者，曾任莫斯科大学副校长、历史系主任。

译者简介

张广翔　历史学博士，吉林大学东北亚研究中心教授，博士生导师。

周婉玉　吉林大学东北亚研究中心硕士研究生。

总　序

　　我们之所以组织翻译这套"俄国史译丛"，一是由于我们长期从事俄国史研究，深感国内俄国史方面的研究较为滞后，远远满足不了国内学界的需要，而且国内学者翻译俄罗斯史学家的相关著述过少，不利于我们了解、吸纳和借鉴俄罗斯学者有代表性的成果。有选择地翻译数十册俄国史方面的著作，既是我们深入学习和理解俄国史的过程，还是鞭策我们不断进取、培养人才和锻炼队伍的过程，同时也是为国内俄国史研究添砖加瓦的过程。

　　二是由于吉林大学俄国史研究团队（以下简称"我们团队"）与俄罗斯史学家的交往十分密切，团队成员都有赴俄进修或攻读学位的机会，每年都有多人次赴俄参加学术会议，每年请 2~3 位俄罗斯史学家来校讲学。我们与莫斯科国立大学（以下简称"莫大"）历史系、俄罗斯科学院俄国史研究所和世界史所、俄罗斯科学院圣彼得堡历史所、俄罗斯科学院乌拉尔分院历史与考古所等单位学术联系频繁，有能力、有机会与俄学者交流译书之事，能最大限度地得到俄同行的理解和支持。以前我们翻译鲍里斯·尼古拉耶维奇·米罗诺夫的著作时就得到了其真诚帮助，此次又得到了莫大历史系的大力支持，而这是我们顺利无偿取得系列书的外文版权的重要条件。舍此，"俄国史译丛"工作无从谈起。

　　三是由于我们团队得到了吉林大学校长李元元、党委书记杨振斌、学校职能部门和东北亚研究院的鼎力支持和帮助。2015 年 5 月 5 日李元元校长访问莫大期间，与莫大校长萨多夫尼奇（В. А. Садовничий）院士，俄罗斯科学院院士、莫大历史系主任卡尔波夫教授，莫大历史系副主任鲍罗德金教授等就加强两校学术合作与交流达成重要共识，李元元校长明确表示吉林大学将大力扶植俄国史研究，为我方翻译莫大学者的著作提供充足的经费支持。萨多夫尼奇校长非常欣赏吉林大学的举措，责成莫大历史系全力配合我方的相关工作。吉林大学主管文科科研的副校长吴振武教授、社科处霍志刚处长非常重视我们团队与莫大历史系的合作，2015 年尽管经费很紧张，还是为我们提供了一定的科研经费。2016 年又为我们提供了一定经费。这一经费支持将持续若干年。

我们团队所在的东北亚研究院建院伊始，就尽一切可能扶持我们团队的发展。现任院长于潇教授上任以来，一直关怀、鼓励和帮助我们团队，一直鼓励我们不仅要立足国内，而且要不断与俄罗斯同行开展各种合作与交流，不断扩大我们团队在国内外的影响。在 2015 年我们团队与莫大历史系新一轮合作中，于潇院长积极帮助我们协调校内有关职能部门，和我们一起起草与莫大历史系合作的方案，获得了学校的支持。2015 年 11 月 16 日，于潇院长与来访的莫大历史系主任卡尔波夫院士签署了《吉林大学东北亚研究院与莫斯科大学历史系合作方案（2015～2020 年）》，两校学术合作与交流进入了新阶段，其中，我们团队拟 4 年内翻译莫大学者 30 种左右学术著作的工作正式启动。学校职能部门和东北亚研究院的大力支持是我们团队翻译出版"俄国史译丛"的根本保障。于潇院长为我们团队补充人员和提供一定的经费使我们更有信心完成上述任务。

2016 年 7 月 5 日，吉林大学党委书记杨振斌教授率团参加在莫大举办的中俄大学校长峰会，于潇院长和张广翔教授等随团参加，在会议期间，杨振斌书记与莫大校长萨多夫尼奇院士签署了吉林大学与莫大共建历史学中心的协议。会后，莫大历史系学术委员会主任卡尔波夫院士、莫大历史系主任杜奇科夫（И. И. Тучков）教授（2015 年 11 月底任莫大历史系主任）、莫大历史系副主任鲍罗德金教授陪同杨振斌书记一行拜访了莫大校长萨多夫尼奇院士，双方围绕共建历史学中心进行了深入的探讨，有力地助推了我们团队翻译莫大历史系学者学术著作一事。

四是由于我们团队同莫大历史系长期的学术联系。我们团队与莫大历史系交往渊源很深，李春隆教授、崔志宏副教授于莫大历史系攻读了副博士学位，张广翔教授、雷丽平教授和杨翠红教授在莫大历史系进修，其中张广翔教授三度在该系进修。我们与该系鲍维金教授、费多罗夫教授、卡尔波夫院士、米洛夫院士、库库什金院士、鲍罗德金教授、谢伦斯卡雅教授、伊兹梅斯杰耶娃教授、戈里科夫教授、科什曼教授等结下了深厚的友谊。莫大历史系为我们团队的成长倾注了大量的心血。卡尔波夫院士、米洛夫院士、鲍罗德金教授、谢伦斯卡雅教授、伊兹梅斯杰耶娃教授、科什曼教授和戈尔斯科娃副教授前来我校讲授俄国史专题，开拓了我们团队及俄国史研究方向的硕士生和博士生的视野。卡尔波夫院士、米洛夫院士和鲍罗德金教授被我校聘为名誉教授，他们经常为我们团队的发展献计献策。莫大历史系的学者还经常向我们馈赠俄国史方面的著作。正是由于双方有这样的合作基础，在选择翻译的书目方面，很容易沟通。尤其是双方商定拟翻译的 30 种左右的莫大历史系学者著作，需要无偿转让版权，在这方面，莫大历史系从系主任到所涉及的作者，克服一切困难帮助我们解决关键问题。

五是由于我们团队有一支年富力强的队伍，既懂俄语，又有俄国史方面的基础，进取心强，甘于坐冷板凳。学校层面和学院层面一直重视俄国史研究团队的建设，一直注意及时吸纳新生力量，使我们团队人员年龄结构合理，后备充足，有效避免了俄国史研究队伍青黄不接、后继无人的问题。我们在培养后备人才方面颇有心得，严格要求俄国史方向硕士生和博士生，以阅读和翻译俄国史专业书籍为必修课，硕士学位论文和博士学位论文必须以使用俄文文献为主，研究生从一入学就加强这方面的训练，效果很好：培养了一批俄语非常好、专业基础扎实、后劲足、崭露头角的好苗子。我们组织力量翻译了米罗诺夫所著的《俄国社会史》《帝俄时代生活史》，以及在中文刊物上发表了70多篇俄罗斯学者论文的译文，这些都为我们承担"俄国史译丛"的翻译工作积累了宝贵的经验，锻炼了队伍。

译者队伍长期共事，彼此熟悉，容易合作，便于商量和沟通。我们深知高质量地翻译这些著作绝非易事，需要认真再认真，反复斟酌，不得有半点的马虎。我们翻译的这些俄国史著作，既有俄国经济史、社会史、城市史、政治史，还有文化史和史学理论，以专题研究为主，涉及的领域广泛，有很多我们不懂的问题，需要潜心研究探讨。我们的翻译团队将定期碰头，利用群体的智慧解决共同面对的问题，单个人无法解决的问题，以及人名、地名、术语统一的问题。更为重要的是，译者将分别与相关作者直接联系，经常就各自遇到的问题发电子邮件向作者请教，我们还将根据翻译进度，有计划地邀请部分作者来我校共商译书过程中遇到的各种问题，尽可能地减少遗憾。

"俄国史译丛"的翻译工作能够顺利进行，离不开吉林大学校领导、社科处和国际合作与交流处、东北亚研究院领导的坚定支持和可靠支援；莫大历史系上下共襄此举，化解了很多合作路上的难题，将此举视为我们共同的事业；社会科学文献出版社的恽薇、高雁等相关人员将此举视为我们共同的任务，尽可能地替我们着想，使我们之间的合作更为愉快、更有成效。我们唯有竭尽全力将"俄国史译丛"视为学术生命，像爱护眼睛一样地呵护它、珍惜它，这项工作才有可能做好，才无愧于各方的信任和期待，才能为中国的俄国史研究的进步添砖加瓦。

上述所言与诸位译者共勉。

吉林大学东北亚研究院和东北亚研究中心

2016 年 7 月 22 日

目 录

绪　论

　　18 世纪是俄国文化史上的一个重要时期，也是转折时期。18 世纪的俄国文化与以往的文化，尤其是 17 世纪的文化有机地联系在一起。因此，要先了解 18 世纪的俄国文化，才能理解整个俄国的文化史。18 世纪俄国文化的发展进程非常复杂。截至 18 世纪，俄国在经济、社会、政治以及文化等主要领域的问题积重难返，因此，解决这一系列难题成了 18 世纪俄国的艰巨任务。大多数问题的解决方式和解决程度是由俄国的自然环境以及数百年来根深蒂固的政治、社会经济状况乃至文化政策决定的。

　　18 世纪，有些西欧国家已经或即将踏上当时最为先进的资本主义发展道路，而俄国也成功地摆脱了曾经落后于西欧国家的局面。俄国之所以滞后，一个原因是它遭受了外来侵略，其中有蒙古鞑靼人的入侵，破坏力不小。蒙古鞑靼人入侵罗斯，一定程度上遏制了东欧广大地区的发展（主要是因为他们打击了罗斯重要的政治、经济和文化中心，并对未来资本主义关系的发展构成阻障）。

　　俄国人民英勇抵抗外来侵略者，为摆脱外国的桎梏进行了两百多年的斗争，付出了巨大的努力和牺牲。俄国人民在斗争中所做的努力具有重要的世界历史意义——保护整个欧洲文明免遭毁灭。

　　13~14 世纪，蒙古鞑靼人侵占了俄国的部分土地，这一定程度上阻碍了俄国统一国家的形成，也减缓了俄国的社会经济发展速度。此外，即使已经摆脱外来压迫，15 世纪末的俄国在政治、经济、文化等方面仍未与西欧国家建立联系。俄国试图摆脱这种孤立隔绝的状态，然而它的愿望（为了实现这一愿望，俄国发动了立沃尼亚战争，并努力与德意志帝国、意大利等国建立政治、经济和文化联系）被邻国无情地打破了。17 世纪初，波兰、立陶宛和瑞典的军队入侵俄国，侵占了俄国西北部和西部重镇。克里木、土耳其的封建势力持续威胁俄国，导致俄国南部地区经济崩溃，并造成了大量的人员伤亡。

历史的烙印使俄国注重维护封建关系，最终，农奴制得到了巩固，但俄国的经济和社会政治发展却停滞不前，国际地位下降。

早在 17 世纪，尤其是 17 世纪下半叶，俄国就曾试图摆脱落后局面。例如，在经济领域，组织建立第一批大型手工工场；在政治领域，加强沙皇专制统治，行政管理集中化（降低缙绅会议召开的频率，削弱教会的政治影响力和贵族杜马的权力），编纂统一的法典（《1649 年法典》），等等；在外交领域，夺回曾属于俄国的土地，兼并乌克兰和白俄罗斯并致力于保护俄国领土不受克里木和土耳其封建势力的侵犯。此时，俄国文化领域也出现了新现象，因为国家迫切需要通过乌克兰以及欧洲的文化巩固统治，加强世俗王权。

但是，直到 18 世纪，上述各领域才发生了实质性的改变。这些改变与彼得大帝，即彼得一世密切相关。彼时，在封建势力的统治下，俄国的经济发展道路发生了巨大转变，这首先体现在工业方面，前所未有的、对国家工业发展具有决定性意义的乌拉尔冶金区形成；手工工场作为大型的工业生产组织，在工业领域占据了一席之地；工业技术不断完善（尤其是冶金业、武器制造业和纺织业），民用工业和军事工业等行业取得了长足的发展。其次，在农业方面，新土地的开发、种植业和畜牧业的集约化以及新作物的引进极大地促进了生产力的发展；18 世纪下半叶，俄国还诞生了一门新的学科——农学。

所有这些变化得益于贸易的发展、政府的贸易保护政策（取消关税、金融改革、建立银行等）、交通方式的完善、区域内和区域间交通建设的发展以及邮政机构的出现。

18世纪俄国的经济和政治在封建制度的基础上发展，而到了18世纪下半叶，封建制度的土壤孕育出了资本主义萌芽，这一点在工业和贸易领域尤为明显。

18世纪，俄国的社会结构同样发生了根本性改变。一方面，封建统治者进一步加强了中央集权，并从立法上明确了等级特权，确立了令农民不堪重负的农奴制的合法性；另一方面，商人在社会和经济生活中的重要性日益增长。到了18世纪下半叶，社会等级结构最终形成，各等级的权利、特权、义务和生活方式得以确立。

18世纪，俄国建立了专制体制，这就意味着，国家权力完全且不可分割地掌握在君主手中，这种明目张胆的君主独裁统治是封建制度末期的典型特征。俄国正在成为一个帝国、一个强国。18世纪，本属于东斯拉夫人的土地终于回归俄国，俄国获得了波罗的海和黑海出海口，陆军与海军均已所向披靡。随着地理大发现和西伯利亚的经济开发，俄国成为一个太平洋大国。由于人口的自然增长，加之对新领土（乌克兰、白俄罗斯、波罗的海沿岸国家、克里木、哈萨克斯坦部分领土）的兼并，俄国的人口数量从1550万人（据1719年第一次人口普查统计）增长到了3740万人（据1795年第五次人口普查统计）。

专制统治彻底剥夺了教会的经济和政治权力，使其服从于君主，教会实际上变成了特殊的国家机器［彼得一世废除牧首制，建立圣主教公会（宗教委员会）；叶卡捷琳娜二世将教会的领地收归国有］，加强了世俗王权的统治。18世纪俄国的物质文化领域和精神文化领域都发生了巨大的变化。正如所有存在着矛盾的社会一样，这些变化首先体现在统治者的文化政策上，具体反映在居民点规划（贵族领地、城市及农村居民点的分布）、城市规划（国家对省城和县城的合理规划，以及政府对市中心办公建筑、商业建筑以及其他建筑的规划）、服饰（为贵族引进"欧式"服装，为海陆军人以及官员设计制服），以及对"欧洲"贵族日用品（家具、装饰品等）的引进上。

因此，18世纪俄国文化领域的等级分化比以往更加显著。统治者（贵族）和某些社会群体（如官僚、商人）的文化自成一派，而广大民众（主要是农民）则继承了丰富多彩的传统文化，在日常生活、社交礼仪，尤其是民间文学和习惯法等领域，民间文化独树一帜。

与欧洲各国一样，在18世纪，俄国科学知识领域发生的最本质的变化就是出现了自然科学与社会科学。科学院以及莫斯科大学的创建、科学考察的开展、地理大发现、科技发明和科学知识在工业实践中的应用（如医疗保健领域中天花疫苗的接种，只是其实践范围有限）等，足以证明俄国在科学领域取得的进步。此外，俄国在自然科学教育方面也取得了显著的成果，伟大的 M. B. 罗蒙诺索夫培养出了众多天才学生，他们多在彼得堡科学院和莫斯科大学任教。

俄国社会科学（哲学、法学、历史学、语言学）的发展也始于18世纪。此外，军事建设乃至艺术领域也开始以科学为指导。

18世纪，教育系统和学校管理也发生了巨大转变。专门的教育系统（军事教育，国民教育，宗教教育，初等、中等、高等教育，家庭教育等）逐渐形成，各教育系统的社会目的越发明确。文化行业取得了长足的发展：印刷书籍终于取代了手写书籍；新的定期刊物——报纸和杂志诞生并蓬勃发展；与启蒙运动思想一致的新的世俗文学流派——古典主义和感伤主义诞生；文学批评具备雏形；戏剧和世俗音乐不断发展；建筑艺术、雕塑艺术、绘画艺术和书法艺术迅猛发展；造型建筑艺术更是整个欧洲文化中浓墨重彩的一笔。

以往，物质文化产品和精神文化产品的创作者乃至产品本身，在绝大多数情况下都不为人所知，而 18 世纪的情况则大不相同，许多文艺工作者家喻户晓，这是俄国新文化最显著的特点之一。建筑师、画家、作家、演员、音乐家等在创作过程中将自身的创造力展现得淋漓尽致。

我们必须牢记，18 世纪的俄国文化成就建立在群众的基础之上，建立在他们为了社会解放而进行的不懈斗争的基础之上。博大精深、多姿多彩的民间艺术创作对专业艺术领域产生了影响（18 世纪的农村木式建筑以及民间文学的发展足以证明），二者相辅相成。

18 世纪是等级分化走向极端的时代，是集权的时代。在这个时代，农民战争和农民起义风起云涌，被剥削的工人也站起来进行反抗，启蒙思想得以传播，俄国第一位革命民主主义者、反对农奴制的战士 A. H. 拉吉舍夫的革命思想也诞生于此时。

18 世纪俄国的文化成就反映出了当时复杂的社会进程。当然，18 世纪的许多文化现象在 19 世纪得以延续，不少文化名人在 19 世纪继续并最终完成了自己的创作。

本书是《狂飙年代：18 世纪俄国的新文化和旧文化》（四卷本）中的一卷，由莫斯科国立大学历史系俄国文化史教研室编撰出版，在苏联科学院通讯院士、莫斯科国立大学教授阿特米·弗拉基米罗维奇·阿尔奇霍夫斯基和莫斯科国立大学教授阿纳托利·米哈伊洛维奇·萨哈罗夫的指导下编写。

本卷为《狂飙年代：18 世纪俄国的新文化和旧文化》的第二卷，主要内容为 18 世纪俄国的经济文化和日常生活领域的文化；《狂飙年代：18 世纪俄国的新文化和旧文化》的第一卷主要介绍了国家制度、法律和教育发展文化；第三卷讲述了科学、社会思想以及文学的发展；第四卷的研究对象则是 18 世纪的艺术。

本卷的主要研究对象为18世纪俄国的农业生产文化、工业生产文化、商业文化、交通和通信方式的发展、日常生活文化（居民点、农村住宅以及服饰）。

本卷由莫斯科国立大学历史系俄国文化史教研室的 B. A. 亚历山德罗夫、Л. A. 亚历山德罗娃、Л. H. 弗多温娜、B. A. 多罗申科、B. A. 科夫里金娜、H. B. 科兹洛娃、Л. B. 科什曼、И. A. 拉特科娃、B. И. 玛利亚科夫、И. A. 别尔菲利耶夫、B. B. 波诺玛廖娃、E. K. 瑟索耶娃、B. P. 塔尔洛夫斯卡娅、Л. Б. 霍罗希洛娃、Б. И. 克拉斯诺巴耶夫、Л. B. 米洛夫、Л. M. 玛拉西诺娃、И. B. 弗拉索娃、Д. H. 尚斯基、Г. Г. 格罗莫夫、P. M. 别洛戈尔斯卡娅、Л. B. 叶菲莫娃共同编写。

第一章
18世纪俄国文化的
基本特征与发展趋势

Б.И. 克拉斯诺巴耶夫

　　В.О. 克柳切夫斯基曾说："我国的18世纪比以往任何一个时代都更难研究。"① 对于这位可敬的历史学家的观点，《狂飙年代：18世纪俄国的新文化和旧文化》的作者深以为然。我们研究18世纪俄国文化的难点在于：18世纪处于历史过渡期，这一时期的历史和文化发展进程较前一时期更加复杂。此外，由于近年来文化史成了单独的历史学分支，文化史研究取得了长足的发展，读者对文化史作品的要求也越来越高。② 因此，人们比以往更加迫切地需要对俄国文化史形成整体的认知。③ 在世界文化史的框架下研究俄国文化史的方法论趋于成熟。我们清晰地看到了"按世纪"划分文化史时期的不足。尤其要注意，想要了解18世纪俄国文化的发展状况，就必须考虑到这样一个事实，即18世纪的大部分文化

---

① Ключевский В.О. Соч., т.7. М., 1959, с.147.

② Круглый стол«Истории СССР»: Предмет и метод истории культуры. —История СССР, 1979, № 6, с.95-150.

③ 参见 Ким М.П. Главная задача —создать обобщающий труд по истории советской культуры. —История СССР, 1976, № 5, с.241-243。

现象在1701年以前就已出现，并且直到1800年仍未消失，无论其在本质上是新文化还是旧文化。目前尚未出现按照当代学术标准叙述文化史的学术成果。

本章的主要任务是总结18世纪俄国文化发展的普遍规律，并在与前后几个世纪的对比中，阐明18世纪俄国文化的特点。

如前所述，没有任何新的文化现象在18世纪出现，也没有任何旧的文化现象在18世纪消失。与古代文化全然不同的新文化在17世纪就已出现（我们认为，主要是在17世纪40~60年代出现）。18世纪60~80年代，俄国文化的发展取得了质的飞跃，并在19世纪继续发展，生生不息。[①]

我们仍然不能完全摒弃"按世纪"划分文化史时期的传统，因此还要将18世纪当作一个整体去研究这一时期的政治、社会、文化以及生活。几乎没有哪个世纪能像"18世纪"这样吸引学者、政论家、历史小说家乃至业余历史爱好者的注意。彼得一世以前的俄国文化通常被纳入"古代"文化（或者"中世纪"文化）的范畴。而18世纪俄国文化既不同于"古代"文化，也不同于后来的新文化。巴尔捷涅夫的文集《18世纪》[②] 以及1935年后列宁格勒文艺学家小组编写的《18世纪》全集是我们了解18世纪俄国的必读作品，[③] 其中收录了不同体裁的文学史作品。值得注意的是，英国也有一个"18世纪俄国文化研究小组"，该小组定期出版年报（"*Newsletter*"），并组织召开国际会议。研究18世纪俄国文化的团体不一而足，而研究其他"世纪"俄国文化的团体却屈指可数。其他时期的俄国文化同样值得关注，但显然，18世纪俄国文化有着特殊的

---

① 参见 Дмитриев С. С. К вопросу об образовании и основных этапах развития русской нации. –Вестн. Моск. ун-та, сер. История, 1955, № 11；Он же. Образование русской нации. —Вопросы истории, 1955, № 7。

② Осмнадцатый век. Исторический сборник, издаваемый П. Бартеневым. М., 1868 – 1869.

③ XVIII век. Сб., 1–14. Л., 1935–1983.

重要性。在此，我们应当特别注意对"世纪"一词的整体把握。

18 世纪俄国文化的独特性毋庸置疑，正是这一点让研究者颇为着迷。人们忽略了俄国文化史发展的规律，一味地夸大彼得一世改革对于 18 世纪俄国文化脱离古代文化"束缚"的作用，只从彼得一世的个人意志、西方影响等外部因素追溯这种突然而彻底的变化发生的原因。人们对 18 世纪俄国文化史的固有理解，只会使本就扑朔迷离的 18 世纪文化变得更加复杂混乱、难以理解。

"18 世纪俄国文化"这一概念及其时间界限的划分有一定的，甚至是充分的历史学依据。我们当然不能简单地把 18 世纪的物理时间界限视为 18 世纪俄国文化的界限。"18 世纪俄国文化"的起始日期应当是 17 世纪 90 年代（这时，新的文化现象开始形成统一的体系），而结束日期则是 1812 年的卫国战争（必须指出，该时间节点具有历史偶然性）。

将 1812 年卫国战争视为 18 世纪俄国文化史的终点，难免会让人感到困惑。1812 年卫国战争是特别的，它是俄国历史上第一次卫国战争，也是俄国人的第一次集体战争。此外，1812 年卫国战争不是交战双方孤立的外交行为，而是具有世界历史意义的大事，其重要程度可以与法国资产阶级革命、拿破仑战争、欧洲人民反对外来奴役争取社会解放和民族团结的斗争、斯拉夫人民民族解放斗争、斯拉夫民族的形成及其文化的繁荣等历史事件相提并论。

《狂飙年代：18 世纪俄国的新文化和旧文化》中的"18 世纪文化"这一概念不仅包括精神文化，还包括农业生产文化、政治文化、军事文化以及法律文化、医学文化和商业文化等。

人类的杰出成就、人类活动所创造的精神财富和物质财富，以及人类活动的组织、动力、形式及条件等，都属于"文化"的范畴。工人在生产过程中的劳动（可以是书籍出版商 H. И. 诺维科夫的劳动，也可以是诗人 Г. Р. 杰尔查文的劳动）就是一种文化现象。这样去理解"文化"，能够使我们避开"文化精英主义"的误区，持此误解的研究者（和业余爱好者）通常会把注意力集中在他们心目中最杰出的文化名人身上，只有科学、社会政治和艺术创作领域最耀眼的成就才入得了他们的法眼，而各社会群体真实丰满的生活则直接被他们排除在文化活动的范畴之外。

"18 世纪俄国文化"这一概念可以指俄罗斯人民在某一历史时期的整体文化面貌，它包含了许多不同性质、不同层面的矛盾；同时，与其他科学概念一样，它也包含了对客观现实的基本属性的看法。这样一来，"18 世纪俄国文化"的概念就涵盖了整个 18 世纪俄国封建社会的文化。然而，在封建社会中，相互对立的等级和社会群体所处的经济和文化水平不同，他们与俄国各民族的文化乃至外国文化交流互动的方式也不同。此外，虽然 18 世纪俄国文化在整体上加速发展，但不同等级、不同地区的文化加速发展的幅度又不均衡，不同等级的文化发展方向和趋势也不相同，有时甚至相反。因此，必须提出一套新的概念体系，才能更灵活、更全面地解释所谓的"18 世纪俄国文化"这一矛盾的动态统一体。

应当将"18 世纪俄国文化"这一概念放在更广泛的概念体系中理解。首先，必须把它放在一系列概念中，以便把它与世界文化进程联系起来：世界文化—欧洲文化—斯拉夫文化—东斯拉夫文化—俄国文化。其次，将它自然地看作"俄国文化"的一部分，而"俄国文化"这一概念涵盖了从古至今的俄国文化史。

"18 世纪俄国文化"这一概念既包括工业文化、农业文化、社会思想、艺术等单一概念，也包括成对的概念，如中世纪（传统）文化—新文化、民间文化—民族文化、贵族文化—农民文化、城市文化—农村文化等。由于目前的研究水平有限，我们尚且无法建立一个能准确指明各概念之间关系的体系。[①] 其难点在于，一个复杂的文化现象需要从不同角

---

① 参见 Краснобаев Б. И. О некоторых понятиях истории русской культуры второй половины XVII—первой половины XIX в. —История СССР，1978，№ 1，с. 56—73。

度进行分析，这也解释了为什么我们需要不断提出新的概念。本章将会提出一些新的概念，这些概念会在本书中多次出现。

***

长期以来，18 世纪的俄国文化备受关注，人们对它进行了专门的研究。它是俄国文化通史著作中不可或缺的一章，在俄国历史发展的许多方面（不仅在文化史进程方面，还在整个历史进程方面）都发挥了重要作用。遗憾的是，俄国学者对俄国文化史，尤其是 18 世纪俄国文化史的研究实在称不上深入。[①] 尽管人们对 18 世纪文化抱有很大的兴趣，也格外重视，但从未将 18 世纪的俄国文化看作一个整体进行分析。有关文学史、艺术史、社会思想史、史学史、教育史的佳作不胜枚举，但几乎没有一本专著将文化视为一种独特的社会现象，而不是各文化"领域"的总和来研究。不过，这并不妨碍广大研究者们通过自己的分析，提出新的历史文化概念。在研究俄国通史或俄国文化史的学者提出的概念体系中，"18 世纪"作为"古"俄国到"新"俄国的过渡时期，占据了重要地位。十月革命前最能洞察秋毫的历史学家——C. M. 索洛维约夫和 B. O. 克柳切夫斯基捕捉到了 17 世纪文化与彼得一世改革后俄国的生活状况之间的联系。B. O. 克柳切夫斯基把 17 世纪 20 年代至 19 世纪 50 年代这段时期当作一个整体来分析，因而能够就农奴制对俄国文化（不仅是上述时期的文化，还延伸到 20 世纪初的文化）的影响和意义得出令人信服的结论。

尽管人们对 18 世纪的文化现象持不同的看法，但几乎所有十月革命前的学者都认同某些基本观点——18 世纪的俄国文化彻底摒弃了大俄罗

---

① 参见 Краснобаев Б. И. Русская культура второй половины XVII—начала XIX в. М.，1983，с. 25-40。——编者注

斯民族的传统文化，吸收了外来的"西方"文化。由于这些学者的社会地位不同，自然会形成一些不同的主张。一些人认为，对传统文化的否定和对"西方"文化的向往是必要且有益的，并将此归功于彼得一世；另外一些人则认为，前者的态度意味着"世风日下"，M. M. 谢尔巴托夫就在他的《论俄国之世风日下》中如此论述，他认为"道德败坏"正是彼得一世改革造成的后果。

当然，社会地位相近的作者也会产生分歧。① 当时，文化互鉴这一概念并没有严格的科学理论作为支撑，因此人们大都认为 18 世纪的俄国文化受到了西方文化的影响。即使是一生都在思考俄国的历史文化与"西方"的联系的 B. O. 克柳切夫斯基，好像也接受了"俄国文化受西方文化影响"的说法，并没有注意到这一观点与自身思想存在的矛盾，也没有注意到并非所有的史实都可以用这个观点来解释。② 没有一位学者试图从科学的角度阐释"西方的影响"这一概念，更没有人认识到，俄国文化并非在所有历史时期都受到西方文化的影响，它只是在某一具体的历史阶段，尤其是 18 世纪才受到西欧文化的影响。因此，用"西方的影响"来解释 17 世纪至 19 世纪俄国文化的复杂性，也许只是徒劳，并且还会阻碍我们从根本上解决问题。

其次，十月革命前的历史学者普遍认为国家是一种超等级力量，它能够"奴役"所有等级，并在公共生活和文化发展中起决定性作用，这种观念直接影响了他们的概念体系的构建。对政府及其文化活动的具体评价和态度，取决于学者的社会地位。在大多数情况下，关于彼得一世及其继承人的文化政策的争议不仅是学术争论，更是社会斗争。B. O. 克

---

① A. H. 韦谢洛夫斯基的著名科普著作《新俄罗斯文学中的西方影响》提到了这一现象，该书共出版 5 次。参见 Веселовский А. Указ. соч., Изд. 5-е. М., 1916, с. V. 第二版序言。

② 参见 Краснобаев Б. И. В. О. Ключевский о русской культуре XVII–XIX вв.—История СССР, 1981, № 5, с. 131–149。

柳切夫斯基曾经就这个问题写道："对于彼得一世改革的意义的学术讨论变成了对于古俄罗斯和新俄罗斯发展道路的喧嚣争论……历史研究的对象成了俄国和欧洲这两个对立世界的哲学理论体系。"这意味着历史学者完全忘却了自身的责任，"滑稽的猜测被当作史实，空想摇身一变，成了民族的理想"。①

虽然不同作者的观念不同，但他们都有一个共同的缺点，即在研究18世纪俄国文化的过程中缺乏历史主义思维，而且在相当大的程度上缺乏史料的支撑以及对史实的充分考证。

А. И. 赫尔岑指出："我们对我国的18世纪知之甚少。"②他为传播和深化这方面的知识付出了巨大的努力，而且是站在自由主义、反对专制的立场上。"19世纪50年代末，不论是在自由出版物中，还是在经过审查的出版物中，'神秘的18世纪'都是一个极具现实意义的主题"，③这无疑与这些年的社会进步有关。俄国的进步思想推翻了过去以及当时维护君主制的言论，这些自由思想的产生可以追溯到18世纪。А. И. 赫尔岑出版了一系列专著和回忆录，其中包括被国家严格保密的叶卡捷琳娜二世日记和 Е. Р. 达什科娃日记，还首次将 М. М. 谢尔巴托夫的《论俄国之世风日下》——一本"严肃、忧伤、充满愁绪的书"④和 А. Н. 拉吉舍夫的《从彼得堡到莫斯科旅行记》以单行本的形式出版。

19世纪中叶的自由派活动家试图用一系列概念总结过去，以便从中寻找自己观点的理论根源。他们对精神文化（首先是文学、报刊和社会思想）的兴趣，促进了专门研究18世纪俄国文化的"图书派"和"学院

---

① Ключевский В. О. Соч., т. 4. М., 1956, с. 204.

② Герцен А. И. Собр. соч., т. ⅩⅡ. М., 1955, с. 362.

③ Эйдельман Н. Я. Герцен против самодержавия. Секретная политическая история России ⅩⅧ-ⅩⅨ вв. и Вольная печать. М., 1973, с. 98.

④ «О повреждении нравов в России» князя М. Шербатова и«Путешествие» А. Радищева, с предисловием Искандера. Лондон, 1858.

派"的诞生（19世纪40~50年代）。这些学派"为研究18世纪的俄国文化付出了很多努力，但仍然无法理解18世纪的俄国文化，也无法辩证地看待它。此外，后来研究18世纪俄国文化的资产阶级历史学家也没有取得任何实质性的成果"①。

从19世纪中叶开始，有关俄国历史文化，尤其是18世纪历史文化的文献越来越多。其中最重要的是 C. M. 索洛维约夫的《远古以来的俄国史》，其研究对象为17世纪和18世纪的俄国史。其中第13卷尤为重要，它对古代俄国的历史进程做出了总述，呈现出了一幅"转型前夕的俄国画卷"②。C. M. 索洛维约夫"在其著作中总结了当时正在兴起的自由主义历史学派的优缺点"③。他还有一个重大学术成就，总结了俄国的整体历史进程，将17世纪末18世纪初的"革命"视为历史发展的必然结果。④

总之，C. M. 索洛维约夫对俄国向新时期的过渡、彼得一世改革的原因以及对先进国家的文化成果的借鉴等问题的分析非常深刻，可谓前无古人，后无来者。

另一位伟大的十月革命前史学家是 C. M. 索洛维约夫的学生——B. O. 克柳切夫斯基。他深入地思考有关18世纪俄国文化史的问题，这在其《俄国史教程》等一系列作品中均有体现。此外，他还创作了专门论述18世纪俄国文化史的著作。B. O. 克柳切夫斯基不局限于 C. M. 索洛维约夫的理论，形成了自己对于俄国通史和文化史的理解。

B. O. 克柳切夫斯基认为，18世纪俄国文化是对17世纪俄国文化的延续。这种理念既有优势，也有弱点。一方面，B. O. 克柳切夫斯基能够

---

① Берков П. Н. Введение в изучение истории русской литературы ⅩⅧ в., ч. 1. Очерк литературной историографии ⅩⅧ в. Л., 1963.
② Соловьев С. М. История России с древнейших времен, кн. Ⅶ. М., 1962.
③ Сахаров А. М. Историография истории СССР. Досоветский период. М., 1978, с. 117.
④ Соловьев С. М. История России с древнейших времен, кн. Ⅶ. М., 1962, с. 440.

看到文化发展过程中的内部矛盾。他并不像许多历史学家那样认为文化是"单一的",他对人民（首先是农民）充满了深切的同情，而对压迫人民的贵族及其推崇的肤浅的外来文化充满了憎恨。另一方面，有时 B. O. 克柳切夫斯基的主观性太强，在看待不同等级，尤其是贵族在历史文化进程中的作用时缺乏真正的历史主义思维，他仅通过19世纪末20世纪初的自由主义者关于政治和文化史的观点，就来评判他们对于俄国历史新时期的看法。[①]

1896年，第一部专门研究俄国文化的著作——三卷本的《俄国文化史纲》付梓问世，其作者是 B. O. 克柳切夫斯基的学生 П. Н. 米留科夫。在描述俄国历史发展的总体进程时，П. Н. 米留科夫"认为俄国历史的主要特点是：社会的所有领域，首先是社会经济领域的发展极其缓慢。此外，它与西方的历史发展规律完全不同，具有极端精英主义的特征"[②]。П. Н. 米留科夫对18世纪文化，尤其是精神文化的叙述非常无趣。他对有关俄国艺术、文学、教育的人云亦云的先入之见深信不疑，显然，他从未研究过这些观点，也不打算认真研究。这就是为什么他的结论（如"一个半世纪以来，俄国的建筑仅仅是荷兰、法国等国建筑的复制品""几乎在整个18世纪，传统的内容和形式，即浮于辞藻的古典主义流派和矫揉造作的语言仍然是俄国文学最明显的特征"等[③]）站不住脚，也没有学术价值。相比之下，П. Н. 米留科夫对社会思想的分析更有说服力，他试图从"民族主义"和"批判性观点"的角度来分析社会思想史。他所理解的"民族主义"和"民族主义的"，指的是"包容地对待民族特点"[④]。

---

① 参见 Краснобаев Б. И. В. О. Ключевский о русской культуре XVII–XIX вв。

② Ковальченко И. Д., Шикло А. Е. Кризис русской буржуазной исторической науки в XIX – начале XX в. (Итоги и задачи изучения). —Вопросы истории, 1982, № 1, с. 30.

③ Милюков П. Н. Очерки по истории русской культуры, ч. 2. Пг., 1916. с. 217, 192.

④ Милюков П. Н. Очерки по истории русской культуры, ч. 3, 1903, с. 418.

　　尽管 П. Н. 米留科夫提出了许多有趣的见解与结论，但他对 18 世纪俄国文化史的叙述依旧引起了人们极大的不满。他编写的俄国文化史著作简直就像一篇时事政治论文，缺乏对于作为文化主体的人的论述，要知道，人在每个时代都具有独特性。В. О. 克柳切夫斯基的作品与之相反，这正是他的作品吸引人的原因之一。总之，П. Н. 米留科夫的大多数作品可以用来研究 19 世纪末 20 世纪初自由派的社会政治观点，但不能作为研究俄国文化史，至少是 18 世纪俄国文化史的参考资料。

　　1915 年至 1918 年，另一部俄国文化通史——М. Н. 波克罗夫斯基的《俄国文化史概要》出版。该书首次尝试用马克思主义理论来解释俄国文化史，但这一尝试在逻辑上行不通，研究方法也有待完善。М. Н. 波克罗夫斯基不重视 18 世纪俄国文化，对俄国的社会政治思想也关注甚少。他将 Н. И. 诺维科夫视作"大企业家"，指望"资产阶级"（商人）充当其作品的受众，[1] 甚至先入为主地认为"俄国 18 世纪的文学和艺术是纯粹的低级复制品，脱离了俄国人民的生活"[2]。

　　不过，这种刻板印象已经受到了各方的质疑和批评，许多学者的研究成果以及翔实的史料都可以证明这一点。"不，我们必须公平合理！我们 18 世纪文化必须得到充分的肯定，是时候推翻流传已久的'18 世纪的文化是空洞的'理论了。18 世纪的俄国文化丰富多彩，只不过它的丰富以一种特殊的方式表现了出来。"Г. В. 普列汉诺夫写道。[3]

　　Г. В. 普列汉诺夫在其作品中试图借助马克思主义理论来定义俄国的历史和文化概念。他主要从文学作品、期刊、政论思想和艺术中搜集素材。

---

① Покровский М. Н. Очерк по истории русской культуры, ч. Ⅱ, изд. 2 - е. м., б. г., с. 98.

② 参见 Краснобаев Б. И. Русская культура второй половины ⅩⅦ начала ⅩⅨ в., с. 35. ——编者注

③ Плеханов Г. В. Соч., т. ⅩⅪ. М. -Л., 1925, с. 238.

Г. В. 普列汉诺夫赞同"国家奴役所有社会力量"以及"18世纪贵族逐渐解放"的观点。① 这导致他对俄国的专制主义和18世纪的贵族，尤其是对政府文化政策的评价失之偏颇。从 Г. В. 普列汉诺夫的作品中能了解到当时的社会政治斗争，以及其本人的孟什维克主义观点。②

由于夸大了外部影响的作用，Г. В. 普列汉诺夫关于18世纪俄国文化的看法往往流于表面，难以令人信服。即便自知夸大了外部影响，Г. В. 普列汉诺夫仍坚信，这种局限性思想是由俄国以及欧洲其他国家的历史发展特征造成的，而不是由人民的精神特性等造成的。不过，Г. В. 普列汉诺夫的观点也有可取之处，例如，他反对不加区分地使用"影响"这一概念。"究竟什么是法国的影响？"Г. В. 普列汉诺夫提出了这样一个问题，并回答道，"法国的贵族社会可以产生影响，百科全书式的学者也会产生影响，哪怕是三流思想家也必然会产生某种影响，只是不同等级的人对社会的影响不同罢了。"Д. И. 冯维辛笔下的傻瓜（来自《旅长》）宁愿迷信"上流社会的绣花枕头"的荒谬言论，也绝不接受知识分子的观点。③

Г. В. 普列汉诺夫坚决反对流行了一个多世纪的观点，即18世纪的俄国文学只是模仿，脱离了生活。至于社会思想在绘画、建筑、音乐和其他艺术领域中的反映，他没有研究，或许是因为手头没有相关资料。不过，19世纪末20世纪初，这方面的研究有了进展，新的观点初步形成，甚至出现了"对18世纪的迷恋"④，《旧时代》等杂志上刊载了关于18世纪俄国艺术的文章。

М. В. 罗蒙诺索夫诞辰200周年对于提高18世纪俄国文化的研究水

---

① Плеханов Г. В. Соч., т. XX, с. 135 等处。

② 参见 Сахаров А. М. Историография истории СССР. Досоветский период. М., 1978, с. 238-242。

③ Плеханов Г. В. Соч., т. XII, с. 44.

④ 参见 Бенуа А. Мои воспоминания, т. I. М., 1980, с. 655；Сборник любовной лирики XVIII века. Спб., б. г., с. 5.

平具有重要意义。在 M. B. 罗蒙诺索夫诞辰 200 周年之际，俄国举办了"M. B. 罗蒙诺索夫与伊丽莎白时代"展，出版了伊丽莎白时代的成果表和许多文集，[①] Б. Н. 缅舒特金的扛鼎之作[②]也得以出版。Г. Р. 杰尔查文去世一百周年纪念日活动不仅令人们对其作品重拾兴趣，而且促使人们重新审视"18 世纪是伪古典主义的时代"的传统观点。

类似的事情不胜枚举，但是，如果说 19 世纪末 20 世纪初的人们对于 18 世纪俄国艺术与文学的态度发生了根本性转变，仍然是谬见。20 世纪头 20 年的权威艺术家 H. 弗兰格尔的文章中包含许多对于 18 世纪的美学定义，比如"悲苦的""魔幻氛围""美丽的谎言世界""精致的优雅与原始的野蛮相结合"等。仿佛就算没有 C. M. 索洛维约夫、维亚切斯拉夫、B. O. 克柳切夫斯基等许多俄国历史学家的作品，H. 弗兰格尔也能断言："自彼得一世以来，成群结队的'来自另一片土地的人'……征服了不知所措、懒惰的俄国人民……俄国君主残暴的命令，将个人的欲望否定和摧毁，数百年以来数百万人赖以生存的东西被遗忘……彼得一世指明了沿外国文化路线发展的道路……"[③]

因此，关于 18 世纪俄国文化的研究具有矛盾性。一方面，对俄国文化的浓厚兴趣促进了相关资料的出版和研究面的拓宽；另一方面，研究者的注意力集中在贵族的精英文化上，而对宫廷文化的刻板印象越发固化，许多作者一如既往地认为俄国文化与"西方"文化格格不入，或者只能屈服于后者。

在十月革命后，有关文化问题的研究比以往更具现实意义。读完列宁在十月革命后最初几年的讲话和文章，我们可以发现，其中"文化"一词出现的频率很高。尤其要注意到，列宁极其坚决地反对原始地、肤

---

① 参见 Ломоносовский сборник. Архангельск, 1911；Ломоносовский сборник. Спб., 1911。

② Меншуткин Б. Н. М. В. Ломоносов. Жизнеописанне. Спб., 1911. (113д. 2 - с, доп. М. - Л., 1937；13д. 3-е. М. -Л., 1947）。

③ Врангель Н. Иностранцы в России. —Старые годы, 1911, июль-сентябрь, с. 5-7.

浅地解释各民族文化和与其相对的外来文化，并且反对建立特殊的"无产阶级文化"或摒弃文化遗产的要求。① 列宁关于文化及文化遗产的观点至关重要，正是它们奠定了苏联时期形成的包括18世纪文化在内的俄国文化史的基础。列宁写道："无产阶级文化应当是人类在资本主义社会、地主社会和官僚社会压迫下创造出来的全部知识合乎规律的发展。"②

　　然而，长期以来，庸俗社会主义阻碍了苏联时期的文化研究，尤其是18世纪文化研究的起步。从表面上看，18世纪是一个贵族文化占绝对统治地位的时代，贵族文化脱离了人民的需求，与群众格格不入。名噪一时的 П. С. 柯岗的《从古至今的俄国文学史》（极简版）就是这样描述18世纪文学的。

　　不过，应该强调的是，研究18世纪俄国文化的条件早在20世纪20年代就已具备。当时，史料来源与广大研究人员使用史料的机会增加；许多文化古迹被收归国有，变成了博物馆（例如，阿尔汉格尔斯克庄园、奥斯坦基诺庄园、库斯科沃庄园，此外，1922年专门成立了庄园研究协会）；私人藏画及雕塑等被收入国家收藏馆和博物馆。

　　苏联历史学家将注意力转向历史进程，十月革命前的历史学家们要么忽视这一方面，要么在方法上处理得不尽如人意。社会经济史、社会经济形态、不同历史时期的社会发展规律、直接生产者的命运、等级斗争等问题是他们研究的核心。这为俄国文化史概念的完善奠定了基础。然而，我们不得不承认，整个俄国文化史，尤其是18世纪俄国文化史，显然没有得到足够的重视。这种情况在过去20年③得到了改善。国内外关于18世纪不同领域文化史的专著、期刊论文、博士学位论文、副博士学位论文以及史料的出版数量显著增长，④ 对文化现象的理论和方

①　《列宁全集》第39卷，人民出版社，2017，第376页。——译者注
②　《列宁全集》第39卷，人民出版社，2017，第334页。——译者注
③　指作者编写本书之前的20年，即20世纪70~90年代。——译者注
④　参见 Clendenning Ph., Bartlett R. Eighteenth century Russia: A select bibliography of works published since 1955. Newtonville, 1981.

法论研究不断深化，① 研究方法更加完善。

俄国古代文化和近代文化之间的联系、俄国文化与外国文化的异同点以及 18 世纪俄国文化的特性和民族性，仍然是 18 世纪俄国文化研究中需要探索的问题。在以马克思主义方法论为基础的现代历史学体系中，新史料的出现为我们更深入地理解这些问题以及其他时代的俄国文化史问题创造了条件。此外，这些问题本身也获得了新的意义。苏联文化史学家普遍希望将历史和文化问题放在某一时代的整体历史背景中研究，而不是像上面提到的那样，将其限制在某一世纪或某个国家的框架内。俄国文化本身是在时间和空间上不断发展的矛盾的统一体。

* * *

18 世纪的俄国文化是在新的世界历史时代中发展起来的，这个新时代扎根于 17 世纪中叶以前，萌芽于 17 世纪中叶的欧洲。在这一时代，有些欧洲国家迅速发展资本主义生产关系。对于当时的大多数欧洲国家来说，决定社会经济、政治、文化和历史进程的基本因素是两种相互对立的制度——封建主义制度和资本主义制度之间的对抗。它们的力量对比正在迅速而持续地变化，从总体来看，资本主义关系逐渐占据主导地位。这对很多欧洲国家，乃至整个欧洲大陆以及欧洲以外的国家力量对比和关系变化都产生了重要影响。所有运动的成功都以新社会结构的建立为标志。英国资产阶级革命、美国独立战争、法国大革命等具有世界影响力的事件，对俄国和俄国文化自然也产生了影响。然而，这里的影响指的并不是旧的历史学所理解的字面意义上的直接"影响"和"借用"。只有在整个欧洲的视域下看待俄国历史及文化，才可以探索

---

① 参见以"文化史的方法论与选题"为主题的圆桌会议与会者的发言。—История СССР, 1979, № 6, c. 95-150。

出两种可能且必要的研究方法：一是从欧洲国家历史发展规律的一致性入手，该特点在新时期尤为显著；二是从俄国与其他国家之间的现实联系入手，正如同时代人所说的，当时的俄国被纳入 18 世纪"欧洲强国的行列"。

任何民族的文化都不是孤立存在的，不可能丝毫不受外来影响。任何地方的文化发展规律都是一般文化发展规律的特殊表现。一种文化的存在和发展是跨文化交流的结果，不同的文化会相互交叉、相互刺激，也会相互排斥。某一民族的社会团体文化生活越丰富多彩，它与其他民族文化的交流就越积极；民族文化与外来文化的交流越积极，就越具独特性，对世界文化的贡献也就越大。①

然而，应该强调的是，文化交流的性质主要由文化互动的类型决定。尽管文化类型学的发展并不充分，但很明显，将某一特定的文化归为某一文化类型的衡量标准是它与某种社会经济形态的关系。还有一些其他的影响因素，如民族传统、宗教等，它们影响着社会结构，也非常重要。同时，我们不能忽视文化交流所处的具体历史环境。辨别文化类型是一项重要的研究任务。确定了文化的结构特点，我们就能确定文化结构以及推动文化发展的社会集团，也就有可能系统地对文化进行研究。因此，我们必须研究 18 世纪俄国文化的结构类型这一关键问题。

18 世纪的俄国社会是封建社会。俄国许多地区（例如西伯利亚）的人民仍然保留着封建时代前的社会关系。各地区文化之间的"对话"非常重要，值得我们仔细分析。然而，这丝毫不影响俄国文化发展的主要方向。似乎，将 18 世纪的俄国文化归纳为封建文化这一类型毫无争议。然而，18 世纪的大量史实却明显与这一结论相矛盾，即便达不到矛盾的

---

① В. Д. 利哈乔夫和 Д. С. 利哈乔夫一针见血地指出："文化的特色和个性不是通过故步自封和闭门造车创造出来的，而是通过对其他文化和传统文化不断地思索和借鉴创造出来的。"—Лихачева В. Д., Лихачев Д. С. Художественное наследие Древней Руси и современность. Л., 1971, с. 5.

程度，至少也会令人怀疑。一方面，俄国封建制度的存在长达几个世纪之久，因此，毫无疑问，直到19世纪中叶，俄国的文化都是封建性质的；但另一方面，17世纪下半叶（或者据某些学者的说法，18世纪初，在这里，时间并不重要），俄国文化发生了巨大的变化，许多思想家和历史学家认为，这时的文化面貌焕然一新，与传统文化完全不同。即使我们不同意这种极端的观点，也远不会认同"18世纪的文化属于旧俄国或中世纪的文化"。正如我们所看到的，我们又回到了"新旧俄国"、俄国中世纪文化和近代文化的老问题上。

要想确定18世纪俄国文化的性质和结构类型，就必须弄清楚近代俄国封建结构的发展历程。对此，有大量资料可供查阅。众所周知，苏联历史学家在资本主义的起源、全俄市场的形成、专制主义的特点等问题上一直存有分歧，直到现在，对于这些问题仍然存在不同程度的争议。[①]

18世纪60~80年代，俄国的封建农奴制度占绝对统治地位，我们将从这一角度入手研究上述问题。从这个时候开始，资本主义制度开始发展，但是，即使是当时最具洞察力的人也很难注意到这些变化，只有通过研究分析才能发现。随后，封建制度走向衰落，18世纪60~70年代资产阶级改革的总体目标相当明确（尽管对于改革的经济基础和上层建筑还需要进行具体的历史研究和理论分析）。18世纪后三四十年至19世纪初的俄国文化尚需深入研究，因为文化进程，尤其是精神文化进程并不直接受生产力和经济基础的影响。

大致在17世纪中叶到19世纪中叶，资本主义关系在俄国出现并发展；也可以说，这一时期是封建农奴制的末期，它在达到顶峰之后，逐

---

① 参见 Ковальченко И. Д., Сахаров А. М. Итоги и задачи изучения аграрной истории России в современной советской историографии. −В кн.: Сельское хозяйство и крестьянство СССР в современной советской историографии. Кишинев, 1977。

渐走向衰落。因此，这是一个过渡时期，其中 18 世纪 60~80 年代是文化发生质变的关键期。这一时期的过渡性决定了许多文化特征，如这一阶段的历史发展，尤其是文化领域的发展充满了冲突与矛盾。这也使历史学家对该时期特别感兴趣，И. Д. 科瓦利琴科在研究这一时期的社会经济发展时指出："历史进程的客观性在过渡时期表现得最为明显，我们可以从中发现新旧事物的斗争在历史中所发挥的决定性作用，以及新事物胜利的必然性。"①

整个俄国历史能够体现出文化以及社会经济发展的脉络，因此，从整体的历史角度来看，18 世纪的俄国文化属于封建文化。事实上，尽管国家管理机构、法院、军队、学校、教堂等社会和文化机构有所改变，但直到 19 世纪 60 年代，它们仍然是封建性质的。主流思想、法律、道德、等级关系、社会价值体系等也都是封建性质的。然而，18 世纪的文化并不是纯粹的封建文化。这一时期的过渡性质也使当时的文化具有了过渡性。该时期的新旧斗争尤其引人注目。正如我们所说，没有人质疑"18 世纪的文化与中世纪的文化不同"的观点，但 18 世纪与中世纪的俄国文化之间的差异往往容易被人们夸大。因此，有必要重新审视现代人凭经验总结出来的已经被人们普遍接受的观点，并重新分析俄国新文化现象蓬勃发展的原因，这些新现象使该时期的俄国文化与前几个世纪的传统文化产生了本质差别，更贴近先进的欧洲文化。

为了进行更深入的研究，有必要引入一个新概念，以便在理论上对整个俄国文化领域的新现象进行分类，使它们形成一个统一的体系。"新文化"或许可以充当这一概念，它不仅包括每个不断发展的社会机构所产生的"新事物"，还包括新的文化，即已知的相互联系的同类文化现象。借助"新文化"这一概念，我们可以单独分析这些现象，也不必急

---

① Ковальченко И. Д. Русское крепостное крестьянство в первой половине XIX в. М.，1967，с. 3.

于对文化的特点和性质下结论，而可以在进行所有必要的分析之后再得出结论。与"新文化"相对的"旧文化"，指的是"中世纪"的传统俄国文化，它已经存在了数百年，在不断发展的同时保留了以往的基本特征。可以确定地说，"中世纪"的文化并不是千篇一律、固定不变的，其中也存在着不同性质、不同程度的矛盾，尤其是在民间文化和官方文化之间。① 这些问题在学术研究中远没有得到充分的阐释，所以我们只能做粗略描述，读者可以从《17 世纪俄国文化概论》等作品中了解详细信息。② 新文化和传统文化之间的关系对于本书来说非常重要，因为在 18 世纪，既存在新文化，也存在传统文化。二者有很多共同点，它们的关系也在历史进程中发生了变化：从相互排斥、相互斗争到相互影响、相互渗透。因此，关键不是，甚至不需要研究 18 世纪文化的起源，而是研究 18 世纪的现实文化生活，后者作为一种封建文化，拥有"传统"文化和"新"文化两个子系统，二者相互影响，它们之间的矛盾构成了 18 世纪现实文化生活的重要特征，并在很大程度上决定了 18 世纪俄国文化的发展方向。

　　新文化的特征显而易见，它首先具有世俗性，这一特征在 17 世纪新文化出现时就已彰显，不过当时多称文化"世俗化"。尽管面对重重阻力，世俗文化仍在整个 18 世纪不断传播，这是旧文化体系中的矛盾日益增长的结果。

　　17 世纪，俄国面临前所未有的挑战。首先要处理经济危机，还需要为维护国家主权和稳定而与北欧、中欧和西欧国家日益猖獗的扩张主义进行艰难的斗争；此外，君主需要加强中央集权。经过努力，到 17 世纪下半叶，俄国已经初步解决了经济问题。全俄市场缓慢而稳步地发展，

---

① Гуревич А. Я. Проблемы средневековой народной культуры. М. , 1981.

② 参见 Робинсон А. Н. Борьба идей в русской литературе ⅩⅦ в. М. , 1975；Демин А. С. Русская литература второй половины ⅩⅦ в. М. , 1977。

这使全国的劳动分工变得更加合理，把不同的社会集团团结起来，共同维护国家稳定。全俄市场还促进商品更自由、安全、便捷地流通，规范了贸易立法与货币制度，保护本国商人的利益不受更发达、更先进的外国资本的侵犯。最重要的是，城市生活充满了生机，无论是在经济领域、社会领域（社会斗争越发激烈，如城市起义），还是在思想领域。

面对整个欧洲，尤其是欧洲西南部和西北部国家不利于俄国的政治、经济和军事政策，在封建主义的绝对统治下的俄国只能通过加强对农民的剥削来促进初具生机但力量尚弱的俄国经济的发展。专制主义也许是国家统治最有效的政治形式。

政治斗争的过程中形成了王权和教权两股力量，这并非巧合。两者的出现都反映了时代的需要。王权开始接受新兴的世俗文化。教会代表了几个世纪以来形成的传统宗教文化，与非东正教世界相隔绝。促进社会经济和政治发展的国家制度，应该比17世纪下半叶俄国东正教会建立的制度更灵活、更完善。

随着工业生产文化（例如手工工场的出现）、政治制度体系（试图改良军队，引入新的"兵团"制度、废除门阀制度等）、图书出版（首次出版世俗书籍）、日常生活（宫廷戏剧表演、对绘画尤其是肖像画的兴趣）以及社会思想（例如讨论人类问题）等领域的发展，人们的生活方式发生了改变，对世界的认知也不断丰富。[①] 与此同时，教会力量的削弱极大地促进了新文化的产生，并激发了贵族和工商业者对它的兴趣。在摆脱了教会的控制后，政府试图让新文化为自己效劳。彼得一世及其亲信自发学习新文化，并通过果断的、有时甚至是暴力的措施加速新文化的形成。虽然从17世纪后三四十年开始，个别新文化现象已出现在社会生活的各个方面，但直到17世纪90年代，新文化才开始形成并广

---

① 参见 Очерки русской культуры XVII в., ч. 1-2. М., 1979。

泛传播。

然而，我们应当牢记，我们所研究的一切都发生在封建农奴制的历史背景下。封建国家原则上不可能拒绝与教会结盟，也无法舍弃自己的宗教信仰。在控制了教会之后，专制王权尽其所能地利用教会为自己服务。只需阅览相关资料，便可了解整个 18 世纪（当然也包括后来）的"教会与政府"是如何"通过共同压迫社会来加强各自权力"的（用 A. H. 拉吉舍夫的话说）。新文化中的世俗主义一词并不意味着否定宗教或教会。在不同的生活领域（日常教育、艺术教育、世界观教育），甚至是 18 世纪绝大多数人的精神世界中，宗教仍然发挥着巨大的作用。所有这些都为整个 18 世纪的俄国文化增添了极强的特殊性。

世俗主义的上述特点解释了专制统治者为什么会毫不犹豫地支持看上去与封建制度格格不入的新文化，以及新文化为什么能在贵族之中广泛传播。新文化作为 18 世纪文化体系的一个子系统，从属于封建国家并为其服务。一方面，新文化加强了专制，为国家提供了一批受过世俗教育的人才，他们能够保证官僚机构正常运行，推进改革，还能建造和驾驶船舰，探索并合理利用国家的自然财富，并通过建造宫殿、公园，发展艺术来提高国家的威望；另一方面，新文化也包含一些与封建农奴制和封建文化相斥的东西，这一方面只有在新文化深入（指人们能够认识现实世界，并试图改造世界，这有助于摆脱封建宗教的影响）并广泛传播（指新文化在越来越多的社会群体中传播，即使速度缓慢）之后才会显现出来。然而，直到 18 世纪最后几十年，新文化仍未深入而广泛地传播开来。

新文化还有哪些特征呢？它的世俗性打消了教会的顾虑，也就是说，新文化不会阻碍宗教信仰不同的人进行交流。新文化对现实活动的关注和对世界的理解，使俄国与其他国家进行文化交流成为可能，以往只能使俄国更加落后于欧洲先进国家的排外封闭思想被了解其他民族生活、开阔视野的热切愿望取代。彼得一世的心腹库拉金公爵在周游西欧时在日记中写道："俄国人形成了新的习俗，每个人都想看看这个世界。"① 他认为，新文化的发展以及专制统治者对它的利用，有利于俄国在经济、政治和文化方面融入西欧国家，后者已经进入了资本主义发展的新时代。这种现象的进步性经过很长时间才能体现出来，因为我们谈论的不是贸易、军事、科学或者其他领域的一时成败，而是人民生活和民族文化的进步，是人类转向更高形式的社会文化组织的独特的历史运动。

与中世纪相比，新文化的发展速度大大加快，其风格和品位也发生了变化。正是在新的文化体系中，出现了诸如"时尚"之类的文化现象，这类现象往往具有很强的时代性，并且不断变化。А.Д. 康捷米尔在一篇讽刺诗的脚注中首次给时尚下了定义："时尚指穿衣习惯以及人自身的性情。"② 一百年后，А.С. 普希金写道："凶恶的时尚就像我们的暴君，是新一代俄国人的苦恼。"时尚只是本质性进步的外在表现。

发展速度的加快是 18 世纪俄国文化最重要也是最具特色的标志之一。18 世纪，俄国群众开始加入世界历史发展的进程。18 世纪初的改革，新城市（包括新首都彼得堡）的建设，西伯利亚、远东以及黑海沿岸的土地开发，1773~1775 年的农民战争等，都是大俄罗斯民族以及其他民族取得进步的重要表现。民众在全国范围内的大规模流动加快了地方习俗的瓦解，促进了全民族统一习俗的形成，也催生了共同的语言，因而俄国各民族的文化能够相互交流、相互借鉴。这当然能够加快文化的发展。"物质"文化，如书籍、图书馆、学校、建筑、艺术品等，都促

---

① Куракин Б. Дневник и путевые записки 1705－1710 гг. − В кн.：Архив кн. Ф. А. Куракина，т. I. Спб.，1890，с. 130.

② Кантемир А. Сатира Ⅱ. На зависть и гордость дворян злонравных. Примечание к стиху 159. − В кн.：Кантемир А. Собрание стихотворений. Л.，1956，с. 83，72.

进了文化的加速发展，同时也催生了新的文化需求，人们都希望自己新的文化需求能够得到满足。

上述进程决定了文化结构必然会发生改变，各文化体系、价值水平（二者相互联系）都发生了变化。中世纪文化体系中不曾存在的或是地位极低的文化领域变得越来越重要，比如科学、人际交流手段、信息学、戏剧、诗歌、肖像画等。当然，所有与宗教和教会有关的文化活动都被大力限制（不过，我们应该看到这些变化的相对性）。相应地，文化产品的生产和消费结构也发生了变化，新的社会群体诞生，旧的社会群体也随着新群体的发展而变化。中世纪的文化生活中从未出现过诸如记者、书刊订阅者之类的社会群体。而到了18世纪，几乎每位文化活动家都订阅书刊。从广义上讲，文化活动家可以是书籍出版商、文章或书评的作者，也可以是书刊订阅者。人们阅读的数量和质量都发生了变化。18世纪的印刷书籍是新文化发展的重要标志，同时也是其成果。

社会和文化之间的联系正在逐步改变。新文化的发展促进了18世纪各等级，首先是贵族自我意识的觉醒。贵族对新文化的接受进一步拉大了等级差距。但同时，文化发展也呈现出了与此相反的趋势（这得益于国家的文化政策）：从小学教育到大学教育的普及（例如：1755年莫斯科大学、1804年喀山大学和哈尔科夫大学的建立）、信息的多样化（主要得益于定期刊物的出现）、新的文学语言的出现等，使俄国人变得更加团结。

大概在18世纪后三四十年，中世纪文化开始向新文化过渡。18世纪之后，民族资本主义文化才最终形成。[1] 然而，早在18世纪以前，俄国已经在这条道路上迈出了重要一步，并且就此进行了严肃的学术讨论。

---

[1] 参见 Дмитриев С. С. К вопросу об образовании и основных этапах развития русской нации, с. 59-61。

　　所以，把18世纪的俄国文化视为一个整体，不仅不会阻碍人们正确地认识它，反而会帮助人们认识到其多样性以及结构的复杂性。这里的多样性和复杂性是由不同等级和社会群体的差异或者矛盾决定的。这一差异非常明显，其中甚至包括中世纪文化与新文化的差异。文化取向通常与政治取向相吻合。统治者很快控制了新文化，并在专制制度的帮助下使其为自身服务，巩固自身的统治地位。因此，统治者与其他社会群体，首先是与农民的关系变得尤为复杂。

　　18世纪俄国农民的文化几乎从未被研究过。本书首次尝试对农民的物质文化以及精神文化进行宏观研究，阐明农民对大自然的经验主义认识，农民的法律知识、历史知识、阅读的范围和性质，文化信息的交流形式和传播方式以及农民对节日的态度等。这将有助于我们理解18世纪俄国农民文化中的传统元素和新元素，认识农民文化在民族文化形成过程中的作用和意义。

　　现在，我们简要地概述一下农民对新文化的态度。虽然他们的态度看上去很明确，但在我们看来，这仍有待深入研究。截至目前①，相关学术成果对这一问题的陈述和研究寥寥无几。早在1822年，А. С. 普希金就观察到了走上新文化道路的贵族与平民"生活方式"之间的鲜明对比。"人民以顽强的毅力，留住了自己的胡须和俄式卡夫坦袍，他们对自己的胜利得意扬扬，并且对那些剃了胡须的贵族嗤之以鼻"。② А. С. 普希金从两个不同的角度对这一现象进行了反思："这句话的开头似乎是历史学家的讽刺（'胡须和卡夫坦袍的胜利……'），而结尾则是'人民自己'对历史学家及其同类——'剃了胡须的贵族'（地道的民间说法）的讥讽。"③ 文化直接或间接地（通常是间接地）反映了农民和被剥削者对于农奴制加

---

①　指作者编写本书之时，大约20世纪80年代。——译者注

②　Пушкин А. С. Заметки по русской истории XVIII века. —Полн. собр. соч.，Т. 11. М.，1949，с. 14.

③　Эйдельман Н. Пушкии и декабристы. М.，1979，с. 82.

强的反抗，以及贵族为了加强自己的政治特权而进行的斗争。在彼得一世改革时期，"一方面，过时的旧事物拼命存活，而另一方面，新事物来势汹汹地闯入了人们的生活"。[①] 但是，我们不能"一刀切"地看待守旧的人。在他们之中，有一部分不愿接受新文化的贵族，即抵制新事物、迫使国家倒退的广大僧侣，他们的确损害了国家利益。然而，另一部分贵族则在彼得一世改革后改变了自身的立场，审时度势地吸收新文化中符合自身利益的部分，不再抵抗新事物，即使偶尔反对，也断不会像往常一样全盘否定，他们的抵抗方式发生了彻底的转变。

农民通常是新文化的反对者，他们顽强地坚持自己的文化传统。我们不能单一地评价这一现象，而要进行多层面的研究和分析。农民早已墨守成规，此外，他们的因循守旧以及恶劣的生活条件是"村社"制度得以存在的条件，同时也是其结果，因此又被强行保留下来。这样一来，农民的生产活动自然不需要新文化。农民的生产活动与其他因素一起，决定了数百年来传统的农民物质文化和精神文化将不断地再生产。农民固守的传统文化以自己的方式发展着，为整个农民世界——村社、农户乃至农民个人提供了保障，满足了农民的精神需求。

中世纪的文化元素保留到了 18 世纪。因此，不可避免地出现了这样一个问题："中世纪"文化与"农民"文化是否可以画上等号？

答案是完全否定的，尽管也有例外。中世纪的文化不是单一的存在，它包括民间文化和"贵族"文化（主要是教会文化）。"这个时代的大众文化是一个新的、几乎尚未被探索的话题。封建社会的思想家们不仅成功地剥夺了人民记录自身思想情感的手段，而且还剥夺了研究者们探索人民精神生活的机会……他们将中世纪文化贵族化、精英化，只关注

---

① Павленко Н. И. Петр I. М., 1975, с. 75.

'高人们'（神学家、哲学家、诗人、历史学家）的思想。可是，这种解释却令人深信不疑，并且直至今天仍占主导地位"。① 这是对西欧中世纪思想家的描述（也许得到了某些修正②），也同样适用于俄国封建文化。

"中世纪文化"的概念既适用于中世纪，也适用于18世纪。它主要由封建文化构成，而封建文化由封建主的利益与封建文化制度构成。以农耕和村社为基础的农民文化，早在封建时代以前就已形成，并且在封建时代结束后依然存在。农民在物质生活和精神生活上都不接受18世纪的"新文化"，不是因为新文化与传统文化不同，而是因为农民没有体会到新文化与世俗科学知识、音乐、戏剧、绘画等带来的乐趣。对于农民来说，新文化是高贵的，因此他们必然会抵制它。在农民的眼中，新文化的出现与农奴制的巩固有关，而农奴制大大加重了农民的生活负担。此外，农民的生产活动依赖于土地质量和天气条件，恶劣的自然条件会导致农民营养不良，尤其是在歉收年。恶劣的卫生条件也会提高农民尤其是新生儿的死亡率。③ 所有这些惨状，都因农民无权无势、地位低下而加剧。因此，农民自然倾向于保留传统的生活方式和文化，这有助于他们适应艰苦的自然和社会条件。他们既没有时间，也没有精力去接受"新事物"。

然而，有必要强调18世纪俄国农民的多样性，以及他们对新文化的不同态度。这个问题也从未被研究过，因此我们只能局限于现有的主流观点（读者也可以从其他文章中寻找更多资料）。我们不能忘记，出身于农民的 М. В. 罗蒙诺索夫比18世纪的任何俄国文人都要伟大。他克服一切困难，把自己"变成"了有资格接触新文化的人。他的同乡 Ф. И. 舒

① Гуревич А. Я. Проблемы средневековой народной культуры. М.，1981，с. 8.

② 参见 Клибанов А. И. Народная социальная утопия в России. Период феодализма. М.，1977。

③ 参见 Ломоносов М. В. о сохранении и размножении российского народа. Полн. собр. соч.，т. 6. М. -Л.，1952，с. 381-403。

宾是俄国最伟大的雕塑家之一。尽管类似的事情屡见不鲜，但它们仍然是例外。此外，我们应该记住，М. В. 罗蒙诺索夫是一个富裕家庭的渔民之子，他没有受过农奴制的折磨。无论是 М. В. 罗蒙诺索夫、Ф. И. 舒宾，还是其他同类科学家、艺术家，都不能作为"农民"的代表。值得一提的是，М. В. 罗蒙诺索夫并没有忘记自己的出身，反而还为自己的出身感到自豪。他对农民的生活非常了解，并起草了提高农民的经济、文化和道德水平的方案。

在俄国西北部乃至其他地区，农民的生活条件越来越得到改善，尽管这一进程非常缓慢。逛展销会、进城（包括首都）、向地主进贡——所有这些都拓宽了农民的视野，给他们观察和思考的机会。地主极力反对农民逛展销会，担心这会分散农民的精力，"腐蚀"他们，这是可以理解的。① 当然，城市文化中的许多元素难免让农民心生厌恶，因为这种文化对于他们而言是完全陌生、异己的。然而，我们完全可以认为，新文化的引入并非不留痕迹，尽管由于缺乏史料支撑，要发现这种痕迹非常困难。18世纪以后（1861年改革之前以及之后的很长一段时间）的相关研究也存在许多困难，进展缓慢。

在研究上述问题时要特别重视一点：农民文化正在成为滋养新兴民族文化的重要来源之一。但同时，我们也必须注意到，有关数百年来人民（全体人民，首先是农民）创造的民族文化的研究尚未展开，对于知识分子创造的新文化，以及其他民族的文化（如斯拉夫民族文化、地理位置相距较远的民族或者历史命运迥异的民族的文化）的研究也有待加强。

我们所说的民族文化是指有一定共性（内部统一性）的、能够作为民族形成的主导因素的文化。该定义中的关键词是"共性"。早在民

---

① 参见 Друковцев С. В. Экономический календарь, или Наставление городским и деревенским жителям в разных частях экономии...М., 1780。

族形成之前，俄罗斯人就具备了某种共性，他们都是拥有共同"民族
文化"的俄罗斯民族（形成于 14~15 世纪）。在民族内部，这种共性
被提升到了更高的层面，获得了新的意义。我们只能在动态着的矛盾
发展过程中理解民族与民族文化。很难说出一个民族及其文化形成的
开始或结束的确切日期，因为民族是一个动态发展的矛盾统一体。[①] 在
我们看来，只有能够促进民族统一、符合民族利益的文化才能够被称
为民族文化。反之，一切分裂民族、阻碍民族统一的文化都不算民族
文化。因此，我们不能把民族文化视作各群体文化现象的机械总和。
民族文化的形成是自发的，相应地还能促使俄国的自由思想和实践活
动更加活跃。在此，民间文化首先是农民文化的学习和传播，是促进
民族文化共同体发展的重要方式。18 世纪最后几十年，俄国人才开始
研究农民文化，当时，俄国人对本国历史和文化的态度发生了转变，
对民族性格和民族传统更加感兴趣，历史研究、出版物（民歌、谚语、
箴言、童话等）、文学评论、音乐作品以及杂志上也出现了与农民文化
相关的元素。尽管这方面的研究仍然有待深入，但已经取得了极大的
进展。

　　普加乔夫领导的农民起义、1812 年卫国战争等俄国史上的重大事件
不可避免地对社会意识产生了影响。尽管这些历史事件的性质不同，但
就它们对社会意识的影响而言，的确存在一些本质上的共同点。在这些
事件中，农民不是地主或国家的奴隶，而是共同事业的缔造者，他们对
民族和国家的整体命运起着至关重要的作用。尽管人们对农民问题有不
同的态度，但在"普加乔夫起义"爆发之后，农民问题深入到了民族意
识当中，人们普遍开始思考这一问题。农民被当成一个有着自己的需求、

---

① Дмитриев С. С. К вопросу об образовании и основных этапах развития русской нации,
с. 36-37.

利益、观点以及文化的特殊群体。[①] 1812 年的卫国战争是农民争取成为国家高级人才的一个机会。同时，战争表明，将俄国人民划分为农奴和地主两个群体的做法是不合理的，这正是国家和民族文化发展的主要障碍之一，也是十二月党人发动起义的根源。

民族自我意识的发展也体现在对民族历史和文化遗产的重视上。人们对这一问题的研究在 18 世纪后三四十年就已开始，但有关知识分子对文化遗产的态度的研究目前并没有得出明确的结论，直到最近，[②] 人们才着手研究当时的知识分子对传统文化的态度。可喜的是，研究人员已经发现了一些有趣的事实，也得出了相应的结论。越来越多的研究人员关注那些能够证明俄国历史和文化进程的统一性（当然，这种统一性是变化的、矛盾着的）的史实。"对于文化遗产的继承或抵制不仅存在于彼得一世时代，而且贯穿于整个 18 世纪"。[③] 同时，我们认为，18 世纪的文化遗产不仅包括古老的俄国文化，也包括 17 世纪下半叶的俄国文化。这时，新文化已经诞生，并与传统文化形成了复杂的关系，这是不可否认的事实。Н. И. 诺维科夫的考古研究非常重要，他的活动意味着人们认识到了历史和传统文化对新兴民族文化的重要性，也体现出了 18 世纪俄国民族自我意识的觉醒。Н. И. 诺维科夫以其卓越的组织能力，将热衷于俄国历史的各界人士（М. М. 谢尔巴托夫、Г. Ф. 米列尔、П. К. 赫列布尼科夫、Н. Н. 班特什-卡缅斯基、А. Ф. 马林诺夫斯基等）团结起来，为挖掘国家文物而努力。

在 18、19 世纪之交，历史主义[④]的概念逐渐形成。这丰富了人们对

---

① Ерофеев Н. А. Промышленная революция в Англии и идея классов. —В кн.：История социалистических учений. М.，1981，с. 134-158.

② 指作者编写本书时，即 20 世纪七八十年代。——译者注

③ Моисеева Г. Н. Древнерусская литература в художественном сознании и исторической мысли России XVIII в. Л.，1980，с. 12.

④ 参见 XVIII век. Сб. 13. Проблемы историзма в русской литературе. Конец XVIII—начало XIX в. Л.，1981。

当下的理解，也加深了人们对俄国历史和世界历史的认知，使人们能够从历史的层面思考问题，更加准确地评价过去、认识当下。当时，国内外有很多人认为，"在彼得一世之前，俄国的书籍只有经书和公务信函"。Н. И. 诺维科夫称，他进行考古研究的目的之一就是"证明这些人想法的片面性"①。

民族意识的加速形成使俄国社会的意识形态斗争更加激烈，这反映在各个文化领域。

在 18 世纪后三四十年至 19 世纪初，俄国文化发生了重大变化。然而，历史研究者似乎并没有对这些转变给予足够的关注。文化的转向无疑是由社会经济制度的深刻变化引起的。其中最重要的变化是：农民开始抵抗农奴制的强化、否定贵族，知识分子对农民的态度发生了转变。在日常生活、社会思想以及文学和艺术领域，人们越来越关注农民的地位和人格。"人民"这一概念逐渐获得了新的含义。人们开始意识到，完整的民族不仅包括贵族，还包括农民、商人和平民知识分子。这自然引起了人们对各社会群体之间关系的思考，例如，"开明者"（即贵族）首先思考了对农民的态度问题。他们思考的内容有：是否有必要对农民进行教育，应该把农民教育到什么程度，应当先给农民自由还是先教给他们知识，农民能否拥有财产（包括动产和不动产）。

地主开始更多地参与农业生产实践，他们更强烈地感受到自身前途与农民劳动之间的紧密联系，以及用合理的方式调节与农民之间关系的必要性。有关地主如何管理农场、监督农民的书籍大量出版。② 在这些作

---

① Древняя российская идрография... Спб., 1773, с. 5（出版人 Н. И. 诺维科夫所著的序言）。

② 参见 Друковцев С. В. Экономический календарь, или Наставление городским и деревенским жителям в разных частях экономии... М., 1780.；Друг крестьян, или Разные мнения и предложения о сельском благоучреждении；о разных полезных заведениях；о попечительности нравов；о сельских забавах；и о воспитании крестьян. М., 1793.

者的笔下，农民无论是在地主家还是自己家，都是懒惰、散漫的一群人，需要时刻监督他们。进步刊物中的农民则完全是另一种形象，他们贫穷的原因不是自身懒散，而是地主心肠歹毒。《旅行摘录》（发表于 H. И. 诺维科夫的杂志《写生画家》上，是在 A. H. 拉吉舍夫的《从彼得堡到莫斯科旅行记》出版以前最具大无畏革命精神的作品）的作者曾就农民问题发出哀叹："唉，你们这些吝啬的铁石心肠的先生们！你们活得如此失败，以至于你们同类都像恐惧野兽一样恐惧你们……"此外，许多仁厚的贵族与农民以家长式关系相处。H. И. 诺维科夫于 1770 年元旦在杂志《雄蜂》上发表了对农奴的新年祝福："希望你们能把地主当作父亲，你们是他们的孩子。祝愿你们自强不息、幸福安康、勤于劳作。能做到这些，你们就会幸福，而你们的幸福决定着整个国家的福祉。"[1] 把国家福祉视作农民"幸福"（即得到物质满足）的结果这一思想极其重要。然而，我们可以看到，即使是 H. И. 诺维科夫，也只是把农民当作"孩子"，他认为，农民可以为国家带来福利，理应得到人性化的对待，但是在心智上，农民仍然不如开明仁道的地主。这是十二月党人之前的大多数贵族包括进步贵族的想法，他们的封建思想导致地主与农民在精神上相互疏远，这正是民族文化形成的主要障碍之一。

　　然而，不应忽视进步的社会对农民和普通群众的全新态度。大多数研究成果会重点描写某个思想家，分析他的言论，并与其他人做比较。不过，将现有资料综合起来，足以发现社会对农民的持续关注。对农民问题的公开讨论、对农民生活和文化的关注、以农民为主角的文艺作品的出现等，都体现出了社会对农民的关注。任何一个社会成员（哪怕是贵族）对农民的态度都可能是温和的、优柔寡断的、自相矛盾的，尤其是在解决"生活中的紧迫问题"时。但所有这些构成了一个新的特殊的

---

① Трутень, 1770, января 12 дня, л. 2.

体系，奠定了民族文化的坚实基础，存在于19世纪。这个体系超越了封建思想文化，非常自然地将新的观点、道德标准、俄国启蒙运动的出现、A. H. 拉吉舍夫的革命思想以及俄国民族文化的形成联系起来，是一次突破。所有这些现象构成了一个复杂的动态统一体。

18世纪最后几十年至19世纪初，民族文化逐步形成，当时的人们意识到这一点了吗？当然没有完全意识到，至少没有达到如今①的程度。然而，当时的人们注意到了社会意识对人民生活、祖国历史以及人民大众之间关系的关注，这使我们得以谈论与之相关的社会思想，并发现其他现象，从而对这一问题做出更准确的回答。从期刊、诗歌（尤其是 Г. Р. 杰尔查文的作品）等史料来看，爱国主义思想对于民族文化的形成极为重要，有关爱国主义思想的研究包括：民族文化形成过程中爱国主义思想的出现、与"法国迷"作斗争（Д. И. 冯维辛的《旅长》，Н. И. 诺维科夫的杂志等）；俄国对其他外国民族文化的态度（П. А. 普拉维利希科夫的《观众》，Н. И. 诺维科夫《古代俄国史》的前言等），以及对俄国士兵的歌颂（М. В. 罗蒙诺索夫、Г. Р. 杰尔查文）。但同时，我们要特别注意辨别真假爱国主义。М. В. 罗蒙诺索夫没有发现这个问题，А. Н. 拉吉舍夫提出了这一问题并给出了答案。他写过一篇文章，首先提出了"真正的祖国之子是什么样的"问题，紧接着 А. Н. 拉吉舍夫指出，有真正的"祖国之子"，也有虚假的"祖国之子"，换言之，有真正的爱国者，也有虚假的爱国者。

在当时，这个问题的提出意义深远，这表明一个还未完全凝聚起来的民族站到了更高的层面认识自己，换言之，俄国人的民族意识正在形成。善于思考的俄国人提出了现在和过去的大俄罗斯民族在众多民族中的地位、俄国的文化水平、俄国人的民族性格、世界和民族的精神文化价值体系等问题。他们绞尽脑汁地思考着俄国的发展道路及其特点（正

① 指作者生活的年代，即20世纪。——译者注

是在关于俄国发展道路的争论中，西方派和斯拉夫派首次产生了本质性分歧），而这一问题成了19世纪最重要的问题之一。在18世纪，哪怕只是提出这些问题也并非易事。为此，需要关注俄国知识分子〔不仅包括进步的思想家和政治家，也包括保守主义者（如M.M.谢尔巴托夫）和反动派〕的思想。事先声明，在18世纪最后三四十年至19世纪初，除了女皇叶卡捷琳娜二世与革命者A.H.拉吉舍夫之间不可调和的矛盾，没有其他任何明确的、自发形成的对立"阵营"，整个社会的矛盾情绪还没有上升到形成两个对立阵营的程度。据此，我们无法得出明确结论，因而一定要谨慎。然而，各群体中知识分子的文化水平是毋庸置疑的。只需观察他们在论战中的发言、对古代和当代思想家作品的引用以及对欧洲乃至世界思想文化的掌握，即可发现这一点。

让我们把目光重新转向A.H.拉吉舍夫的文章。在回答什么是祖国之子这一问题时，A.H.拉吉舍夫首先说："不是每个出生在祖国的人都配得上祖国之子的庄严称谓。"农奴（即奴隶）不配拥有这个称号，这一观点与贵族和官僚普遍接受的"只有贵族配为祖国之子"的观点相符。A.H.拉吉舍夫的这篇文章写于1789年。同年，Я.Б.克尼亚日宁在悲剧《诺夫哥罗德的瓦季姆》中写下了这样一句话："难道奴隶也有祖国吗？"这些话是从不屈不挠的瓦季姆口中说出来的，他鄙视那些"对压迫甘之如饴"的人。虽然这里指的不是农民，但这一观点值得注意，可以将其与A.H.拉吉舍夫的论断进行比较。A.H.拉吉舍夫不仅认为农奴不配为祖国的儿子（因为他们没有人权，"……他们不过是被施难者驱使的机器，是行尸走肉，是役畜！他们……披着人皮，却如牲畜一样被镣铐桎梏"），还认为那些骄奢淫逸的施难者同样不配为祖国之子，他们极力迫害"敢于直言人性、自由、和平、诚实、神圣、财产……"的人。

"人！人要担得起祖国之子的称谓！"A.H.拉吉舍夫感叹道。"人"

是自由的人，享有完整的人权，他的精神价值体系包括"人性"（即人道、仁爱）、"自由"、"诚实"、"神圣"、"财产"等概念。[1]

在民族自我意识的形成及发展方向这两个方面，A. H. 拉吉舍夫得出的结论是：不是所有生在祖国的人都是爱国者，也并非某个社会集团的爱国主义都是真正的爱国主义。接下来我们将根据 A. H. 拉吉舍夫的文章和 Я. Б. 克尼亚日宁的作品来探究这种结论的依据以及相关激烈论战的论据，从俄国民族文化形成的特殊背景中寻找答案。

在整个 18 世纪，封建社会的经济和政治制度其实是灵活的，有合理之处的，这使封建统治者能够利用新的、似乎与封建制度和文化不相容的世俗文化为自身服务，以巩固封建统治。此外，18 世纪的新文化并未突破封建农奴制度的禁锢，而是顺应了封建制度，在专制统治和贵族的直接影响下，被彼得一世接纳。在此有一个不可忽视的问题，它体现在各个文化领域，即公共教育的发展和科学知识的传播非常缓慢，科技成果转化为工农业生产力的效率低下，统治者忽视对本国文化活动家的培养、资助与激励。吸引外国科学家、专家和艺术家是一项有用的措施，它的确能带来立竿见影的效果，但治标不治本，只能暂时解决问题。

此外，上述措施需要付出巨大的代价，不仅是物质代价，还有道德损失。它使俄国的民族文化特色被磨灭，导致一部分人盲目崇拜外来事物，对自身的力量和能力失去了信心。

新文化发展的基础薄弱，传播范围小，在生产和政治文化领域影响甚微，农民等底层社会群体几乎接触不到新文化。宗教虽然受到了新文化的冲击，但是在大多数人民的精神世界、日常生活以及人际关系中仍然占据着重要位置。这也是专制统治者和贵族热衷于学习新文化的主要原因之一。新文化的世俗性以及传播范围的局限性似乎对封建制度的思

---

[1]　Радищев А. Н. Полн. собр. соч.，т. 1. М.－Л.，1938，с. 216.

想根基构不成威胁。新文化之所以能在封建制度的框架内发展起来，也是因为它建立在社会劳动两极分化的基础之上。当时，大多数人民只能一边不断地进行传统物质文化（首先是工业文化）和精神文化的再生产，一边马不停蹄地劳动。

尽管新文化的传播受到了种种限制，但它仍然存在并发展着，还逐渐形成了一个体系。它与封建文化相抵触，对封建制度构成了潜在的威胁。在18世纪最后三四十年，民族文化迅速形成，这个进程是深层次的、强有力的，它将各民族普遍接受的传统文化和新文化融为一体。新文化在发展的过程中吸纳了其他国家，尤其是欧洲国家的文化。但是，民族文化不可能局限在一个社会集团内发展，底层民众也能接触到它，但是民族文化与封建制度、农奴制、农民的道德观念和文化不相容。只有克服封建制度的阻力，国家以及民族文化才能最终形成。新兴的资本主义文化与封建主义相敌对，这种反封建的取向将新兴的各种社会力量联合了起来，后来，这几股力量又相互斗争。①

在18世纪末19世纪初的俄国，封建主仍然处于统治地位，俄国的资产阶级还没有发展成拥有自我意识和自己的经济、政治、文化要求的群体。因此，我们应该仅把这一过程视为一种趋势。另外，要考虑到贵族的特殊作用，在当时的历史背景下，他们往往是民族利益乃至资产阶级利益的代言人。在此，有必要简要地介绍一下18世纪后三四十年至19世纪初的一些非常重要的贵族文化现象。要想了解17~18世纪的俄国文化史，脱离"贵族文化"是不可能的。整个18世纪的文学作品（甚至还有19世纪的部分文学作品）都将"文化"视作是"贵族的"。关于这一点，广大读者很清楚，我们也认同。

"贵族文化"这一概念涵盖了所有与贵族的构成和存在相关的现象。

---

① 参见 Ленин В. И. Полн. собр. соч., т. 24, с. 9.

贵族与其他社会集团相对立。贵族文化现象不一而足，比如贵族受到的良好教育（例如舞蹈课、击剑课、外语课等），18世纪30年代初形成的家庭教育体系，贵族对未成年人的监管，公立等级学校和私立寄宿学校，贵族的礼仪、服装及交流特点，对"荣誉"的追求、决斗等。当然，真正的贵族文化不是一个单一的概念可以概括的。尽管贵族无法完全与其他社会群体隔绝开来，但仍极力与他们划清界限。贵族与俄国其他社会集团和文化力量的对抗，阻碍了各民族间的文化交流和民族文化的形成。此外，随着封建农奴制度的强化，统治集团越发腐朽，贵族内部的矛盾也越发尖锐，这（当然，还有其他原因）导致了十二月党人——"贵族中最优秀的一群人"的出现，他们对贵族的等级制度、文化以及本等级的人进行反抗。在18世纪，贵族文化的内部分化趋势非常明显。贵族文化在某种程度上受到了侵蚀，失去了活力，它的精华被纳入民族文化的范畴，而它的糟粕则受到了贵族内部的严厉批评（А. Д. 康捷米尔、В. В. 卡普尼斯特的讽刺诗歌和 Д. И. 冯维辛的戏剧足以证明）。先进的社会群体用极其尖锐的语言来描述脱离了民族文化土壤的贵族文化，正是它阻碍了民族文化的形成。此外，有充分的证据表明，知识分子越来越排斥贵族文化中特有的，甚至是"先进的"内容，比如宫廷文化。А. Д. 康捷米尔开创了讽刺宫廷的传统，他把官员比作"在绳索上跳舞的人"。18世纪最后三四十年的"宫廷生活"是病态的，它足以毒害所有与宫廷相关的人，影响他们对生活和自然的认识（"难道你不知道，被宫廷生活蒙蔽了双眼的人看到的世界已不复存在"。А. Н. 杰尔查文对他的朋友 Н. А. 利沃夫说的这句话道出了知识分子的心声）。

乡村贵族领地相对孤立隔绝，其文化与"宫廷"文化和城市生活的对立成了诗歌、通信和谈话中的热门话题。这一特征在以 Н. А. 利沃夫、Г. Р. 杰尔查文、В. В. 卡普尼斯特和 Н. М. 卡拉姆津为中心的贵族知识分子的作品中表现得尤为鲜明。贵族文化摆脱了自身的局限性（不仅脱离了"贵族"文化，而且将目光转向了农民文化世界），但同时又以领地文化的形式继续发展。许多领地的建筑、戏剧、音乐和绘画艺术都达到了很高的水平，有些领域甚至发展到了巅峰。这一时期是民族文化形成的时期，也是18世纪俄国文化矛盾最尖锐的时期。

如果用一个词来概括18世纪俄国文化的特征，那么我们毫无疑问会选择"运动"一词。17世纪，新文化在中世纪文化的矛盾运动中诞生了，新文化至少可以部分地摆脱中世纪文化面临的危机，这也使俄国能够认真、积极地加入泛欧文化的发展进程中。俄国的城市发生了变化，新事物、科学、前所未有的社会文化体制以及新型俄国人纷纷诞生，欧洲的文化名人被大力推崇。运动从未停止，与阻碍社会发展的封建农奴制相对立的高级文化共同体——民族文化正在形成。民族文化内部也存在着矛盾运动，A.H.拉吉舍夫和十二月党人的革命思想正在酝酿，他们希望以革命的方式解决这些矛盾。

第二章
农业生产文化[*]

Л. B. 米洛夫　　Л. H. 弗多温娜

1　农业文化和农业技术发展的
基本条件与主要趋势

农业文化，尤其是农耕文化，是人类物质文化的一个特殊领域。它的发展具有普遍规律。

过去，人类农业活动的显著特点是农耕劳动与脑力投入之间的联系非常薄弱。这种微弱的关联体现在以下两个方面：一是农业活动成果是某种文化的结晶；二是总体农业生产率低。这种关联是随机的、偶然的，我们必须追溯到遥远的过去，仔细研究世代人民的耕作实践才能发现这种关联。

上述特点对农业生产文化及运作机制产生了决定性影响。先辈积攒的农业经验是几十代农民在经历了无数次丰收与饥馑后总结出来的，它们构成了农业文化的基础，并逐渐成为传统习俗，被下一代农民继承，

---

* 1~8 部分由 Л. B. 米洛夫著，第9部分由 Л. H. 弗多温娜著。

农民的个体实践经验远不如世世代代的农民累积下来的经验丰富。因此，传统习俗在农业文化领域占有极其重要的位置，是农业文化的根基。由于传统习俗占据绝对统治地位，加之农民在农业实践中故步自封，传统农业自然经受不住现实的考验，尤其是变化莫测的天气考验。这就是资本主义社会出现以前俄国农业文化趋于保守、发展缓慢的原因。

封建晚期的俄国农民，像世界上所有中纬度地区的农民一样，以前人留下的庞大而复杂的农耕经验为指导进行农业活动。18世纪的相关资料记录了俄国不同地区农业实践的高度相似性。例如，雅罗斯拉夫尔省的地理志（1798年）中有这样一句话："各地的耕作方式和农具都是一样的。"[1] 18世纪的俄国农学家和地主实验家也发现了这一明显的趋势：农民"都倾向于遵循旧习俗"，即便有些观念（例如对耕作期的划分）完全不科学。[2]

在某些特定的条件下，传统耕作方式的顽固性和保守性在欧俄表现得尤为明显。

首先，欧俄的自然条件是欧洲大陆内最恶劣的。广袤无垠的平原被一望无际的森林覆盖，土壤贫瘠的平原处于所谓的极度湿润区，春末、秋初气温骤变。相反，同样广阔的黑土区和草原地区常年干旱，春末、秋初的气温同样变幻无常。俄国农民在东欧平原广袤的土地上劳作，他们播种的主要作物产量在每个阶段都与大量投入的劳动力不符。久而久之，农民在耕作"技术"上趋于保守，越发注重传统习俗，因而只能通过不断扩大耕地面积来达到增加剩余产品的目的。我们认为，这就是农

---

[1]　ЦГВИА, ф. ВУА, оп. Ⅲ, д. 19178, л. 3 об.

[2]　Труды Вольного экономического общества（可简写为 «Труды ВЭО»），1766, ч. Ⅱ, . . c. 107-108, 118, 170-171. 1766~1775年，该杂志名为《自由经济学会文集》；1779~1794年，该杂志改名为《自由经济学会文集续编》；1795~1798年，该杂志再次改名为《自由经济学会文集新续编》。本书均使用该杂志的原始名称。

业生产中粗放式经营长期占主导地位的客观原因。在封建时期，这种方式最终导致俄国农业走上了不断扩大耕地面积的道路。这一趋势具有深刻的历史意义，其中蕴含着俄国农业发展的矛盾辩证法。

然而，俄国农业的粗放式发展之路并不通畅。在所有历史时期，东欧平原上适宜耕作的土壤少之又少。整个非黑土区的土壤肥力差异极大，肥沃土地分布不均衡，且呈碎片状分布。特维尔省就是一个典型的例子。① 俄国北部地区（沃洛格达省和阿尔汉格尔斯克省）的土壤肥力差异更大。在其他很多地区（下诺夫哥罗德省北部和南部、图拉省、梁赞省、坦波夫省、奥廖尔省西部和东部、萨拉托夫省等），土壤肥力同样存在明显差异。

土壤肥力带来的经济效益在不同的生产力发展阶段各不相同。农业文化方面缓慢但切实的进步，使长期以来完全不适合耕种的土地有可能变成耕地。每当生产力取得重大进步时，肥沃土壤的面积就会增加。然而，肥沃土地面积的增加不与总体生产力的发展构成正比，因为随着时间的推移，土地逐渐被"开发"，但由于缺乏管理和资金投入，土壤肥力便逐渐下降，越发贫瘠。

除了上述原因，还有一个社会因素阻碍了农业集约化的进程，即封建剥削制度。根据马克思的观点，"是因为对农民的压迫耗尽了农民的土地的地力，使他们的土地贫瘠"。② 在俄国农业的发展进程中，这个因素发挥了特别重要的作用，因为在农奴制时期的某些历史阶段，被剥夺的剩余产品数量非常之大。

从 18 世纪中叶开始，地主的压迫直接阻碍了农业文化的进步，又反过来对地主自身的经济利益产生了影响。职业观察家、旅行家瓦西里·

---

① Генеральное соображение по тверской губернии, извлеченное из подробного топографического и камерального по городам и уездам описания 1783–1784 гг. Тверь, 1875, с. 47, 65, 73, 82, 119 等处。

② 《马克思恩格斯选集》第 3 卷，人民出版社，2012，第 828 页。——译者注

祖耶夫在描述姆岑斯克郊区的农业时强调，"丰收时节，农民对自己的生活感到绝望，因为他们要为地主收割粮食"。[①] 1767 年，伊万·楚普洛夫在法典委员会中列举了苛役给农业技术造成不良后果的典型例子：1767 年 6 月，从阿尔汉格尔斯克到莫斯科，只有少数农民不在休耕地上耕作。在"不毛之地"上艰难地耕作，需要大量的劳动投入，同时会打乱整地期和播种期，酿成灾难性的后果。1768 年 5 月 27 日，马斯洛夫在法典委员会上指出，一些地主普遍采用 18 世纪 60 年代最流行的两日劳役制度。他说："有一些地主要求农民一周服两天劳役，这两天的工作量极大。因此，哪怕只工作两天，农民也比以往更加疲惫。"[②] 18 世纪著名农学家 П. И. 雷奇科夫曾劝说地主不要让农民的劳动负担过重，农民的人均耕地面积不得超过 1.5 俄亩，[③] 否则"土地就无法正常耕作，收获也会不合时宜"[④]。另一位著名的农学家 A. B. 奥丽舍夫也提出过同样的观点，"广阔的耕地和大量的播种会带来怎样的后果？除了不必要、无用的劳动，只剩下农民的极端贫困。由于没有时间轮换土地，人们便给处女地施厩肥"，而厩肥在那里"毫无用处"。[⑤] 持此观点的专家为数众多。俄国农民往往没有足够的体力和财力来提高土壤肥力。

上述因素决定了俄国农业发展的特点：农民需要不断地放弃旧的已开垦的土地，同时开发处女地。[⑥]

在我们看来，村社土地管理制度和农民土地使用权的矛盾造成了俄

---

① Зуев В. Путешественные записки Василия Зуева от Санкт-Петербурга до Херсона в 1781 и 1782 гг. Спб., 1787, с. 105.

② Избранные произведения русских мыслителей второй половины XVIII в. М., 1952, с. 75, 81.

③ 1 俄亩 = 2400 平方俄丈（1.1 公顷）。

④ Рычков П. О земледелии. -Труды ВЭО, 1770, ч. XVI, с. 28.

⑤ Труды ВЭО, 1766, ч. II, с. 110.

⑥ 该特点在土壤肥沃的地区表现得不明显。但是，在 18 世纪，俄国的肥沃土壤相对较少。"很少有土壤肥沃到不需要施肥的程度。"—Комов И. О земледелии. М., 1788, с. 170.

国农业的粗放性，同时还使其因循守旧。许多个世纪以来，个体农户并没有成为完全独立、自给自足的生产单位。村社定期开展的集体活动（如开垦森林、以各种形式开发处女地等）最终仍然是再生产过程中的一个环节。

此外，在农奴制时期，村社生活将农民的主动性限制在僵化了的传统框架内，因而个体经验的作用往往极易被忽视。只有少数非同寻常的情况才会使个体经验凸显出来，并被全社会重视。不过，经过几个世纪的积累，个体创新最终构成了地方农业文化的丰富内涵，并成为传统。

因此，农业文化在每个历史阶段都可以分为两层内容。主要的一层是俄国农民数百年来积累下来的不容置疑的传统经验，即普遍接受的规范和传统习俗。第二层内容更微妙，它是不断创新的个体经验。

在 18 世纪（主要是中后期）的俄国农业文化体系中，普遍特点和地方特色之间的关系由传统自然经济和新兴资本主义经济共同决定。

在封建社会，当工业及其对农业的反作用成为经济发展的决定性因素之时，曾经被视为权威的封建农业传统在进步的现代主义者眼中越来越趋于保守甚至过时，而个体经验发挥的作用越来越大，正在成为某些群体的财富。

因此，普遍特点和地方特色的融合是我们研究 18 世纪俄国农业文化体系的关键点，18 世纪的地方农业文化面貌焕然一新。

或是由于新旧因素的碰撞，或是由于新经济力量的推动，18 世纪俄国农业的地方特色随着社会劳动分工的不断进步越发凸显。当然，直到18 世纪末，俄国农业文化体系中仍然残存着古老的地方特色。

在封建主义发展的早期阶段，普遍特点和地方特色的"地位"由"实际可行性"决定，实际可行性又由直接生产者的劳动决定。生产者为获得必要的生活资料从事劳动，而这些生活资料有助于扩大再生产。在等级社会中，生活资料包括必需品和剩余产品。

实际可行性是在充分考虑当地自然条件的前提下形成的务实、客观的标准。农产品的实际产量是由耕作状况决定的，而计划产量由实际可行性决定，后者的主要标准是评估土壤的最大利用程度。然而，确切地说，在 18 世纪，只有经验不足的地区会使用这种标准，比如俄国人和外来居民共同生活的南部草原和东南部新开发的地区（如伏尔加河中下游的萨拉托夫地区）。① 随着经验的积累，上述地区也不再使用这一标准。总的来说，封建时代的实际可行性涵盖了以下几个维度：劳动投入和劳动时间，换言之，某一生产过程的进度；必需品的总量以及种植某类农产品的必要性；某类农产品与其他农产品的产量比例；气候，这一维度对于自然经济占统治地位的农耕文化最为重要。

我们认为，农业的"发展水平"这一概念并不适用于自给自足的农业经济。这个概念意味着不同地区、国家和民族的农业文化发展水平之间有关联，这种关联的确存在，但是，它只有在商品经济和社会劳动分工发达的时代才会显现出来，因为只有在价值规律的基础上，我们才可以在市场上比较某种商品的质量和数量，而不考虑其生产地点和劳动投入：在此有一个统一的标准——商品价值，它能够体现出社会必要劳动投入。只有当劳动分工水平发展到农产品商品化的程度时，才可以使用农业文化发展水平这一概念。这种更高级别的概念，已经涵盖了实际可行性。

18 世纪，俄国地方农业文化建立在实际可行性的基础之上，同时也接受了商品生产和竞争之下的新标准。俄国北部，尤其是沃洛格达省采用原始的一圃制。用 18 世纪 60 年代俄国著名农学家 A. B. 奥丽舍夫的话讲，在三圃制以前，"春天，大麦与黑麦一起播种，大麦成熟时收割大麦，而剩下的黑麦继续生长。来年的黑麦收成会非常好，所以同一块土

---

① Труды ВЭО, 1767, ч. Ⅶ, с. 32-33.

地总是能种两种作物"。① 这一现象足以证明市场对农业生产的影响。但早在 16 世纪，已有资料（如 A. 格万伊尼的笔记）记载了同样的现象，这种现象实质上就是混合播种大麦和秋播作物黑麦。② 大麦的生长周期很短（只有 6~9 周），只需在短暂的夏季得到充分的日照便可成熟，是最主要的粮食作物。然而，只有在社会分工和商品交换发达的情况下，单一作物在经济中的主导地位才可能保持。16 世纪前出现的黑麦和大麦的混合播种现象，是由不发达的商品交换、占主导地位的自然经济以及对主要粮食作物——不易适应地方条件的黑麦的大量需求所决定的，即实际可行性和自然气候条件。

然而，在 18 世纪，主要是 18 世纪下半叶，新的价值规律重塑了地方农业特色。

我们可以比较不同因素（传统因素与新因素）对同一农产品种植情况的影响。A. T. 博洛托夫曾以莫斯科省的卡希拉县和普斯科夫省这两个地区为例，对比亚麻的种植情况。在卡希拉县，人们出于"家庭需要"种植亚麻，它是小农经济再生产的要素之一。该地区的自然条件不十分适宜种植亚麻：斜坡较多，且土质为灰色黏土。生长于这种土壤上的亚麻茎很短（27~36 厘米），且枝丫很细，往往会被淤泥压倒从而脱落。亚麻种植在三圃制下"未施肥的、贫瘠的"土壤中。通常，这里的亚麻播种量要达到其他地区的两倍，才能收获同等产量的亚麻。③ 而在春季，由于大量春播作物需要播种，亚麻更失去了生长的地方。人们或者先将亚麻播种在犁沟中，然后耙地，或者直接将亚麻播种在耙过的贫瘠土地上。亚麻的播种时间与春季作物的播种时间相同。在某种程度上，农作物的

---

① 　Труды ВЭО，1766，ч. Ⅱ，с. 106-107.

② 　Кочин　Г. Е. Сельское　хозяйство　на　Руси　в　период　образования　Русского централизованного государства. Конец Ⅷ-начало Ⅵ в. М. -Л. ，1965，с. 142.

③ 　俄国农耕中的翻耕指进行两次耕地，包括犁地和耙地。两次耕地之间有一段土地休整期。

具体播种顺序取决于其重要性。亚麻通常会被提前播种，大约在 5 月中旬（A. T. 博洛托夫认为亚麻的最佳播种时间是 6 月 20 日左右），因播种密度非常高，所以亚麻的茎长得很细。亚麻密集播种的原因可能有以下两点，一是在这些地区，有一种外观无异于亚麻的杂草与亚麻共同生长，抢夺肥力。[①] 二是农民为了获得更细的纱线，人为地使亚麻的茎部变细。当亚麻成熟时，他们将亚麻连根拔起，立即拿到院子里"摊在木桩上"进行第一次晾晒；几天之后，再将亚麻穗置于仓库或房屋中进行第二次晾晒；此后，农民先将亚麻脱粒以收集种子，再把亚麻穗铺在草地上晾晒 3 周以上，在此期间，他们会定期翻动亚麻，但亚麻茎仍有腐烂；第三次晾晒完成后，农民再次将干燥的亚麻置于粮食干燥室或木屋中晾晒；最后，他们将亚麻碾碎、切丝、清洗并编织成捆。

普斯科夫省的亚麻种植程序要复杂得多，这里的亚麻生长周期更长，劳动投入也更大。首先，农民需要精心选择适宜亚麻生长的地块。村郊（"村庄的边缘地带"）是亚麻的最佳种植区，那里通常有黑土地和灰色砂质黏土。低平、潮湿的土地最适宜亚麻生长。亚麻通常种植在"处女地"，即草地上。A. T. 博洛托夫写道："人们在适宜耕地的亚麻田上四次耕田耙地……"[②]而在松软的土地上只能耕两次地，但每次耕地后都要多次（"频繁"）犁地。不同土壤上的亚麻播种时间也不同：黏土和贫瘠土壤的播种日期为 6 月 4 日左右，"优质土壤"的播种日期为伊利亚节前 7 至 9 周，即 6 月初前后。人们通常选择在风和日丽的日子里播种，或早晨或傍晚，但不能在雨后立即播种，也不能在干燥的天气播种。要稀疏地播种，不能一次撒一把种子，而应撒数粒种子。在同样大的地块上，亚麻的播种量可达燕麦的 4 倍。[③]亚麻茎长得很高，也很粗（当然，除草对

---

① Труды ВЭО，1766，ч. Ⅱ，с.143，144，153，212-213.

② Труды ВЭО，1766，ч. Ⅱ，с.212-213.

③ 1 俄石亚麻重 7~8 普特，1 俄石燕麦重 3~4 普特；1 俄石 = 8 切特维利克。

此非常重要）。亚麻的收成可达到播种量的 3~4 倍，每枝亚麻的纤维含量很高。在炎热干燥的天气里，只要亚麻底部的叶子开始脱落，人们就开始收割未成熟的亚麻，将亚麻穗的头部和根部捆绑起来，然后挑一个好天气，将 10 捆亚麻堆成一垛进行晾晒。

人们在小河湾中（偶尔也在大水洼或池塘中）浸渍麻，麻浸渍程序完全结束后便可以得到白亮的亚麻，这能够使麻织品呈现出独特的银白色。不能在流水中浸渍麻，因为沙子会"侵蚀"它的纤维。成捆的亚麻在水中排成一排，一个挨着一个朝岸边涌去。人们将灌木丛、木杆或者石头压在亚麻上，使其完全浸在水中。两天后，麻秆可能会往上漂浮，露出水面，这时，人们便将其踩入深水中。麻浸渍的时长视天气而定（5~9 天不等）。浸泡亚麻时，农民通常将亚麻折成 5~6 截，以便检查亚麻的每一截是否都被充分浸泡过。麻浸渍完成后，需要将亚麻纤维完整地提取出来。人们将晾晒之后的亚麻放置在专用木桩上晾上一天一夜，然后铺在平坦、背风的草地上再次晾晒，晾晒时不能把亚麻铺得过厚，否则会减小受晒面积。亚麻需要晾晒 2~4 周不等，具体的晾晒时间因时、因地制宜。晾晒过后，农民把亚麻编织成大捆"麻束"，运到打谷场，成堆放在铺满了黑麦秸的架子上晾晒。最后，在木屋中进行最后一次晾晒，冬季则在谷仓内烧柴火以烘干亚麻。所有晾晒工序结束后，人们用揉麻机将亚麻揉碎，使籽皮分离，再将亚麻纤维以每 20 俄磅编成一捆出售。

商品化对农业文化的影响可从亚麻的加工过程中窥见一斑。农民通常不给亚麻的谷穗脱粒，而是先筛选出最饱满的略微泛红的谷穗作为种子出售。在麻浸渍之前，人们会将亚麻分为长麻和短麻，揉麻时则把亚麻分为 3 个"种类"（等级）：白色或银色的亚麻是上等亚麻，不仅畅销于国内市场，还能出口到国外市场；所谓的水色或蓝色亚麻（经历了长时间的浸泡）被划分为第二"等"，仅用于国内销售；第三类黑色或红色亚麻（生长于过于干燥的土地上）是最劣质的亚麻，很少在市场上流通。这种典型的分类方法在各地区普遍适用。打麻的过程中会产生废料——麻絮，而梳麻时人们会将亚麻纤维表面的麻絮收集起来编织成软麻布。卡希拉县的农民仅用纤细的亚麻纤维制作自穿的衣服。

由此可见，得益于适宜的自然条件，普斯科夫省的亚麻生产才具备明显的地方特色。该地制麻工艺的工序完备，因此亚麻的价格不断提高。①

18 世纪下半叶，普斯科夫省的亚麻是俄国公认的优质亚麻，但因其非常稀缺，所以价格高昂。此外，俄国其他一些地区明显受到了普斯科夫亚省麻种植技术的影响，这首先表现在生产过程的集约化上——这是18 世纪的一个全新的现象。特维尔省，尤其是卡希拉县的亚麻种植区就是一个例子。B. 普利克隆斯基发现，这里种植的亚麻被明确地分为两大类：本地亚麻种子，即"普拉文"，和从普斯科夫省引入的亚麻种子——"罗斯东"。"罗斯东"的种植技术相当复杂。

种植"罗斯东"是卡希拉县的地主独有的经济活动。市场，尤其是莫斯科的市场出售高质量的薄麻布和麻线，后者可以用来制作花边。尽管普斯科夫省的"罗斯东"质量每隔两年就会下降，但地主还是不断地播种这种亚麻，并将其制成品大量用作家用。"罗斯东"的种植规模远远小于"普拉文"，后者播种地"比黑麦还频繁"。② 其原因不言而喻："普拉文"主要用于榨油。地主对"罗斯东"的加工非常精细，"他们非常仔细地检查亚麻，并尽可能地清洗它"。多次清洗之后，如果仍洗不干净，就用专用的鬃毛刷用力摩擦，"直到把它刷成一条细细的线为止"。经过这道程序以后，"亚麻就变成了柔软的细线"。不过，这也造成了亚麻纤

---

① Труды ВЭО, 1774, ч. XXVI, с. 1–89.
② Труды ВЭО, 1774, ч. XXVI, с. 8, 45, 84.

维的大量浪费。① "罗斯东" 的价格非常高昂（18 世纪 60 年代的价格为 4 卢布/普特②）。总而言之，商品化对特维尔省的亚麻种植产生了非常深刻的影响。

雅罗斯拉夫尔省和弗拉基米尔省部分地区的亚麻种植情况大体上与此接近。只不过这些地区的亚麻种植方法可能更简单，得天独厚的土壤和气候条件是关键。佩列斯拉夫尔的农民为了让亚麻长得 "更优质"，他们播种亚麻的频次非常低。这里的亚麻与特维尔省的 "普拉文" 相似——略微泛绿，亚麻种子在田野 "边缘" 生长。③ 除此之外，上述地区的种植技术也相同。

扶摇直上的纺织业快速消耗着俄国中部的亚麻资源。早在 18 世纪 50 年代，俄国大型纺织品生产商就将目光转向伏尔加河畔的下诺夫哥罗德省，尤其是喀山地区，以寻求廉价的亚麻原料。到了 18 世纪 60 年代，他们的采购业务已经延伸至波洛茨克省附近的西俄地区，这里的亚麻质量不比普斯科夫省差，白俄罗斯等地也是如此。这样一来，工业需求的缓慢增长切实促进了更多地区亚麻种植水平的提高。这无疑体现出了商品化在实际物质文化发展中的作用。当然，这里的物质文化指的是农业生产文化。然而，商品化发挥的作用有限，因为保守的三圃制直接阻碍了亚麻种植技术的推广和种植范围的扩大。品质最好的普斯科夫亚麻仅被播种在极其有限的春播地上，而且要与其他春播作物（燕麦、大麦等）"共同生长"。

---

① 商品生产的规律甚至使亚麻秆和亚麻纤维的初级加工更加精细。据加什所说，在彼得罗扎沃茨克，农民通常将粗略梳理过的亚麻装入白色蜡袋，然后用粗线将其捆成一大捆，在地窖中放置 8 天。8 天之后，人们将亚麻捆放在专用的滚轴下面连续碾压 3 次，每次压完后都要用密齿梳（与日常的发梳相似）梳理亚麻。"这样得到的亚麻非常柔软。如果将它和生丝放在一起，单凭触觉根本无法分辨出何为亚麻、何为生丝。"这样的亚麻通常被用于制作上等细麻布以及其他白色织物。—Труды ВЭО，1796，с. 254-256.

② Труды ВЭО，1774，ч. XXVI，с. 83.

③ Труды ВЭО，1769，ч. XII，с. 114-115；1767，ч. VII，с. 108-109.

同样有趣且具有启示意义的是大麻种植业的发展。18 世纪，大麻在俄国一些省份（卡卢加省、图拉省、奥廖尔省、库尔斯克省等）广泛种植，这不仅是因为自然条件适宜，还因为麻油，尤其是大麻纤维具有广阔的销售市场，包括国内市场（由于麻厂的迅速发展）和国际市场。

大麻是春播作物，种植技术相对简单。在奥廖尔省、库尔斯克省和沃罗涅日省，大麻播种密度通常为 8~10 切特维利克①/俄亩。人们认为，"在肥沃的土地上，可以播种得更密集，因为大麻株型紧凑，宜密植"。大麻的播种密度最多能达到 16 切特维利克/俄亩，② 但也要注意不能过密，保持一定的间距能够使大麻纤维更加强韧。上述地区的大麻产量是播种量的 6~8 倍。俄国南部地区（沃罗涅日省等）的大麻产量为播种量的 3~4 倍。如果收成好的话，每俄亩的大麻产量可达到 10 普特甚至更高。6~7 月，人们通常收获花麻，③ 其秆茎成熟较早。它被运用于家织麻布（一种非常粗糙的麻布）的制作中。到了秋天，农民会收割全部大麻，并捆成束，将其在田间或粮食干燥室中晒干。④ 非黑土区的大麻通常被置于特殊的台架上晾晒，台架共有 4~5 层，呈阶梯状分布。晒干之后需要将大麻谷穗脱粒，大麻籽用来榨油或播种。在库尔斯克省、奥廖尔省以及更偏南的省份，人们用链枷给大麻脱粒，然后把大麻成垛放在田里晾晒，通常晾晒一整个冬天。3~4 月，人们将大麻放在"流动的河流和池塘"中浸泡两周，然后拿到田间晾晒（大约 10 天）。⑤ 与亚麻相同，大麻晒干后放在铡草机中加工，再用打麻器打麻，清洗，并编织成捆以便

---

① 切特维利克是 "четверик" 的音译，是俄国旧的计量散体物的单位，1 切特维利克等于 26.2 升，即 1/8 俄石。——译者注
② ЦГВИА，ф. ВУА，оп. Ⅲ，д. 18 800；Труды ВЭО，1768，ч. Ⅷ，с. 139.
③ 即只开花不结果的雄株大麻。——译者注
④ Труды ВЭО，1767，ч. Ⅶ，с. 62-73.
⑤ Труды ВЭО，1774，ч. ⅩⅩⅥ，с. 27-32；1768，ч. Ⅷ，с. 217.

销售。

大麻的商品化加快了大麻种植的集约化进程。集约化在各地区（甚至包括肥沃的黑土区）主要表现为大量施肥。大麻是少数可以承受大剂量化肥的作物之一。大麻田的最大施肥量曾经超过 3000 普特/俄亩。通常，大麻的施肥量是黑麦的两倍。例如，在卡卢加省，贫苦农民每年只能给不超过 1/3 的大麻田施肥。[①] 地主和其余的农民，在条件允许的情况下尽可能地给所有大麻施肥。极大的施肥量保证了大麻的高产，但同时也阻碍了大麻种植面积的扩大。在调研卡卢加省的大麻种植情况时，自由经济学会曾明确指出，扩大大麻的种植面积是不可能的，"因为它需要生长于施过厩肥的田地上，而由于缺乏肥料，农民不可能拓展大麻的种植范围"。[②] 到 18 世纪末，在奥廖尔省的许多县（卡拉切夫县、谢夫斯克县、姆岑斯克县、特鲁布切夫斯克县等），大麻超越了燕麦和荞麦等作物，成为主要春播作物。然而，在大多数地区，大麻田只占春耕田的 3%~8%。A. T. 博洛托夫说："18 世纪 80 年代，奥廖尔省扩大大麻种植规模的障碍同样是缺乏厩肥，这是由牲畜饲养量不足导致的。"[③]

18 世纪中叶，在乌克兰南部的独院小地主居住区，也有秋季施厩肥、春季两次播种大麻的传统。不过，这里的大麻茎纤细、低矮，品质明显不如大俄罗斯地区的大麻。[④] 乌克兰南部地区土壤肥沃，能够使农作物，尤其是荞麦之类的作物定期获得高产。因为这类农作物的生命力强，需

---

① Труды ВЭО, 1769, ч. XI, с. 119.

② Труды ВЭО, 1769, ч. XI, с. 88.

③ ЦГАДА, ф. 273, оп. 1, д. 19068. 1797 年，克罗梅县的大麻田占春播地面积的 25.3%，谢夫斯克县的大麻田占春播地面积的 21%，布良斯克县的大麻田占春播地面积的 21%，卡拉切夫县的大麻田占春播地面积的 17%，特鲁布切夫斯克县的大麻田占春播地面积的 16%。Болотов А. Т. Замечания о неравенстве в нашем отечестве, а больше еще в карачевских местах скотоводства с земледелием. – Экономический магазин, ч. XVIII, 1784, с. 36–44.

④ Труды ВЭО, 1768, ч. VIII, с. 81–98.

要的劳动力投入极小，此外，易生长的黑麦和燕麦的产量同样很高。这些产品有相当广阔的市场，这就促使农民无限地扩大耕地，而草地，尤其是牧场越来越少。这进一步导致饲料（和粪便）急剧短缺。

在一些大麻种植区，我们可以很清楚地观察到，大麻的种植传统和初级加工技术是根据市场调整的。农产品的种植不再单方面地受一般价值规律的支配，而是更加主动地去适应市场环境。例如，在卡卢加省和梁赞省（尤其是梁赞省），大麻在粮食干燥室中晒干并脱粒后，就立即被放到池塘、沼泽甚至是河流中浸泡。在梁赞省，大麻需要在水中浸泡一个月以上，卡卢加省的大麻浸泡时间稍短一些。一位同时代的人记载道："大麻从水中取出后，在小木屋里晒干，用手动揉麻机揉碎。"这样得到的大麻纤维非常强韧，梁赞人称之为"水浸麻"。"水浸麻"主要可用来缝制渔网。[1] 18 世纪 60 年代，这种大麻的平均价格为 40～45 戈比/普特。[2]

纤维的长期浸泡促进了商品化农业领域中所谓的"生产机密"（与工业类似）的出现，即特殊的、独一无二的专业化农业技术的出现。

然而，在 18 世纪，仅依靠"生产机密"无法培育出独特的农产品，适宜的土壤和气候条件必不可少。土壤质量与气候条件之间的联系随着农业劳动技术的发展而越发紧密。卡卢加省在"播种和培育"大麻方面与其他地区没有区别（即一切都"与其他省份一样"），可是这里生产的大麻和大麻纤维却是俄国最优质的，这是因为卡卢加省的施肥率极高。此外，在 18 世纪 60 年代，梁赞省的大麻种植成本（包括整个生产链：播种、育苗以及包括除草在内的土地管理）为 2 卢布/俄亩，而卡卢加省

---

[1] Труды ВЭО, 1767, ч. VII, с.80-81; 1769, ч. XI, с.115.

[2] 显然，奥伦堡地区也出现了同样的专业化生产。据 П. И. 雷奇科夫所说，这里的大麻浸泡时间甚至更久——长达 2 个月。—Рычков П. Письмо о земледельстве в Казанской и Оренбургских губерниях, ч. II. В кн.: Сочинения и переводы к пользе и увеселению служащие, 1758, июнь, с: 518.

的大麻种植成本约为 5 卢布/俄亩。① 当然，高成本意味着集约化程度更高。自由经济学会曾在梁赞省调研大麻和亚麻的种植情况，调研结果表明，梁赞省的亚麻播种量很小，"大麻的播种量很大"，"但农民谈不上勤劳"；"卡卢加省的农民花费大量的精力种植大麻"。即使不是专业"大麻"种植区，大麻种植的集约化程度也显著增强，比如特维尔省。因为大麻是优质的油料作物，卡希拉县的大麻更是"垄断"了耕地。②

总体来看，地方农业文化特色的多元化是 18 世纪俄国农业文化的一个显著特点。农业不再单一地受以实际可行性为基础的传统因素的影响，有时，由价值规律支配的新元素的影响力甚至更大。同时，很明显，以休耕制度为基础的三圃制以及传统的秋播作物和春播作物的分类方式，始终是阻碍俄国农业水平提高的最大障碍。

2　18 世纪的三圃制及其完善

18 世纪，三圃制作为一种休耕轮作制度，在欧俄的广袤土地上占据主导地位。众所周知，三圃制是将土地分为两块正常耕作的田地——秋播地和春播地和一块"休耕"地。休耕地，顾名思义即"休息"的、被"抛荒"的土地。休耕之后的土壤会变软（播种完谷类作物后土壤会变"硬"），且没有野草生长。休耕地的另一个用途是提高土壤肥力，18 世纪的肥料仍然以"厩肥"为主。三圃制中每块田地的功能循环更替，所以它们的面积大致相等。三圃制是数百年来俄国农业发展的结晶。

18 世纪俄国的主要农作物是冬黑麦，其分布区域北至沃洛格达省和阿尔汉格尔斯克省的部分地区，南至南俄草原和伏尔加河流域（沃罗涅

---

① Труды ВЭО, 1769, ч. XI, с. 118–119; 1767, ч. VII, с. 81.
② Труды ВЭО, 1767, ч. VII, с. 51–53; 1769, ч. XI, с. 87; 1774, ч. XXVI, с. 22, 27–32.

日省、奥伦堡省等地）。冬黑麦在农业经济中发挥着关键作用。一到冬季，黑麦便会覆盖大量田地，黑麦田占耕地总面积的 50%。相比于其他粮食作物，农民最需要黑麦。"他们认为黑麦是最健康的粮食"，"无论是作为谷物还是作为面粉原料，黑麦都比小麦强"，而且黑麦更易储存。"人们还认为黑麦比小麦更适合酿酒，没有用黑麦芽酿的啤酒和格瓦斯一定不可口，也不健康"。[①] 在酒厂里，黑麦芽和黑麦是上等的原料。黑麦也是最有利可图的农作物。它的特点是产量高、劳动投入少。种植黑麦不需要在春夏除草，且黑麦在任何土质上都能获得可观的产量。正如同时代的人常说的那样，黑麦"比任何春播作物都更可靠"，也就是说，黑麦是所有谷物中损失率最低的。冬季温暖的南方则普遍播种春黑麦。春黑麦在农业经济中也发挥了重要作用，因为相对于冬黑麦，它不易遭受虫害。由此可见，黑麦能够在粮食作物中占据主导地位是数百年来俄国农业发展的必然结果。

在春播作物中，燕麦也占据了同等重要的位置，它"比其他大多数作物都更优质、生命力更强"[②]。首先，它对土壤肥力的要求不高，即使在贫瘠的"处女地"上也能顽强生长，且所需的劳动投入小。几乎在俄国各地，种植燕麦都只需进行一次耙地，这大大节省了劳动力。其次，在所有春播作物中，燕麦所占的播种面积最小，因为其播种密度非常大——几乎是其他谷类作物（黑麦、大麦和小麦）的 2~3 倍。最后，燕麦最大的优势是产量稳定，尽管它不算高产（收成是播种量的 3~5 倍）。农民更喜欢产量稳定的作物，相比之下，产量波动大的作物（如小麦）往往令他们头疼。

大麦在春播作物中也占据着一席之地。这一重要的谷类作物的种植要求也不高。大麦芽可以用来酿造啤酒、制作肉汤。大麦的生长期最短

---

① Труды ВЭО, 1767, ч. Ⅶ, с. 118–119.
② Труды ВЭО, 1767, ч. Ⅶ, с. 120–121.

（6～10 周，而春黑麦和小麦则为 12～16 周）。大麦粒比小麦粒饱满，产量比黑麦高。因此，从俄国北部的阿尔汉格尔斯克省到南部的沃罗涅日省、库尔斯克省，再到东部的乌拉尔省和奥伦堡省，大麦都稳居农民必种作物的行列。据同时代人记载，在 18 世纪，俄国南方还有一种无皮大麦，即没有麦麸，且麦穗没有麦芒的大麦。[①]

图 2-1　农民用木犁耕地

　　小麦（春小麦）也是遍布俄国北部、南部和东部地区的一种农作物。但它的播种量非常小，这是有历史根源的。П. И. 雷奇科夫曾写道："这种播种习俗……是最古老的。"这主要受农业栽培技术的限制。不过，到 18 世纪下半叶，人们经过实践创造出了更适合俄国自然气候条件的小麦品种——"冰小麦"（一种特殊的春播作物）。其主要优势在于可以超早播种，且可以生长于早在秋季就已犁过的土地上。此外，这种小麦适宜

---

① Рычков П. Письмо о земледельстве.., ч. Ⅱ, с. 510–511.

各种土质。"冰小麦""在春天冰雪融化、土壤刚开始解冻的时候播种"，①"冰小麦"之名正由此而来。在卡希拉县，"冰小麦"的产量达到了播种量的 8 倍，甚至更多。更重要的是，"冰小麦"可以生长在土质肥沃但未施过肥的土地上。② 较早的播种时间使"冰小麦"的生命力更加顽强，不容易被冻伤。此外，"冰小麦"还有一个优点：极其适合三圃制。与其他小麦（包括冬小麦和春小麦）一样，种植"冰小麦"需要投入大量精力。在农忙时节，农民播种春小麦需要付出双倍的劳动，这令他们不堪重负。18 世纪下半叶，随着领地经济的发展，地主对农奴的剥削日益强化。在春季，农民的劳动负担尤其沉重，这威胁到了小农经济本身的再生产。秋收后的农业劳动力投入最小，因为在俄国的大部分地区，打谷期不受季节的影响。从 18 世纪下半叶开始，俄国中部和西北部地区逐渐将此时的劳动重点转移到所谓的秋耕，尤其是冰小麦（"冰小麦属于小麦的一种，麦粒呈红色，成熟极快"）的种植上。18 世纪六七十年代，图拉省、特维尔省等地陆续开始播种冰小麦。③ A. T. 博洛托夫指出，冰小麦的种植直到 18 世纪 60 年代才普遍开来。

在秋季，为地主干农活耗尽了农民的大部分精力。冰小麦像其他种类的小麦一样，是地主的主要经济来源。A. T. 博洛托夫指出，图拉省只有部分村庄的农民播种了冰小麦，④ 这些农民主要是缴纳代役租的农民。尽管如此，冰小麦的出现和普及依然是 18 世纪俄国农业的一项杰出成就。

冰小麦弥补了冬小麦和春小麦的缺点，后者是 18 世纪的人们常说的

---

① Рычков П. Письмо о земледельстве.., ч. I, 1758, май, с. 120; Труды ВЭО, 1767, ч. VII, с. 120-121.

② Труды ВЭО, 1766, ч. II, с. 139-140.

③ Труды ВЭО, 1767, ч. VII, с. 84; 1766, ч. II, с. 139; Генеральное соображенне по Тверской губернии., с. 5, 48.

④ Труды ВЭО, 1766, ч. II, с. 140.

需要精心呵护的"脆弱"的粮食。首先，这些"粮食"需要肥沃的土壤，而在 18 世纪，非黑土区的土壤大都很贫瘠，这给粮食种植业造成了很大的困难，导致农作物，尤其是春小麦的播种量极低，而冬小麦的播种面积有限，因为黑麦的种植规模也很大。在土壤肥力较高的黑土区，冬小麦和春小麦的广泛种植也受到了限制，当时，这种作物对病害（黑穗病等）的抵抗力较差。18 世纪 60 年代，A. T. 博洛托夫曾写下这样一段文字："冬小麦只能苗壮成长到抽穗阶段，然后就会被各种杂草吞噬"，其他幸存的冬小麦穗"大多是腐烂的空穗"①。实际上，外伏尔加地区和奥伦堡地区的春小麦也遭遇了同样的情况，不过，繁重的劳动是这些地区种植春小麦的首要障碍。阻碍小麦普及还有其他原因：即使是新开垦的土地，种植完小麦之后也会迅速变得贫瘠（"播种 2~3 次之后，就需要更换土地"）。② 这导致冬小麦和春小麦的播种量很低。

不过也有例外，弗拉基米尔省沃野千里，自古以来就是膏腴之地。1761 年，在苏兹达尔县斯帕索-埃夫菲米耶夫修道院的领地中，小麦的种植面积占春耕田的 15%，而在弗拉基米尔省的修道院领地（莫尔多什村、科夫罗沃村、托尔基村和诺沃耶村）中，小麦的种植比例高达 27%。同样在 18 世纪末，俄国最大的农业生产区奥廖尔省的小麦种植份额仅为 9.8%（49399 俄亩）。③

小麦主要由地主种植。在图拉省、奥廖尔省、库尔斯克省、坦波夫省、奔萨省、辛比尔斯克省、沃罗涅日省等广大地区，小麦的种植面积最大。其中，春小麦的播种比例又比其他小麦大。

豌豆和荞麦也是值得一提的春播作物，二者几乎是各地必种的农作物。它们的种植面积有时高达春耕田的 8%~12%。农民乐于种植豌豆和

---

① Труды ВЭО, 1766, ч. Ⅱ, с. 135.

② Труды ВЭО, 1767, ч. Ⅶ, с. 121–122.

③ Баранов М. А. Крестьяне монастырских вотчнн накануне секуляризации. М., 1954. Рук. дисс., с. 95–98; ЦГАДА, ф. 273, оп. 1, д. 19 068, л. 202–205.

荞麦，不仅因为它们是粮食作物（荞麦被认为是最优质、最有价值的农作物），还因为它们的种植步骤相对简单。

此外，亚麻和大麻也是三圃制下的必种作物。亚麻在黑土地上的长势极差，相反，在非黑土地上的长势很好。但作为小农经济最重要的作物之一，大麻和亚麻被播种于各个地区，尽管有些地区的种植规模很小（最多 2%，奥伦堡省甚至根本没有种亚麻）。有些春播作物（双粒小麦、扁豆、萝卜、黍米、粟草——黍的一种、罂粟等）只在某个气候区内播种，其规模远小于其他春播作物。

三圃制的生命力主要靠小农经济自给自足的性质来维持。在 18 世纪，即使是 18 世纪下半叶，商品货币关系已经渗透到了农村，但自给自足的小农经济仍然占据主导地位。由于农作物品种繁多，即便有一两种，哪怕是三种作物（可能性极小）成了商品，也无法改变小农经济的自然特征。一切事物，农民都必须拥有属于自己的一份，这是自给自足的小农经济的本质，也是这种经济所造成的农民心理。三圃制坚如磐石，农业的新元素很难渗透到其中。

到了 18 世纪 60 年代，杰出的进步农学家 A. T. 博洛托夫意识到了三圃制（不仅是三圃制，还有村社制度）的历史局限性和保守性。"农民自己的土地和地主的土地不在一起，它们通常相距甚远……"地主土地所有制与村社制度互相制约，导致"无论是地主还是农民，即使拥有足够的肥料，也无法给所有土地施肥。只有自己院内及附近的土地能够正常施肥，其余的土地总是缺乏肥料"[1]。A. T. 博洛托夫用一个精辟的概念——"耕地交错"总结了三圃制的保守和落后之处。根据 A. T. 博洛托夫的说法，"耕地交错"是"自由使用土地"的主要障碍。[2]

尽管在 18 世纪中叶，三圃制仍然占据主导地位，农耕技术还是取得

---

[1] Труды ВЭО, 1766, ч. II, с.162, 165, 167.
[2] Труды ВЭО, 1766, ч. II, с.163, 165, 167, 168.

了有限但非常重要的进步。当然，在三块田地之内不可能有其他的轮作方式，但选择一块田地种植某种具有特殊价值的作物是可以实现的。18世纪60年代，在图拉省和梁赞省南部地区，人们将小麦和大麦种植于最优质的春耕田上，它们是黑土区内生长势头最猛的农作物。燕麦作为生命力最顽强的作物，通常被播种在最贫瘠的土壤上。至于亚麻和大麻，它们若作为经济作物，则在最优质的土壤上播种。黑土区的黍米主要播种在新开垦的土地上。在库尔斯克省、沃罗涅日省、奥伦堡省等地，所谓的"粟草"与黍米一起被广泛种植。粟草在欧俄也很常见，因其能够在最原始的、未耕作过的田地上生长，且收成能达到播种量的 20~30 倍。在奥伦堡省，人们在种植黍米时，保留了一个有趣且古老的传统："为了收获高产优质的黍米，一些农民在黍米快要发芽时就翻耕，而通常情况下……翻耕在雨天进行。"以这种方式耕种的黍米产量极高（打破了纪录——收成达播种量的 60 倍）。

还有一些用于提高土壤肥力的农作物被广泛种植。例如，黑土区以及中部地区的荞麦，它具有清除杂草的特殊功能，因为荞麦浓密的枝叶会抑制周围一切杂草的生长。П. И. 雷奇科夫在观察农民的实践时总结道："播种过荞麦的土地，即使本身很贫瘠，播种完也会变得异常柔软、肥沃，所以人们有意在未经休耕的田地上播种荞麦，以使土壤更加肥沃。"[1] А. Т. 博洛托夫还指出"图拉省的荞麦在燕麦之后播种，这时的土壤通常是最贫瘠的"，因为燕麦本身就不在最优质的土地上播种。在卡卢加省，荞麦通常也被播种在较贫瘠的土地上。[2] 众所周知，荞麦作为一种优质的蜜源作物，几乎全靠蜜蜂授粉。因此，荞麦绝大多数都种植在杂

---

[1]　Рычков П. Письмо о земледельстве. . , ч. II , с. 511，514.

[2]　Труды ВЭО，1766，ч. II ，с. 141；1767，ч. VII，с. 71；1769，ч. XI，с. 87. 亦可参见 Лепехин И. И. Дневные записки путешествия доктора и Академин паук адъюнкта Ивана Лепехина по разным провинциям Российского государства，1768-1769 гг.，ч. I. Спб.，1771，с. 141。

草稀少的地方。相关资料表明，梁赞省为此专门培育了大量蜜蜂，"这里几乎每个农民都养有几箱蜜蜂"。大多数蜂蜜都源自荞麦花粉，"荞麦歉收时，蜂蜜就会减产"。[①] 其他地区的情况也大致如此。在保守的三圃制下，俄国中部黑土区的荞麦种植规模非常大，同时，种植荞麦也是有效提高土壤肥力的一个手段。

豌豆种植作为恢复土壤肥力的一种手段，也至关重要。俄国的农业实验展现出了豌豆的这一特点：它可以为土壤补充氮气（像其他豆科植物一样）。П. И. 雷奇科夫在总结农民的实践时写道："种过豌豆后，土壤会变得肥沃又柔软。"此外，豌豆生长在肥沃的土地上，容易被野草侵占生长空间，导致收成不佳。因此，А. Т. 博洛托夫认为肥料对豌豆有害无益。他发现了一个有趣的现象：6～10 年内，豌豆在同一块土地上只播种 1 次。[②] 所以，三圃制中"种豌豆的地块"不断更替，有助于土壤肥力的恢复。

即使数据不够充分，我们也能明显观察到农民利用豌豆和荞麦的宝贵特性的意图。在弗拉基米尔省的梅连基县、科夫罗夫县、尤里耶夫-波利斯基县和亚历山德罗夫县，黑麦、燕麦和豌豆是主要农作物；[③] 在戈罗霍韦茨县和穆罗姆县，主要农作物除了黑麦、燕麦和豌豆，还有荞麦；在同省的基尔扎赫县和波克罗夫县，主要农作物除了黑麦、燕麦和豌豆，还有大麦；在维亚兹尼科夫县，黑麦、燕麦、大麦和荞麦是主要农作物；而在舒伊斯基县，黑麦、大麦、燕麦和荞麦共占总种植面积的 51%。豌豆是春耕田的常客。还有一些地方也种植荞麦，这很可能是为了提高该地区过于低下的土壤肥力（弗拉基米尔省尤里耶夫-波利斯基县的部分耕

---

① Труды ВЭО，1767，ч. Ⅶ，с. 71.

② Рычков П. Письмо о земледельстве..，ч. Ⅱ，с. 515；Труды ВЭО，1766，ч. Ⅱ，с. 139，140.

③ Топографическое описание Владимирской губернии，составленное в 1784 г. Владимир，1906，с. 26，37，43，58，65，77，83，94，101，106.

地除外）。

18世纪的农耕技术取得了明显进步，三圃制逐渐完善。根深蒂固的、存在严重缺陷的古老耕作方式发生了根本性转变，在这种"转变"中，传统农业在自给自足的基础上具备了商品生产的价值机制带来的新特征。

18世纪，原始的刀耕火种农业在俄国北部、森林资源丰富的地区[①]以及农业作用微弱的地区保留了下来。据记载，18世纪60年代，奥洛涅茨省南部的居民们"大部分靠购买粮食维持生计"。尽管如此，刀耕火种农业仍然在一些地方保留了下来。通过刀耕火种得到的耕地质量取决于树龄。将有10~12年树龄的树木焚烧后，得到的是使用期限相对较短、产量不高的耕地。焚烧"有50年以上树龄的树木"可以获得优质耕地，在这样的耕地上，"丰收年，黑麦在20年后的收成可达到播种量的10倍、12倍甚至15倍，而燕麦在两年之后即可获得同样可观的产量。"此外，还有一种林中耕地，它被枯木包围，枯木的树龄约有两百年，因树皮被剥去而变得枯萎，将树皮焚烧之后撒在土地上。在这里种植农作物时，人们有时耕地，有时则直接把作物播种在焦土上，"种子可以获得足够多的草木作为肥料。于是人们便直接在光秃秃的焦土上播种"。高大的树木形成的荫蔽给作物提供了足够的水分。"在这种地块上，黑麦和燕麦的产量可以在两年后达到播种量的40~50倍"。然而，高收成与使用期成反比。刀耕火种农业只能靠草木灰和枝丫的腐烂成分维持土壤肥力，而土壤本身则在燃烧后变得完全贫瘠。这是一种极为粗放的耕作方式，在18世纪已经奄奄一息。

18世纪的俄国农民清楚地认识到，不能指望树木的灰烬带来好收成，焚烧会对土壤造成极大的损害。18世纪，人们不再通过焚烧树木来提高土壤肥力。例如，在特维尔省的卡申县，农民在森林里开垦耕地时，仅

---

① Труды ВЭО, 1769, ч. XIII, с. 15–16, 17–18.

就地焚烧枯木，其余所有被砍下的木材都得到了有效的利用。这种做法可能会导致第一次耕种的收成非常少，甚至颗粒无收。但"耕地使用得越久，作物产量就越高"。高产期至少可以持续 4~5 年，随着施肥量的增加，高产期甚至能够持续 8 年。[①] 在卡申县，只有头两年需要专门进行犁地和耙地，"若要播种两种以上作物，则需要翻耕"。[②]

非黑土区的新耕作制度（春播作物和秋播作物交替种植）应运而生。卡利亚津县的非黑土区在头一年播种燕麦。大多数非黑土区第一年会播种亚麻，第二年播种大麦和燕麦，然后再播种秋播作物，也就是说，土地通常在夏季"休息"。萝卜种植在恢复非黑土区土壤肥力方面发挥了非常重要的作用。[③] 这种耕作制度在 18 世纪通常被称为"周转"，即现在的农学术语——"轮作"。

长期耕种导致庄稼收成下降，因此人们只能将林地开垦为耕地。在奥洛涅茨省，人们通常会排干沼泽地的水，使之变为耕地。连续使用十年后，曾经的沼泽地暂时变成草地。经过 8~10 年不间断的轮作，湿地也变成了田地。同样在卡申县，长期耕种还促使人们将林中空地也纳入耕地的范围。[④] 就这样，曾经的林中空地完全变成了耕地，这就是轮作制度的雏形。这一过程往往与人口增长导致耕地面积扩大同时进行。

封建社会末期，三圃制最大的缺陷就是导致耕地肥力不断下降。地力下降实则是农业生产长期徘徊不前的主要原因。俄国农学形成于 18 世纪，农学界认为，地力下降是俄国农业面临的主要问题，甚至是唯一的

---

① Труды ВЭО, 1774, ч. XXVI, с. 12 - 13; Генеральное соображение по Тверской губернии.., с. 48, 56.

② Труды ВЭО, 1774, ч. XXVI, с. 27. 在某些地区，林中空地的作用比正常耕作的田地还要大。

③ Генеральное соображение по тверской губернии..., с. 48, 106 - 157; Лепехин И. И. Указ. соч., с. 63; Труды ВЭО, 1769, ч. XIII, с. 23.

④ Труды ВЭО, 1769, ч. XIII, с. 23; 1774, ч. XXVI, с. 12-13.

问题。短期休耕只是减缓了肥力流失的速度，并没有从根本上解决这个问题。П. И. 雷奇科夫写道："不管土地有多肥沃，在耕作了 10 年、20年、30 年之后，都会失去肥力。"[1]

封建社会的农业体系几乎无法保障耕地得到足够的劳动力和资金以维持生产。在 18 世纪，由于劳动力和资金短缺，有许多耕地甚至完全未被开发。

早在 18 世纪下半叶，俄国就出现了肥料严重短缺的情况。这主要是因为越来越多低产或"贫瘠"的地块被纳入耕地的范围中，而这些地块需要更多的肥料。然而，研究表明，大约 60% 的土地的施肥量都不够，实际施肥量只能达到所需肥量的一半。[2] 还有许多土地的施肥周期极不稳定。[3] 18 世纪 60 年代，А. Т. 博洛托夫写道，"在卡希拉县，通常有一半的土地无人看管"，肥料在耕作的第 9 年或第 12 年才被施用。由于并非所有耕地都能得到肥料，因此 18 世纪的耕地有一种独特的分类方式——"肥沃的土地、施肥较多的土地、施肥很少的土地和未施肥的土地"。[4] 农作物也被分别播种在对应的土地上。例如，燕麦和荞麦被播种在施肥很少或没有施过肥的土地上。

使用时间长的耕地不断被遗弃，而新开垦的土地不断被纳入耕地的范畴。18 世纪的资料对此有大量记载。在加利奇省，"为了清理草地，人们砍掉了许多树木，焚烧枯木之后播种小麦，那里的小麦收成相当可观"。在有林区的弗拉基米尔省，"森林和灌木被烧毁，以开垦田地"。[5]

---

① Экономический магазин, ч. ⅩⅧ, 1784, с. 37–39.
② Горская Н. А., Милов Л. В. Опыт сопоставления некоторых сторон агротехнического уровня земледелия Центральной России начала ⅩⅦ и второй половины ⅩⅧ в. –Ежегодник по аграрной истории Восточной Европы, 1964 г. Кишинев, 1966, с. 187–191.
③ Историческое и топографическое описание городов Московской губернии с их уездами. М., 1787, с. 190.
④ Труды ВЭО, 1766, ч. Ⅱ, с. 156, 334, 133; 1770, ч. ⅩⅥ, с. 85.
⑤ Труды ВЭО, 1768, ч. Ⅹ, с. 83; ч. ⅩⅡ, с. 101.

这些信息多次出现在诺夫哥罗德省、斯摩棱斯克省、莫斯科省、雅罗斯拉夫尔省、科斯特罗马省、沃洛格达省、特维尔省、下诺夫哥罗德省、维亚特卡省、坦波夫省、梁赞省以及卡卢加省的文字资料中。

新开垦的田地中最重要的部分是所谓的边缘地块，即三圃制中"远处的土地"。其在卡卢加省最为典型，这样的土地"与田地分开，肥料运到那里需要很久，只要能生产粮食作物，就可不经任何批准进行耕种。当作物质量下降时，它便成为休耕地，直到上面长出小树或灌木丛。这时，它便又是一块崭新的耕地"①。封建地主的领地中也有这种土地。最终，这些土地会变成耕地，尽管其本身就在三圃制的范围内。由于人们不断开发土地，出现了以休耕地、退耕地、未播种的额外休耕地等形式稳定存在的土地资源。因此，客观来看（即不考虑被普遍接受的文化传统），18世纪的三圃制有所进步，因为三圃制下的一部分土地被定期更换。② 换言之，18世纪甚至更早的三圃制并非处处都沿袭传统，即并非封闭的、完全自给自足的。在俄国广袤的土地上，许多后备耕地不断地被投入使用。只是从18世纪下半叶开始，这些曾经被保护并提高了土壤肥力的后备耕地开始消失。因此，传统的三圃制又占据了绝对的主导地位，由于缺乏劳动力和资金投入，土壤肥力最终还是不可抑制地下降了。表2-1为图拉省1788~1859年的作物播种面积及其占耕地总面积的比重，从中可以看出这一趋势。③

---

① Труды ВЭО, 1769, ч. XI, с. 93; 1766, ч. II, с. 114-115.

② Милов Л. В. Исследование об«Экономических примечаниях» к Генеральному межеванию（к истории русского крестьянства и сельского хозяйства второй половины XVIII в.）. М., 1965, с. 160 - 175; Он же. О роли переложных земель в русском земледелии XVIII в. Ежегодник по аграрной истории Восточной Европы, 1961 г. Рига, 1963; Дорошенко В. В. Очерки аграрной истории Латвий в XVI в. Рига, 1960.

③ Крутиков В. И. Об изменении размера, наделов помещичьих крестьян в 1-й пол. XIX в. -Ежегодник по аграрной истории Восточной Европы, 1969 г. Киев, 1979, . с. 158-165.

表 2-1 1788~1859 年图拉省作物播种面积及其所占耕地份额

年份	播种面积(千亩)	播种面积所占耕地份额(%)
1788	894	46.7
1821	1451	76.9
1847	1972	98.1
1859	1983	99.2

从表 2-1 中的数据可以看出，即使到了 18 世纪末，耕地的实际使用率仍然不到一半。

显然，定期（基本上是自发的）休耕三圃制中的某块土地并不能说明古老的刀耕火种农业仍然残存。刀耕火种农业制度下的常规耕地与休耕地的比例必须是 1∶5。然而，这种模式在 17 世纪已不复存在。到了 18 世纪，休耕地或撂荒地仅占常规耕地的 20%~50%。此外，在休养 4~5 年或 10~12 年后，休耕地会再次变成耕地，这是其与撂荒地的主要区别之一。

18 世纪的农学界试图通过所谓的四圃制和七圃制等概念来更加全面地概括人们的农业实践。这种耕作制度主要通过延长土地的休息时间来恢复土壤肥力。A. T. 博洛托夫写道："施肥量少的土地，即便休耕半年也没有什么作用，但在我看来，休耕三年未必没有效果。"[1] 后来，出现了在田间栽培牧草的做法，这一做法使 18 世纪的耕作技术更加完善。

在黑土区，由于杂草茂盛，无法控制，农民便放弃了三圃制，定期更换耕地。黑土地的肥沃和古代传统农业的粗放性导致三圃制下种植的作物被杂草吞噬。相关资料记载，18 世纪末，"在黑土地，即最肥沃的土壤上……人们会同时收获粮食与野草"。[2] 休耕一整年也是提高土壤肥力的一个传统方法，它同时还有其他功效。通常，休耕一年的土地可以作为所谓的"放牧撂荒地"。这对黑土地而言是一种特殊且非常有效的抑制

---

[1] Болотов А，Т. О разделении полей-Труды ВЭО，1771，ч. ⅩⅦ；ч. ⅩⅧ，с.80-91.

[2] Труды ВЭО，1796，ч. Ⅱ，с.254.

杂草生长的方法。休耕期间，牛被赶到撂荒地里饲养 10~15 天，或整整两周，牛蹄会将野草踩死。在黑土区和草原上，开垦放牧撂荒地是一种常见的农耕手段。① 在畜牧业不太发达的地区，田地常被烧毁，"春天，经常能看到草原像一大片火海"。不过，在富饶的黑土区焚烧土层是有益的，因为这可以在一定程度上降低土壤肥力，并防止庄稼倒伏，更重要的是，可以清除田间杂草。在坦波夫省的许多地区，人们专门焚烧收割过秋播作物的田地，然后播种燕麦、大麦、罂粟、豌豆和黍米。②

除此之外，还有一种流行的做法是让长满杂草的耕地休耕三年，"如果耕地面积足够大（即在有条件的情况下），则可以休耕四年"。另一个因素也促使人们不断开垦新的土地，即对优质牧草的需求，而它只会生长在曾经耕作过的土地上。③

由此可见，三圃制的内部缺陷导致人们不断开垦处女地。谢卡托夫著名的《俄国地理词典》中收录了一篇 18 世纪俄国最有意义的经济地理论文，其中划分了耕地的类别，"土地通常分为四类，即处女地、冬播地、春播地和撂荒地，以莫斯科及其周边最为典型"。我们在更早的史料《1768~1769 年伊万·列皮奥欣旅行记》中也发现了相似的分类方法，"农民将耕地分为四种类型，其中第一种被称为处女地，第二种是春播地，第三种是秋播地，第四种是休耕地"。④

---

① Рычков П. Письмо о земледельстве.., ч. Ⅰ, с. 427-428.

② Труды ВЭО, 1767, ч. Ⅶ, с. 33; Описание Тамбовского наместничества. —В кн.: Собрание сочинений, избранных из месяцеслова, ч. Ⅵ. Спб., 1790, с. 423-439.

③ Труды ВЭО, 1768, ч. Ⅷ, с. 196; 1771, ч. ⅩⅧ, с. 89 - 96; Черниговского наместничества топографическое описание.., сочиненное Аф. Шафонским.., 1786 г. Киев, 1851, с. 149; Топографическое описание Харьковского наместничества. М., 1788, с. 75.

④ Щекатов А. Словарь географический государства Российского, ч. Ⅴ. м., 1807, стб: 339; Лепехин И. И. Дневные записки путешествия доктора и Академин паук адьюнкта Ивана Лепехина по разным провинциям Российского государства, 1768 - 1769 гг., ч. Ⅰ. Спб., 1771, с. 69.

　　"处女地"为摆脱对三圃制的依赖，并依据市场规律播种高收益作物提供了可能。"通常，处女地上播种的粮食种子"是最优质的。[①] 奥廖尔省的处女地主要播种小麦，其产量可达到播种量的 10~12 倍。[②] 图拉省黑土区的处女地主要种植罂粟和黍米（在 А. И. 舍斯塔科夫的指导下，每年有"9 俄亩草地被用于种植罂粟和黍米"）；库尔斯克省的处女地种植西瓜、小麦、黍米；非黑土区的处女地主要种植亚麻，[③] 最为典型的是普斯科夫省，该省的亚麻闻名全国。这里的人们首先将处女地上的野草"割掉……让其在阳光下暴晒两周，然后将草根土耙松，并立即播种，然后再翻一次地"。在处女地上生长的亚麻最为优质。[④]

　　为了清除杂草，为春播作物保蓄水分，黑土区内非常流行秋耙。18世纪中叶，奥斯特罗戈日斯克省的农民通常"从 9 月中旬就开始耙地，一直持续到霜降来临（即 11 月），以便为来年种植春播作物做准备"[⑤]。秋耙当然有助于除草，因为它能使大部分杂草的根部被霜雪冻住。春天，大多数春播作物（春小麦、硬粒春小麦、燕麦、春黑麦、大麦、大麻等）被播种在秋季耙过的田地里，以便种子尽早发芽。只有个别时候，大麦不适合这种方式，因为其秧苗可能被春霜冻坏，并被杂草抢占生长空间。或许正因如此，春播作物不会很早播种。春天，人们犁地仅仅是为播种黍米和荞麦做准备，因为它们易被早春寒冻坏，播种的时间比其他作物晚。

---

① Болотов А. Т. Продолжение о разделении земли на семь полей. —Труды ВЭО，1771，ч. XIII，с. 80–96.

② ГБЛ，ОР，ф. 267，д. . 2716，л. 11 об.

③ Журнал земледельцев，1859，№ 23，л. 303，309；Рубинштейн Н. Л. Сельское хозяйство России во второй половине XVIII в. М.，1957，с. 347；Лепехин И. И. Дневные записки путешествия доктора и Академин наук адьюнкта Ивана Лепехина по разным провинциям Российского государства，1768–1769 гг.，ч. I. Спб.，1771，с. 63.

④ Труды ВЭО，1766，ч. II，с. 212.

⑤ Труды ВЭО，1768，ч. VIII，с. 182.

极早开始的秋耙和主要春播作物的早熟使传统的三圃制发生了另一个重要变化。秋播作物在春播作物之后播种，不播种在休耕田上，而是播种在春耕田上。休耕田上则播种春播作物，并且只在来年春天播种。这种做法在奥斯特罗戈日斯克省的资料中有记载，尽管其含义乍一看不太清晰。"播种黑麦的秋耕田上还播种其他早熟作物，包括春黑麦、小麦、大麦、燕麦和豌豆。春耕田里除了播种冬黑麦及上述粮食，还播种黍米、荞麦、大麻、亚麻"。① 换言之，传统上被认为是秋耕田的休耕地，被用来种植"早熟"的春播作物。相反，冬黑麦则播种在过去人们所理解的春耕田上。在该地区，这种独特的轮作方式与传统的轮作方式并存。

看来，三圃制明显的现代化趋势是长期适应草原黑土区特殊气候的结果，那里土壤肥力极高，气候炎热干燥。在这样的条件下，坚韧的冬黑麦成功地战胜了杂草，并利用"冬潮"，紧跟在春播作物之后播种，而不种在"放牧撂荒地"上。其重点是为播种春播作物做好充分准备。

18 世纪，以硬粒春小麦为代表的抗热粮食品种被开发出来，它适宜生长在干燥温暖的土壤上。在顿河畔大草原上的塔甘罗格和马里乌波尔地区，小麦的产量惊人，"小麦产量达到播种量的 30 倍或者 40 倍的情况并不罕见"。在播种之初的 4~5 年里，这种"新型作物""种在同一块田里，不施肥"②。在接下来的 3~4 年，这块田地将变成纯粹的"撂荒地"。不断地撂荒并开垦新地，可以说是一种与三圃制并行的"轮作制度"，尽管它只是零星存在，因为这些土地也要定期"休息"。但这种做法已经造成秋耕田、春耕田和"放牧撂荒地"的比例完全失调，还导致"地块杂乱"。

反常的是，新的"轮作制度"对市场需求的反应比传统的三圃制更灵活。18 世纪下半叶，某类农作物的种植规模不仅由农民的需求决定，

---

① Труды ВЭО, 1768, ч. Ⅷ, с. 165.
② Труды ВЭО, 1795, с. 281.

也由市场决定。库尔斯克省的两个县就是典型的例子。其农作物的种植面积数据如下（18世纪80年代）：在克罗查县，秋播作物占总播种面积的40%，春播作物占60%。其中，小麦（14%）、荞麦（14%）和大麻（7%）所占的耕地份额最大；西克洛夫县的情况则有所不同，这里的小麦播种面积占总播种面积的3%左右，但荞麦的种植比例则大得多（约31%），燕麦也是如此（约26%），黑麦的播种比例为36%。如果以克罗查县的黑麦种植面积（换言之，就是三圃制中春耕田的总面积）为1个单位，那么小麦、荞麦和燕麦的种植面积分别是1/2个单位，大麦、豌豆和黍米的种植面积则分别是1/5个单位，大麻的种植面积是1/3个单位，亚麻的种植面积是1/10个单位。① 换言之，大麻和亚麻的种植面积相当于2.4个单位春耕田（如果春耕田的面积像传统那样与黑麦田的种植面积一般大）。18世纪末，俄国北部地区也有例外。根据1797年奥廖尔省布良斯克县的资料记载，冬黑麦的种植面积占秋耕田的80.6%，而春黑麦的种植面积占春耕田的19.4%；在同省的利文斯克县，黑麦的种植面积占总播种面积的61%。②

上述过程促进了"轮换"播种模式的出现和发展，这样一来，各类作物的种植顺序逐渐明确。以上述地区为例，一般来说，小麦之后播种大麦，大麦之后播种燕麦，燕麦之后播种荞麦，荞麦之后则播种冬黑麦。值得注意的是，在春黑麦，尤其是荞麦之后播种冬黑麦，往往不需要耙地，而是直接播种，然后再翻土，这样才能获得"丰收"。③

选择一种作物常年连续种植，也是摆脱三圃制藩篱的一个方式。经过民间的农业实践，这个作物早已确定，那就是大麻，它能够在适当的条件下连续多年被种植在同一块地里。大麻的这种特性在18世纪下半叶

① ЦГВИА, ф. ВУА, оп. Ⅲ, д. 18 800, ч. Ⅲ, Ⅳ.

② ЦГАДА, Ф. 273, оп. 1, д. 19 068.

③ Труды ВЭО, 1768, ч. Ⅷ, с. 109, 141.

得到了特别充分的利用，促进了麻纺织业迅速发展。在最适宜种植大麻的地区（主要是库尔斯克省西北部、奥廖尔省北半部和卡卢加省的大部分地区等）、村郊的田地乃至某些领地，都被划为种麻区。

另外还有一种方法可以规避三圃制的不足，那就是完全摒弃三圃制。然而，在18世纪，这种方法很难实现，因为当时的环境不允许。当然也有例外，这种情况多发生在靠近大型工业中心，尤其是莫斯科的村庄。"村民，尤其是莫斯科周边的村民都在菜园里种菜……因此，许多村庄的农田地几乎都以菜园的形式存在"。① 18世纪下半叶，博罗夫斯克县和韦列亚县的洋葱和大蒜专业化生产渗透到了郊区的村庄里。此外，在18世纪末19世纪初，罗斯托夫、彼得罗夫斯克的菜园专业化趋势和涅罗湖周边的特殊自然条件，共同促使专门从事菜园种植的村庄出现。当然，这样的村庄非常少，其影响可以忽略不计。还有一个摒弃三圃制的例子：在莫洛加市周边地区，由于伏尔加河及其支流经常发洪水，村民仅种植春播作物。② 半休耕制度（如在德米特罗夫县）也是摆脱三圃制的一种方式，这里通常指的是在休耕地里播种芜菁。这能够使休耕地获得更多肥料，提高了土壤的总体肥力。在佩列斯拉夫尔县，芜菁在6月播种，松土，2周后施肥，然后进行第二次松土并再次播种（将种子与沙子混合播种），最后耙地。③ 在莫斯科省布龙尼齐县的格热利乡、格梅林乡、格沃兹丁乡等地，地主有计划地在田里和田边播种芜菁，之后"播种燕麦和亚麻"。18世纪60年代，卡卢加省的"芜菁大多播种在已播种好的作物之间"④。换言之，这也是一种类似于半休耕的做法。奥伦堡省的伏尔加

---

① Историческое и топографическое описание городов. Московской губернин с их уездами, с. 85.

② ЦГВИА, ф. ВУА, оп. III, д. 19 176, л. 59.

③ Труды ВЭО, 1767, ч. VII, с. 91

④ Генеральное соображение по Тверской губернии.., с. 172; Труды ВЭО, 1769, ч. XI, с. 100.

河沿岸地区也经常播种芜菁。在特维尔省，芜菁在"低湿的谷地"，即水坑里播种。此外，由于第一年水坑里通常不播种作物，所以芜菁地也算半休耕地。在别热茨克县，农民头一年在休耕地上播种芜菁，来年播种大麦，第三年播种冬黑麦。[①]

总的来说，这些完全不同的耕作方式，都以自己的方式突破了三圃制的藩篱。这些进程是 18 世纪，尤其是 18 世纪下半叶俄国农业文化的典型现象。它们反映出了这个时代的转折性——所谓的地方特色和个体经验在不同程度的社会支持下不断完善。然而，作为农业文化的一种表现形式，这些转变吸收了商品生产的新元素，其社会经济性质已经与古老的传统农业文化产生了本质性区别，此外，这个转变过程非常复杂：一方面，新事物逐渐取代了旧事物；另一方面，传统的旧事物也在为新事物服务。

3　农具与农具的使用

农具是传统农耕文化最重要的元素之一。

和以前一样，18 世纪的主要农具是木犁——一种历史悠久的传统农具。18 世纪，绝大多数木犁都有了犁壁（当时被称为拨土板），这使犁能够在地块边缘更高效地运作。在犁完沟后，农民只需将木犁旋转 180 度，再将拨土板从右边移到左边，便可以在刚开完沟的地方立即开始犁下一条沟，而不需要花费时间挪动犁。18 世纪 50~60 年代的木犁大致如图 2-2 所示，该图由 А. Т. 博洛托夫绘制。[②] 1758 年，П. И. 雷奇科夫对木犁的结构进行了详细描述："木犁的主体是犁梁，只有优质的木材可以用于制造犁梁，犁梁的下端有两个分叉，分别嵌有犁铧。犁柄下端套有杨木

---

① Рычков П. Письмо о земледельстве.., ч. II, c. 518–519; Генеральное соображение по Тверской губернии.., c. 66.

② Труды ВЭО, 1766, ч. II, c. 129, табл. IV.

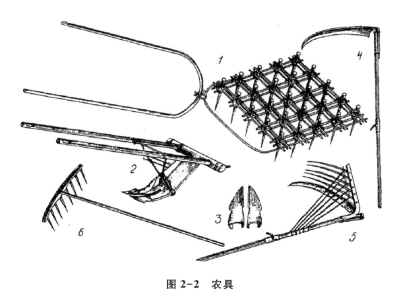

图2-2 农具

注：1. 耙；2. 带犁壁的木犁；3. 犁铧；4. 镰刀；5. 钐镰；6. 齿钉耙。

制成的链钩，链钩中又套有一块小木板，这块小木板将犁梁的上端与犁柄相连接，犁梁下端则通过一根木棍固定在犁柄的链钩上，这根木棍就叫作木轴。木轴上方1俄尺处有一根同样长的木棍（位于两根犁柄之间），叫作犁衡。犁梁通过绳索拴在犁衡上，犁衡两端各有一根短木棍用于固定犁梁，这些短棍子叫绞杆。绳索中央插有一条约5俄寸长的方木，这块方木即为木钉（共有两条绳索，木钉插在其中一条绳索上，旋转铁棒即可将这条绳索卷起，使其更短、更紧实；这条绳索通过挂钩与另一条绳索相连接）。木钉上装有铁制犁壁，在耕地时，犁壁可以自由挪动，以便将犁过的土拢到一侧或两侧。人们用皮环，而不是轭，把马拴在犁柄末端，并给马套上带横杆的马鞍。"① 农民可以旋转绞杆周围的木钉来控制绞杆的活动范围，这样可以升降犁梁底部，从而改变犁铧与地面之

---

① Рычков П. Письмо о земледельстве.., ч. I , с. 420. В. 普利克隆斯基描述的特维尔省的木犁构造大致与此相同。—Труды ВЭО, 1774, ч. XXVI, с. 28.

间的角度。这样可以轻松地改变犁地的深度，这一点在非黑土区至关重要，因为非黑土区的土层厚度不一，甚至在同一块耕地上也是如此。犁铧分为有铧尖和无铧尖的，铧尖可以增加翻土的深度。犁壁（有些犁壁由木头制成）不仅能够将土壤翻向同一侧，还能更彻底地松土，这一点非常重要，因为这可以省去复耙的步骤（在较松软的土壤上）。尽管在接下来的耕作中犁铧开出的深沟会再次被土壤填满，但犁沟仍然具有排水功能，并且这一功能很重要，因为俄国许多地区的土壤湿度都比较大。

轻便（木犁的自重约为 1 普特）大概是木犁最大的优点。即便是一匹羸弱的马也可拉动木犁耕地（尤其是在春天）。

当然，木犁也有缺点。著名的俄国农学家 И. М. 科莫夫就曾写道："木犁的构造不够稳固，容易摇晃，并且手柄太短，无论是牲口还是人都不适合牵引它，更别说拉它耕地了。"[1] 然而，使用木犁所带来的不便是完全可以接受的，其功能性缺点也是可以容忍的。虽然其犁地的深度有限（0.5~1 俄寸），但是这一缺陷可以通过多次（2~3 次）犁地来弥补。每次犁地只能犁到 30%~40% 的土层，更深层的土壤则触及不到。这种"循序渐进"的深耕方式被广泛应用。[2] 耕作的深度通常由肥沃的土层，也就是土壤本身的厚度决定。在传统上，犁地时不能翻出底层的土壤（黏土、沙子等）。最终，犁地深度（犁两三次地之后）可达 9~18 厘米。[3] 为了翻松更深的土层，农民需要反复犁地。

当然，不同类型的犁具翻土深度亦不同。木犁的翻土深度较浅。在佩列斯拉夫尔县，木犁的翻土深度约为"0.5 俄寸"，单铧犁的翻土深度约为 1.5 俄寸，而轮犁的"翻土深度大于 2 俄寸"。然而，这只是大多数非黑土区的情况。据伊万·列皮奥欣观察，在某些地区，木犁的"翻土

---

① Комов И. О земледельных орудиях. Спб. , 1785, с. 8.

② Комов И. О земледелии，с. 165.

③ Труды ВЭО，1766，ч. Ⅱ，с. 106；1774，ч. ⅩⅩⅥ，с. 19；1768，ч. Ⅹ，с. 82；1767，ч. Ⅶ，С. 56，144-148；Генеральное соображение по Тверской губернии.. ，с. 5.

深度不超过 1 俄寸"①；而在弗拉基米尔省，木犁的翻土深度要深得多，为 1/4 俄尺，即 18 厘米。在梁赞省，"木犁的翻土深度为 3 俄寸"。卡卢加省单铧犁的"翻土深度不超过 2 俄寸，但在松软的土地上，其翻土深度可达 3 俄寸"②。

据伊万·列皮奥欣记载，翻耕可以抑制杂草的生长，"木犁能够尽可能多地铲除杂草，它不仅是耕具，还是除草工具"。木犁适合在砂质土壤上使用，因为它可以清除土壤中的树枝和小石子。

木犁的结构简单，价格便宜，即使是贫苦农民也负担得起。在没有砂质黏土、重黏土和淤泥的地带，木犁没有市场。在诺夫哥罗德省、沃洛格达省、特维尔省、雅罗斯拉夫尔省、弗拉基米尔省、科斯特罗马省、莫斯科省、梁赞省、下诺夫哥罗德省等地，砂质土壤广布，因此木犁很常见。③ 木犁不太适用于新开垦的黑土地，而对于长期使用过的土地而言，木犁比轮犁的性价比高。在乌拉尔地区，木犁可与双轮犁相提并论，后者比乌克兰的轮犁轻一些，但需要至少 4 匹马牵引。④ 木犁在斯塔夫罗波尔省、乌法省比较常见，其翻土深度最深可达 4 俄寸。⑤ 切尔尼戈夫省最出名的地理志作者沙丰斯基主张将木犁引入本省。⑥ 即使在土壤极厚的地区，木犁也被广泛使用，只是需要多次犁地。它们所起的作用与后来的栅条犁相同。在弗拉基米尔省的斯韦特尼科沃村，斯帕索-叶夫菲米耶夫修道院领地中的休耕地用由 2 匹马拉的轮犁耕地，播种秋播作物时则

---

① Лепехин И. И. Дневные записки путешествия доктора и Академин паук адьюнкта Ивана Лепехина по разным провинциям Российского государства，1768–1769 гг.，ч. I. Спб.，1771，с. 66.

② Труды ВЭО，1767，ч. Ⅶ，с. 56，139；1769，ч. Ⅺ，сс. 92，ч. Ⅻ，с. 101.

③ Лященко П. И. Крепостное сельское хозяйство России в ⅩⅧ в. —Исторические записки，т. 15，1945，с. 110，111.

④ Мартынов М. Н. Земледелие на Урале во 2-й половине ⅩⅧ в. —В кн.：Матерналы по истории сельского хозяйства и крестьянства. Сб. Ⅵ. М.，1965，с. 103–104.

⑤ Рычков П. Письмо о земледельстве..，ч. Ⅰ，с. 419.

⑥ Черниговского наместничества топографическое описание..，сочиненное Аф. Шафонским...

主要使用木犁。

尽管木犁有很多缺点，但依然是大多数人的选择，因为它易操作、价格低，并且基本能满足农民的需求。

单铧犁代表了18世纪农具的一个重大进步。含有硬黏土和淤泥的"贫瘠"土地不断被开发，因此人们需要功能更强大的犁具。单铧犁被应用于欧俄的硬土地上，因为木犁在此无法使用。就这样，"用木犁耕旧耕地，用单铧犁耕处女地和撂荒地"的做法逐渐成为传统，"单铧犁比木犁的翻土深度更深，约为1.5俄寸"。[①]

从图2-3中可以看出18世纪60年代单铧犁的结构。其与木犁的主要区别在于缺少一个犁铧（左犁铧），[②] 取而代之的是犁铧上方的刀片。单铧犁的犁梁不像木犁那样有分叉，而是由密实的条形木组成。其右犁铧由犁铧、铧冠和犁壁共同铸成，所以，单铧犁也有犁壁。从图2-3可以看出，单铧犁的犁梁被"削"成了较细的木板，下半部分连接到犁柄上，它不通过绳索连接，而是通过一根弯曲的杆子连接，杆子的两端由两根"犁衡"支撑。俄式单铧犁的重量约为2普特，通常由一匹马牵引，"所以它的右犁柄是弯曲的，便于马在田地上自由行走"。[③]

不同地区的单铧犁各有特色，但它们没有本质差别。例如，雅罗斯拉夫尔省的单铧犁远近闻名。И. М. 科莫夫对这种单铧犁进行了简要描述："这种单铧犁有犁铧与犁壁，还有刀片，犁铧与地面的夹角较大。"[④]据 М. А. 巴拉诺夫介绍，18世纪中期，弗拉基米尔省，尤其是斯帕索-叶夫菲米耶夫修道院领地内（莫尔多什村）的农民使用的单铧犁带有一片

① Лепехин И. И. Дневные записки путешествия доктора и Академин паук адъюнкта Ивана Лепехина по разным провинциям Российского государства，1768-1769 гг.，ч. I. Спб.，1771，с. 66-67.

② Труды ВЭО，1767，ч. Ⅶ，вклейка к с. 92-93.

③ Рычков П. Письмо о земледельстве..，ч. I，с. 419；Труды ВЭО，1792，ч. ⅩⅥ（46），С. 251-252；1796，ч. Ⅱ，с. 258-259.

④ Комов И. О земледельных орудиях，с. 9.

图 2-3　农具

注：1. 轮犁；2. 木犁；3. 单铧犁；4. 耙。

犁铧和一把石刀。大约从 18 世纪 40 年代开始，那里的农民就开始使用单铧犁了。单铧犁中的刀片可能是铁刀（或只有末端铸铁），也可能是骨刀。单铧犁的翻土深度很深，大约为 1/4 俄尺（约 20 厘米）。[①]

　　实际上，单铧犁将两种最古老的工具——木犁和刀片融合在了一起，但没有在此基础上加以改进。单铧犁被普斯科夫省、诺夫哥罗德省和特维尔省的别热茨克县、红霍尔姆县、斯塔里察县的农民普遍使用。单铧犁多用于开垦林中空地。"播种燕麦之前需要先整地，在整地时，卡利亚津县的农民先使用单铧犁，然后使用木犁"。[②] 在那些气候特殊，且需要不断开垦林中空地的地区，农民同时使用木犁和单铧犁。作为一种特殊的工具，单铧犁的重要性显而易见，因为要想开垦布满瓦砾和小石子的干枯林地，就必须使用单铧犁。单铧犁在北方比较常见。上沃洛乔克县出现过一种没有犁壁的单铧犁，"在刚开垦的耕地上，农民用没有犁壁的

---

① Баранов　М. А. Крестьяне　монастырских　вотчнн　накануне　секуляризации. М.，1954. с. 91；Труды ВЭО，1769，ч. XII，с. 101.

② О посеве и приборе лына…Спб.，1786；Генеральное соображение по Тверской губернии…，с. 48，56，94，126.

单铧犁耕地"。① 拉克斯曼总结道："农民最常使用的是木犁，有时也会用到单铧犁。"②

　　除了木犁和单铧犁，18世纪还有一种农具，叫作"带嘴犁"，它是在单铧犁的基础上改造的。带嘴犁的犁铧坡度较缓，但其左铧尖垂直向上弯曲，所以破土能力强，右犁铧和上方的犁壁可铲走被破开的土壤。1758年，П. И. 雷奇科夫将带嘴犁命名为双铧犁；③ 1768年，И. А. 吉利登施泰特在乌克兰之旅的日记中称其为"涅任犁"；И. М. 科莫夫则称其为"带嘴的单铧犁"。当然，И. М. 科莫夫与18世纪的其他农学家一样，对这种耕具做出了详细的描述："单铧犁很不方便，只能把土壤切成较大的土块，但无法迅速将其铲走。而带嘴犁不仅可以从侧面和下面破土，而且保留了木犁的松土功能，操作起来非常便捷。"④ 18世纪，带嘴犁在许多地区（奥伦堡省、彼尔姆省、乌法省以及维亚特卡省）广泛传播。

　　带嘴犁的普及意味着18世纪俄国农业取得了又一个重大进步。它能开垦荒地，雅罗斯拉夫尔省和弗拉基米尔省的带嘴犁通常由两匹马牵引，翻土深度是木犁的两倍。带嘴犁在黏土上的翻土深度为1.5俄寸，且除草能力更强。大多数带嘴犁通常由一匹马牵引，翻土深度大，并且不会破坏底层的沃土。

　　轮犁对于18世纪俄国的农业发展起到了重要作用。越来越多的贫瘠土地变成了耕地，而在黏土、淤泥和"灰土"上又无法使用带嘴犁，因

---

① Генеральное соображение по Тверской губернии.., с. 94. Можно предполагать здесь тупые ральники.

② Труды ВЭО, 1769, ч. IX；Плещеев. Übersicht des Russischen Reichs nach seiner gegenwärtigen neu eingerichten Verfassung. Moskau, Rüdiger, 1787（Обозрение Российской империи в нынешнем ее новоустроенном состоянии），т. I, с. 52.

③ Рычков П. Письмо о земледельстве.., ч. I, с. 418.

④ Комов И. О земледельных орудиях, с. 9.

此，轮犁被广泛使用。在图 2-3 中我们可以看到 18 世纪 60 年代佩列斯拉夫尔县的轮犁，[①] 它没有犁梁，取而代之的是一个楔入了巨大水平木梁的支架，支架的前端紧贴双轮。整个支架通过楔子和全方位覆盖木梁的特殊框架固定在木梁上。犁铧从下面连接到支架上，其底部有锋利的铧冠。犁铧前方有一个马刀形刀片，刀身宽大，固定在支架上。轮子前部有一条木杆将马匹与犁的前部衔接在一起，木杆又通过绳子连接到马匹身上。佩列斯拉夫尔县的轮犁没有犁壁，但有可以翻土的犁铧。大多数地区的轮犁都有犁壁。И. М. 科莫夫在叙述轮犁的工作原理时提到："刀片用来切碎土块，犁铧用来翻土（即从下面破土），犁壁则用来铺土。"[②]通常，右犁铧的坡度较陡，这种轮犁更原始，也更类似于单铧犁。它由橡木制成，价格高昂。轮犁与木犁和单铧犁一样，在非黑土区被广泛使用，如弗拉基米尔省的亚历山德罗夫县，雅罗斯拉夫尔省的彼得罗夫县、罗斯托夫县、乌格利奇县、米什金县，特维尔省的别热茨克县和库尔斯克省。[③]轮犁与单铧犁有一个共同的优点：能够高效地清除杂草，进而提高土壤肥力。在弗拉基米尔省，轮犁的翻土深度可达半俄尺（36 厘米），[④] 但轮犁的成本极高，至少需要靠两匹马牵引，并非每个农民都能负担得起。[⑤]

18 世纪 60 年代，在奥洛涅茨省南部和斯维里河谷，有一种芬兰式"小轮犁"。在肥沃的土壤上，这种"小轮犁"的翻土深度最多也可达半

---

① Труды ВЭО, 1767, ч. Ⅶ, с.139, вклейка к с.92 – 93；Комов И. О земледельных орудиях, с.6.

② Комов И. О земледельных орудиях, с.29.

③ Топографическое описаннс Владимирской губернии.., с.19, 37, 71；ЦГВПА, ф. ВУА, оп. Ⅲ, д.18 800, ч.1, л.12；д.19176, л.25, л.81 – 81 об.；л.18 об.；л.19178, л.27, 64, 73：Генералыное соображенне по Тверской губернии.., с.7-1.

④ Труды ВЭО, 1769, ч. ⅩⅡ, с.101.

⑤ 18 世纪末，马匹根据年龄和质量，价格在 12~21 卢布/匹之间，有些马匹的价格高达 30 卢布。木犁的价格为 2 卢布/把。—ЦГВИА, ф. ВУА, оп. Ⅲ, д.19 002. л.9.

俄尺，但"大多数情况下只有 6 俄寸（27 厘米）"。

在沃罗涅日省、哈尔科夫省北部和乌克兰的广大黑土区，独院小地主普遍使用重型俄式"单刀"轮犁。[①] 这种重型轮犁需要 3~4 头犍牛牵引，3 个农民操作，成本高。此外，重型轮犁还有一个缺点，不能一次性犁完整块土地，每犁完一块地之后，必须在 4 俄寸开外的地方继续犁地。相比之下，木犁就没有这个缺点。在奥斯特罗戈日斯克省，重型轮犁头一年的犁地深度不超过 13.5 厘米，第二年的犁地深度约为 18 厘米，直到第三年，其犁地深度才达到 27 厘米。重型轮犁是一种非常昂贵的农具。18 世纪 60 年代，重型轮犁的价格超过了 30 卢布/台，18 世纪末又涨到了 160 卢布/台。只有 1/10 的农民能够负担得起如此高昂的价格。

长柄木犁是介于轮犁和耙之间的一种农具，其被使用于草原黑土区。在用轮犁耕作过两三年甚至更久的顿河沿岸草原上，长柄木犁用来翻耕表土。[②]

第二重要的农具是老式耙。П. С. 帕拉斯描述老式耙的结构："木杆两两成对，每对木杆被金属条交叉固定在一起，呈'十'字形，耙齿被钉在木杆交叉形成的空隙内。每一排耙齿后方还有一根木杆，用来固定耙齿。"[③]（见图 2-2）每排杆子上有 5 个耙齿，共 5 排杆子，25 个耙齿。耙的前方焊有一条拱形木，这就是耙柄，拱形木上套有一个圆环，圆环上又缠绕绳索。在特维尔省，这个圆环被称为"跳环"，它将耙柄和绳索连接了起来。[④] А. Т. 博洛托夫认为拱形木架是耙的骨架，"像支柱一样，

---

① Труды ВЭО. 1769, ч. XIII, с. 16, 17; 1768, ч. VIII, с.142; Гильденштедт И. А. Путеш-ествие академика Гильденштедта И. А. Оттиск из «Харьковского сборнника» за 1891 г., с. 62.

② Труды ВЭО. 1768, ч. VIII, с. 165, 193, 216; 1795, с. 197; 1796, ч. II, с. 281.

③ Паллас П. С. Путешествие по разным провинциям Российской империи, ч. I. Спб., 1809, с. 17（июнь 1768 г.）.

④ Рычков П. Письмо о земледельстве.., ч. II, с.421; Труды ВЭО, 1774, ч. XXVI, с. 28-29.

支撑着整个耙"。卡希拉县的耙有一个特点，即耙齿的方向不一致，有些耙齿朝上，有些朝下，朝上的耙齿末端锋利，朝下的耙齿末端圆钝。"如果土层较厚或杂草茂盛，要用锋利的耙齿""翻耕时则需要用圆钝的耙齿"。П. И. 雷奇科夫对此则有不同的描述。他描述的耙表面有 2 条滑轨（可以将耙推入或抽出田地）。[1] 耙杆由胡桃木制成，杆环由稠李、榆木或橡木制成，耙齿则由橡木制成。耙杆的长度不到 2 俄尺。П. И. 雷奇科夫写道："土壤坚硬的地区使用铁耙齿。"不过，铁耙齿在 18 世纪比较罕见。18 世纪的所有农学家都注意到了耙最大的缺点是过于轻便，耙地深度不够。这使农民不得不"重复耙地"，从而增加了时间成本。农民为了增加耙的重量，往耙上系"木块"，[2] 或将耙浸泡在水中（但是这也有弊端，耙可能会迅速干裂，耙齿也会逐渐掉落）；富农和地主则将 3~6 个耙接在一起，以增加耙的重量。但普通农民无法使用这种方法。为了节省时间和体力，普通农民在犁地的同时耙地。他们同时牵引两匹马，一匹拉犁，一匹拉耙。当然，这在软土地上可以实现，因为耙一次地即可。而在硬土地上还需要重复耙地。

杉木耙在俄国西北部和北部很常见，因为云杉是这些地区最便宜、最耐用的材料。杉木耙的底部有"一小段齿尖突出在外"。И. M. 科莫夫称这些耙为"北方耙"，并毫不留情地指出了它们的缺点："它们只能在砂质土壤中使用，无法穿透坚硬的土壤。"[3] 新开垦的地区土壤肥沃，耕作传统还没有完全固定，老式耙被用来播种黑麦种子等。波洛茨克省的人们常用松树制成的耙。[4]

播种之后，地主通常用木制滚轮来压实地表土层，使土壤覆盖种子。

---

[1] Труды ВЭО, 1766, ч. Ⅱ, с. 129；Рычков П. Письмо о земледельстве.., ч. Ⅱ, с. 421.

[2] Комов И. О земледельных орудиях, с. 18–19；Труды ВЭО 1766, ч. Ⅱ, с. 129133.

[3] Паллас П. С. Путешествие по разным провинциям Российской империи, ч. Ⅰ, с. 5；Комов И. О земледельных орудиях, с. 18–19.

[4] Труды ВЭО, 1767, ч. Ⅶ, с. 31；1791, ч. ⅩⅣ, с. 75.

由此可见，18 世纪的俄国农业还沿用着最古老、最传统的农具。当然，也有新式农具出现。农业文化的进步主要体现在新式工具的灵活性和多样性上。

18 世纪俄国农民翻耕的次数急剧增加。出现这种现象的原因如下：首先，耕地面积急剧增加，其中贫瘠土壤的占比越来越大；其次，许多草地已经变成了农田，可开发的耕地面积减少；最后，非黑土区缺乏传统肥料——厩肥。17 世纪，佩列斯拉夫尔县的土壤肥沃，而到了 18 世纪却变得贫瘠，因此需要使用厩肥；18 世纪 60 年代，卡希拉县对厩肥的需求量非常大。据 A. T. 博洛托夫描述，"将一部分农田划为畜圈的做法非常普遍，也就是说，农民饲养的牲畜不在山顶的湖边休息，而在某块农田上休息"。[①] 坦波夫省的土地总体上非常肥沃，不过，也有一些县（如沙茨克县）在 18 世纪开始用厩肥。雅罗斯拉夫尔省和弗拉基米尔省对厩肥的需求量很大。尤里耶夫-波利斯基县的农民会采购厩肥，然后将其运至几俄里开外的农田上。18 世纪 60 年代，梁赞省的地主"有时也购买厩肥"。俄国中部 10 个县的 23 个修道院领地中，有 60% 的土地施肥量达到了所需施肥量的一半，30% 的土地施肥量仅为所需施肥量的 1/4。[②] 农民自己的耕地情况更糟糕，他们使用的肥料并不"肥"，许多肥料不可避免地"在车上损失"，或长期堆放在田间，肥力降低。当然，农民遭受这些苦难的根源是封建地主的沉重压迫，他们打乱了农民的劳动节奏。

当然，农田对于厩肥需求量的增加反映出了新的趋势：商品关系的发展促进了农业的现代化。"科洛姆纳附近的农民是莫斯科省中耕作技术最先进、手法最娴熟的农民，因为他们要把在科洛姆纳购买的厩肥……

① Труды ВЭО, 1767, ч. Ⅶ, с. 56–57, 83; 1766, ч. Ⅱ, с. 178.

② Горская Н. А. , Милов Л. В. Опыт сопоставления некоторых сторон агротехнического уровня земледелия Центральной России начала ⅩⅦ и второй половины ⅩⅧ в. —Ежегодник по аграрной истории Восточной Европы, 1964 г. Кишинев, 1966, с. 188–189.

运到 6 俄里以外甚至更远的地方"。他们还从莫斯科"大量外销厩肥"①。沃洛格达省与大多数非黑土区不同，那里有大量的牧场和草场，肥料充足，因而可以在秋耕田中大量使用肥料，粮食收成好，"所以他们把多余的粮食拿到城里去卖，然后换取食品"。② 18 世纪末，在离彼得堡最近的地区，尤其是英格曼兰，人们（主要是地主）给贫瘠的土地大量施肥，获得了巨高的产量（收成高达播种量的 15 倍）。③

　　18 世纪的厩肥往往供不应求。农民发现，所种粮食"品质好、收成高"④ 的土地，都用木犁或单铧犁翻耕过（两次甚至更多）。因此，农民往往通过多次翻耕来弥补肥料的不足。

　　翻耕是一种比较古老的耕作方法。休耕地在 6 月进行第一次整地，这主要是为了让土壤吸收厩肥，因而土地仍处于休耕状态，第二次整地则是为播种秋播作物做准备。翻耕是俄国中部地区的传统。少数地区有"三次翻耕"的传统，这种做法最早出现在 16 世纪的北方地区。18 世纪，几乎所有非黑土地都要翻耕。其中，翻耕春耕田最有效。18 世纪 60 年代，佩列斯拉夫尔县的农民在冰雪融化之后，即四月份，进行第一次耕地，两周之后进行第二次耕地，为播种春播作物，如大麻和亚麻做准备。翻耕主要通过加大施肥量来增收。不过，在佩列斯拉夫尔县，并非所有春播作物都需要翻耕，只有春小麦田、大麦田、亚麻田和大麻田需要翻耕，燕麦田仍然只耕一次。而在弗拉基米尔省，人们只翻耕砂质土壤。显然，雅罗斯拉夫尔省、特维尔省的克拉斯诺霍尔姆县都有翻耕春耕田的传统。在卡申县，人们不仅翻耕春小麦田和亚麻田，还会翻耕燕麦田、荞麦田和大麦田。莫斯科南部地区也有翻耕春耕田的传统。在卡希拉县，

---

①　Историческое и топографическое описание городов Московской губернии с нх уездами, с. 84，360.

②　Собрание сочинений，избранных из месяцеслова，ч. Ⅶ. Спб.，1791，с. 97.

③　ЦГВИА，ф. ВУА，оп. Ⅲ，д. 19 002，л. 3.

④　Сельский житель，1779，ч. Ⅱ，с. 386–390.

人们会翻耕亚麻田、春小麦田、荞麦田和大麦田（"大多数情况下，大麻田只耕一次"，因为农民把所有厩肥都用在了大麻田上）。库尔斯克省的农民也会翻耕春耕田（罂粟田、黍米田、小麦田、大麻田和亚麻田）。① 厩肥多被施用于麻类作物。弗拉基米尔省的农民通常在 4 月至 5 月初对小麦田和部分燕麦田施肥；卡卢加省的农民通常在早春时节对部分春耕田施厩肥；而梁赞省的农民通常在早春（临近大斋节）或深秋给田地施肥；除了豌豆和荞麦以外的所有春播作物都需要施肥。春小麦是最重要的作物，其在翻耕时需要施肥。梁赞省的农民很少在秋冬季节施肥，只有大麻需要在秋季施肥。奥洛涅茨省的农民偶尔在冬季施肥。若秋冬季节需要施肥，农民就必须提前做准备。"10 月之前，农民将粪便堆积在一起燃烧"，以便得到"精细"的厩肥。②

翻耕春耕田（尤其是小麦田）的做法甚至还普及到了奥伦堡省边界的萨马拉和扎沃尔日耶。此外，农民在开垦荒地时也会翻耕，这是该地区农业生产的显著特点。

选择性地翻耕春耕田是 18 世纪的一个新现象。需要注意的是，史料中记载的翻耕通常仅指播种前的作业。若将播种算在其中，那么翻耕的次数更多。应该指出，在莫斯科以南的黑土区，最重要的粮食作物——黑麦和燕麦的翻耕次数很少，因为翻耕对它们的作用不大。A. T. 博洛托夫特别提到，农民"在大多数情况下只耕一次黑麦田"，然后直接播种，尽管黑麦田上布满了大土块。在卡卢加省，耕地三周之后就可以播种冬黑麦种子。③ 18 世纪农业施肥量的增加主要是农业商品化引起的。

---

① Труды ВЭО, 1767, ч. Ⅶ, с. 140; 1774, ч. XXⅥ, с. 27; 1766, ч. Ⅱ, с. 157; 1769, ч. Ⅻ, с. 103. Топографическое описание Владимирской губернии.., с. 19, 66, 72; ЦГВИА, ф. ВУА, оп. Ⅲ, д. 19 176, л. 9 об., 69.
② Труды ВЭО, 1769, ч. Ⅺ, с. 95–97; ч. Ⅷ, с. 24; 1767, ч. Ⅶ, с. 58–59, 120–121.
③ Труды ВЭО, 1766, ч. Ⅱ, с. 157; 1769, ч. Ⅺ, с. 94–98.

"三次翻耕"的做法更有趣。沃洛格达省开创了"三次翻耕"的先河。18 世纪 60 年代，"三次翻耕"与休耕或退耕相结合是增产和除草的基本方法，通过这种方法，黑麦的收成提高到了播种量的 10 倍。[①] "三次翻耕"的做法只流行于某些县（如别热茨克县、奥斯塔什科夫县、斯塔里察县和科尔切夫县），以秋耕田最为典型。翻耕的次数主要取决于土壤的特性（实行"三次翻耕"的土地通常为粗骨土或黏土）。然而，在弗拉基米尔省的戈罗霍维茨县，农民通常对种植黑麦的砂质土壤进行"三次翻耕"。[②]

从集约化的角度来看，18 世纪农业最显著的进步应属"三次翻耕"春耕田。上沃洛乔克县的农民通常"三次翻耕"土地；在托尔若克县，只有黑麦田和燕麦田需要翻耕两次，"种植其他农作物的地块都需要翻耕三次"；[③] 在普斯科夫省，种植亚麻的春耕田也要"翻耕三次"。

由于 18 世纪翻耕的情况非常普遍，翻耕的程序就显得尤为重要。农民翻耕时通常使用单铧犁和木犁两种农具，"把田地犁成垄沟"，垄沟就是密集的深沟，两侧垄坡的坡度相同。[④] 在"潮湿"的地区必须把垄沟尽可能地挖直，并且使其与水流的方向保持平行。在平坦的黑土地上，犁沟可以与水流方向保持平行或垂直。[⑤]

翻耕主要有以下目的：提高土壤肥力、松土、除草。其中，除草非常重要。翻耕一次大约需要两个星期。在只耕作过一次的土地上，农民通常会立即施肥，然后翻耕，直到耕地适宜播种为止。18 世纪的权威农

---

① Труды ВЭО, 1766, ч. II, с.114, 124–125.

② Генеральное соображенне по Тверской губернии.., с.5, 23, 56, 66, 105, 141; Труды ВЭО, 1774, ч. XXVI, с.26; Топографическое описанне Владимпрской губернии.., с.19, 37, 72, 65–66.

③ Генеральное соображение по Тверской губернии.., с.94, 156, 119.

④ Комов И. О земледелии.., с.167–169.

⑤ Комов И. О земледелии.., с.169; ЦГВИА, ф. ВУА, оп. III, д.18 800, ч. I, л.12.

学家们曾多次批判这种传统的做法。例如，A. B. 奥丽舍夫在论证沃洛格达省的农民"三次翻耕"时写到，不应该在秋播作物收获后（即六月）立即施肥。如果不在施肥之前首先整地，"那么无论农民耕多少次地，都无法触及深层的土壤"。①

特维尔省和图拉省的资料记载了翻耕的现象。② 通过对比具体的劳动时间投入，能够计算出种植某种作物的田地翻耕的次数。③

耕地次数的增加是 18 世纪俄国农业的巨大进步，这主要是由农业商品化趋势引起的。该进程扩大了个体经验的影响力，使地方特色逐渐发展成了某种共性。

4 播种与播种后的田间管理

18 世纪 70 年代，以下作物遍布俄国各地：春黑麦、冬黑麦、冬小麦、春小麦（包括冰小麦、硬粒春小麦、双粒小麦）、燕麦（包括多叶燕麦、黑燕麦、西伯利亚燕麦）、大麦（包括全粒大麦、黑大麦、六粒大麦、双粒大麦）、荞麦（包括西伯利亚荞麦、冬荞麦）、扁豆、罂粟、白黍米、黑黍米、黄粟草和红粟草、亚麻（包括普斯科夫亚麻、大卢茨基亚麻、马里恩堡亚麻）、大麻、蚕豆、豌豆、芜菁（包括扁平芜菁、大圆芜菁等）。④ 地主还会种植欧洲作物（如英国黑麦、英国大麦、德国的爱尔福特白燕麦、东方燕麦、罗马尼亚的瓦拉几亚冬黑麦等）。尽管我们已经列举了许多农作物，但这远非全部，显然，"外来"作物仅在地主领地

① Труды ВЭО, 1766, ч. II, с. 114.
② Труды ВЭО, 1766, ч. II, толкованне приложенной табл. IV.
③ Горская Н. А., Милов Л. В. Опыт сопоставления некоторых сторон агротехнического уровня земледелия Центральной России начала XVII и второй половины XVIII в. —Ежегодник по аграрной истории Восточной Европы, 1964 г. Кишинев, 1966, с. 184-186.
④ Труды ВЭО, 1768, ч. XI, с. 72; 1770, ч. XV, с. 105, 130; 1774, ч. XXVI, с. 40-45; 1791, ч. XIV, с. 96; 1792, . XVI, с. 278-280; 1796, с. 171, 308-309.

内种植，从欧洲、亚洲等地区引入，丰富了本土的农作物品种。18 世纪中后期农业的进步极大地促进了外来农作物的引进。引进外来作物是个体经验作用增强的表现，因为引进外来作物的主体是地主。大概直到 18 世纪末，俄国才开始大规模引进外来农作物，因为那时的外来农作物成为大部分农民的必种作物。例如马铃薯，它被俄国人称为"地下苹果"，大约于 18 世纪 50 年代被引入俄国，但直到 90 年代初，才被农民广泛种植。

在俄国广袤的土地上，自然条件丰富多样。因此，将某一地区特有的农作物种植到其他地区，在本质上也属于农作物的引进。

与 18 世纪早期不同，在 18 世纪下半叶，育种业成为农业的重要分支之一。特维尔省、卡卢加省、图拉省、梁赞省以及更偏南的一些省份对优质亚麻种子的供应更是成了普斯科夫省农业发展的支柱。诚然，正如 18 世纪的人们常说的那样，亚麻种子的质量每两年就会"下降"一次，但这并不影响人们对上等亚麻种子的购买热情。在俄国南部地区，也有从外地购入亚麻种子的情况，但这些地方的亚麻种植情况不稳定（"有时亚麻存活得较好，有时则会夭折"）。[①] 此外，在歉收年，俄国中部地区也会向外地出售亚麻种子，不过，这种情况很少发生。根据 B. 普力克隆斯基的观察，在特维尔省，乌克兰黑麦种子的销量很高，但乌克兰大麦种子的销量低，因为后者在两年内生长势头较好，之后"便如强弩之末"[②]。此外，乌克兰冬小麦种子和大麻种子也不畅销。俄国南部和中部地区的粮食种子还销往加利奇省，但"从外省购入的种子没有给加利奇省带来任何好处"。那些主要播种春小麦的地区，从外省购入小麦种子的力度较大。例如，卡卢加省"必须定期更换小麦种子，因为如果长期播种同类种子，那么种子的生命力就会降低……"脆弱的小麦种子显然不

---

① Труды ВЭО 1774, ч. XXVI, с.44-45; 1770, ч. XI, с.101; 1767, ч. VIII, с.113.
② Труды ВЭО, 1774, ч. XXVI, с.45.

如生命力更强的优质小麦种子，因此人们会大量购入外省的小麦种子。奥伦堡省"会定期从外省购入各种粮食种子，因为外省的种子品质更好"。18世纪下半叶，地主坚信频繁更换种子有利无弊。卡卢加省的地主若在其他省份有领地，"也一定会定期更换那里的种子品种"。① 特维尔等省也是如此。著名的农学家 A. T. 博洛托夫等人也普遍认为频繁更换种子是必要的。农民和部分封建领主的"农学迷信"（他们认为小麦种子会变为黑麦，黑麦种子会变为麦仙翁，大麦种子会变为燕麦，等等）也使种子品种被定期更换。

地主通常会在播种前将种子放置在草根土下或者粪水中试种。农民则直接播种。

无论是秋播作物还是春播作物，播种的时间都完全遵循传统。尽管有时天气恶劣，种子依然能够顽强生长。

在沃洛格达省北部，秋播作物和春播作物的最佳播种日期较早。A. B. 奥丽舍夫说，在卡尔戈波尔和恰尔诺地区，冬黑麦在6月23日至6月28日在林中空地上播种。再过十天，冬黑麦将出现在田间地头。在沃洛格达省周边，黑麦在7月15日至8月18日播种。燕麦、小麦、大麦和亚麻是这里第一批播种的春季作物，其播种时间有严格的限制（15天），通常从5月25日开始。② 在奥洛涅茨省，播种时间取决于气候和土壤条件。在斯维里河流域，人们通常提前播种秋播作物和春播作物。而别洛泽尔斯克的农民则通常延后播种时间，因为秋播作物经常在冬季腐烂，单一根茎或有1~3片根茎的作物越冬能力较强。这里的燕麦、豌豆和大豆在5月底播种，大麦和小麦"甚至比它们还晚一周"。冬黑麦的播种时间比较特殊，在7月底至8月初或者更晚。大麦在10周内可以成熟，燕

---

① Труды ВЭО, 1768, ч. Х, с. 86, 71; 1770, ч. ХI, с. 101; 1768, ч. VII, с. 150-168.
② Комов И. О земледелии, с. 254; Труды ВЭО, 1766, ч. II, с. 107, 125.

麦和小麦则需 12 周。① 在特维尔省，豌豆和冰小麦在 4 月或"冰雪刚融化时"播种；燕麦在 5 月 9 日至 21 日播种，若春天来得早，则在 5 月 1 日播种；小麦通常与燕麦同时播种；亚麻的播种时间非常稳定，在 5 月 15 日至 20 日；大麦在 5 月 20 日至 30 日播种；大麻、荞麦和其他春播作物在 5 月下旬播种。冬黑麦和小麦有时在 8 月 1 日至 6 日提前播种，但大多数情况下都在 8 月 7 日至 15 日播种。8 月 18 日以后播种的秋播作物必死无疑，因为在夏天，"无伤草"会抢占黑麦的生存空间。② 在雅罗斯拉夫尔省，春播作物大多在 5 月初至 5 月中旬播种，很少在 4 月末播种。黑麦通常在 8 月播种。18 世纪 60 年代，佩列斯拉夫尔县的冬黑麦的最佳播种日期为 8 月初至 8 月中旬。但现实中冬黑麦的播种日期往往被推迟至 9 月中旬。春黑麦在五月份都可以播种。据 1784 年的文献记载，弗拉基米尔省的黑麦在"8 月中旬"播种，而春黑麦则从 4 月底开始播种。这里的黑麦在 11 个月之内成熟，春播作物的平均生长周期为 20 周。18 世纪 60 年代，加利奇省的作物生长周期也同样漫长。梁赞省的冬小麦播种于 8 月，春小麦、燕麦、黍米、豌豆、荞麦、大麦都在 5 月播种。在 18 世纪 60 年代的卡卢加省，冬黑麦在 8 月 15 日到 9 月 1 日播种（若逢雨季，则播种时间延后），其最佳播种日期为 8 月 10 日至 15 日；春播作物中首批播种的是小麦以及豌豆（在 5 月初播种）；大麦、燕麦和大麻则在 5 月 8 日或 10 日前后播种；亚麻播种于 5 月 15 日至 20 日（播种时间可视天气状况延后）。③

A. T. 博洛托夫对图拉省北部地区的农作物播种日期进行了详细记载（其记录的时间为 18 世纪 60 年代）。冬黑麦的最佳播种时间是 8 月 1 日前

---

① Труды ВЭО, 1770. ч. ⅩⅢ, с. 21.
② Труды ВЭО, 1774, ч. ⅩⅩⅥ, с. 18 – 19.
③ ЦГВИА, ф. ВУА, оп. Ⅲ, д. 19 176, л. 9 об., д. 19 178, л. 69; Труды ВЭО, 1767, ч. Ⅶ, с. 55, 88, 105 – 106; 1768, ч. Ⅹ, с. 83 – 91; 1769, ч. Ⅺ, с. 91 – 95, ч. Ⅻ, с. 92, 105 – 106.

后，第二适宜播种的时间在 8 月 6 日前后，8 月 15 日前后也可播种冬黑麦。春小麦的最佳播种时间在 5 月 22 日（尼古拉日）前后；豌豆的最佳播种日期为 4 月底至 5 月 6 日；燕麦通常有两个最佳播种期——5 月 9 日或 5 月 20 日前后；荞麦的播种时间依然是最晚的，在 6 月 9 日或 15 日前后；大麦的播种时间与莢蒾花开的时间一致，在 5 月底至 6 月初；大麻与其他地区相似，在复活节之后的第 5 至第 7 个星期日播种。П. И. 雷奇科夫将播种期分为三类：早播期、中播期和晚播期。播种时间密切影响着作物的成熟时间和收获时间。据 А. Т. 博洛托夫记载，图拉省北部的黑麦需要 16 周才能成熟，冬小麦需要 19 周可以成熟（这意味着其收获时间比黑麦晚），大麦则需 9 周即可成熟（收获时间最早——在圣母安息节，即 8 月 15 日），春小麦在 15 周内成熟（通常在燕麦收获 1~2 周后收获，有时与燕麦同时收获），燕麦在 15~16 周内成熟，荞麦在 12 周内成熟，豌豆在 17 周内成熟（燕麦、豌豆和荞麦实际上在同一时间收获），大麻在 18~19 周内成熟，亚麻在 11~12 周内成熟（它们比谷类作物和豆类作物收获得晚）。① 值得注意的是，卡卢加省和图拉省的播种期差异极大，尽管两地的气候相似。

黑土区和草原地区的农作物播种时间偏早。一般来说，库尔斯克省的农民在"在复活节后的第一周"，即 4 月中旬就开始播种。燕麦和黍米在 4 月播种，荞麦、大麻和亚麻在 5 月播种，只有罂粟在 3 月底播种，冬黑麦则在 8 月至 9 月底播种。②

18 世纪 60 年代，奥斯特罗戈日斯克省的冬黑麦在 8 月至 9 月初播种。春播作物在 4 月至 6 月播种中，黑麦和大麦在 4 月底播种，小麦、燕

---

① Труды ВЭО, 1766, ч. Ⅱ, с. 154, 158；Рычков П. Письмо о земледельстве.., ч. Ⅱ, С. 493. 据 В. 普利克隆斯基统计，卡申县主要农作物的生长期大致如此，许多其他作物的生长期更短。—Труды ВЭО, 1774, ч. ⅩⅩⅥ, с. 29.

② ГБЛ, ф. 344, собр. Шибанова, № 328. Топографическое описание Курской губ., .1785 г. Соч. Башилов, л. 25.

麦、黍米、豌豆、大麻、亚麻等作物通常在 5 月初播种，小米和荞麦在 6 月初播种。沃罗涅日省南部以及哈尔科夫省的黍米和荞麦在 6 月中下旬播种（"但往往会遭遇霜冻"）。冬黑麦从播种到收获共需要 40 周，大麦仅需 10 周，春黑麦、小麦和燕麦需要 12 周，荞麦需要 8 周，黍米需要 16 周。在伏尔加河流域和奥伦堡省，冬黑麦的播种工作"有条不紊"地开展，一直从 8 月 1 日持续至 9 月 15 日。春黑麦最早于 4 月 20 日前后播种。第二批播种的作物有豌豆、扁豆和罂粟。燕麦、春小麦、大麦、荞麦、黍米、大麻和亚麻在同一时间播种——5 月 21 日前后。芜菁于 7 月 8 日播种。①

相关资料显示，尽管农作物有固定的播种时间，但实际播种时间仍然随天气的变化而波动。此外，播种时间的改变密切影响着收获时间。

各类农作物的播种密度也基本固定。18 世纪 60 ~ 80 年代，A. T. 博洛托夫记载了图拉省北部不同农作物之间播种密度的差异。播种 1 俄石黑麦需要 1920 平方俄丈②的土地，播种 1 俄石小麦则需要 1600 平方俄丈的土地，播种 1 俄石大麦需要 2400 平方俄丈的土地，播种 1 俄石燕麦需要 860 平方俄丈的土地，播种 1 俄石荞麦和 1 俄石豌豆各需要 2400 平方俄丈的土地。燕麦的播种密度最高，而大麦、荞麦和豌豆的播种密度最低。然而，每种作物的实际播种密度还取决于土壤的肥沃程度。通常，在不太肥沃的土壤上，农作物的播种密度较大，而在比较肥沃的土壤上，农作物的播种密度小。例如，1 俄石黑麦在佩列斯拉夫尔县的播种面积为 1600 平方俄丈，而在卡希拉县的播种面积则为 1920 平方俄丈。③ 影响播种密度的另一个因素是施肥量，即对土壤的施肥力度。在施过厩肥的土地上，农作物的播种密度低。有数据表明，在特维尔省的别热茨克县，

① Труды ВЭО, 1768, ч. Ⅷ, с. 164 - 167; 1767, ч. Ⅶ, с. 67, 118, 138; Рычков П. . Письмо о земледельстве. . , ч. Ⅰ, с. 425; ч. Ⅱ, с. 503.
② 1 俄丈 = 2. 13 米。
③ Труды ВЭО, 1766, ч. Ⅱ, с. 151; 1767, ч. Ⅶ, с. 87.

未施厩肥的土地上播种的黑麦数量是正常播种量的 1.5 倍。在同省的克拉斯诺霍尔姆县，未施厩肥的土地上的粮食播种率则提高了 2~3 倍。在托尔若克县，黑麦和大麦在未施厩肥的土地上的播种量增长了 1/6~1/7，燕麦的播种量也有些许增长。[①] 由此可见，在施肥量足够大的地方，农作物的播种密度会大大降低；而在施肥不足的地方，播种密度几乎不变。卡卢加省的农民通常在秋季给所有大麻田施肥，施肥力度大的土地上的大麻播种密度为 11~12 切特维利克/俄亩，未施肥的土地上的大麻播种密度则为 13~14 切特维利克/俄亩。影响粮食播种密度的第三个因素，也是最复杂的因素，即田间杂草的侵扰。杂草是农作物最可怕的敌人。杂草的威胁越大，农作物的播种密度就越大。通常，"良田"一词基本上等同于"无杂草生长的田地"。这一点在地主 Ф. 乌多罗夫给其彼得堡领地的指令中体现了出来，他曾说道："如果土地好，土壤肥沃，就应该稀疏播种，但如果土地差，土壤贫瘠，则应该密集播种，尤其是对春播作物而言。如果在贫瘠的土地上稀疏地播种，那么杂草将非常茂盛，到时就毫无收成可言。"[②]

根据同时代人回忆，在 18 世纪，欧俄普遍存在农作物播种过密的现象。18 世纪下半叶的农学家发现了这一缺陷。A. T. 博洛托夫在描述普斯科夫省的亚麻种植情况时提到，亚麻的播种密度是"黑麦的一半"，即 6~8 切特维利克/俄亩。附近特维尔省的亚麻播种密度为 8 切特维利克/俄亩。在普斯科夫省和诺夫哥罗德省的"处女地上"，每俄亩土地最多只能播种 4 切特维利克的亚麻。即便不考虑土壤肥力和亚麻栽培技术的影响，各地播种密度的差异仍然非常大。在图拉省，农民为了消灭施过肥的春耕田上的杂草，"会播撒比平时多一半甚至一倍的种子，并且不再给土地施肥"。在农业发展整体比较落后的地方，粮食播种密度的差异大大

---

① Генеральное соображение по Тверской губернии.., с. 66, 73, 156.
② Труды ВЭО, 1769, ч. XI, с. 42, 91; 1971, ч. XIV (46), с. 317.

缩小。例如，在特维尔省的祖布佐夫县，每俄亩新开垦的土地上可播种 9 切特维利克黑麦，而在施过肥的土地上，黑麦的播种密度为 12 切特维利克/俄亩。在卡申县，肥沃土地上的黑麦播种密度为 12 切特维利克/俄亩，在肥力中等的土地上，黑麦的播种密度为 14 切特维利克/俄亩，而在贫瘠的土地上，黑麦的播种密度为 16 切特维利克/俄亩。燕麦的播种密度是黑麦的两倍，而大麦的播种密度则是燕麦的 1/3。[①]

当然，上述情况只是普遍状况，现实中还有许多个例。表 2-2 是 18 世纪 80 年代特维尔省各类农作物的播种密度情况。

表 2-2　18 世纪 80 年代特维尔省各县的农作物播种密度

单位：切特维利克/俄亩

县	农作物播种密度							
	黑麦	小麦	燕麦	大麦	豌豆	荞麦	大麻	亚麻
勒热夫	10~14	10~12	小于 32	10~14	小于 8	小于 10	小于 10	小于 8
上沃洛乔克	8~12	小于 16	24~32	小于 16	5	6	9	12
奥斯塔什科夫	9~14	8~10	24~32	10~12	小于 10	12	12	小于 10
斯塔里察	9~12	8~11	24~32	10~14	6~8	10~12	10~12	8~9
科罗恰	10~13	10~12	小于 32	小于 16	12	12	8~10	8~10
卡申	7~12	6~8	24~32	10~16	8	9	9	8
别热茨克	8~10	5~7	20~24	14~16	14~16	9~12	7~9	4~6
克拉斯诺霍尔姆	12~15	8~10	28~32	13~16	9~10	8~10	8~10	9~10
祖布佐夫	9~12	9~12	小于 28	8~11	6~8	10~12	11~12	7
韦西耶贡斯克	8~10	小于 16	24~32	小于 16	5	6	9	12
托尔若克	8~10	10~12	20~24	10~12	8~10	8~10	10~12	10~12

首先，由表 2-2 可以看出，特维尔省北部和南部地区的农作物播种密度差异不大。土壤条件对农作物播种密度起着决定性作用。别热茨克

---

① Труды ВЭО, 1766, ч. Ⅱ, с. 212 - 213; 1791, ч. ⅩⅣ（46）, с. 317; Генеральное соображение по Тверской губернии.., с. 23, 128.

县和克拉斯诺霍尔姆县虽然是邻县，但两地的亚麻播种密度差异很大（前者为4~6切特维利克/俄亩，后者为9~10切特维利克/俄亩）。不同县的豌豆播种密度也有较大差异（上沃洛乔克县的豌豆播种密度为5切特维利克/俄亩，相邻的科罗恰县的豌豆播种密度为12切特维利克/俄亩，别热茨克县的豌豆播种密度为14~16切特维利克/俄亩）。唯一一个受纬度影响较大的作物是小麦。那些极易生长的作物如黑麦、燕麦、大麦的播种密度差异极小。由此可知，即使受僵化的传统农业文化的限制，农业实践仍然具备很强的灵活性。

将特维尔省与佩列斯拉夫尔县和弗拉基米尔省的农作物播种密度进行比较，仍然可以得出同样的结论，因为后两个地区几乎与特维尔省处于同一纬度。18世纪60年代末，弗拉基米尔省的黑麦播种密度为2俄石/俄亩，小麦的播种密度为2.5俄石/俄亩。在佩列斯拉夫尔县，黑麦与小麦的播种密度分别为2俄石/俄亩和3俄石/俄亩。特维尔省任何一个县的粮食播种密度都未达到如此密集的程度。佩列斯拉夫尔县的大麦、燕麦和双粒小麦的播种密度非常高，大麦的播种密度为2.75俄石/俄亩，燕麦和双粒小麦的播种密度则高达4俄石/俄亩；荞麦的播种密度也很高，为2.5俄石/俄亩。豌豆是个例外，佩列斯拉夫尔县的豌豆播种密度很小，约为1俄石/俄亩，特维尔省的豌豆播种密度也不大。此外，佩列斯拉夫尔县的亚麻播种密度也很小，约为1.25俄石/俄亩。①

南方的农作物播种密度普遍不高。例如，А. И. 舍斯塔科夫曾从地主那里收到过这样的指令：把图拉省博布利卡乡的冬黑麦、冬小麦和春小麦的播种密度保持在1.5俄石/俄亩，将豌豆、燕麦、荞麦的播种密度分别保持在1.25俄石/俄亩、3俄石/俄亩和1.5俄石/俄亩。在与之相邻的卡希拉县，黑麦的播种密度为10切特维利克/俄亩，冬小麦和春小麦的

---

① Труды ВЭО 1767, ч. Ⅶ, с. 87; 1769, ч. Ⅻ, с. 100.

播种密度为 12 切特维利克/俄亩，大麦的播种密度为 8~9 切特维利克/俄亩，燕麦的播种密度为 20~24 切特维利克/俄亩，荞麦的播种密度为 8~10 切特维利克/俄亩，豌豆的播种密度为 8~9 切特维利克/俄亩。具体的播种密度还取决于土壤性质。黑麦在奥斯特罗戈日斯克省的播种密度为 1 俄石/俄亩，小麦的播种密度则低一些，约为 0.77 俄石/俄亩。在南方的强大陆性气候区，某些粮食的播种密度很高。在奥伦堡省，黑麦的播种密度为 2 俄石/俄亩（小麦的播种密度与之相同），豌豆和亚麻的播种密度为 1 俄石/俄亩，芜菁的播种密度为 2 俄石/俄亩。[①]

　　播种密度大致反映出了俄国传统农业的发展水平。表 2-3 列出了 1797 年奥廖尔省各县的粮食播种密度（平均数据）。

表 2-3　1797 年奥廖尔省各县的农作物播种密度

单位：俄石/俄亩

农作物	博尔霍夫 城	博尔霍夫 乡	姆岑斯克 城	姆岑斯克 乡	奥廖尔 城	奥廖尔 乡	克罗梅 城	克罗梅 乡	叶列茨 城	叶列茨 乡	卡拉切夫 城	卡拉切夫 乡	布良斯克 城	布良斯克 乡	特鲁布切夫斯克 城	特鲁布切夫斯克 乡	谢夫斯克 城	谢夫斯克 乡	利夫内 城	利夫内 乡
黑麦	1	1.6	1.5	1.45	2	1.5	1.5	1.5	1.5	1	1	1.1	—	1.1	1	1	—	1	1.5	1.5
小麦	—	2	1.25	1.6	3.1	1.5	—	1.5	1.6	1.1	1.2	1.1	—	1.1	1	1	—	1.4	1.5	1.5
燕麦	2	3.9	2	2.2	2	4	2	2.5	2	3	2.5	3	—	2.3	—	1.95	2	—	3	3
大麦	—	1.5	—	—	—	—	—	1.5	—	1.6	1	1.5	—	1.5	—	—	—	—	—	1.6
荞麦	—	2	1.5	1.5	2	1.5	2	2	1.5	1.8	1	1	—	2	—	1	0.6	0.1	2	1.5
黍米	—	2	3		2				2	1.7				0.7		0.96	1	0.6	2.2	2.2
大麻	—	2	1	1	0.6	—	2	1.5	—		0.71	1.1		1.2		1.3	1	0.5	2	2
豌豆	—	1	0.75	1.25	0.3	0.1	—	0.5				1		1		0.7	0.5	0.5	1	1

---

① Журнал земледельцев, 1859, № 23, с. 302；Труды ВЭО, 1768, ч. Ⅷ, с. 164；1760, ч. Ⅱ, с. 151；1767, ч. Ⅶ, с. 138.

由表 2-3 可知，奥廖尔省西部乡村地区的粮食播种密度与其他地区的差异最大。布良斯克县、特鲁布切夫斯克县和谢夫斯克县虽然没有肥沃的黑土地，但土壤富含石灰，因此乡村地区的粮食播种密度低：黑麦和燕麦的播种密度分别在 1 俄石/俄亩与 2 俄石/俄亩左右，而在其他县的乡村地区，两者的播种密度最高可达 1.6 俄石/俄亩、4 俄石/俄亩。黍米和豌豆的播种密度波动最大。黍米在叶列茨县的播种密度为 4 俄石/俄亩，而在谢夫斯克县的播种密度则只有 0.6 俄石/俄亩。在谢夫斯克县，黍米和豌豆的播种密度极低（分别为 0.6 俄石/俄亩、0.5 俄石/俄亩）。在专门种植荞麦的地区，主要是克罗梅县和博尔霍夫县，荞麦的播种密度明显增高，克罗梅县和博尔霍夫县的荞麦播种密度为 2 俄石/俄亩，叶列茨县的荞麦播种密度为 1.8 俄石/俄亩，姆岑斯克县的荞麦播种密度是 1.5 俄石/俄亩。

城市地区的粮食播种密度毫无规律可言，这主要取决于土壤质量和除草情况。燕麦在博尔霍夫县城区的播种密度比乡村要低，后者几乎是前者的 2 倍。

1783 年，库尔斯克省的文献将个别县的实际粮食播种密度与平均播种密度做了对比。表 2-4 显示了三个县（希格雷县、季姆县、别尔哥罗德县）内实际粮食播种密度达到平均水平的村庄比例。库尔斯克省的黑土地肥力差异不大，而上述三个县所处的纬度差异较大，因此我们可以观察出纬度对粮食播种密度的影响。

在希格雷县，38%的村庄按照 12 切特维利克/俄亩的密度播种黑麦。对于黑土地而言，这一播种密度显然过高，黑麦在黑土地上的最佳播种密度为 8 切特维利克/俄亩，但在实际情况中，极少人按照这一标准种植黑麦。15%的村庄按照 10~11 切特维利克/俄亩的密度播种黑麦；19%的村庄按照 16 切特维利克/俄亩的密度播种黑麦。高密度播种或许是抑制杂草生长的一种方式。在库尔斯克省中部的季姆县，有 34.4%的村庄按照 10~11 切特维利克/俄亩的密度播种黑麦，有 31.3% 的村庄按照 16 切特维利克/俄亩的密度播种黑麦，占比比希格雷县大。在库尔斯克省最南端的别尔哥罗德县，黑麦的播种密度大有不同。该县 22% 的村庄按 16 切特维利克/俄亩的密度播种黑麦，有 21% 的村庄按照 9 切特维利克/俄亩的密度播种黑麦。大多数村庄的黑麦播种密度为 10~11 切特维利克/俄亩。总的来说，越往南，黑麦的播种密度越小。这主要是因为别尔哥罗德县的土壤肥力较高。此外，自然气候条件也有影响。像小麦这样的农作物大都对纬度的变化非常敏感，即使是在同一个省，其播种密度也有很大波动。例如，北部的希格雷县，31.3% 的村庄按照 16 切特维利克/俄亩的密度播种小麦，12.9% 的村庄以 9 切特维利克/俄亩的密度播种小麦。在南部的别尔哥罗德县，情况发生了巨大的转变。该县有 25.7% 的村庄按照 8 切特维利克/俄亩的密度播种小麦，有 12.2% 的村庄按照 9 切特维利克/俄亩的密度播种小麦，小麦播种密度为 10~11 切特维利克/俄亩的村庄占比 36.6%。

表2-4　1783年库尔斯克省各县的农作物播种密度对比

播种密度（切特维利克/俄亩）	实行该播种密度的村庄比例（%）														
	黑麦			小麦			燕麦			荞麦			大麻		
	希格雷县	季姆县	别尔哥罗德县	希格雷县	季姆县	别尔哥罗德县	希格雷县	季姆县	别尔哥罗德县	希格雷县	季姆县	别尔哥罗德县	希格雷县	季姆县	别尔哥罗德县
6~7	—	—	—	—	—	—	—	—	—	—	—	—	—	—	15
8	—	—	—	—	—	25.7	—	—	—	—	—	14.3	32.8	15.5	38
9	—	—	21	12.9	10.9	12.2	—	—	—	—	12	—	—	—	—
10~11	15	34.4	34.9	—	20	36.6	—	10.1	29	13.5	20	35	16.4	13.3	—
12	38	10	—	27	—	—	—	—	11.6	33.3	—	—	—	—	—
13~15	—	—	—	—	—	—	—	—	13.5	13.5	—	—	—	—	—

播种密度（切特维利克/俄亩）	实行该播种密度的村庄比例（%）														
	黑麦			小麦			燕麦			荞麦			大麻		
	希格雷县	季姆县	别尔哥罗德县	希格雷县	季姆县	别尔哥罗德县	希格雷县	季姆县	别尔哥罗德县	希格雷县	季姆县	别尔哥罗德县	希格雷县	季姆县	别尔哥罗德县
16	19	31.3	22	31.3	34.5	—	36.7	55.1	32.5	17.7	34	16.5	22.6	29	15
17~22	—	—	—	—	—	—	9.3	10.1	—	—	—	—	—	—	—
24	—	—	—	—	—	—	23.7	—	—	—	—	—	—	—	—
村庄总数	148	96	109	70	55	90	139	99	87	141	100	91	128	90	87

燕麦的播种密度变化非常有趣。库尔斯克省的燕麦不像北方那样多产，但同样不可或缺。与奥廖尔省一样，库尔斯克省燕麦的标准播种密度为 16 切特维利克/俄亩，这似乎是该地区的最佳播种密度（非黑土区的燕麦播种密度是此地的 1.5~2 倍）。希格雷县有 36.7% 的村庄按照最佳播种密度播种燕麦，季姆县有 55.1% 的村庄按照最佳播种密度播种燕麦，而别尔哥罗德县有 32.5% 的村庄按照最佳播种密度播种燕麦。希格雷县燕麦播种密度非常大（9.3% 的村庄以 17~22 切特维利克/俄亩的密度播种燕麦，23.7% 的村庄以 24 切特维利克/俄亩的密度播种燕麦）。反之，在南部的别尔哥罗德县，燕麦的播种密度要小得多（29% 的村庄以 10~11 切特维利克/俄亩的密度播种燕麦，11.6% 的村庄按照 12 切特维利克/俄亩的密度播种燕麦）。显然，只有在最干净的休耕地上才能如此稀疏地播种。

库尔斯克省是俄国黑土地中特殊的"荞麦种植区"，这里的荞麦种植业具有商业性质。在季姆县，有 12% 的村庄以 9 切特维利克/俄亩的密度播种荞麦。希格雷县的荞麦最佳播种密度为 12 切特维利克/俄亩，而近 1/3 的村庄都以 13~16 切特维利克/俄亩的密度播种荞麦。季姆县的农民通常按

16 切特维利克/俄亩的密度播种荞麦（有 34%的村庄按照这一密度播种）。而在别尔哥罗德县，农民通常以 10~11 切特维利克/俄亩的密度播种荞麦（有 35%的村庄按照这一密度播种）。显然，与奥廖尔省的许多地区一样，荞麦多长在杂草丛生的田地里。

大麻也是库尔斯克省的经济作物。大麻的实际播种密度受纬度的影响极小。只有别尔哥罗德县的播种密度普遍较小，其他两个县的大麻播种密度波动很大：一方面，稀疏播种（播种密度为 8 切特维利克/俄亩）占主流（希格雷县有 32.8%的村庄，别尔哥罗德县有 38%的村庄，季姆县有 15.5%的村庄按照此密度播种）；另一方面，密集播种（播种密度为 16 切特维利克/俄亩）的情况也不少（希格雷县有 22.6%的村庄，季姆县有 29%的村庄，别尔哥罗德县有 15%的村庄按照该密度播种大麻）。这种差异不是由气候条件，而是由市场引起的。密集播种的大麻用来制作薄麻，剥取大麻籽，而稀疏播种的大麻则用于制作厚麻。

相关资料证明，现实生活中有 25%到 30%的农民没有按照传统的标准密度播种农作物。在某些农作物商品化的影响下，越来越多的农民不再遵循传统。

俄国各地的播种程序有严格的规范。首先，播种之前需要"松土"，田间每隔 2 俄丈就要犁出一条垄沟，整块田地都是如此，"这样方便检查种子的播种情况，以防漏播"。农民通常拎着提篮播种，每次从提篮中抓一把种子均匀地撒进地里。"娴熟的农民一天可以播种 1 奥西米纳①种子"。② 播种要求农民掌握特殊的技能，是一项艰苦的工作。在雨季、旱季、雨后、雨前都可以播种，具体的播种时间因地制宜。

播种主要有两种方式，"先犁地，再播种，最后耙地；或者在犁过的地

① 奥西米纳是俄国旧的散体物的容量单位，1 奥西米纳约等于 105 升。——译者注
② Рычков П. Письмо о земледельстве.., ч. I, с. 485.

上直接播种，然后耙地。犁主要用于秋耕田，而耙适用于所有土地"。① 种子播种得越深，作物的根茎就越强韧，谷穗越饱满。1767 年，在 M. 戈利岑给其特罗伊茨科耶村领地的指令中，清楚地表达了这一观点：用犁播种的黑麦种子"能够长出沉甸甸的黑麦穗，但是，用耙播种的黑麦种子如同遭遇了旱灾，只能结出干瘪的黑麦穗"。然而，并非各地都用犁播种，不是所有的作物都适合用犁播种。播种工具的选择首先取决于土壤性质，其次取决于气候。在松软的土地"用犁播种"，而在坚硬的土地上"用耙播种"，因为幼苗如果生长于过深的硬土中，可能会夭折。特维尔省的播种方法多种多样，而整个佩列斯拉夫尔县都只用耙播种，这是因为该省土质坚硬。②

北部的黑土地在春夏不够湿润，但北部的农具种类丰富，因而种子可以用犁和耙两种工具播种。例如，在梁赞省，农民在用犁播种完春播作物后，会用耙按压种子（除了黑麦），以防种子留在土层表面。在卡希拉县，冬黑麦"被播种在"只耕作过的一次的土地上，然后"耙地"。小麦、大麦和荞麦播种于翻耕过的土地上，"播种后，农民再次耙地"。18世纪 80 年代，在坦波夫省的利佩茨克县和鲍里索格列布斯克县，冬小麦播种后需要翻地和耙地（而冬黑麦像春黑麦一样，播种后只需翻地即可）。在乌拉尔高原"未施肥的土地上，农民直接播种，紧接着耙地。这就是为何那里的农民总是能在一天之内完成播种工作"。由于土壤湿度不足，农民必须加快播种速度。在俄国南部的非黑土区和草原地区，尽管土壤湿度明显不足，但依旧不影响种子的播种。③ 值得注意的是，这些地

---

① Комов И. О земледелии，c. 256.

② Собрание старинных бумаг...П. Н. Щукина，т. Ⅲ. М.，1897，c. 346；Генеральное соображение по Тверской губернии..，c. 5，23，37，48，56，66，74，94，114，128，129；Комов и. О земледелии，c. 254；Труды ВЭО，1767，ч. Ⅶ，c. 67，91，139—141.

③ Труды ВЭО，1767，ч. Ⅶ，c. 57；1766，ч. Ⅱ，c. 157；Описание тамбовского наместничества. —Собрание сочинений，избранных из месяцеслова，ч. Ⅵ. Спб.，1790，c. 439，447（1784 г.）；ЦГВИА，ф. ВУА，оп. Ⅲ，д. 19 002，л. 8，10 об. См. также：Гильденштедт И. А. Путешествие..，c. 62.

区的农民直接在未耕过的田地上播种，然后稍微翻整土地，根本用不到耙。农民非常重视土壤湿度，因此，他们有时甚至直接在刚收割过、尚有残茬的田地上播种。这种情况通常发生在无杂草的干净田地上，尤其是刚收割完荞麦的土地上。

5　粮食的收获与储存

俄国各地的主要粮食作物（黑麦、燕麦、小麦以及大麦）都用镰刀收割，收割完后，庄稼秆通常被系成捆，谷穗朝上放置在地上。它们"通常要放置约两三个小时，有时一直放到当天晚上，然后堆入庄稼垛"。一捆禾捆大概有5把庄稼秆那么粗。特维尔省的每个庄稼垛有20捆禾捆，每4捆禾捆为一层，共有5层，每层禾捆两两交叉呈"十"字形。[①] 在俄国中部的许多地区，一个圆锥形庄稼垛通常由13~15捆禾捆组成，共有3~4层禾捆，顶层只有一捆禾捆。据 A. T. 博洛托夫记载，不同地区的圆锥形庄稼垛大小各异：有的庄稼垛有15~17捆禾捆，有的则有52捆，还有的有60捆。[②] 在莫斯科近郊和广大非黑土区，农民在收割时直接将禾捆捆起来，堆入庄稼垛。而卡卢加省以南的农民并非如此，他们收割工作中最重要的一步是使谷穗干燥。干燥过的谷穗能够长期保持相互分离的状态，这样才能堆放成各种各样的庄稼垛。在大多数黑土区，4个这样的庄稼垛，加上作为"锥顶"的第5个庄稼垛，就组成了一个大的圆锥形庄稼垛。在奥伦堡省，庄稼垛被称为"庄稼架"。[③] 通常，小庄稼垛要晾晒大约两个星期，以风干秸秆和落入其中的杂草。然而，奥伦堡省的

---

① Труды ВЭО, 1774, ч. XXVI, с. 30; Рычков П. Письмо о земледельстве.., ч. II, с. 43; Комов И. О земледелии, с. 273.

② Труды ВЭО, 1766, ч. II, с. 159-160; 1769, ч. XII, с. 97-115.

③ Зуев В. Путешественные записки.., с. 51; Рычков П. Письмо о земледельстве.., ч. II, с. 493.

小"庄稼架"在捆好的当天晚上就被放入大的圆锥形庄稼垛中。在北方湿度高的地带（如沃洛格达省等），16捆禾捆被竖着堆成"庄稼垛"，谷穗朝上立在田里晾晒，垛顶还有一捆禾捆，一共17捆。在奥洛涅茨省，每个竖立堆放的庄稼垛只有10~12捆庄稼，它们在晾晒两周甚至更久后（佩列斯拉夫尔县的庄稼垛晾晒时间较长），被运到打谷场堆成垛，有的庄稼垛中有藁秆（藁秆是由秆子组成的特殊底板，其与地面的距离在3俄尺以上，由树枝和草秆组成）。特维尔省的圆锥形庄稼垛通常有1000~1500捆禾捆，大垛里有4500~8000捆禾捆。地主通常把禾捆堆成大垛。奥伦堡省的大垛有两层，能放约200车禾捆，藁秆上能放80~100车禾捆。一车约有50捆禾捆。沃洛格达省的大垛底部放置捆好的谷穗，其余地方的庄稼平铺开来。大垛通常需要2~3人堆成。禾捆谷穗朝上放置，围成"房顶"状，作为大垛的防水顶。每堆一个大垛，都需要由一名有经验的堆垛者指挥。大垛顶部需要用秆子加固。[①] 在沃罗涅日省，庄稼通常被堆放成平截头圆锥形庄稼垛（周长约10俄丈），置于离地面25~33厘米的藁秆上，禾捆谷穗朝里堆放，垛顶盖有一捆禾捆。И. А. 吉利登施泰特认为将禾捆堆成垛是最好的粮食储存方式："如果垛堆得好，那么粮食大约能储存10年，并且依旧可用于播种。"И. М. 科莫夫也持同样的观点。[②]

众所周知，彼得一世规定用杆上有特殊钩子的大镰刀刈割春播作物，以便在收割的同时将粮食耙成一排。该规定被农民严格遵守。到了18世纪中叶，这种收割方法普及开来。18世纪60年代，卡卢加省的农民使用这种镰刀收割燕麦和荞麦，弗拉基米尔省的农民用这种镰刀收割荞麦、扁豆和豌豆，奥伦堡省的农民则用其收割荞麦和豌豆。[③]

---

① Труды ВЭО, 1766, ч. Ⅱ, с.31, 122; 1769, ч. ⅩⅢ, с.21; 1767, ч. Ⅶ, с.93; 1770. ч. ⅩⅤ, с.116; 1774, ч. ⅩⅩⅥ, с.31.

② Гильденштедт И. А. Путешествие.., с.18-19; Комов и. о земледелии, с.288.

③ Труды ВЭО, 1769, ч. ⅩⅠ, с.115, ч. ⅩⅡ, с.102; 1774, ч. ⅩⅩⅥ, с.159-160; 1767, ч. Ⅶ, с.148-149.

　　荞麦通常用简易的镰刀收割。燕麦、荞麦和豌豆在收割完后需要铺开晾晒。燕麦需要捆成捆堆入庄稼垛，豌豆和荞麦则可以直接堆成圆锥形庄稼垛。在弗拉基米尔省，收割完的荞麦和扁豆要堆成圆锥形庄稼垛晾晒，豌豆则需放到"木桩做的台架"上晾晒。在特维尔省的卡申县，有一种专门用于晾晒豌豆的吊床。奥伦堡省的荞麦不用捆成捆，而是直接堆成垛；豌豆被堆成所谓的"尖顶垛"；扁豆、豌豆和罂粟通常直接在田里脱粒；收割大麦时需要格外谨慎，"大麦通常在泛绿时收割，这样成熟的麦穗能够自然脱落"。大麦用半月形镰刀收割，收割完后需要将其摊开，使之完全长熟。农民通常将大麦秸与黑麦秸或莎草捆在一起晾晒，晒干后将大麦捆运到打谷场，码成长方形庄稼垛，或制成藁秆。[①]

　　在弗拉基米尔省，小麦、大麦、荞麦和扁豆储存于打谷场中。斯摩棱斯克省和南方黑土区的粮食储存于地窖中。这种地窖只能由干硬的黏土建造。"窖口的直径约为 3 俄尺（大概 1 米），窖口的深度约为 4 俄尺。地窖的面积较大。在倒入粮食前，需要先加热地窖以使其保持干燥。地窖的总深度约为 2 俄丈。往地窖倒入粮食后，农民将秸秆铺在粮食上面，并用土牢牢堵住窖口，将地窖密封起来"。[②] 每个地窖能容纳 300 俄石粮食。"据农民所说，粮食可以在地窖中储存 10 年，但存储超过 3 年的种子无法用于播种。"储存粮食前，需要打开地窖通风，以祛除其中的湿

---

① 　Труды ВЭО，1766，ч. Ⅱ，с. 160；1769，ч. ⅩⅡ，с. 103 - 104；1774，ч. ⅩⅩⅥ，с. 32；Рычков П. Письмо о земледельстве. .，ч. Ⅱ，с. 512，513，519。

② 　Труды ВЭО，1769，ч. ⅩⅡ，с. 102；Гильденштедт И. А. Путешествие. 亦可参见 Левкович М. Г. О лучших и безубыточных средствах сбережения на долгое время всякие хлебные зерна. —Труды ВЭО，1796，с. 148. М. Г. 列夫科维奇认为，窖口直径可达 2.5~3 米。在储存粮食之前，要先在窖壁铺上一层密实的春播作物秸秆，秸秆上的谷穗要事先去掉。秸秆通过干树条固定，干树条上钉有特殊的钉子——"小钩"。有时人们也在窖壁上铺树皮，如桦树皮等。在窖壁或"窖颈"上铺完秸秆后，还要铺谷糠，不用全铺，铺到"窖颈"一半的高度即可，铺完后用土夯实。其上层是一个小土丘，用于排出雨水。—Там же，с. 148 - 149。

气，这样能在秋季为粮食提供足够干燥的存储环境。粮食储存 15 年后依旧可以食用。能够储存未晒干的乃至夹杂着雪的粮食的地窖，才算得上是好的地窖，它能将粮食"烘干"并储存数年。不过，储存 7 年之后，这些粮食会散发出"可恶的地窖味"①。

除了黑土区和草原地区，俄国大概有两种类型的粮食干燥室——带地窖的和不带地窖的。粮食干燥室主要用来在脱粒前烘干禾捆。在有地下水或地势低洼的地带，粮食干燥室通常没有地窖，并且比其他粮食干燥室的楼层高。② 粮食干燥室极易引起火灾，因此在晾晒禾捆时，必须格外小心。粮食干燥室顶部的平均温度可达 50~55 摄氏度，中部的平均温度为 38~39 摄氏度，底部的平均温度为 12~14 摄氏度，这样的温度能够保证种子的发芽率。由于各地的粮食干燥室构造不同，所以粮食的干燥时长也不同。奥洛涅茨省南部的粮食烘干时间约为 3 天，若禾捆松散纤细，则晾晒时间更短。如果粮食干燥室的温度足够高，那么只需要 8~9 小时即可烘干粮食。在这种情况下，农民通常在晚上将粮食放入粮食干燥室，清晨便可烘干完毕。18 世纪，地主广泛使用所谓的"干燥棚"来代替粮食干燥室，他们还在干燥棚内专门建造了打谷场。这种干燥棚被应用于非黑土区、伏尔加河流域乃至奥伦堡省。不过，后两个地区的干燥棚很少。图拉省也有些粮食干燥室中带有打谷场，但是，这样的打谷场只在恶劣天气下使用。粮食干燥室通常可以容纳 300~400 捆的黑麦或小麦、500 捆燕麦，若禾捆的体积小，则可以容纳 600~700 捆庄稼。③

---

①　Гильденштедт И. А. Путешествие.., с. 30; Левкович М. Г. О лучших и безубыточных средствах сбережения на долгое время всякие хлебные зерна. с. 149-157.

②　Гмелин С. Г. Путешествия по России для исследования трех царств естества, ч. I. Спб., 1771, с. 19; Труды ВЭО, 1774, ч. XXVI, с. 40-41.

③　Труды ВЭО, 1792, ч. XVI (46), с. 359; 1769, ч. XIII, с. 24; 1767, 4. VII, с. 94; 1774, ч. XXVI, с. 40-46; 1766; ч. II, с. 178; Рычков П. Письмо о земледельстве.., ч. II, с. 498.

通常，粮食在露天打谷场上脱粒，每次脱粒共需要 6~8 人参与。农民从粮食干燥室的窗口扔出禾捆，然后将禾捆在打谷场摆成两排，以准备脱粒。脱粒的工具是橡木链枷，农民先用橡木链枷从左到右拍打两到三次，然后从右到左拍打两到三次。接下来，需要割断禾捆上的绑带，让庄稼散开，再次用链枷拍打，这时不需要再拍打秸秆，而是拍打谷穗，因为穗花中混入了少量干草，需要将其清除。最后，将禾捆少量多次地抛进打谷机，进行第三次脱粒。至此，脱粒工作全部完成。农民通常将脱粒时产生的残渣耙成一堆，选一个天气晴朗的日子，将它们抛在露天打谷场上。抛撒时在近处落下的饱满谷粒被称为"饱粒"，在较远处落下的饱满谷粒被称为"籽粒"（这是特维尔省的叫法），而落得更远的干瘪谷粒被称为"瘪粒"，落得最远的是"谷糠"，即脱粒时被打掉的谷壳。根据谷壳的坚硬程度，谷穗需要脱粒 3~4 次不等。[①] 脱粒过程中的每项工作都耗费了大量精力，并且需要农民格外谨慎。

脱粒非常耗费时间。有时，给 1 俄石（8 普特）谷物脱粒就需要 4~5 个小时。若风力不足，则需扬谷 3~4 次。И. М. 科莫夫曾强调烘干和脱粒的劳动强度很大。此外，在脱粒的过程中，秸秆会被熏黑，这样的秸秆对于牲畜而言是劣质的饲料。[②] 然而，脱粒的种种优点或许足以让人忽视其缺点。第一个优点是脱粒在任何季节都可以进行，包括秋冬季节；第二个优点是脱粒后的粮食能储存得更久。因为细碎的谷物易被烘干，被彻底晒干的谷物保质期很久，甚至可以用来播种。

科洛姆纳黑土区的脱粒工作通常在露天打谷场或谷仓内完成。在田间晾晒的禾捆通常使用常见的橡木链枷就地脱粒。然而，这样脱粒不彻底，造成的粮食损失更大。此外，若遇上恶劣天气，未经干燥而就地脱

---

① Труды ВЭО, 1774, ч. XXVI, с. 38 – 40; Рычков П. Письмо о земледельстве... ч. II, с. 498.

② Труды ВЭО, 1766, ч. II, с. 179; ч. VII, с. 60; Комов И. О земледелии, с. 280-281.

图 2-4　用链枷打谷的场景

粒的谷物会比干燥过的谷物更快变质。就地脱粒只能在天气干爽且阳光充足时进行。坦波夫省和沃罗涅日省的农民通常在秋耕结束（12月到次年2月）时就地脱粒。在俄国大多数地区，就地脱粒的谷物也可以作为种子播种。[①]

6　粮食产量与劳动投入

在历史研究中，从多个方面综合考虑影响粮食产量的因素是合乎逻辑的。影响粮食产量的首要因素是施肥量。我们需要通过对比定期施肥的土地和未施肥土地的粮食产量，来分析施肥量对粮食产量的影响。彼

---

① Труды ВЭО，1768，ч. Ⅷ，с. 181，193；1774，ч. ⅩⅩⅥ，с. 161.

得堡省和沃洛格达省的粮食产量数据①表明，在施过肥的土地上，粮食产量增加了1~2倍。因此，在广大的非黑土区，农民自然优先给黑麦田施肥，或者只给黑麦田施肥，因为这会带来巨大的经济效益。

然而，在18世纪下半叶，非黑土区以及黑土-草原过渡区的地主追求农业商品化，他们认为增加施肥量并不会提高粮食产量。谷类作物（小麦、黑麦乃至燕麦）虽生长迅速，但容易倒伏，因此产量很难提高。即便施了肥，燕麦的收成也很难达到播种量的4~6倍。因此，非黑土区的地主通常将燕麦播种在未施过肥的良田上，这样得到的燕麦产量是播种量的2~3倍。他们种燕麦主要是为了利用燕麦秸饲养牲畜，从而获得厩肥。②

18世纪，主要谷类作物有一个共同点——易倒伏，这最终导致非黑土区的施肥量减少。黑土区发达的畜牧业为农业提供了充足的肥料，但作物易倒伏的缺点阻碍了黑土区粮食产量的进一步增长。不过，黑土区的粮食产量已经相当可观，平均粮食产量可达播种量的10~15倍。

土壤质量也影响着粮食产量。A.T. 博洛托夫曾写道：在图拉省的卡希拉县，荞麦在劣田上的最高产量是播种量的3~4倍。而在良田上，荞麦的产量上升到了播种量的5~6倍。③在此需要注意，非黑土区的绝大多数土地已经使用了很久，肥力有所下降，因而在18世纪早期根本无法使用。因此，能够在这些土地上继续播种粮食，事实上代表着农业技术的巨大进步。18世纪60年代，加利奇省黏土地上的黑麦产量最高可达播种量的3倍，燕麦产量最高可以达到播种量的2倍。在雅罗斯拉夫尔省，只有梅什金县、雅罗斯拉夫尔县和丹尼洛夫县可以称得上是最佳"农业县"，因为这些地区每年收获的粮食除了满足本县需求，还可以外销。雅

---

① Описание Вологодского наместничества, ч. Ⅶ, с. 98；Олишев А. Указ. соч., с. 105, 106, 111；Труды ВЭО；1773, ч. ⅩⅩⅢ, с. 246；1766, ч. Ⅱ, с. 134；ЦГВИА, ф. ВУА, оп. Ⅲ, д. 19 002, л. 6.
② Труды ВЭО, 1766, ч. Ⅱ, с. 100-109, 134；1796, ч. Ⅱ, с. 121.
③ Труды ВЭО, 1766, ч. Ⅱ, с. 141.

罗斯拉夫尔省的粮食的平均产量为播种量的3~4倍，有时甚至能达到播种量的5倍。在卡希拉县，若逢最适宜生长的干旱年，春小麦和荞麦的产量可以达到播种量的2倍或3倍。18世纪60年代末的相关资料记载，在18世纪50年代，弗拉基米尔省"砂质土壤"上的黑麦产量通常是播种量的3倍，春播作物的产量通常为播种量的2倍。在贫瘠的土地上，黑麦的产量为播种量的2倍，春播作物的产量则与播种量相同。通常，弗拉基米尔省有一半以上的农田都是良田，其粮食产量可以达到播种量的4~5倍，而劣田上的粮食产量仅为播种量的2倍。此外，在丰收年，"湿度较高的土壤上"的粮食产量可达"播种量的五倍以上"，而劣田上的粮食产量最多只能达到播种量的3倍或4倍。①

影响粮食产量的第三个因素是粮食品种与土质的适配性。尽管在18世纪，自给自足的农业占主导地位，三圃制依旧很保守，但是，人们越来越重视粮食品种与土壤的匹配性。在特维尔省的托尔若克县，优质黑麦种植在斯图日内村，优质荞麦种植在马斯洛夫村，优质大麦则种植在乌普列维奇村、戈鲁宾村和波日托夫村及姆列维奇村。奥伦堡省的优质小麦种植于谢伊托夫村，该地的小麦产量是播种量的6~7倍，最高产量可达到播种量的10倍。② 此前，我们已经详细阐述了农作物的地方专业化生产情况（普斯科夫省的亚麻专业化生产，卡卢加省、奥廖尔省、库尔斯克省的大麻专业化生产以及梁赞省的水浸麻专业化生产）。

在加利奇省的非黑土区，小麦只在林中空地上播种，而在特维尔省的林中空地上，芜菁是最丰产的粮食。此外，黑麦、小麦和大麦的产量

---

① Труды ВЭО，1768，ч. Ⅹ，с.79 – 89；1774，ч. ⅩⅩⅥ，с.5 – 9；1769，ч. Ⅻ，с.98；ЦГВИА，ф. ВУА，оп. Ⅲ，д. 19 178，л.3-4 об.，л.69；д. 19 176，л.9 об.；д. 18 860，л.57，146 об.；Баранов М. А. Крестьяне монастырских вотчнн накануне секуляризации. М.，1954. с.94.

② Генеральное соображение по Тверской губернии..，с.156；Труды ВЭО，1767，ч. Ⅶ，с.116-118.

也非常高，能够达到播种量的 8 倍或 10 倍。彼得堡省的情况与特维尔省相似。沃洛格达省有 6 个村庄种植优质燕麦，约有 1 个城区和 13 个村庄种植黑麦。①

歉收年，即所谓的"荒年"是我们研究粮食产量的一个关键点。但是，史料中有关歉收年的信息极少。歉收不仅加重了农民本就沉重的负担，还对整个农业系统产生了影响。

18 世纪经常出现歉收年，起初，这通常只在局部地区发生。到了 18 世纪下半叶（如 1767 年、1778 年，以及 1783 ~ 1787 年），俄国广大地区普遍遭遇了歉收。② 据文献记载，18 世纪 60 年代，佩列斯拉夫尔县的"各类粮食收成都不稳定，大部分地区三年才能丰收一次，少数地区两年丰收一次"。在谈到农业经济时，A. T. 博洛托夫指出："农民种植黑麦的利润很低，因为即使在丰收年，黑麦的产量也只有播种量的 5 倍，而一般情况下，黑麦产量只有播种量的 2 倍甚至更少。" 18 世纪 60 年代，许多地区，主要是非黑土区出现了恶劣天气。从 1763 年开始，至少有五年在连续下雨。在此期间，最严重的灾难并非歉收，而是连年降水带来的涝灾，水冲走了田里成年累月积攒下来的全部有机物，人们煞费苦心提高的土壤肥力急剧下降。在农奴制社会，俄国农民无力改善田地的排水系统。因此，砂质黏土和积有淤泥的田地上的排水系统作用甚微。B. 普利克隆斯基写道："农民只能靠着存粮勉强撑一两年。而粮食歉收的状况并没有改善，反而愈演愈烈。最终，农民的存粮被用尽，只能转而饲养牲畜。然而，更不幸的是，牲畜常被瘟疫夺去生命，这使农民彻底失去了食物。" 当时，牲畜病死的现象已经非常普遍，给农民的生活雪上加霜。当漫长的夏雨季结束时，"农民开始少量饲养牲畜。由

---

① Труды ВЭО, 1768, ч. Ⅹ, с. 70, 79 − 82; 1773, ч. ⅩⅩⅢ, с. 246, ч. ⅩⅩⅤ, с. 34; Генеральное соображение по Тверской губернии.., с. 141, 12-13, 93, 156, 83.

② Сб. статистических сведений о России, 1858, кн. Ⅲ, с. 118.

于牲畜数量不足，土地无法像以前一样得到足够的厩肥。此外，用来牵引农具的马匹也相当匮乏，农民的生活每况愈下"。[1] 农业发展水平急剧下降。18世纪经常出现连年降水的情况，这对整个国家的农业经济产生了巨大的影响。尤其是在18世纪60年代，粮食和"食品"的价格大幅上涨。这一时期，农民只能不断地开发林中空地和焚烧过的休耕地，因为那里储存着丰富的有机物质，可以带来丰收，尽管产量不稳定。

在上述情况下，俄国粮食的平均产量仍然能够维持在播种量的2倍左右，这得益于俄国农民的辛勤耕耘。18世纪80年代，在弗拉基米尔省的苏兹达尔县、波克罗夫县、尤里耶夫-波利斯基县、科夫罗夫县、梅连基县、戈罗霍韦茨县、穆罗姆县、亚历山德罗夫县、舒亚县、维亚兹尼基县，丰收年的平均粮食产量为播种量的4~5倍，有时甚至更高，歉收年的粮食产量则为播种量的2倍。在雅罗斯拉夫尔省和科斯特罗马省，歉收年的平均粮食产量是播种量的2倍。[2]

干旱的天气使黑土区和草原地区的粮食产量急剧增加，坦波夫省、奔萨省、萨拉托夫省、奥伦堡省、奥廖尔省、沃罗涅日省、库尔斯克省都是如此。

独特的"局部歉收"现象对俄国的农业发展而言是一个重大灾难。"局部歉收"是指某一两种作物歉收。这可能是由耕作过程不规范导致的，也可能是由客观因素（如晚春霜、早秋霜、植物病害、白粉病、锈病、雾霾、虫害等）造成的。在北方，晚播种燕麦会导致它们"被冻烂"。夏季的"莠葽丛"（7月29日）也非常可怕。卡卢加省的农民经常在冬季时收割燕麦。卡希拉县的荞麦常常被秋季霜冻冻死，或者由于除草过晚而被杂草吞噬。沃罗涅日省的荞麦往往在晚春刚发芽时就冻死了。

---

① Труды ВЭО，1767，ч. Ⅶ，с. 84；1766，ч. Ⅱ，с. 134，153；1774，4. ⅩⅩⅥ，с. 24-25.
② Топографическое описание Владимирской губернии..，с. 26，83，37，43，94，106，65，58，71，50，101，88；ЦГВИА，ф. ВУА，оп. Ⅲ，д. 18 860，л. 146 об.

在奥伦堡省，荞麦、黍米和豌豆常常在成熟期死于霜冻。[①] 由此可知，强大陆气候阻碍了俄国农业的发展。

所谓"平均产量"或正常年份的粮食产量是衡量农业发展水平的重要指标。俄国南部、黑土区和草原地区的平均粮食产量非常高。在顿河草原地带，小麦的产量为播种量的 10 倍或 20 倍。硬粒春小麦的产量达到了播种量的 15 倍以上。乌克兰和沃罗涅日省部分地区的黑麦产量为播种量的 10~12 倍。[②] 在坦波夫省，莫尔尚斯克县的平均粮食产量是播种量的 5 倍，乌斯曼县平均粮食产量是播种量的 8 倍，鲍里索格列布斯克县的平均粮食产量也不低于播种量的 8 倍。在库尔斯克省，希格雷县的黑麦产量是播种量的 7 倍，小麦产量是播种量的 5 倍，燕麦产量是播种量的 10 倍，荞麦产量是播种量的 8 倍，豌豆产量是播种量的 7 倍，大麻产量是播种量的 6 倍，亚麻产量是播种量的 1.5 倍；苏真斯克县的黑麦产量为播种量的 7 倍，大麦产量是播种量的 5 倍，大麻产量是播种量的 6 倍，黍米产量是播种量的 8 倍，亚麻产量是播种量的 1.5 倍；季姆县的小麦产量是播种量的 4 倍，燕麦产量是播种量的 9 倍，荞麦产量是播种量的 7 倍，豌豆产量是播种量的 6 倍，大麦产量是播种量的 8 倍，大麻产量是播种量的 5 倍，黍米产量是播种量的 8 倍，亚麻产量是播种量的 1.5 倍；雷利斯克县的平均粮食产量是播种量的 6~7 倍；奥博扬县的平均粮食产量是播种量的 5~9 倍。奥伦堡省的黑麦产量是播种量的 5~6 倍甚至更多，燕麦、小麦、大麦的产量与黑麦接近，荞麦、豌豆的产量是播种量的 10 倍，黍米的产量是播种量的 20 倍（丰收年的黍米产量高达播种量的 60 倍，罂粟的产量则可达播种量的 100 倍）。北部的梁赞省在丰收年的平均粮食产量是播种量的 6~7 倍。卡卢加省的黑麦产

[①] Труды ВЭО, 1766, ч. Ⅱ, с. 106–111, 159, 160；1769, ч. Ⅺ, с. 96；1768, ч. Ⅷ, С. 162–164；1767, ч. Ⅶ, с. 116–118.

[②] Труды ВЭО, 1795, с. 171；1768, ч. Ⅷ, с. 139, 141.

量是播种量的 5 倍，大麦产量是播种量的 7 倍，燕麦产量是播种量的 4 倍，大麻产量是播种量的 4 倍。卡希拉县的大麦产量为播种量的 5～7 倍，豌豆产量是播种量的 6 倍，燕麦产量是播种量的 3 倍，荞麦产量是播种量的 5 倍，春小麦产量是播种量的 4～6 倍，冬小麦产量是播种量的 5 倍。在特维尔省的卡申县，黑麦和燕麦的产量为播种量的 2～4 倍，大麦的产量是播种量的 4～7 倍。[1] 平均粮食产量如此之高，无疑说明俄国农业取得了长足的进步。

史料中记录的通常是平均粮食产量，至于丰收年和歉收年的作物产量我们不得而知。有关 18 世纪上半叶俄国粮食产量的数据极为有限。表 2-5[2] 记载了 18 世纪上半叶俄国不同地区的粮食产量，表中的数据是地主领地在丰收年的粮食产量，这显然高于实际产量。

表 2-5　18 世纪上半叶俄国不同地区的粮食产量

单位：播种量的倍数

地区	10～20年代	20年代	30年代	40年代	50年代	10～20年代	20年代	30年代	40年代	50年代	10～20年代	20年代	30年代	40年代	50年代
	黑麦					燕麦					大麦				
中部工业区	2.7	3.2	3.5	3.8	3.2	2	3.2	3.1	3.2	3.1	5.2	6.9	5.9	4.4	3.7
中部黑土区	4	4.3	3.2	4.7	4.6	3.1	5.6	4.9	4.5	4.2	—	3.9	4	4.4	4.8

---

[1]　Описание Тамбовского наместничества, с. 396–457；ЦГВИА, ф. ВУА, оп. Ⅲ, д. 18 800；ч. Ⅲ, л. 80 об.；ч. Ⅳ, л. 116；ч. Ⅴ, л. 3, 164；ГБЛ, ф. 344. Собр. Шибанова, № 328, Топографическое описание Курской губ., 1785, с. 57, 44；Труды ВЭО, 1767, ч. Ⅶ, с. 50–51, 116–119；1769, ч. Ⅺ, с. 94–95；1766, 4. Ⅱ, с. 136；1774, ч. ⅩⅩⅥ, с. 5–9.

[2]　Индова Е. И. Урожаи в Центральной России за 150 лет（вторая половина ⅩⅦ–ⅩⅧ в.）. –Ежегодник по аграрной истории Восточной Европы, 1965 г. М., 1970, с. 146–150.

续表

地区	10~20年代	20年代	30年代	40年代	50年代	10~20年代	20年代	30年代	40年代	50年代	10~20年代	20年代	30年代	40年代	50年代
	黑麦					燕麦					大麦				
西北部地区	2.4	2.6	2.3	3.8	4.2	2.4	2.6	2.3	3.8	4.2	3.3	4	3	2.9	5.1
北方地区	2.6	4.7	3.4	3.2	2.7	3.1	4.7	2.8	3.3	2.6	3.4	3.4	3.4	2.9	3
伏尔加河流域	3	3.3	3.7	5.1	4	3	3.4	2.8	4.9	3.4	—	—	4	—	4.7
	小麦					荞麦					豌豆				
中部工业区	3.2	4.9	3	3.5	2.7	2.2	3.7	3.7	3.5	2.4	2.2	1.3	6	—	—
中部黑土区	4.5	4.1	5.5	4.3	4.1	6.1	5.5	4.3	3.7	3	—	—	5.1	—	—
西北部地区	—	3.3	3.5	—	2.7	—	3.5	3.7	3.5	4	—	2.5	—	—	8
北方地区	—	3	—	3	—	—	—	—	—	—	4.2	3.3	5.1	4.3	4.5
伏尔加河流域	—	3	3.7	—	3.6	—	—	—	5.3	—	—	—	—	—	—
	双粒小麦					大麻					亚麻				
中部工业区	—	—	—	3.8	—	2.1	2.8	3	1.1	3	2.5	1.8	2.3	—	—
中部黑土区	—	8	4.8	4.3	—	—	—	3.3	2.3	1.6	—	—	—	2.1	—
西北部地区	—	6	—	—	—	—	—	—	—	2.8	2	3.1	2.3	2.1	1.7
北方地区	—	—	—	—	—	—	—	—	—	—	—	—	—	—	—
伏尔加河流域	—	—	—	—	—	—	—	—	3.3	—	—	—	—	—	—

18 世纪 80~90 年代，俄国出现了专门记录粮食产量的报纸，其中的数据更可靠。[①] 尽管它仍然不够全面，但相对来说更加客观。表 2-6 记载了欧俄非黑土区的七个省及周边省份的平均粮食产量。特维尔省、莫斯科省的黑麦产量是播种量的 2 倍左右。在某些年份，特维尔省和雅罗斯拉夫尔省的平均粮食产量特别低。诺夫哥罗德省的平均粮食产量明显更高，基本达到了播种量的 3 倍。此外，卡卢加省和梁赞省的平均粮食产量是播种量的 3 倍以上，有时甚至能达到播种量的 4 倍，即便是易受土质和天气影响的作物（如小麦）也不例外，不过，种植小麦所需的劳动投入至少是黑麦的 2 倍。与表中的其他省份相比，卡卢加省和梁赞省的平均粮食产量最高。大部分省份的燕麦产量接近于播种量的 3 倍。在极个别年份，燕麦的产量高达播种量的 4~5 倍。西北地区和莫斯科以南省份的大麦产量是播种量的 3 倍以上。梁赞省的大麦产量最高可达播种量的 5 倍。亚麻是梁赞省最重要的作物之一，但其产量不高（大概是播种量的 2 倍）。卡卢加省和梁赞省的大麻产量非常可观，虽然不高，但非常稳定，有时大麻甚至是梁赞省产量最高的作物。梁赞省的荞麦产量普遍在播种量的 3 倍以上（歉收年和中部工业区除外）。

　　表 2-7 记录了欧俄黑土区及部分非黑土区省份的平均粮食产量。从表中可以发现，1787 年粮食普遍减产，奥廖尔省、沃罗涅日省、辛比尔斯克省和奥伦堡省都出现了这种情况，另外还有 5 个省份没有相关记录。

---

① Рубинштейн Н. Л. Сельское хозяйство России во второй половине ⅩⅧ в. Историко-экономический очерк. М. , 1957. 作者出版了各省省长记录的关于 18 世纪 70 年代和 90 年代俄国 39 省的播种和收获数据明细表。我们使用了其中 17 个省份的数据，并将收成换算成了"播种量的倍数"（见表 2-6 和表 2-7）。

表 2-6 18 世纪 80~90 年代欧俄非黑土区的七个省及周边省份的平均粮食产量

单位：播种量的倍数

年份	黑麦	小麦	燕麦	大麦	荞麦	亚麻	大麻	豌豆
奥洛涅茨省								
1795	4.4	—	3.5	3.3	3	2	2	4
莫斯科省								
1782	2.5	1.8	2.1	2.2	1.7	0.75	1.9	1.8
1795	2.6	2.6	2	2.3	2	1.7	1.7	1.4
雅罗斯拉夫尔省								
1796	1.4	2	2.2	2.1	—	2.1	2	2.5
科斯特罗马省								
1788	2.3	2.1	2.1	2.1	—	2.1	2.3	1.5
特维尔省								
1788	1.9	1.9	2	—	2.6	2.4	2.1	2.1
1789	2	2	2.5	2.7	3.3	2.3	2.6	7
1790	1.9	2	2.8	2.6	1.9	2.2	1.1	3
1791	2.6	2.7	2.4	3.2	—	2.6	2.1	3
诺夫哥罗德省								
1788	3.1	2.5	2.8	2.9	3.2	2	2.3	3.2
1789	3	2.7	2.6	3.1	3.1	1.7	2	2.6
1790	3.2	2.4	3.2	2.8	1.8	2.4	2.5	1.8
1791	2.1	2.5	3	2.9	1.5	1.9	2.5	2.2
卡卢加省								
1782	4.2	3	2.2	4.2	3.1	1.9	2.9	3.1
1783	2.9	2.7	4.7	2.6	3	2	3.6	2.7
1793	3.3	2.8	2.7	3	2.4	2.8	2.7	—
1794	3.3	3.1	3	3.3	7.8	2.1	3.2	2.4
1795	3.4	2.6	3.5	3.5	2.7	2.2	3	3.2
1796	3	2.5	2.8	3.5	3.7	2.5	3.3	2.6
梁赞省								
1782	4	2	5.4	2.7	3.1	2.1	3.4	1.5
1789	3.9	2.2	2.5	4.8	3.5	2.5	3.1	2.9
1794	1.9	2	3.5	5.3	3	2.7	6.2	2.7
1796	3.5	1.7	2.5	2.1	2.4	0.6	2.9	2.8

表 2-7 18 世纪 80~90 年代欧俄黑土区及部分非黑土区省份的平均粮食产量

单位：播种量的倍数

年份	黑麦	小麦	燕麦	大麦	荞麦	亚麻	大麻	豌豆	黍米	双粒小麦
坦波夫省										
1782	3.4	2.7	2.8	2.3	3	1.8	2.9	3.1	5.2	
1789	3.9	2.2	2.5	4.8	3.5	2.5	3.1	2.9	5.6	
1794	2.3	2.2	3	1.4	2.2	1.8	1.4	1.9	3.9	
1796	3.2	1.8	3.4	2.5	4.4	1.7	2.1	2	2.2	
奥廖尔省										
1780	4.4	1.7	3.2	2.7	3.5	2.9	3.4	4	8.7	
1787	2.4	2.8	2	1.6	3.9	2.5	3.7	5.2	3.7	
1788	3.6	1.7	0.9	1.8	3.5	2.5	3.7	5.2	21.5	
1793	3.5	3.6	4.4	1.5	4.2	1.7	4	2.9	—	
1795	4.2	1.8	1.3	1.5	3.8	1.8	3.3	3.9	—	
1796	4.3	3.2	2.8	2.8	4.5	2.3	4.4	2.8	17.5	
1797	3.8	3.4	2.8	2.8	3.3	—	4.3	4.5	28	
库尔斯克省										
1783	2.6	2	3.2	3	2.1	0.7	1.7	1.9	2.7	
1790	5.1	3.9	4.5	3.5	3.5	—	—	3.6	7.3	
1793	3.1	1	1.9	—	2.5	1.6	1.9	0.7	—	
1795	4	2.1	1.8	2.2	3.5	1.8	2.3	3.3	9	
1796	4.1	2.6	3.4	2.5	4	2	3.4	3.6	14.7	
沃罗涅日省										
1785	7.1	6.9	1.7	8.9	9.1	2.5	3	3	39.5	
1786	2.9	2	2.7	3.4	3	1.6	1.8	2.1	22	
1787	1.5	1.3	1.5	1.4	1.9	1.7	1.5	1.4	18.7	
1788	3.8	3.2	3.7	3.7	4.3	—	—	3	30.6	
1789	3.1	2.1	1.8	1.8	6	1.3	1.1	1.6	9.6	
1790	6	2.6	6.4	3.4	3.2	2.8	1.4	2.5	8.2	
1791	5.7	2.7	6	3.4	3.3	3.9	2.5	3.2	18	
1792	4.1	3.6	4.9	4	4.3	2.7	2.2	3.6	14.9	
1795	2.5	1.7	2.7	1.8	6.5	1.8	2.1	3.7	11.8	
彼尔姆省										
1793	2.9	1.7	2.7	2.8	—	—	—	2.2	—	
1794	3.8	2.9	4.5	4	—	—	—	2.9	—	
1796	3.6	2.7	2.9	2.9	—	—	—	2.6	—	

年份	黑麦	小麦	燕麦	大麦	荞麦	亚麻	大麻	豌豆	黍米	双粒小麦
下诺夫哥罗德省										
1792	3.1	0.8	2.3	1.9	1.8	1.6	1.8	3.2	2	2.7
1793	2.1	2.6	3.2	3.1	2.9	1.3	2.6	2.1	21	1.6
1794	3.1	2.3	4.6	2.7	3.5	2.4	3.4	2.3	6.6	4.4
奔萨省										
1793	2.9	2	2.6	2.4	3.7	2	2.4	3.1	6.2	—
1795	3.1	1.6	2.2	1.2	2.1	1.9	2.6	6.4	2.9	1.5
1796	5	2	4.4	1.6	6.2	2.5	3.2	7.3	12.1	2
辛比尔斯克省										
1785	2.8	2.6	1.9	3.1	2	2.5	3	2.4	6.3	2.9
1786	3	2.2	1.7	1.6	1.9	1.3	1.8	1.4	2.7	2
1787	1.5	2	1.7	2.4	2.4	—	—	1.7	2.9	2.3
1789	2.6	1	0.4	0.9	1	1.7	2.5	1.5	4.6	1
1793	2.7	2.3	2.5	4.5	2.5	1.6	1.6	2	4.4	2.5
1794	1.9	2.2	2.2	1.7	2.5	1.7	2	1.8	3.3	2.2
1795	1.5	1.4	0.9	0.8	1.3	0.5	2	1.8	2.9	1
萨拉托夫省										
1787	5	5	2	6.9	8.9	—	—	—	8.1	7
1790	4.2	1.4	5.8	1.6	2.5	2	1.8	3.1	2.2	1.5
1791	4.1	1.5	5.2	4.8	2.7	2.5	2.2	2.2	4.2	2
1792	2.2	3.2	5.5	3.5	4.9	5	3.1	8.8	12.3	3.1
1794	1.6	4.2	6.3	3.6	4	1.3	2.7	8.9	10.3	3.3
奥伦堡省										
1785	2	2.2	2	2.2	—	2	2	2	2.8	1.9
1786	2.3	2	2.2	1.8	—	2	2.1	2	2.6	2
1787	1.8	2.5	2.3	2	—	1.8	2	2.3	6	2
1789	2.4	1.4	1.5	1.4	—	1.1	1.7	1.8	4.2	1.3
1794	2	2.2	3.6	1.1	—	1.7	1.2	2.4	2.6	2
1795	1.8	0.4	0.5	0.6	—	0.6	0.6	0.2	1	0.2

从沃罗涅日省和辛比尔斯克省的平均粮食产量数据可以看出，一些作物的产量明显减少。1785年，沃罗涅日省的燕麦产量为播种量的1.7倍；1789年，春播作物的产量普遍减少，唯独荞麦的产量居高不下；1790年，燕麦的产量很高，而大麻的产量极低；1795年，小麦和大麦的产量分别减少到了播种量的1.7倍和1.8倍。1789年，辛比尔斯克省的冬黑麦产量很高，但是主要春播作物产量过低，有些农作物（燕麦、大麦）甚至根本没有收成。1795年，辛比尔斯克省的农作物普遍歉收。

奥廖尔省、库尔斯克省、彼尔姆省和坦波夫省的黑麦产量最稳定，但由于统计数据不完整，我们无法完全确定。沃罗涅日省和萨拉托夫省的黑麦产量波动极大（沃罗涅日省的黑麦产量高达播种量的6~7倍，低至播种量的1.5~2.5倍；萨拉托夫省的黑麦产量高达播种量的5倍，低至播种量的1.6倍）。不过，这两省的黑麦总体产量非常高。辛比尔斯克省和奥伦堡省的黑麦产量很低。小麦产量普遍很低，至少比黑麦低。然而，小麦却是这些地区商品化程度最高的作物，因为它通常由地主种植。小麦的产量是播种量的2~5倍，地主能够在市场上出售大量小麦。个别年份，小麦的产量极高：1785年，沃罗涅日省的小麦产量为播种量的6.9倍；1787年，萨拉托夫省的小麦产量是播种量的5倍，1794年则变成了播种量的4.2倍；1790年，库尔斯克省的小麦产量是播种量的3.9倍。燕麦的产量有时也很高：1790~1791年，沃罗涅日省的燕麦产量为播种量的6.4倍，1792年的燕麦产量则是播种量的4.9倍；1793年，奥廖尔省的燕麦产量为播种量的4.4倍；在萨拉托夫省，1794年的燕麦产量为播种量的6.3倍，1791年为5.2倍，1792年为5.5倍；1796年，奔萨省的燕麦产量为播种量的4.4倍。大麦的产量也达到过高峰。

在库尔斯克省、奥廖尔省和沃罗涅日省的部分地区，荞麦是主要的经济作物。奥廖尔省的荞麦产量通常是播种量的3倍以上，所以该省的荞麦在市场上大量销售。1797年，奥廖尔省的荞麦种植面积为186799俄亩，总产量为888700俄石。荞麦的种植规模如此之大，只有燕麦能与之匹敌，后者的种植面积为194449俄亩。1787年，奥廖尔省的荞麦种植面积为193900万俄亩，1788年为195000俄亩。荞麦的高度商品化使其种植规模不断扩大。与之相比，大麦、黍米、豌豆以及大麻等作物的播种规模极不稳定。18世纪80~90年代，大麦田占农田总面积的0.28%~3.8%，大麻田占农田总面积的7.2%~14%。萨拉托夫省的荞麦产量很高。沃罗涅日省的荞麦产量波动大，高达播种量的9.1倍，低至播种量的1.9倍。这是因为春季霜冻妨碍了荞麦的正常生长。

奥廖尔省的大麻产量非常可观（七年的平均产量为播种量的3.8倍）。大麻是该省某些县的主要经济作物，其播种面积占春耕田的4.2%~13%。由于大麻的施肥量很大，所以这样的播种规模已经算很大了。

沃罗涅日省的黍米产量最高，这不仅得益于高水平的耕作技术，还得益于独特的气候条件。自古以来，气候条件对小米和粟草的产量影响一直很大。1785年，沃罗涅日省的黍米产量最高，几乎达到了播种量的40倍（个别地块上的黍米产量甚至高达播种量的60倍）。1788年，沃罗涅日省的黍米产量为播种量的30.6倍，1786年为播种量的22倍。在表格所记录的九年中，黍米的产量只有两年相对较低，分别为播种量的9.6倍和8.2倍，但仍然比其他省份高。奥廖尔省和萨拉托夫省的黍米产量也很高。

总的来说，到了18世纪末，尽管气候条件非常恶劣，但俄国各省的农业已经取得了相当大的进步，诸多农作物产量都有所提高。在历史层面，产量并非衡量劳动生产率的指标（尽管它非常重要），而是衡量农业生产水平的指标。农作物产量的提高体现出了两种农业体系——封建时代的传统小农经济体系与受商品生产规律影响的新农业体系——相结合的优势，这种结合是18世纪独有的农业文化现象。

18世纪俄国农业文化的特点是农民的劳动力投入大。这是由欧俄特殊的自然条件决定的，比如极端天气频发、一半以上的耕地肥力低、可耕作时间短等。曾经有专家以俄国中部非黑土区和黑土区的 103 个修道院领地为样本，以时间为单位评估了 18 世纪中叶欧俄的农业劳动力投入成本，[①] 包括从播种到脱粒的全部生产过程。其研究结果显示，非黑土区的农业劳动力投入成本为 72.6~73.61 工日[②]/俄亩，黑土区的农业劳动力投入成本为 41.35~43.45 工日/俄亩。

首先，这些数据客观地反映了 18 世纪中期修道院领地农业劳动力投入的总体情况；其次，它们充分证明 18 世纪俄国农业的劳动投入巨大。这不仅意味着封建生产方式的劳动生产率低下，而且直接反映出了恶劣的气候条件对俄国中部地区农业的影响。俄国农民的艰苦劳动，就是日复一日地与大自然做斗争，这无疑是一种壮举。

俄国非黑土区和黑土区的耕作方式存在着巨大差异。需要注意的是，我们所看到的数据是农奴在被迫从事劳动的情况下付出的劳动投入，其效率肯定比农民真正的劳动效率低。

在 18 世纪中叶，有著作以货币为单位对劳动投入成本进行了评估，从这个维度评估劳动投入成本，有助于我们更加准确地判断 18 世纪俄国的农业劳动投入成本。根据该著作的研究，雅罗斯拉夫尔省帕宏村、巴拉基廖夫村的农业劳动成本为 7 卢布/俄亩，卡尔波夫村和米罗斯拉夫尔村的农业劳动成本高达 12 卢布/俄亩；沃洛格达省伊林斯基村的劳动成本为 4 卢布/俄亩，伊万诺夫村的劳动成本为 5 卢布/俄亩，谢尔盖沃村的劳动成本为 6 卢布/俄亩，多米诺村、格雷佐维茨村、特罗伊茨基村和波戈迪辅村的劳动成本为 7 卢布/俄亩，洛普特科夫村、雷布罗夫村与格列德内沃村的劳动成本为 8 卢布/俄亩，伊万诺夫村的劳动成本为 9 卢布/俄

---

① Милов Л. В. О производительности труда в земледелии России в середине XVIII в. (по материалам монастырской барщины). —Исторические записки, Т. 85, 1970.

② 工日是计量单位，在农村集体劳动中，农民劳动一天为一个工日。——译者注

亩，博格罗夫村、科洛夫尼奇村、维普利亚科夫村、特恰尼科夫村的农业劳动成本为 10 卢布/俄亩；安德烈耶夫村的农业劳动成本为 6 卢布 78 戈比/俄亩。[①]

从以上数据中可以看出不同地区的农业劳动成本存在差异，这主要是由土壤条件和施肥量不同造成的。以时间为单位计算出来的农业劳动成本也能直观地反映出这一差异。如果我们用地主的耕地总面积除以劳动总成本，就可以得出 18 世纪 50 年代末 60 年代初的平均劳动成本为 7 卢布 60 戈比/俄亩。对于农民而言，这一劳动成本相当高昂。

最令人感兴趣的是劳动成本与农产品销售价格之间的关系。经粗略统计，18 世纪 50~60 年代，沃洛格达省的黑麦售价为 1 卢布/俄石，燕麦的售价为 60 戈比/俄石，而当黑麦的产量是播种量的 8 倍、燕麦产量是播种量的 5 倍时，它们的售价则高达 9 卢布 40 戈比/俄石。至于其他利润较低的农作物，每俄亩土地的利润只有 5 卢布。在雅罗斯拉夫尔省，每俄亩耕地的平均利润只有 4~4.25 卢布。显然，农业劳动成本与利润不成正比。这是因为，此时的农业生产只适用于传统的小农经济体系。农业文化呈现出的新趋势，尽管是一次重大进步，依然没从根本上改变俄国农业生产的性质。

遗憾的是，几乎没有以货币为单位评估黑土区农业劳动成本的资料。不过，我们可以大致推算一下。在沃洛格达省和雅罗斯拉夫尔省，每俄亩土地的劳动成本为 71 工日，换算成卢布相当于 7 卢布 60 戈比/俄亩。而黑土区的劳动成本约为 42 工日/俄亩，按同样的比例换算，那么黑土区的劳动成本为 4 卢布 50 戈比/俄亩。如果黑麦的产量是播种量的 7 倍，燕麦的产量是播种量的 5 倍，而黑麦的售价为 60 戈比/俄石，燕麦的售价

---

① Милов Л. В. О производительности труда в земледелии России в середине ⅩⅧ в.（по материалам монастырской барщины）. —Исторические записки, Т. 85, 1970. c. 219 – 220.

为 40 戈比/俄石，那么农作物的平均收益大约为 5 卢布 20 戈比/俄石。如果增售其他农作物，那么平均利润可能高达 6 卢布/俄石。尽管我们的估算不完全准确，但足以证明黑土区的传统小农经济体系受到了强烈冲击，而新的体系发挥了非常重要的作用。因为每俄亩土地的劳动成本与利润成正比，并且主要农作物的销售价格长期高于劳动成本。从历史层面来看，这是极其重要的，它能够使我们得出结论：黑土区的农业发展受价值规律的影响越来越大。并且，利润成为黑土区农业的首要追求。

7　畜牧业

欧俄的畜牧业发展受到了诸多因素的影响，畜牧区多分布在森林带、森林草原交错带和草原带。

自然条件是非黑土区畜牧业发展的决定性因素，它从根本上决定着畜牧业发展的特点。16~17 世纪，俄国中部地区大都位于森林带，农民常常在森林中开垦耕地。而所谓的"小牧场"，即适合放牧的无林区相对较少，因为小牧场常被开垦为耕地。几个世纪以来，俄国的畜牧业只是单纯的农业辅助部门，因而粗放牧场的规模都不大。

森林带几乎具备疫病暴发的一切条件，这从根本上阻碍了畜牧业规模的扩大，哪怕只是原始的牲畜饲养业。欧俄森林区和草原区的交错分布也对俄国畜牧业产生了影响。18 世纪上半叶，俄国出现了一种独特的现象，非黑土区的传统农场与巨大的牧场交错分布，这使截然不同的两个经济部门产生了交集。在此之前，欧洲从未出现过类似的情况。

受独特的地理条件影响，俄国的森林草原交错带和草原带无法长期发展粗放畜牧业，因此发展畜牧业的压力便转移到了非黑土区。此外，大片农场与牧场相互交错，为非黑土区畜牧业的商品化发展创造了条件。来自小俄罗斯和大俄罗斯南部地区的成千上万头牲畜，最终都被销往最大的国内市场——彼得堡和莫斯科。通常，人们将畜群分成不同批次赶往彼得堡和莫斯科。在途中，人们会卖掉一部分牲畜，它们被加工成成品或半成品后运往彼得堡和莫斯科出售。在非黑土区最适宜放牧的地方，畜牧业的发展受到了限制。反而，在不太适宜放牧的地区，尤其是北德维纳河下游的阿尔汉格尔斯克和霍尔莫戈雷，畜牧业的发展水平非常高，且发展速度快。

另一个影响畜牧业发展的是社会因素，即草场和牧场的公用性质。在绝大多数情况下，村社和封建地主能够共同使用这部分土地。因此，对于农民而言，能否饲养一头大型牲畜全靠运气。农民要花费 7 个月的时间为牲畜准备饲料，而草场和牧场的公用性质只会阻碍这一进程。正如 A. T. 博洛托夫所写："草地很晚才休牧，不仅如此，人们在草地刚休牧的时候就割草，不管其是否成熟。况且，草地通常被分成许多份，但大多数地方并没有将草场划分规整。人们只是每年在草地边缘挖些小洞，有时，这些小洞多达两行甚至四行。这种情况……引起了严重的后果。"这里的后果指的是划分地块引起的纠纷。"也有地区不会这样划分草场。但是在割草的时候，所有的农民都要抢占地盘，用绳子圈出属于自己的草地；或者所有农民先一起割草，然后再统一分配"。[1]

黑土区和草原区拥有最适宜畜牧业发展的自然条件和经济条件，尤其是在草原游牧民族和半游牧民族停止侵犯后，到开发黑海沿岸和北高加索地区以前的这段时期。然而，18 世纪末，南方黑土区的农业发展缓慢，对该地区畜牧业的发展构成了潜在威胁。大约到 19 世纪中叶，这一潜在威胁变成了现实。

那么，俄国非黑土区的畜牧业在 18 世纪的发展状况如何？有哪些特点？究竟是传统更重要，还是个体经验更重要？

---

① Труды ВЭО, 1766, ч. II, с. 170–171.

普通农民饲养的家畜数量主要由饲料的储存量决定。18 世纪 60 年代，在俄国西北部、奥洛涅茨省南部和斯维尔河谷，一户普通农民大概能饲养不超过 2 头母牛、1~2 匹马、4 只绵羊和 4 头猪，很少有农民饲养山羊。在特维尔省的卡申县，"每户农民"能饲养 1 匹马、2 头母牛，或者 1 头母牛和 1 头牝牛、2 只绵羊、1 头猪和 10 只鸡，山羊同样很罕见。在弗拉基米尔省，一户地主农民通常能饲养 1~3 匹马、1 头母牛、2~5 只绵羊、2~3 头猪。一户教会农民可以饲养 2~4 匹马、3~5 头牛、3~5 头猪、5~10 只绵羊和 1~2 只山羊。富农家庭则能够饲养十多匹马和 5 头以上的母牛。佩列斯拉夫尔县的情况也大致如此。一户教会农民或国家农民饲养各类牲畜的数量都"多于 5 头"，一户地主农民饲养"各类牲畜的数量则为 2~3 头"。①

非黑土区和黑土区交错地带的畜牧业发展水平不高。18 世纪 60 年代，梁赞省的地主农民平均每户饲养 2 匹马、1 头母牛、5~6 只绵羊和 5~6 头猪。在卡卢加省，每个农户平均能饲养 2 匹马、1~2 头母牛、4 只绵羊和 1 头猪。A. T. 博洛托夫发现，18 世纪 60 年代，图拉省的卡希拉县出现了马匹短缺的情况。该县许多农户只饲养 1 头母牛，还有一些农民根本不养牛。每个农户平均能饲养 5~10 只绵羊。显然，这些绵羊产下的羊毛无法满足市场需求。有少数农户能够饲养 3 头牛、15 只绵羊、8 头猪和 2~3 只山羊。大多数农户只饲养 1~2 头母牛、5~8 只绵羊和 4~5 头猪。总体来看，这些地区的家畜饲养水平相当落后。在梁赞省，平均每个农户饲养 2 匹马，但是他们饲养的许多马匹都无法繁殖（"因为马匹是从各个草原上买来的"，并非每个人都能买到雌马）。有调查显示，弗拉

---

① Труды ВЭО, 1770, ч. XIII, с. 12 – 13；1774, ч. XXVI, с. 11；1769, ч. XII, . с. 97 – 101；1767, ч. VII, с. 85；Рубинштейн И. Л. Сельское хозяйство России во второй половине XVIII в. Историко-экономический очерк. М., 1957. с. 282.

基米尔省也存在马匹短缺的问题。[1]

由于家畜的数量有限，只有一部分富农有剩余的牲畜可供销售。从总体上来看，弗拉基米尔省、佩列斯拉夫尔县和卡卢加省小牧场上的畜牧业发展水平较高。不过，这些地区饲养牲畜的主要目的是获得厩肥，以保障农业发展。佩列斯拉夫尔县有资料记载："农民饲养牲畜的好处就是……得到厩肥，这是农田急需的肥料。"[2]

相对而言，俄国南部黑土区的畜牧业更发达。奥廖尔省的国家农民平均每户饲养10~30只绵羊和10头猪。叶列茨县的一户富农最多能饲养15~20匹马、5~6头母牛、20~30只绵羊和15~20头猪。1784年，库尔斯克省的国家农民饲养牲畜的情况如下：富农平均每户饲养10匹马、10头母牛、10只绵羊和50头猪；中农饲养5匹马、5头母牛、5只绵羊和25头猪；贫农只饲养2匹马、1头母牛、5只绵羊和10头猪。该省地主农民饲养的家畜数量则少得多，平均每户饲养3匹马、3头母牛、10只绵羊和15头猪。[3] 1781年，沃罗涅日省利夫内县的富农饲养的是马群（多达60匹）、牛群（多达60头）和羊群（多达300只）。卡利特瓦县的农户少则饲养50头牛、100只绵羊，多则饲养100~200头牛和500~1000只绵羊。奥斯特罗戈日斯克省的富农平均每户能饲养15头、20头或30头牛，500~1000只绵羊，有些富农甚至养了1500只绵羊；中农平均每户饲养了5头、10头或15头牛，50~100只绵羊。扎沃尔日耶和奥伦堡的哥萨克畜牧业非常发达。这里的许多农户能够饲养20匹甚至"更多"的马，只养3~4匹马的情况很少见。"大部分"国家农民以及地主农民都拥

[1] Труды ВЭО, 1767, ч. VII, с. 53, 75, 101; 1769, ч. XI, с. 97; 1766, ч. II, с. 147, 168–169, 187; 1769, ч. XII, с. 107–108.

[2] Труды ВЭО, 1767, ч. VII, с. 86.

[3] Рубинштейн Н. Л. Сельское хозяйство России во второй половине XVIII в. Историко-экономический очерк. М., 1957. с. 283–284.

有 2~3 匹马，还有许多农民拥有 10~20 匹马。[①] 如此大的规模加快了畜牧业的商品化。

非黑土区畜牧业落后的主要原因是缺乏饲料，有些地方的冬季长达 200 天，加剧了饲料匮乏的情况。为了保证牲畜健康成长，每头大型牲畜需要至少 1 个人来饲养（卡卢加省尤为典型，若每户人家有 4 头大型牲畜，那么就需要 4 个人来饲养）。假设冬季每头大型牲畜每天需要食用 1 普特干草，那么在整个冬季，每头牲畜大约需要 200 普特干草。假设干草的平均产量为 60 普特/俄亩，那么一头牛一个冬天就能"吃掉" 3.2 俄亩的草场。然而，干草的实际供应量并不能达到这一标准。表 2-8 记录了 18 世纪 80~90 年代俄国部分省份的干草供应情况。

表 2-8　18 世纪 80~90 年代俄国部分省份的干草供应情况

省份	大型牲畜实际所食干草数量 （俄亩/头）	草场面积与耕地面积之比 （%）
阿尔汉格尔斯克	0.867	197.4
沃洛格达	0.65	50.9
奥洛涅茨	0.514	30.4
彼得堡	0.451	32.2
诺夫哥罗德	0.361	19.8
普斯科夫	0.312	15.1
斯摩棱斯克	0.237	11.9
莫斯科	0.296	25.5
弗拉基米尔	0.186	23.1
下诺夫哥罗德	0.292	15.2
科斯特罗马	0.38	20.3

---

① Рубинштейн Н. Л. Сельское хозяйство России во второй половине XVIII в. Историко-экономический очерк. М. , 1957. с. 288 – 289；Труды ВЭО, 1767, ч. VII, с. 123 – 124, 135.

省份	大型牲畜实际所食干草数量 （俄亩/头）	草场面积与耕地面积之比 （%）
雅罗斯拉夫尔	0.269	19.6
特维尔	0.272	16.7
卡卢加	0.199	12.4
图拉	0.233	10.9
梁赞	0.319	16.9
奥廖尔	0.334	15.2
坦波夫	1.605	77.4
库尔斯克	0.455	25.8
沃罗涅日	3.58	133
奔萨	0.609	28.9
辛比尔斯克	1.763	60.8
萨拉托夫	8.62	258.4
奥伦堡	5.616	203.1

只有沃罗涅日省的干草实际供应量恰好符合牲畜的需求。萨拉托夫省和奥伦堡省的实际干草供应量过多，对于处于"中等"水平的畜牧业发展而言绰绰有余。坦波夫省的实际干草供应量只能满足一半牲畜的需求；沃洛格达省的干草供应量只能满足 1/5~1/4 牲畜的需求；而图拉省、斯摩棱斯克省、雅罗斯拉夫尔省、莫斯科省等地的实际干草产量仅为牲畜所需干草数量的 1/16~1/10。干草的产量不稳定，因为草场的面积和质量每年都在变化。此外，并非到处都有茂盛的草场。奥洛涅茨省南部和斯维尔河沿岸的干草平均产量为 25 普特/俄亩，加利奇省干草的平均产量更低，只有 15 普特/俄亩。佩列斯拉夫尔县丰收年的干草产量为 100 普特/俄亩，但这只是例外。弗拉基米尔省丰收年的干草产量为 90 普特/俄亩，而平均干草产量只有 50 普特/俄亩。梁赞省丰收年的干草产量为 60 普特/俄亩，"其他年份的干草产量更少"。卡希拉县丰收年的干草产量

不超过 50 普特/俄亩，平均干草产量为 30~40 普特/俄亩。[1] 由此看来，一些历史学家将干草的标准产量定为 100 普特/俄亩，实际上是不现实的，有许多地区的干草产量甚至不到 60 普特/俄亩。

由于干草短缺，到了 18 世纪下半叶，人们开始播种牧草。北方的沃洛格达省、阿尔汉格尔斯克省和库尔斯克省最先开始播种牧草，将梯牧草引进了俄国。[2] 随后，地主（主要是上文提到过的地主，如 A. T. 博洛托夫和 B. A. 列夫申）将播种牧草的做法推广开来。从 18 世纪 80 年代开始，牧草的播种规模越来越大。图拉省就是一个典型的例子。该省的一些地主一年播种两次三叶草，其产量超过了 600 普特/俄亩。此外，该省苜蓿的产量高达 100 普特/俄亩。[3]

18 世纪 90 年代，许多地主都开始播种牧草，在莫斯科省和卡卢加省的塔鲁萨县，"地主开始在田里播种牧草……包括三叶草和苜蓿等"。莫斯科省的地主通常在地里播种三叶草、大麦或者燕麦；Д. M. 波尔托拉茨基的阿夫丘里诺领地、科泽利斯克县的巴赫梅捷夫领地也广泛播种三叶草。彼得堡周边的地主还给牧草施肥，使其产量增加到了 300 普特/俄亩。[4]

人们严格按照传统方法储存干草——将干草堆成垛。不同干草垛的大小不同，每垛有 100~300 普特干草。用这种方法储存大量干草是最合

---

① Труды ВЭО, 1769, ч. XIII, с. 29；1768, ч. X, с. 87；1767, ч. VII, с. 98；1769, ч. XII, с. 106；1767, ч. VII, с. 65—66；Экономический магазин, 1784, ч. XIII, с. 36—44.

② Рубинштейн Н. Л. Рубинштейн Н. Л. Сельское хозяйство России во второй половине XVIII в. Историко-экономический очерк. М., 1957. с. 280.

③ Сивков К. В. Новые явления в технике и организации сельского хозяйства в России во 2-й пол. XVIII в. - В кн.: Ежегодник по аграрной истории Восточной Европы, 1956 г. М., 1961, с. 155.

④ Рознотовский А. Новое земледелие на правилах И. Х. Шубарта. М., 1794, с. 348, 360；Сивков К. В. Новые явления в технике и организации сельского хозяйства в России во 2-й пол. XVIII в. - В кн.: Ежегодник по аграрной истории Восточной Европы, 1956 г. М., 1961, с. 156；Удолов Ф. Экономические правила.., ч. III. О скотоводстве. — Труды ВЭО, 1771, ч. XX, с. 160.

理的，它能使干草的营养价值至少保持一年。A. B. 奥丽舍夫发现，干草垛里总共只有 1/6 的干草受损。加利奇省的干草垛放置于特殊的台架上。[①] 也有地方将干草储存在专门的干草棚里，不过，若干草的数量过多，这种方法就行不通了。

由于干草严重短缺，因此农民广泛使用所谓的秕壳饲料，即农作物的秸秆、谷糠、谷秕以及扇谷时废弃的谷壳和麸子磨成的粉。在秋冬季节，奥洛涅茨省的母牛每天吃 2~3 顿粗秸秆，即春播作物的秸秆。只有刚生产完的母牛能吃上几周的糠、细秸秆和煮熟的干草，牛犊吃干草和春播作物的细秸秆。若遇上霜冻，农民便给猪喂萝卜，给山羊喂树皮，给马匹喂干草、糠和春播作物的秸秆。[②] 相关资料详细记录了特维尔省卡申县的牲畜进食情况。早上和晚上，农民不在畜圈里，而是在木屋中喂奶牛，并给其挤奶。奶牛通常吃煮熟的大麦糠和干草。畜圈里的其他牲畜吃燕麦秸秆、大麦秸秆和小麦秸秆。在中午和黄昏前的一小时，人们将畜群赶到河边或溪边饮水，然后喂给它们春播作物的秸秆。绵羊几乎吃不到干草，除了刚生产完的母绵羊和小羊羔。牛犊通常被喂以上好的干草、煮熟的或掺有乳清的燕麦粉。1 岁大的牛犊通常吃干谷穗或煮熟的谷穗。被单独饲养的马匹通常吃干草和细秸秆，很少吃燕麦，只有用来骑乘的马能吃上燕麦。[③] 俄国中部地区的农民通常在木屋中给奶牛挤奶，并饲养幼崽。因为牲畜，尤其是母畜对他们而言极其珍贵，他们要保证牲畜的数量。

弗拉基米尔省的奶牛被喂以煮熟的秸秆、糠和制作格瓦斯时剩下的残渣。小型牲畜和马匹的饲料有秸秆、糠、掺黑麦粉或麸皮一起煮的穗壳和干草。佩列斯拉夫尔县的小型牲畜和马匹吃掺有秸秆的干草，因为

---

① Труды ВЭО, 1769, ч. XII, с. 107；1767, ч. VII, с. 65 - 66；1766, ч. II, с. 119；1768, ч. X, с. 87.

② Труды ВЭО, 1770, ч. XIII, с. 9 - 12.

③ Труды ВЭО, 1774, ч. XXVI, с. 12 - 14.

该省的春播作物秸秆很珍贵，牛只吃煮熟的秸秆。卡卢加省的母牛吃黑麦和大麦穗、煮熟的大麦秸秆和掺面粉一起煮过的黑麦糠。绵羊和山羊吃干草和秸秆，猪吃秕糠，马吃干草、大麦秸秆和燕麦秸秆，只有用于骑乘的马才能吃上燕麦。卡希拉县的母牛吃春播作物的秸秆，只有遇上严重的霜冻时，它们才能吃上干草；绵羊吃掺有糠的谷穗，同样，只有遇到了恶劣的霜冻天气，或者产羔之后，它们才能吃上干草。此地的人们将幼畜饲养在木屋里，用"掺有面粉和干草的燕麦秸秆"喂养。幼畜只在早、晚进食，中午不进食，只需在它们的畜圈里铺满黑麦秸秆即可。猪吃荞麦糠或者带麸皮的糠，偶尔能吃上掺有大麦面粉的糠。[1]

地主领地上的牲畜饲料非常优质。通常，畜群，尤其是母牛，能吃到足够的干草——大约 1 普特/天。有时，地主会提醒管家不要给马匹喂食过多的燕麦，并指出用细粮喂养马匹的危害，即导致小马驹的腿部乏力。然而，非黑土区的牲畜饲料质量普遍很差，这也对封建经济本身产生了反作用，即使是贵族领地也经常出现燕麦和干草短缺的情况。在莫斯科周边的领地，切碎的秸秆是马匹的家常便饭，牛的"饲料更丰盛一些"。[2]

黑土区的牲畜饲料明显更加充足。不过，这里的牲畜有时也吃春播作物的秸秆（只有在收成不好的年份会吃黑麦秸秆）。这里的秸秆质量普遍更好，因为它们是在就地脱粒后得到的，未放入粮食干燥室烘干。自由经济学会调研发现，牲畜明显不爱吃干燥的秸秆，尤其是干燥的黑麦秸秆，长期食用干秸秆会导致牲畜日渐消瘦。此外，黑土区和草原地区的牲畜也常吃酿酒时废弃的酒糟。奥廖尔省的许多地区还会用各种"秕壳饲料"如秸秆和谷糠喂养牲畜。[3]

[1]　Труды ВЭО，1769，ч. XII，с. 97 – 101；1767，ч. VII，с. 86；1769，ч. XI，с. 89 – 90；1766，ч. II，с. 148–149.

[2]　Индова Е. И. Дворцовое хозяйство в России в первой половине XVIII в. М.，1964，с. 244.

[3]　Труды ВЭО，1768，ч. VIII，с. 162；1767，ч. VII，с. 60；Экономический магазин，.1784，ч. VIII，с. 36–44.

春天来临之前，储存的饲料就基本消耗完了。只要雪一融化，人们就早早地放牧。有时，人们甚至在雪尚未融化之时就开始放牧。不仅是非黑土区，许多黑土区，如奥廖尔省也出现了冬季饲料短缺的情况。在更偏南的地区，牲畜，尤其是马匹和绵羊，几乎全年都能吃上牧草。[①]

北德维纳河下游地区具备发展乳畜饲养业得天独厚的条件。尽管北方的气候总体恶劣，但北德维纳河下游却有极为丰富的饲料储备，德维纳河辽阔的河漫滩绵延 20 多公里，被大片的水泛草地覆盖。生长于河漫滩上的青草具有特殊的营养价值，不论在冬季还是夏季，都是牛的主要饲料，而且是唯一的饲料。在冬季，每头牛每天大约食用 1 普特干草。如果掺入燕麦、大麦或黑麦面粉，其食用的干草的数量更少。只有不太富裕的人家才会往饲料中掺秸秆和谷糠。不过，这二者的添加量都不多。大部分干草都直接喂给牲畜，只有少许干草需要先煮熟。有趣的是，德维纳河流域有定期给牲畜补充盐分的传统，因为这里靠近盐矿，盐价低。夏季，牲畜不在畜圈里，而是在有优质水源的河漫滩上生活。河漫滩上独一无二的优质饲料使牛更加肥壮，该地一头牛的体重几乎是普通牛的两倍，约有 300~350 公斤。其产奶量更是高达 12~20 升/天，每天通常挤 2~3 次奶。[②]

18 世纪，霍尔莫戈雷主要发展育种畜牧业。自 17 世纪以来，河漫滩极其优越的自然条件使该地区的农民能够针对性地开展育种工作。这里的公牛与其他地方的公牛都不同，它们被分开饲养。育种工作主要有三个目标。首先是培育出魁梧高大的种牛。在实践中，农民总结出了两个衡量种牛体型的标准：牛身的高度、牛肩部到臀部或大腿的长度。1757

① Труды ВЭО, 1774, ч. XXVI, с. 14–16; Болотов А. Т. Замечания о неравенстве в нашем отечестве, а больше еще вакарачевских местах скотоводства с земледелием. — Экономический магазин, 1784, ч. XVIII, с. 36–44.

② Резников Ф. И. Скотоводство в низовьях Северной Двины в XVII–XVIII вв. – В кн.: Материалы по истории сельского хозяйства и крестьянства СССР. Сб. IV. М., 1960, с. 129.

年的相关资料记载，霍尔莫戈雷的种牛体形巨大，普通牛的高度通常为93～111 厘米，而霍尔莫戈雷的牛高达 120～128 厘米。哪怕是乌克兰的切尔卡瑟牛（高度为 115～125 厘米）也无法与之相比。从牲畜的体重来看，霍尔莫戈雷的一头牛都比切尔卡瑟牛重 145 公斤，比诺夫哥罗德的牛重235 公斤。霍尔莫戈雷的种牛培育技术是动物饲养技术和育种畜牧业领域的一个突破。[①]

冬天，霍尔莫戈雷的牛饲养在畜棚里，即农民住宅内部。大多数情况下，畜棚上方盖有干草，保护牛免受酷寒的侵袭。在冬季，俄国不同地区牲畜的生存条件差异很大：奥洛涅茨省的牲畜生活在密闭的板棚里，经济条件较好的农民则为母牛、绵羊和猪建造更暖和的住所，即所谓的畜圈。

在特维尔省以及俄国中部地区，母牛、牛犊和绵羊生活在木屋里，其余牲畜都生活在畜圈中。冬天，人们在畜圈上方搭建草房顶以御寒。他们通常将饲料放置在饲草架上、水槽中，或者直接放在用来存放粪便的秸秆上。弗拉基米尔省的情况大致相同，在寒冷的天气里，畜群"生活在畜圈中，畜圈有草房顶"。绵羊、猪和 1 岁大的牛犊住在温暖的越冬棚中，奶牛则住在木屋中，这里更暖和。在梁赞省，"每个农民在冬天都会给畜圈搭建草房顶。在有森林的地区，人们会用树枝填补房顶草条间的空隙，在没有树林的地区，人们则用苔藓和秸秆填补草条间的空隙，以保护牲畜免受风雪的侵扰"。在卡希拉县，"农民建造敞棚，即没有房顶的板棚"，不同种类的牲畜被分开饲养。南方的萨拉托夫省也有类似的敞棚。南方的大型牧场内还有一种特殊的畜圈供马匹居住。通常，这些畜圈有木房顶。奥斯特罗戈日斯克省的一些畜圈既没有木房顶，也没有

① Резников Ф. И. Скотоводство в низовьях Северной Двины в XVII – XVIII вв. – В кн. : Материалы по истории сельского хозяйства и крестьянства СССР. Сб. IV. М. , 1960, с. 115–135.

草房顶。① 由于该地冬季短，降雪少，冬季也可以在户外放牧。乌克兰周边地区的羊群大多数在室外过冬。不过，这里的绵羊每年只能在春天剪一次羊毛，而居住在温暖畜圈内的绵羊能剪两次羊毛，秋季和春季各一次，羊毛质地也更加柔软。②

地主饲养的牲畜与农民饲养的牲畜的生活条件天差地别。地主的领地内几乎到处都有温暖的畜圈，还有单独的羊圈、牛圈和猪圈。马匹也被单独饲养在马厩里，宽敞的马厩被划分成两个区域，母马和马驹分别住在不同的隔栏中。③

人口密集、土地制度混乱、牧场面积减少、牧草类型多样等因素，使非黑土区的放牧活动需要由专人监管。放牧监管人在大俄罗斯民族中存在已久。在奥伦堡省的草原上，巴什基尔人饲养的牲畜可以自由漫步，而俄国哥萨克的农民则需要在放牧监管人的监督下放牧。④

然而，即便有专人监管，畜群也无法免受疫病之灾，相反地，非黑土区疫病频发，广大牲畜遭受了沉重的苦难。茂密的森林、低湿的土地和恶劣的气候，都导致疾病频发，牲畜接连死亡。自古以来，农民治疗牲畜的方法只有一个，即将病畜与其他牲畜隔离开来。但随着人口密度的增加，此举的成功率越来越低。牲畜的治疗方法通常有以下几种：采集野生药用植物（如艾菊、豌豆、野荨麻、野花楸、嫩橡树叶等）、放血以及烟熏疗法。⑤ 然而，病畜痊愈的概率很小，在歉收年，饲料的匮乏还会加速牲畜的死亡。即便是地主也对兽疫无能为力，他们唯一能做的就

① Труды ВЭО, 1770, ч. XIII, с. 10 - 12; 1774, ч. XXVI, с. 12; 1769, ч. XII, с. 98100; 1767, ч. VII, с. 53; 1766, ч. II, с. 147, 1767, ч. VII, с. 35; 1768, 4. VIII, C. 172, 17. 7.

② Гильденштедт И. А. Путешествие.., с. 79.

③ Удолов Ф. О содержании конских заводов. —Труды ВЭО, 1767, ч. VI, с. 168–170.

④ Труды ВЭО, 1767, ч. VII, с. 135.

⑤ Труды ВЭО, 1795, ч. II, 29, 30; 1791, ч. XIV, с. 293, 317; 1768, ч. VIII, с. 179 等处。

是把牲畜喂得更饱，使它们的免疫力更强，以减轻感染瘟疫时的症状。宫廷农场的情况与此相同。1720～1721年、1737～1738年都出现过牲畜大规模死亡的现象。在18世纪40年代，几乎每年（1745年、1746年、1747年、1748年和1749年）都有马或其他牲畜在宫中大量死亡，这给宫廷畜牧业造成了巨大的损失。[①] 相关资料记载，1744～1767年，牲畜频频死亡。18世纪60年代，А. Т. 博洛托夫得出了结论：接连发生的兽疫迫使农民不断减少牲畜[②]的饲养量。

尽管黑土区和草原地区也遭受过兽疫的袭击，但这里的畜牧业损失更小。牛受兽疫的影响最大，羊受到的影响最小。南部地区每20～25年就会发生一次大规模兽疫。那么为何黑土区和草原地区受兽疫的影响更小呢？其原因复杂多样。从气候条件来看，这些地区气候干燥，低洼的沼泽地少；从历史层面来看，这些地区饲养牲畜的经验丰富，这些经验主要是从地主那里得来的，而地主又吸收了俄国地区和乌克兰南部地区大规模畜牧业的经验。地主通常在领地内发展畜牧业。通常，其领地内有几间或十几间大型畜圈，耕地的面积很小，有些领地甚至没有耕地。发生兽疫时，地主能够最大限度地将畜群隔离开。库尔斯克省、坦波夫省和沃罗涅日省都有这样的大规模畜牧业。

地主也注重对良种，尤其是良马的培育。所有马匹被划分为不同的马群分开饲养，母马与3岁的小公马生活在一起。养马学家Ф. 乌多罗夫曾写道："农民不允许老公马参与母马和小公马的生活。"[③] 当然，当时还不存在真正意义上的育种，不过，地主的确保证了母马的正常生育。

18世纪下半叶，地主领地越来越多地变成了马场。18世纪60年代以

---

① Индова Е. И. Дворцовое хозяйство в России в первой половине XVIII в. М. , 1964, с. 122-126

② Труды ВЭО, 1768, ч. VIII, с. 92; Болотов А. Т. О удобрении земель. —Труды ВЭО, 1770, ч. XII, с. 21.

③ Удолов Ф. О содержании конских заводов, с. 181.

前，俄国的马场大都是官营马场。规模较大的马场有莫斯科郊外的霍洛舍夫马场和布龙尼齐马场，科斯特罗马省的丹尼洛夫马场和西多洛夫马场，弗拉基米尔省的加夫里洛夫马场、谢什科夫马场和弗谢戈迪奇马场，图拉省和梁赞省的斯科平马场和博戈罗季茨克马场等。到了18世纪60~70年代，官营马场饲养的马匹总数达到了7000~8000匹。博戈罗季茨克马场和斯科平马场主要饲养本土种马，其他马场还饲养瑞典马、德国马、英国马、西班牙马、意大利马、阿拉伯马、卡巴尔达马、切尔卡瑟马和波斯马等。18世纪中叶，俄国大约有20个私营马场。到了80年代，莫斯科省有20个私营马场，雅罗斯拉夫尔省有6个私营马场，斯摩棱斯克省有10个私营马场，特维尔省有44个，梁赞省有12个，图拉省有24个，库尔斯克省有29个，奥廖尔省有50个。1776~1777年，А.Г.奥尔洛夫在沃罗涅日省的博布罗夫县开设了赫列诺夫马场，到18世纪末，该马场的马驹多达3000匹。沃罗涅日省和坦波夫省有许多私营马场。私营马场主要饲养英国马和阿拉伯马，同时也饲养少量的本土马。

马场里的饲料非常丰盛，其中大多是富含维生素的精饲料，如松叶粉等。春季，公马的饲料包括豌豆、大豆、干大麦、扁桃和煮过的牛奶。母马在产后一周内吃煮熟的燕麦，喝掺有燕麦粉和盐的温水。小马驹则喝掺有燕麦粉和牛奶的温水，一日三餐都吃上等的干草。[1]

进口马的价格往往高达数百卢布/匹。地主饲养的本土马高大强壮，价格相对较低，但还是比农民饲养的本土马贵得多。在卡卢加省，"地主的小型马场（马匹总数不超过50匹）中的本土马在莫斯科以20~70卢

① Индова Е. И. Дворцовое хозяйство в России в первой половине ⅩⅧ в. М. , 1964, с.115-118; Рубинштейн Н. Л. Сельское хозяйство России во второй половине ⅩⅧ в. Историко-экономический очерк. М. , 1957. с.390-392; Сивков К. В. Новые явления в технике и организации сельского хозяйства в России во 2-й пол. ⅩⅧ в. - В кн. : Ежегодник по аграрной истории Восточной Европы, 1956 г.М. , 1961, с.152; Удолов Ф. О содержании конских заводов, с.192.

布/匹的价格出售，而农民饲养的马匹价格只有 2~15 卢布/匹"，卡卢加省的地主饲养本土马、德国马和乌克兰马。在奥洛涅茨省，一匹役马的价格是 12~20 卢布。卡希拉县的农民饲养的役马能卖 5~7 卢布/匹。农民既饲养大型牲畜，也饲养小型牲畜，有强壮的马匹，自然就有羸弱的马匹。[①] 马匹的品质差异较大，价格波动自然也比较大。

尽管牛的品质参差不齐，但大多数地区并未开展牛的育种工作。非黑土区的农民主要饲养奶牛，南部的黑土区和草原地区则不同。黑土区和草原地区的母牛奶水过稀，主要用于喂养小牛，即繁殖后代，这是典型的供肉畜牧业。非黑土区的小牛只在刚出生的几周或 4~5 个月吃奶，断奶时间早。草原地区的小牛和小羊羔最早在半岁断奶，通常 1 岁才断奶。因此，俄国南部地区和乌克兰地区的牛更为健壮，适宜发展供肉畜牧业。

霍尔莫戈雷的农民培育出的牛毛色统一，都有黑色斑点。18 世纪（具体时间无法确定），该地的劣牛育肥技术也有进步，育肥的对象是在育种时被筛除的牛犊。这些牛犊的骨骼不够强健，食欲较差。按照"古老的传统"，它们在出生 30~40 周要一直用母乳喂养，并且只能食用母乳。为了避免这些牛犊误食其他饲料，人们将它们饲养在特殊的箱棚中。这样饲养出来的小牛的肉洁白肥美。1 岁小牛的体重便可达到 17~20普特。[②]

农民饲养的绵羊多为本土绵羊，它们既可以提供羊肉，也可以提供羊毛。本土绵羊一年之内需要剪两次羊毛，春天和秋天各一次，这样得到的羊毛虽然不算很长，但毛质非常柔软，多被用来制作粗毛布，主要

---

① Труды ВЭО, 1769, ч. XI, с. 108; ч. XIII, с. 32; 1766, ч. II, с. 168-169; 1767, ч. VII, с. 70.

② Резников Ф. И. Скотоводство в низовьях Северной Двины в XVII - XVIII вв. - В кн.: Материалы по истории сельского хозяйства и крестьянства СССР. Сб. IV. М., 1960, с. 117; Труды ВЭО, 1792, ч. XVI, с. 261-263.

由俄国手工工场加工。18世纪下半叶，俄国出现了著名的罗曼诺夫羊皮，质量非常好。18世纪80年代，罗曼诺夫商人通常在各地采购"熟绵羊皮"和"羊皮袄"，然后带到彼得堡出售。官营绵羊场除了饲养本土绵羊，还饲养"切尔卡瑟白绵羊"，① 其羊毛格外柔软。18世纪80年代的布匹大亨 И. 奥索金认为"俄国的上等羊毛都产自卡马河南部左岸地带"，即所谓的"扎卡姆山脉"。根据 И. 奥索金的统计，俄国的绵羊毛共有7种毛质、6种毛色。成年绵羊的细绒毛是最优质的羊毛，比西班牙绵羊的毛质更好，即便是老绵羊的细绒毛也不逊于西班牙绵羊。②

除了本土绵羊，俄国人还饲养英国绵羊。英国绵羊最早于彼得一世时期出现在俄国。18世纪60年代，"梅德韦季察河沿岸"也出现了英国绵羊③。英国绵羊毛的价格极高（1俄磅英国绵羊毛的价格为20~25戈比，而在同一时期，一整只乌克兰绵羊的羊毛总共才卖22戈比）。И. 奥索金发现，18世纪的俄国人还饲养西班牙绵羊。

由于俄国不同地区的自然条件和经济条件不同，所以畜牧业的发展水平有很大差距。在非黑土区和部分黑土区，延续数百年的传统牲畜饲养模式占据了上风。这些地区畜牧业的发展完全受制于小农经济。为了给牲畜创造适宜的生存条件，农民不惜忽视劳动成本，冬季将牛犊和母牛养在自己的住宅内，给自己增加负担。此外，农民为了给牲畜收集秕壳饲料，使脱粒的过程更加繁复，他们连脱粒剩下的秕壳碎屑都要小心翼翼地收集起来。只有在地主的领地里，个体经验才会迅速发展。

南部的黑土区和草原地区的情况则完全不同，这里有着特殊的牲畜饲养机制。在大多数情况下，牲畜饲养体系完全受价值规律的支配。人们重新审视传统经验，取其精华，去其糟粕。他们不再使用传统的牲畜

---

① ЦГВИА，ф. ВУА，оп. Ⅲ，д. 18 861，л. 151；Индова Е. И. Дворцовое хозяйство в России в первой половине ⅩⅧ в. М.，1964，с. 110-124.

② Труды ВЭО，1791，ч. ⅩⅣ，с. 184-192；1767，ч. Ⅶ，с. 43.

③ Труды ВЭО，1795，ч. Ⅱ，с. 171-186.

饲养机制。地主领地上的畜牧业取得了长足的发展。市场导向使牲畜的饲养方式发生了改变，并进一步加强了市场杠杆对畜牧业的调节作用。这直接促进了南方畜产品大规模向北方流动，其中既包括活畜，也包括肉类、脂油和毛皮等。

莫斯科省南部、图拉省、卡卢加省、梁赞省、奥廖尔省、库尔斯克省、坦波夫省、沃罗涅日省、奔萨省、萨拉托夫省和奥伦堡省的商人主要销售牛、羊、马。卡希拉的牲畜贸易规模最大，每年分别有 1.6 万只活畜从小俄罗斯运至卡希拉，经此转运至莫斯科和彼得堡。有多达 1.2 万只牲畜经扎赖斯克被运往莫斯科和彼得堡，其中一部分被加工成肉类、脂油和皮革等出售。大约有 4.5 万头牛在 34 个炼油厂被炼成油脂，运往科洛姆纳。科洛姆纳的商人每年采购 40 万普特的腌牛肉。梁赞省和卡卢加省等地有大型牲畜展销会。叶皮凡、梅晓夫斯克、利赫温、韦尼奥夫、萨波若克、克拉皮夫纳、奥多耶夫、佩列梅什利、科泽利斯克、博罗夫斯克等地有小型牲畜展销会，主要开展马匹贸易。沃罗涅日省每年能销售 3 万只大型牲畜和 5000 只小型牲畜。奥斯特罗戈日斯克省的商人大量收购本省和顿河哥萨克领地的马匹和牛羊，然后转卖给其他省的商人。绵羊毛直接销往莫斯科。[①] 比留奇开展大规模的牛和马匹贸易。卡利特瓦的 4 个展销会大量销售来自卡尔梅克和哥萨克领地的马匹、牛和小型牲畜。到 1797 年，共有超过 15 万普特绵羊毛、52.5 万张羊皮、23.2 万普特牛肉、6.8 万普特脂油和 4 万普特牛油销往沃罗涅日省。18 世纪 80 年代，库尔斯克省的畜产品销售额可达 60 万卢布/年。坦波夫省的畜产品销售额也非常可观，坦波夫省开展大规模的"马群"贸易，即马匹批发贸易。畜群和马群在鲍里索格列布斯克出售。在列别姜的展销会上，"哥

---

① ЦГВИА, ф. ВУА, оп. Ⅲ, д. 18 860, л. 37 – 38, 82; д. 18861, ч. Ⅹ, л. 13 об.; Рубинштейн Н. Л. Сельское хозяйство России во второй половине ⅩⅧ в. Историко-экономический очерк. М., 1957. с. 289, 399; Труды ВЭО, 1768, ч. Ⅷ, с. 181.

萨克马随处可见"。在科兹洛夫卡，"牛是主要商品，这些牛是从小俄罗斯和顿河草原上买来的"。奔萨省也开展了大规模的牲畜贸易。伏尔加河沿岸地区的展销会上流通着来自扎沃尔日耶和哈萨克斯坦的牛、马和绵羊。伏尔加河畔的德米特罗夫、塞兹兰、库尔梅什、阿尔达托夫、阿尔扎马斯和穆罗姆等城市流通着大量的牛和马。到18世纪末，仅奥伦堡省每年就有3万~6万只羊和1万匹马在市场上流通。[①]

8 果蔬种植业

与农作物种植业和畜牧业一样，18世纪俄国的蔬菜种植业也发生了巨大变化。当然，俄国的大多数农民都在小农经济的框架内从事蔬菜种植，个别地方的蔬菜种植业发展成了劳动密集型的商品性农业。

俄国农民把主要精力花费在了粮食种植上，蔬菜种植长期以来处于次要地位。农民的菜园面积很小。图拉省北部"许多菜园里的菜畦只有10~15个"；加利奇省的"菜园很小"；卡申县的"菜园里种的蔬菜不多"；佩列斯拉夫尔县菜园里的蔬菜也"极少"[②]。

农民通常根据自己的需要选择蔬菜品种。气候和土壤条件都影响着农民对蔬菜种类的选择。在彼得堡和纳尔瓦周边，农民主要在菜园里种植芜菁和卷心菜，并少量种植黄瓜、洋葱、胡萝卜和甜菜。在奥洛涅茨省南部和斯维尔河一带，农民广泛种植芜菁和卷心菜，"黄瓜被尊为珍品"，许多城镇居民，即市民在菜园里种胡萝卜和白萝卜；在加利奇省，农民通常在菜园里种植芜菁、卷心菜、胡萝卜、黄瓜、洋葱和大蒜；佩列斯拉夫尔县的农民多种植芜菁、卷心菜、胡萝卜、黄瓜、甜菜等，"农

---

① Рубинштейн Н. Л. Сельское хозяйство России во второй половине XVIII в. Историко-экономический очерк. М. , 1957. c. 398, 400.

② Труды ВЭО, 1767, ч. VII, с. 95; 1766, ч. II, с. 122; 1768, ч. X, с. 79-82; 1774, ч. XXVI, с. 44.

民需要哪种蔬菜，就种哪种蔬菜"。①

　　毫无疑问，芜菁和卷心菜是农民菜园里最常见的两种蔬菜。芜菁在俄国西北部地区尤为常见。广大非黑土区的农民不仅在菜园里种芜菁，甚至还在农田里种芜菁。种植芜菁的最佳地点是林中空地，这里的土壤多为砂壤，地块平坦而不低洼。农民通常先施肥，待土地"休耕"过后翻耕，一天之后，农民将灌木捆起来焚烧，然后将灰烬撒在地里并立刻耙地，两三天之后再次翻耕。多次翻耕土地能够使土壤更加松软。通常，每俄亩土地可以播种 17 勺掺土的芜菁种子。芜菁种子与庄稼种子一样，都用手播撒，也有个别地区的农民让牲畜叼着种子播撒。芜菁种子有三种颜色：黄色、白色和红色。其中，黄色的种子最优质，它的生命力极强。芜菁通常在 6 月 24 日前后播种，在严寒到来之前成熟，其收成可以达到 50 俄石/俄亩以上。② 由此可见，18 世纪农村的蔬菜种植技术已经非常成熟，只是种植蔬菜的人手不足，导致蔬菜的播种量有限。直到 18 世纪末，芜菁在广大非黑土区也只能算"二等作物"。

　　南方地区种植的蔬菜品种有些许不同。A. T. 博洛托夫发现，"芜菁和胡萝卜在卡希拉县罕见"。梁赞省的农民除了种植白菜和芜菁，还会种植胡萝卜、黄瓜、甜菜、甘蓝、南瓜、萝卜、甜瓜，"偶尔也种西瓜"。奥伦堡省亚伊克河流域的哥萨克城镇、斯塔夫罗波尔省、乌法省通常种植卷心菜、黄瓜、胡萝卜、芜菁、南瓜和芥菜，这些蔬菜的产量很高。奥伦堡省的甜瓜全国闻名，其种子一般从布哈拉购入。此外，奥伦堡省的黄瓜长达 1/4 俄尺，"做成腌黄瓜非常美味"。亚伊克河流域的哥萨克种植的西瓜最为优质。③

　　菜园里种植的"可食用草"有以下几种：莳萝、小茴香、马齿苋、

---

①　Труды ВЭО，1769，ч. XIII，с. 27；1768，ч. X，с. 70，79-82；1767，ч. VII，с. 95.

②　Труды ВЭО，1767，ч. VI，с. 46-47.

③　Труды ВЭО，1766，ч. II，с. 179；1767，ч. VII，с. 61-62，116-117.

菊苣、沙葱、莴苣以及欧芹。

18 世纪，蔬菜种植业多发展于工业不发达的城市，这是社会劳动分工的结果。[①] 不过，在那些工业发达的城市，蔬菜种植业也具有明显的商业性质。在俄国中部地区，蔬菜除了满足市民的需求，还销往乡村。自由经济学会在佩列斯拉夫尔县进行调查后发现，农民一般"被迫在城市购买蔬菜"。德米特罗夫商人"在本地和周边城镇销售蔬菜"。雅罗斯拉夫尔省丹尼洛夫县的居民在本县购买蔬菜。莫扎伊斯克的"人们大量种植卷心菜和黄瓜，卖给本县居民"。韦列亚县的卷心菜和黄瓜也"卖给本县居民"[②]。

城镇蔬菜种植业的商品化不可避免地对农业造成冲击。由于受到价值规律的影响，加之农业技术不断进步，城镇的商品性蔬菜种植业日益专业化。例如，在 18 世纪 60 年代，"博罗夫斯克县专门种植大蒜和洋葱，它们的产量很高，在丰收年能远销至莫斯科和周边的城市，年贸易额最多可达 4000 卢布"。18 世纪末，韦列亚县也专门种植洋葱和大蒜，其种植规模很大，年产量高达 1 万俄石。在这里，不仅城市的菜园种洋葱和大蒜，牧场也都种植了洋葱和大蒜。韦列亚县的洋葱最负盛名，这里的洋葱被大批销往莫斯科、图拉、特维尔、勒热夫、托尔若克、格扎茨克、斯摩棱斯克、奥廖尔、博尔霍夫、梅晓夫斯克、科泽尔斯克、白俄罗斯和波兰。[③] 伏尔加河畔罗曼诺夫的蔬菜种植业也很发达。这里的市民们"种植卷心菜、大蒜、萝卜、甜菜、胡萝卜、洋葱等蔬菜，不仅是为了自己食用，也用于出售。其中，洋葱通过水陆两种交通方式销往

---

① Милов Л. В. О так называемых аграрных городах России ⅩⅧ в. —Вопросы истории, 1968, № 6.

② Труды ВЭО, 1767, ч. Ⅶ, с: 95；ЦГВИА, ф. ВУА, оп. Ⅲ, д. 18 860, л. 6；д. 19 178, л. 67 об.；д. 18 862, ч. Ⅶ, л. 3 об.；д. 18 861, ч. Ⅴ, л. 7 об.；д. 18 862, ч. Ⅲ, л. 13.

③ ЦГВИА, ф. ВУА, оп. Ⅲ, д. 18 752, л. 39；д. 18 860, л. 20；Историческое и топографическое описание городов Московской губерний с их уездами.., с. 339.

各地，年销售额至少 2 万卢布"。莫斯科附近德米特罗夫的蔬菜种植规
模非常大。用 18 世纪人们的话说，"这里的土壤和经济状况"最有利于
种植洋葱、大蒜、卷心菜和黄瓜，"蔬菜被大量销往周边城镇"。此外，
德米特罗夫的薄荷也很畅销。① 弗拉基米尔省部分地区的居民"不需要
靠种菜谋生"②。穆罗姆专门从事黄瓜种植，"这里的全体市民都在做同
一种生意——黄瓜贸易，包括黄瓜和黄瓜种子。黄瓜供自己食用，而种
子用来销售。人们将黄瓜种子放在菜园里，待其适合耕种时拿去出售，
1 普特黄瓜种子的售价为 2~8 卢布"。П. С. 帕拉斯指出，穆罗姆人也大
量种植"可食用草"。③ 18 世纪 60 年代，弗拉基米尔省的黄瓜也很出
名。雅罗斯拉夫尔省罗斯托夫的蔬菜种植业商品化程度最高、规模最
大。该地的蔬菜种植业结构多元，除了种植"可食用草"、卷心菜、黄
瓜，还种植基本的蔬菜品种，如洋葱、大蒜等。菜园大多在涅罗湖附近
的低地上。④ 罗斯托夫的蔬菜主要销往雅罗斯拉夫尔省、伏尔加河畔和中
部工业区的城市。

　　18 世纪下半叶，某些村落或城镇广阔的市场和优越的地理位置，使
人们几乎完全放弃了粮食种植，转而种植蔬菜。在莫斯科附近的许多村
庄，"人们热衷于种菜……许多田地都被改造成了菜园"。韦列亚县的一
些村庄专门从事大蒜和洋葱的种植。在罗斯托夫的波列奇耶村和涅罗湖

---

① ЦГВИА, ф. ВУА, оп. Ⅲ, д. 19 178, л. 40; д. 18 860, л. 9 об.; д. 18 862, ч. Ⅴ,
　 л. 2; д. 18 861, ч. Ⅸ, л. 15 об.

② Топографические известия, служащие для полного географического описания
　 Российской империи, т. Ⅰ, ч. Ⅰ. Спб., 1772, с. 22; ЦГВИА, ф. ВУА, оп. Ⅲ, д. 18
　 860, л. 75 об.

③ Лепехин И. И. Дневные записки путешествия доктора и Академин паук адьюнкта Ивана
　 Лепехина по разным провинциям Российского государства, 1768–1769 гг., ч. Ⅰ. Спб.,
　 1771, с. 38; Паллас П. С. Путешествие по разным провинциям Российской империи,
　 ч. Ⅰ, с. 55.

④ Удолов Ф. Экономические правила.., ч. ⅩⅤ, с. 150; ЦГВИА, ф. ВУА, оп. Ⅲ, д. 18
　 860, л. 141 об.; д. 18 861, л. 141 об., ч. Ⅴ, л. 7 об.; Топографические известия..,
　 т. Ⅰ, ч. Ⅱ, с. 114.

畔的一些村庄，蔬菜种植业甚至成了主要农业部门。[①]

随着蔬菜种植业的发展，专业的蔬菜种植者出现了。由于土地资源有限，专业的蔬菜种植者外溢到了那些蔬菜种植业不发达的地区。例如，大部分罗斯托夫居民"前往彼得堡、里加和雷瓦尔，在那里租下花园种植蔬菜，然后出售蔬菜"[②]。这很可能是促进罗斯托夫蔬菜种植文化传播的原因之一。科波尔的蔬菜种植业值得关注。该地区主要向彼得堡、纳尔瓦、喀琅施塔得等城市销售科波尔白色卷心菜。卷心菜种植在肥沃、松软、微湿土地上，不适宜生长在砂土和黏土土壤上。种卷心菜时一共需要翻耕四次，并少量施肥。施肥前后都需要犁地、耙地，"播种"之前也需要整地，然后用铁锹垄出田畦。卷心菜种子一般在6月下旬（6月24日或6月29日）播种，且通常在晚上。播种时需要先挖出有一定间隔的小坑，然后将种子撒在小坑里，用水桶浇水。播种完种子后需要连续三天给幼苗浇水，每晚浇一次。若天气炎热，则每天浇两次水（早上"露水掉落时"浇一次，晚上"日落前水分将要挥发完时"再浇一次）。由于浇水会冲刷菜根，导致卷心菜叶发青并枯萎，因此有一段时间不需要浇水，等到深秋才需要重新开始浇水。另外，如果杂草长得茂盛，还需要除草。由此可见，培育白色卷心菜所需要的精力不多。对于啃噬卷心菜的主要害虫——卷心菜虫，需要采取人工防治措施，即将其捕捉并焚烧。未被害虫啃噬的"卷心菜"通常生长在低湿的林地上，这里的肥料通过焚烧树枝获得。据同时代人记载，"有时人们甚至会焚烧三次树

---

① Историческое и топографическое описание городов Московской губернии с их уездами.., с. 85; Топографические известия.., т. I, ч. II, с. 347; Титов А. А. Ростовский уезд Ярославской губернии. Историко-археологическое и статистическое описание. М., 1885, с. 14.

② ЦГВИА, ф. ВУА, оп. III, д. 19 176, л. 80 об.

枝""如果草皮太厚，还需要用斧头松土"。① 卷心菜在波克罗夫日前后成熟。收割卷心菜时，人们通常单独收集枯萎的卷心菜，将其倒入温水中并用压榨机打碎，这样的卷心菜可以作为饲料喂给牲畜，也可以"供有需要的人食用"。卷心菜通常在冬天腌渍。

人们通常将部分白色卷心菜芽储存起来，待春天来临时播种。卷心菜苗通常生长在长5米、宽1米的田畦上。播种前，需要先用铁铲将田畦铲平，在上面焚烧草皮和枯枝，然后用耙子清理田地，留下薄薄的一层草木灰。播种时，需要在每块田畦上撒一勺以上的种子，然后用土壤覆盖，待卷心菜发芽时开始浇水。每天晚上都要浇水，有时一天甚至要浇两次水，直到秧苗破土而出。② 蠓虫会啃噬卷心菜苗，人们通常在菜苗周围撒草木灰或喷杀虫药（用牛蒡叶和鸡粪配制成的溶液），以消灭蠓虫。

除了白色卷心菜，俄国还有红色卷心菜，不过，18世纪的俄国人称其为"黑色卷心菜"。18世纪末，科洛姆纳人除了在菜园种植黄瓜、辣根、马铃薯，还会种植"白色卷心菜和红色卷心菜"③，以及绿色和黄色的皱叶甘蓝。所谓的硬花甘蓝也是18世纪常见的卷心菜品种。卷曲的深色硬花甘蓝是最优质的卷心菜。当硬花甘蓝长到成熟甘蓝的一半高时，需要进行一次摘心，以便其能长出更多嫩枝。硬花甘蓝是所有卷心菜中产量最高的。④ 此外，俄国市场上还流通其他品种的卷心菜，如球茎甘蓝等。

专业的蔬菜种植者去外地经营菜园的情况不仅在俄国西北部地区普遍存在，在南方土壤贫瘠的地区也很普遍。例如，许多外地人在沃罗涅

---

① Примечание о земледелии в Ингерманландии, особливо в Копорском уезде, ч. VI, с. 50-53.

② Примечание о земледелии в Ингерманландии, особливо в Копорском уезде, ч. VI, с. 53-54.

③ ЦГВИА, ф. ВУА, оп. III, д. 18861, ч. X, л. 13 об. – 14.

④ Труды ВЭО, 1773, ч. XXV, с. 54-55.

日省的巴甫洛沃"租赁菜园，种植黄瓜、甜瓜和西瓜，并运到莫斯科等城市出售"。在俄国南方的黑土区和草原地区，人们直接在田间，而不在菜园里种植蔬菜。18 世纪 60 年代，奥斯特罗戈日斯克省的资料明确记载，"菜园里、田野中和草原上都种有甜瓜、西瓜"。①

18 世纪下半叶，城市菜园和地主领地中出现了许多新的蔬菜品种，这表明个体经验对农业的影响力越来越大。

18 世纪，俄国从外国引进的蔬菜除了球茎甘蓝和皱叶甘蓝，还有茄子、防风草、欧芹、韭菜、大蒜、高糖（白）甜菜、向日葵、荷兰芹、茴香、龙蒿、鼠尾草、薄荷、菘蓝、西洋茜草、菠菜、"甜"豌豆、天冬草、土耳其豌豆、鸦葱等。野生的天冬草很常见，其品质"不比菜园里的天冬草差"。A. T. 博洛托夫是首批播种英国芥菜的人之一，到 18 世纪 90 年代，芥籽油已经开始在莫斯科出售。②

俄国南部地区大规模引种外来蔬菜，因为这里的自然条件最适宜地中海蔬菜和东方蔬菜的生长。早在彼得一世时期，沃罗涅日省就建立了一座巨大的菜园，"人们在菜园里进行各种实验，以测试各种珍贵的水果（包括葡萄）、蔬菜以及可食用草能否生长于俄国"。③

据同时代人记载，萨马拉人"早就开始在自己的菜园里种植'辣椒'了"。他们通常先给形似扁豆的辣椒种子催芽，然后再播种，像播种卷心菜种子一样。每天浇两次水，早晚各一次，连续浇 12 天。当辣椒根茎长到 1/4 俄尺（18 厘米）高时，人们将它移植到松软的田畦上，坚持每天

---

① Гмелин С. Г. Путешествия по России для исследования трех царств естества，ч. I. Спб.，1771，ч. I，с. 181；Труды ВЭО，1767，ч. Ⅷ，с. 169.

② Воронина Е. П. Роль сельскохозяйственных культур в аграрном прогрессе России в различные исторические периоды. —В кн.：Ежегодник по аграрной истории Восточной Европы. 1968 г. Л.，1972，с. 193；Труды ВЭО，1773，ч. ⅩⅩⅤ，с. 54，60；1796，ч. Ⅱ，с. 312.

③ Гмелин С. Г. Путешествия по России для исследования трех царств естества，ч. I，с. 153.

浇水，直到成熟为止。萨马拉的辣椒产量可达 1500~2000 普特/年。一普特红辣椒的价格是 2~2.5 卢布，红辣椒的长度约有 15 厘米。若天气恶劣，人们便把尚未成熟的辣椒摘下来，移植到室内。成熟的辣椒通常被加工成辣椒粉食用，因此其消耗得很慢，一家人通常一个月才能吃掉一根辣椒。①

俄国的水果种植业也具有极强的商业性质。贵族的果园里有数千棵果树，这些果树往往是从中间商那里买来的，而这些中间商一般都是经验丰富的园丁。18 世纪 60 年代末，一封地主给管家的信中清晰记载了果园的盈利情况："众所周知，有时果园带来的利润甚至比一整个富裕村庄带来的利润还多。"阿夫·谢卡托夫在其编写的词典中特别提到了"科洛姆纳商人和扎赖斯克商人从梁赞的普龙斯克的贵族那里购买果实，这是他们贸易的重要一部分"。②

俄国非黑土区的果园中大多是苹果树。奥洛涅茨省也种植苹果。雅罗斯拉夫尔省的"许多果园里都有苹果、樱桃、醋栗和马林果……这些水果主要用于销售"③。A. T. 博洛托夫认为，诸如苹果树之类的果树适宜生长在土层结实、施过厩肥的土壤上。这种土壤密集分布在奥卡河和伏尔加河的交汇处，因而非黑土区最好的果园都集中在这里。值得一提的是，卡卢加省有大量果园，"其中最大的、果树种类最丰富的是舍米亚金果园，它位于城市，种有各类果树，包括李子树、梨树、樱桃树、杏树等，它们每年都能结出丰硕的果实"。舍米亚金果园中仅销往莫斯科的苹果就"就能卖 20 万卢布"。科洛姆纳拥有大量果园，并且生产"上好的水果软糕"。鲁扎、韦列亚、戈罗霍韦茨、谢尔普霍夫、维亚兹尼基的果

---

① Труды ВЭО，1795，с. 66~69.

② Труды ВЭО，1770，ч. ⅩⅦ，с. 163；Щекатов А. Словарь географический государства Российского，ч. Ⅴ，стб. 475.

③ Труды ВЭО，1769，ч. ⅩⅢ，с. 27；ЦГВИА，ф. ВУА，оп. Ⅲ，д. 19 178，л. 3 об.

园里种苹果树、李子树、醋栗树。[①]

俄国黑土区，如奥廖尔省、库尔斯克省、沃罗涅日省和坦波夫省等，有许多城市果园。С. Г. 格梅林在沃罗涅日旅行时注意到，除了果园里有果树，如苹果树、梨树、樱桃树等，树林里也有很多野生果树，野生的樱桃可用来酿造"樱桃甜酒"。[②]

18世纪，俄国形成了一套完整的果树培育体系。在弗拉基米尔省的维亚兹尼基，许多人专门"种植苹果树和樱桃树"[③]。果园需要大量施肥，蘖枝需要定期修剪。果树完成活性代谢之后，需要修剪树冠。人们主要通过寻找幼虫巢穴、烟熏果树来防止害虫啃噬树木。"人们通常在有风的夜晚烟熏果树"，他们把粪便或潮湿的树枝当作燃料。在不适用烟熏法的地区，人们便收集害虫并将其杀死，然后在果树下覆盖一层灰烬，等到春天摘除树上的枯叶。尽管如此，害虫还是给果树造成了巨大的损害。果园的管理者通常是经验丰富的园丁，他们通常在早春培育果树，在果树开花期外出进行交易。买家可以根据花的形状、颜色以及花蕾和子房上的斑点数量，准确地判断出果树的质量，从而议价。若春季温暖干燥，害虫会大量繁殖，啃噬果实。反之，如果春季多雨凉爽，那就预示着果园会迎来丰收。[④]

奥卡河下游的村庄以高超的果树，尤其是苹果树种植技术而闻名。伊兹博洛茨克村的果园最为典型，它在著名的工业村帕夫洛沃以南约30俄里处。这里的果园都分布在河岸上，河岸带独特的小气候更适宜果树

---

① Труды ВЭО, 1791, ч. XIV, с. 324；ЦГВИА, ф. ВУА, оп. III, д. 18 752, л. 14; д. 18 861, ч. X, л. 13 об.：д. 18 860, л. 57, об.；д. 18 862, ч. I, л. 2, ч. IX, л. 2, ч. X, л. 4 об.；Топографическое описание Владимирской губернии.., с. 62, 98.

② Гмелин С. Г. Путешествия по России для исследования трех царств естества, ч. I, с. 154.

③ ЦГВИА, ф. ВУА, оп. III, д. 18 860, л. 57-57 об.

④ Труды ВЭО, 1780, ч. XI, с. 4, 26, 30, 39.

生长。这里的园丁技艺高超，培育出了有名的苹果品种——"济列夫"苹果。这种苹果与幼童的头一样大，重达 4 俄磅，也就是 1600 多克。其果树通过嫁接种植，"春季苹果树快要发芽时，人们用锋利的刀在靠近树根的地方斜着砍下树干，然后从长势良好的苹果树上选取同样粗的树枝斜着切下，将其嫁接在被砍掉树干的树根上……嫁接时需要先用油和硫黄膏涂抹树干的斜切面，然后将两个切面对齐捆绑起来。如果嫁接失败，则需要在来年春天重新嫁接，不过这种情况发生概率很小。通常在第四年夏天，被嫁接的果树能开花结果"。[①] 承包商们喜欢承包这类果园。他们通常亲自培育果树，待果实成熟时将其采摘并运到市场上出售。伊兹博洛茨克村果园主的年收入可以达到 8 万~10 万卢布。

弗拉基米尔省的许多城镇专门从事樱桃种植。其中苏兹达尔的樱桃园最多。18 世纪 80 年代，苏兹达尔的居民大都经营着"果园，尤其是樱桃园，樱桃及樱桃汁通常销往莫斯科"。樱桃园的日利润可达 50 ~ 500 卢布。仅弗拉基米尔省就有四个品种的樱桃："瓦西里耶夫樱桃""亲本樱桃""库拉齐哈樱桃""酸樱桃"。樱桃园的"布局不规整，像森林里的野生灌木丛一样"。樱桃树成熟时，需要雇许多护园人坐在特殊的木塔台上看护果园，以防飞鸟啃食果树。护园人手握多条绳子，绳子分别连接在不同的果树上，并且挂有玻璃片等物体，以便发出声响，驱赶小鸟。[②]

俄国南方的果园里普遍种植杏树。顿河畔的切尔卡瑟、亚速和阿斯特拉罕等地都广泛种植杏树。杏在阿斯特拉罕被称为"库列克"，在切尔

---

① Примечания, служащие к познанию домостроительства и состояния мест, по рекам Клязьме, Москве и Оке лежащих. —Академические известия, 1780, апрель, с. 493-495.

② Топографическое описание Владимирской губернии.., с. 15, 23; Щекатов А. Географический словарь государства Российского, ч. V, Спб. 1239; Лепехин И. Дневные записки путешествия доктора и Академин паук адъюнкта Ивана Лепехина по разным провинциям Российского государства, 1768-1769 гг., ч. I. Спб., 1771, с. 12, 15.

卡瑟则被称为"谢尔杰尔"。切尔卡瑟最先开始种植桃树。此外，南方的其他地区也种桃树。阿斯特拉罕的桃子特别大，而且味道甜美。切尔卡瑟人将桃子称为"西普达尔"。18世纪，葡萄在俄国的黑土区和南部草原地区广泛种植。这些地区种植的葡萄主要是食用葡萄。顿河哥萨克的斯维亚托戈尔修道院领地、哥萨克的乌斯季梅德韦季察村和齐姆良斯克村都有葡萄园，哈尔科夫省的独院小地主也种葡萄。从齐姆拉河口到亚速和塔甘罗格，葡萄园随处可见。伏尔加河下游的葡萄园分布在察里津、上库拉林纳和上多布林卡。[①] 阿斯特拉罕的葡萄园更多。阿斯特拉罕的葡萄种植业始于彼得一世时期，彼得一世将欧洲的所有葡萄品种和有经验的葡萄种植者全部引入阿斯特拉罕的官营果园。到18世纪70年代，阿斯特拉罕大约有20个葡萄品种，其中大部分都是食用葡萄。从18世纪80年代开始，官营果园变成了私营果园，从前的果园落入了地主和部分商人手中。葡萄园多由地主经营，葡萄种植技术也主要靠地主推广。Г. 拉京格记载道："18世纪80~90年代，俄国各地的商人乃至外国商人不远万里来到阿斯特拉罕购买美味的葡萄……"葡萄具有广阔的消费市场，因为大多数葡萄都耐寒，并且适合长途运输。18世纪90年代初，阿斯特拉罕最优质的葡萄价格为3卢布/俄磅。[②]

阿斯特拉罕的葡萄种植主要有以下几个环节：秋季剪切葡萄插条，将其埋在坑里，覆盖芦苇和干草，以保护它们免受霜冻；春季在施过厩肥的沃土上开沟以扦插葡萄苗，插条不能与垄沟平行，而要与其呈"十"字形交叉，这样能保证插条的两端露出。扦插完成后需要坚持给插条大量浇水。一两年之后，将葡萄幼藤移植到葡萄园中。还有一种扦插方法，即先把插条压进田垄里，用施过厩肥的土壤覆盖，"使插条的两端露出"。

① Гильденштедт И. А. Речь о произведениях Российских… декабря 29 дня 1776 г. - Академические известия на 1780 г., ч. V, май, с. 35-54; Гмелин С. Г. Путешествия по России для исследования трех царств естества, ч. I, с. 156.

② Труды ВЭО 1792, ч. XV, с. 166, 167, 170.

阿斯特拉罕的所有葡萄藤都被埋在干草和土壤下过冬。到了春天，人们会刨出葡萄藤，清理藤上的泥土，将葡萄藤横绑在小砖或小杆上，频繁地浇水、除草，直到葡萄成熟。有时人们也将葡萄藤搭成林荫道的盖棚，以便为葡萄遮阳。另外，人们通常雇用童工点燃高高的篝火，以防鸟类啃食葡萄。[①]

18世纪末，阿斯特拉罕与其他地方一样，种植了越来越多的酿酒葡萄。阿斯特拉罕的地主曾尝试小规模地酿造葡萄酒。伊利亚·格里戈里耶夫酿造出了浓黑的庞蒂亚克葡萄酒，雅科夫·奥夫查尔金酿造出了叙拉古麝香红葡萄酒，商人伊万·波波夫用无核葡萄酿造出了香槟型葡萄酒，齐姆良斯克村酿造出了香槟。[②]

18世纪，俄国的水果种植业，尤其是葡萄种植业的发展水平很高。这一领域出现了与封建传统截然不同的新元素，为水果种植业的发展和完善创造了条件。

9 农学与农业实践

18世纪是俄国农业文化史上的一个转折时期。在这一时期，个体经验在农业实践中的作用日益增强，并最终加快了社会劳动分工的发展进程，促进了商品生产的发展。与此同时，个体经验的特征也发生了变化：结构更加复杂、表现形式更加多样。

引种是个体经验发挥作用的重要表现之一，18世纪俄国农业领域的引种规模非常大。这个过程不是自然发生的，而是由人主导的。那时的俄国发展出了专门的农业学科——农学，而这门学科已经接近完美，因为它既结合了哲学，又结合了实践。农学给个体经验提供了更广阔的发

---

① Труды ВЭО 1792, ч. XV, с. 166–171.
② Труды ВЭО, 1796, ч. II, с. 286.

展空间，而个体经验又反过来影响农学，使传统的农业经验退居次要地位。然而，农学战胜传统农业经验是一个艰苦、漫长的过程。令人宽慰的是，在这一过程完成后的短短几十年内，农学的优势就显著地表现了出来。正是在18世纪，俄国农学最大限度地吸收了俄国传统农业文化体系的精华。人们意识到，机械地照搬西欧的农学只是徒劳，因此更加迫切地从本国农业文化中寻找宝贵经验，哪怕这些经验有限。总的来说，18世纪是俄国农学的萌芽期，是俄国农业文化史上不可或缺的一部分。

在农奴制社会，农学主要为地主服务，农学家大都出身贵族。在当时的社会经济条件下，贵族，或者说试图适应日益增长的市场需求的那部分贵族，是最容易接受新农业文化的群体。新兴的农学对农民的影响微乎其微。农民仍旧遵循延续了数百年的传统经验，并且在日常劳动中越发依赖它们，传统农业经验就这样在村社中传承了下来。[1]

农民仍然是农业生产的主力军，因为他们掌握了传统技能，积累了一定的经验，对自然环境有一定的认知，并能将所知运用到劳动实践中。家庭不仅是一个亲属单位，也是一个生产单位，它在选择和继承耕作方法方面至关重要。农民通常让孩子从小就跟随自己下地劳动，以便其日后成为一名合格的农民。农民中流行着一句俗语："孩子是农民的财富，从小就要给孩子们养成劳动的习惯。"农民家庭中的劳动技能教育始于幼儿时期。自由经济学会调查发现："农村的孩子，无论是男孩还是女孩，都不能闲着，他们最早从8岁开始就要在田里播种，男孩还要跟着父亲犁地、放牛，随着年龄的增长，他们要从事的农活越来越多。"[2] 家长在

---

① Н. И. 瓦维洛夫在评价 20 世纪初农民对农学知识的接受度时指出，"贫穷、落后、分散的小农经济导致农民对农学知识的接受能力低""农民对科学的'吸收能力'惊人地差，对科学的需求非常小"。——Вавилов Н. И. Избранные труды，т. V. М. -Л.，1965，с. 462.

② Труды ВЭО，1774，ч. XXVI，с. 80；1766，ч. II，с. 207；1767，ч. VII，с. 107；1769，ч. XIII，с. 40.

农业劳动实践中把农耕经验和技能传授给后代。[①] 18 世纪中叶的一份手稿中记录了农民之子必备的劳动技能："如果他生来是农民，那么当他 10 岁时，相比于学习如何长命百岁以便更长久地照顾父亲，他更应该努力学习如何用犁耕地、如何使用耙子、如何给马做夹板、如何用镰刀砍树、如何锻造用来砍柴的斧头……还要学习如何放牧。"[②]

对于青年农民而言，成为一个技艺高超、热爱劳动、拥有一切生活必需品的当家人就是他们的人生目标。18 世纪的一些谚语反映了农民对劳动的态度以及他们的价值观，例如"勤劳的农民有粮吃""砍树莫惜力""早起不吃亏，晚起要丢脸""要想靠犁致富，就要学会修犁"。[③] 这与大多数地主的认知不符，他们认为农民既懒惰又笨拙。

18 世纪上半叶，俄国地主对于如何管理农场和规范生产过程，达成了很多共识，当然，在某些细节上也存在分歧。18 世纪的地主对农业生产文化的关注比 17 世纪要多得多。他们不满足于沿袭传统，而是试图完善领地的农业管理制度，[④] 以便提升自己领地的经济效益。但是，18 世纪上半叶，地主为达到这一目的所采取的方法仍然是传统的。例如，Н. Г.

---

① Миненко Н. А. Русская крестьянская семья в Западной Сибири (ⅩⅧ-первой половины ⅪⅩ в.). Новосибирск, 1979, с. 117-122; Громыко М. М. Трудовые традиции русских крестьян Сибири (ⅩⅧ - первая половина ⅪⅩ в.). Новосибирск, 1975, с. 190 - 191, 287, 292-293.

② ГБЛ, ОР, ф. 247, № 51, Блистательная молния, 1759 г., л. 200.

③ Деревенское зеркало или общенародная книга, ч. Ⅰ. Спб., 1798, с. 81; Собрание 4291 древних российских пословиц. Изд. 3. М., 1787, с. 44, 55, 85-87, 94-95, 107; Симони П. Старинные сборники русских пословиц, поговорок, загадок и проч. ⅩⅦ-ⅩⅧ столетий. Вып. Ⅰ. Спб., 1899, с. 192, 194-195. 关于农业传统的形成和传承问题及其在俄国农民公共意识中的地位，将在《狂飙年代：18 世纪俄国的新文化和旧文化（第四卷）》的"农民的精神文化"部分详细阐述。

④ Алефиренко П. К. Русская общественная мысль ⅩⅧ в. о сельском хозяйстве. - В кн.: Материалы по истории земледелия СССР. Сб. Ⅰ. М., 1952; Сивков К. В. Наказы управителям ⅩⅧ в. как источник для истории сельского хозяйства в России. —В сб.: Академику Грекову ко дню семидесятилетия. М., 1952; Александров В. А. Сельская община в России (ⅩⅦ-начало ⅪⅩ в.). М., 1976.

斯特罗甘诺夫在指令中建议在播种前翻耕土地两次，"先耕地再耙地，如果某地土壤贫瘠、不够松软或者刚刚被开垦，就需要翻耕，然后再次耙地，最后再播种"；B. H. 塔吉舍夫认为，有必要进行秋耕，为播种春播作物做准备。[①] 此外，当时的地主对播种的认识还很浅薄。他们认为，播种密度越大，作物产量就越高。A. П. 沃伦斯基在给管家的指令中写道："我们的粮食收成少是因为粮食播种得太稀疏了，黑麦的播种密度只有 1 俄石/俄亩，小麦、燕麦和大麦的播种密度也只有 1.5 俄石/俄亩。最佳播种密度应该为 2~4 俄石/俄亩。"[②] 农民依然靠经验来确定播种时间，"农民通常把手伸进地窖中储存的种子里，如果手上带有苦味，那就意味着播种的时间到了"。人们把就地脱粒的种子当作春播作物播种，播种完立即耙地。在 H. Г. 斯特罗甘诺夫的领地上，如果冬黑麦播种在松软的土壤上，就不需要耙地。18 世纪上半叶，B. H. 塔吉舍夫首次采取了播种之后用滚轮压实土壤并浇粪水的方法。

地主通常命令农民在种子发芽之后立即除草。非黑土区的田地越来越多地被开垦，因此，地主非常重视施肥这一环节。他们建议将牲畜的粪便收集起来，混入秸秆和枯叶，在 7 月初撒在田里，然后立即耕种。"由于风带有一定的湿度，因此炎炎烈日不会吸干厩肥中的水分……"[③] 类似的话多次出现在自由经济学会的文章和报道中。

18 世纪上半叶，地主在指令中唯一提到的耕作制度就是三圃制。只有

---

① Устюгов Н. В. Инструкция вотчинному приказчику первой четверти ⅩⅧ в. —Исторический архив, т. Ⅳ. М. – Л., 1949, с.174；Татищев В. Н. Краткие до деревни следующие записки. —В кн.：Татищев В. Н. Избранные произведения. Л., 1979, с.403.

② Волынский А. П. Инструкция Ивану Немчинову о управлении дому и деревень и регула об лошадях. Спб., 1881, с.13.

③ Устюгов Н. В. Инструкция вотчинному приказчику первой четверти ⅩⅧ в. – Исторический архив, т. Ⅳ. М. – Л., 1949, с.174, 175；亦可参见 Татищев В. Н. Избранные произведения. Л., 1979, с.403；Волынский А. П. Инструкция Ивану Немчинову о управлении дому и деревень и регула об лошадях. Спб., 1881, с.13。

B. H. 塔吉舍夫谈到了四圃制："第一块地种黑麦，第二块地种春播作物，第三块地是休耕田，第四块地用来放牧。"如果肥料短缺，那么可以每年轮换地块，这样可以保证种有作物的田地都能得到肥料。大多数地主都忽视了农具的重要性。只有 B. H. 塔吉舍夫论证了用轮犁代替木犁，并用专用的耙收割粮食的优势。B. H. 塔吉舍夫对农业技术的认知遥遥领先于同时代人。[①]

贵族将自己领地的畜牧业视为重要的农业部门，它决定着粮食种植业的发展情况。B. H. 塔吉舍夫指出："牲畜的数量应当能够保证所有田地都得到足够的肥料。"[②]地主在指令中对家畜和家禽的养护方法进行了详细阐述。Н. Г. 斯特罗甘诺夫、А. П. 沃伦斯基、B. H. 塔吉舍夫、П. A. 鲁缅采夫等人曾提出了以下要求：保持动物自身及饲舍的清洁；冬天让牲畜住在温暖的畜圈里；注重育种工作；及时隔离病畜；定期给牲畜熏杜松以预防疾病。地主以独特的方式总结出了丰富的民间经验。

地主在指令中提出的有效建议仅适用于自己的领地，他们对改变耕作制度和引进新农具等重要问题的关注少之又少。但早在 18 世纪上半叶，俄国某些社会集团就已经开始关注其他国家的农业发展状况。例如，1738 年，译自德语的《弗洛林经济学》一书在俄国出版。18 世纪下半叶，这本内容翔实的农业指南又被重印了四次，[③] 这足以证明其受欢迎程

---

① Татищев В. Н. Избранные произведения. Л., 1979, c. 402 – 403; Рубинштейн Н. Л. Сельское хозяйство России во второй половине XVIII в., с. 135. В. Н. 塔吉舍夫所提建议的主要内容是：在那些地主自己不管理农耕事务，又不能向农民提供足够土地的领地上，用代役租取代劳役租。这将在客观上促进劳动生产率的提高和农村商品货币关系的发展。18 世纪的大多数俄国地主都以无节制地剥削农民为代价来提高自己领地的收益。

② Татищев В. Н. Избранные произведения. Л., 1979, с. 405.

③ Львов А. Попытка Петра I к распространению среди русского народа научных сельскохозяйственных знаний. —Чтения в Обществе истории и древностей российских, 1892, кн. I, отд. III; Алефиренко П. К. Русская общественная мысль XVIII в. о сельском хозяйстве. –В кн.: Материалы по истории земледелия СССР. Сб. I. M., 1952 с. 524–525. 显然，《弗洛林经济学》中的基本观点比较保守，符合大多数俄国地主的观念，这就决定了该书的受众群体较为稳定。在 18 世纪末，该书被罗斯托夫未进行农业革新的小地主广泛阅读。—Дневник П. О. Яковлева, ч. III. —ГБЛ, ОР, ф. 178, № 3487, л. 25.

度。1747 年，М. В. 罗蒙诺索夫将胡贝图斯的《经济策略》一书译成了俄语，该著作阐述了农业和畜牧业领域的许多问题。《利夫兰经济学》（俄译版书名）是面向地主的大型领地管理指南。晚年的 М. В. 罗蒙诺索夫对农业的兴趣仍未减退，他越发认识到农业的重要性。在去世前不久，М. В. 罗蒙诺索夫在《关于建立国家农业委员会的建议》一文中提出，需要成立一个专门研究农业问题的科学机构。[1]

18 世纪 60 年代，农业知识得到了进一步的传播。为了满足社会对粮食和原材料日益增长的需求，农业问题首次成为专业期刊的讨论主题。从 1766 年到 1800 年，俄国共出版了 6 本农业杂志。仅 52 卷本的《自由经济学会文集》和 40 卷本的《经济商店》（不包括其他出版物）就涵盖了农业领域各方面的知识。当时，《自由经济学会文集》的发行量很大，共 1200 册，后来其总发行量达到了 2400 册，每卷的价格为 50 戈比，1771 年以后，每卷的价格为 40 戈比。[2]

自由经济学会对俄国农业发展和农村住宅建设的支持以及《自由经济学会文集》极大地促进了先进耕作技术的传播，它刊载了俄国第一批农学家 А. Т. 博洛托夫、И. М. 科莫夫、М. Е. 利瓦诺夫、В. А. 列夫申等人的作品。自由经济学会于 1765 年在彼得堡成立，其创始人和首批会员有 А. Г. 奥尔洛夫、Р. И. 沃龙佐夫、И. Г. 车尔尼雪夫、А. И. 契尔卡索夫、А. А. 纳尔托夫、А. В. 奥尔苏菲耶夫、Г. Н. 捷普洛夫、И. И. 陶伯特、Т. И. 克林施泰特等。该协会的宗旨是"认真学习……所有先进的外国农业文化，吸取他们的经验，将其精华传播给自己亲爱的同胞……另

① Ломоносов М. В. Полн. собр. соч., т. 6. М., 1952, с. 411 – 413; Берков П. Н. М. В. Ломоносов и «Лифляндская экономия». – В кн.: Ломоносов. Сборник статей и материалов, т. II. М. -л., 1946, с. 271–276.

② Неустроев А. Н. Историческое разыскание о русских повременных изданиях и сборниках за 1703–1802 гг. Спб., 1874, с. 276–277, 526–527; Сивков К. В. Вопросы сельского хозяйства в русских журналах XVIII в. —В кн.: Материалы по истории земледелия в СССР. Сб. I, с. 553–613.

外，要详细了解本国各地区的农业发展状况，找出俄国在农业管理方面
存在的不足，并探索弥补这些不足的有效方法……"① 该协会的会徽上刻
印着蜜蜂在蜂巢中搬运蜂蜜的图案，图案下方印着"教益"一词。

该协会的创建符合开明政府政策，也迎合了贵族的利益。叶卡捷琳
娜二世专门发布了一道诏书，批准该协会成立，并向它拨款六千卢布。
自由经济学会是一个纯粹的贵族组织，只关注地主的利益。从《自由经
济学会文集》第一页就可以看出，该协会将开明的地主与无知的农民视
作两个相互对立的群体，"一个受过教育的文明人，比一个每天像机器一
样只做农活的人，更擅于发现有价值的东西"。② 该协会对全体农民福祉
的关注和宏大的经济计划在一定程度上掩盖了其贵族性质。

自由经济学会的成员有以下职责，"在以下领域做实验：房屋建筑、
种植业、畜牧业、植物保护和培育业"，并报告实验结果；发表自己的作
品和外国经济学著作的译著；介绍各种新农具；协助开办农业学校、举
办农业展览和农业竞赛。③ 18 世纪后 30 年的许多著名国务活动家都是自
由经济学会的成员，如 Г. А. 波将金、Р. И. 沃龙佐夫、К. Г. 拉祖莫夫斯
基、А. А. 维亚泽姆斯基等。他们当中只有个别成员在《自由经济学会文
集》中发表过文章。自由经济学会还有一部分成员是农学家和农业实践
家，如 А. Т. 博洛托夫、И. М. 科莫夫、П. И. 雷奇科夫、А. В. 奥丽舍
夫、В. А. 列夫申等，他们的作品被收录于《自由经济学会文集》中。
此外，А. Л. 欧拉、П. С. 帕拉斯、Ф. И. 格梅林、И. И. 列别辛、
В. С. 克拉舍宁尼科夫、И. Я. 奥泽列茨科夫斯基也是自由经济学会的
成员。1765~1800 年，共有 692 人加入了自由经济学会，作为学会的会

① Труды ВЭО，1766，ч. Ⅰ，с. 2.
② Труды ВЭО，1766，ч. Ⅰ，с. 3.
③ Труды ВЭО，1771，ч. ⅩⅧ，с. 200；Орешкин В. В. Вольное экономическое общество в
России. 1765-1917. М.，1963，с. 23.

员或通讯员。[①]

　　收集有关耕作技术的信息并传播国内和西欧先进的耕作经验，是自由经济学会的主要任务。该学会完成任务的第一步就是进行调查问卷，问卷中共有 65 个经济问题，由 Т. И. 克林施泰特设定。大约有 30 个县公开了自己填写的调查问卷。后来，自由经济学会向其成员和《自由经济学会文集》的读者发出邀请，请他们发表自己对各种农业问题的见解。1766 年，自由经济学会提出了一些至关重要的议题："农民是否应该拥有土地？他们财产权的有效期应当持续多久？如何选择才能对社会更有益？"此外，自由经济学会还提出过许多议题，比如：地主如何给管家写指令（1768 年）、应当给农民分配多少土地才能保证他们交得起赋税（1771 年）、夏季和冬季分别应该给农民分配多少农活（1780年）、如何解决耕地交错问题（1804 年）、劳役租和代役租究竟哪种对地主和农民更有利（1809 年）。在成立的头一百年内，自由经济学会共提出了 246 个议题。[②]

　　自由经济学会对农业文化给予了极大的关注。学会成员 A. T. 博洛托夫对这一主题进行了最充分、最全面的阐述。苏联学者在评价 A. T. 博洛托夫对俄国农学发展的贡献时，不仅关注到他在农学、园艺学和生物学方面的成就，而且还注意到了他的思想对农耕实践产生的影响。[③] A. T. 博洛托夫进行了大量的实地考察，掌握了农耕经验，深谙西欧的农学理论，是俄国农学的奠基人。他认为下列因素都决定着农民能否取得丰收：

---

①　根据《彼得堡自由经济学会会员名单》（Спб.，1792）和 1793~1800 年《自由经济学会文集》中刊印的新入会会员名单计算。

②　Ходнев А. И. История императорского Вольного экономического общества с 1765 до 1865 года. Спб.，1865，с. 366 – 412，446；Каратаев Н. К. Очерки по истории экономических наук в России XIII века. М.，1960.

③　Поляков И. М.，Бердышев А. П. А. Т. Болотов и его труды в области сельскохозяйственной и биологической науки. – В кн.：Болотов А. Т. Избранные сочинения по агрономии，плодоводству，лесоводству，ботанике. М.，1952，с. 463.

农民对土质的了解程度、施肥情况、播种前的整地情况、种子品质以及种子的储存状况。"土地无法自我修复……它需要人类的帮助"，这一理念贯穿在 А. Т. 博洛托夫的许多作品当中。他认为，农民必须了解土质，这样才能更好地耕地、施肥，并"进行各种实验"。А. Т. 博洛托夫本人就是一个热衷于实验的人，他号召地主多实验、多观察，谴责那些只依赖传统农耕经验的人。①

在 18 世纪下半叶，要想提高农业生产力，首先需要恢复土壤肥力。《自由经济学会文集》上大约有 50 篇专门论述这一问题的文章，其中有一部分是翻译过来的。② А. Т. 博洛托夫、П. И. 雷奇科夫、А. А. 纳尔托夫、И. М. 科莫夫、И. Г. 莱曼等人都认为需要结合土壤的物理特性和化学特性施肥。这是俄国人首次从科学的角度理解农业文化。А. Т. 博洛托夫曾在不同的土质上种同一种植物，施用同一种肥料，以观察植物的生长状况。最终，他得出了重要结论：植物需要吸收矿质营养。这一结论不仅具有独创性，而且具有重大的科学意义，因为当时的西欧农学界坚信水营养学说。另一位著名的俄国农学家 И. М. 科莫夫也非常关注植物的营养问题，他与德国农学家泰伊尔都是腐殖质营养学说的创始人。他们认为腐殖质能够改善土壤的物理性状，并且土壤中的大多数营养物质来源于其中的腐殖质。③

厩肥是最有价值的有机肥料，它的缺乏长期阻碍着农业的发展。同时代人认为厩肥短缺的原因有以下几点：种植业和畜牧业的发展不

---

① Труды ВЭО, 1768, ч. IX, с. 33 – 35, 48, 39, 43, 46; Экономический магазин, 1789, 4. XXXVII-XL.

② Индова Е. И. Вопросы земледелия в «Трудах Вольного экономического общества» во второй половине XVIII в. -В кн.: Ежегодник по аграрной истории Восточной Европы, 1970 г. Рига, 1977, с. 116.

③ Труды ВЭО, 1779, ч. I, с. 38 – 62; Гурьянов В. П. И. М. Комов. Его жизнь и деятельность. М., 1953, с. 80; Афонин М. Слово о пользе, знании, собирании и разположении чернозему особливо в хлебопашестве. М., 1771.

图 2-5　А. Т. 博洛托夫

平衡、厩肥的储存和使用不当、肥料的种类较少。因此，当时的人对于如何正确地制作厩肥并在耕地上施肥，进行了深入的思考，并提出了解决方案：必须将粪便与土壤、泥炭和草皮混合，才能得到上好的厩肥；要趁厩肥尚未失去"肥力"之前立即犁地。①

在 18 世纪后 25 年，越来越多的有机物和无机物，如石灰、沙子、白垩黏土、苔藓、泥炭、树叶、淤泥等，被广泛地用作肥料。人们开始结合土壤的物理特性和化学特性施肥：黏重、潮湿的土壤上需要撒石灰石，砂质土上需要撒黏土，石质土和粗砂质土上则需要撒烧过的石灰。

农民也开始寻找新型肥料。例如，居住在瓦加河的支流比杨达河流域的农民把腐烂的泥炭当作肥料。他们的做法被附近的霍尔莫戈雷人借鉴。② 施肥在俄国北方也相当重要，这里的人们通过焚烧树木来给土壤补充石灰。《自由经济学会文集》中对于原始伐林耕作制之危害的讨论仅停

---

① Радищев А. Н. Описание моего владения. – В кн.: Радищев А. Н. Полн. собр. соч., т. 2. М. -Л., 1941, с. 177, 195; Труды ВЭО, 1766, ч. Ⅱ, с. 57-62, 69-88; 1770, ч. ⅩⅤ, с. 1-65, 99-100; 1771, ч. ⅩⅨ, с. 132-154; 1773, ч. ⅩⅩⅢ, с. 17, 138-161.

② Труды ВЭО, 1790, ч. Ⅹ, с. 130-132.

留于理论层面，这对于农民的耕作实践无益。

18 世纪下半叶，俄国人首次提出了多圃制的概念，这种更加完善的耕作制度有助于土壤恢复肥力。A. T. 博洛托夫在 1771 年发表的文章《论田地划分》中论述了七圃制的优势。他不建议把土地分成 3 等份，而建议分成 7 等份：第 1 块田地休耕；第 2 块田地是秋耕田；第 3 块田地是"优质"春耕田（种小麦、大麦、亚麻）；第 4 块田地是"劣等"春耕田（种燕麦、豌豆、荞麦）；第 5~7 块田地都用作撂荒地。若实行多圃制，那么每块土地都能够休耕 3~4 年，其间可以作为牧场使用。A. T. 博洛托夫从农业生产组织的角度论证了七圃制的经济优势。他认为，"保持畜牧业和种植业之间的平衡是农业发展的关键"。因此，需要减少谷类作物的播种面积来为畜牧业提供足够的发展空间，从而提高总体农业水平。A. T. 博洛托夫认为，要想实行七圃制，必须满足以下条件：土壤适宜种植春小麦和冬小麦、耕地充足但劳动力不足、"发展畜牧业有利可图"且地主有足够的精力管理自己的农场。[①] 这是俄国农学界的首个多圃制理论，引起了同时代人的关注，但 A. T. 博洛托夫并未进行实验，该理论也未被立即应用于实践。

在寻找比三圃制更完美的耕作制度的道路上，A. T. 博洛托夫并不是孤军奋战。И. М. 科莫夫认为六圃制是一种先进的耕作制度。他曾写道："耕作的关键在于轮流播种不同的作物，以免土壤养分流失……可以交替播种蔬菜、粮食和牧草。" И. М. 科莫夫建议引入六圃制，并播种牧草，以调整现有的谷物和牧草的播种比例。六圃的用途如下：第 1 块田是春耕田，可以补播三叶草；第 2 块田是"纯"春耕田，不补播牧草；第 3 块田用来播种蔬菜，如芜菁、芜菁甘蓝、卷心菜、胡萝卜、马铃薯等；

---

① Труды ВЭО, 1771, ч. XVI, с. 175-189; ч. XVII, 48-168; Сельский житель, 1778, ч. I, л. 8, 14, 19; Бердышев А. П. А. Т. Болотов. Первый русский агроном. М., 1949, с. 76-80.

第 4 块田是休耕地；第 5~6 块田是秋耕田。六圃制的优势在于"农民可以自由选择播种的作物品种"①。

18 世纪末，对三圃制的尖锐批判越来越多地出现在经济类著作中，三圃制已经无法满足人们对农产品日益增长的需求。谷物播种面积的增加以草地的减少为代价，这给畜牧业的发展造成了负面影响，以俄国中部地区尤为典型。一些学者认为五圃制、六圃制和七圃制对于地主和农民都适用。了解西欧农学的人深知，多圃制与田间补播牧草是"新农业文化"的精髓，有助于解决最为迫切的农业问题。② 自由经济学会提倡在田间补播牧草，如三叶草、苜蓿、各种豌豆和梯牧草等。这并不只是对西欧农学经验的借鉴，更是解决俄国农业难题的一次尝试。

18 世纪末，沃洛格达省的农民开始在田间补播牧草。他们在最后一轮播种时补播梯牧草，此后，这块土地将暂时变成草场。П. И. 切丽谢夫研究过该地区的情况，他认为合理地在田间播种牧草促进了苏霍纳河流域畜牧业的发展。③ 为了鼓励农民在田间补播牧草，1790 年自由经济学会宣布对"播种牧草数量多的农民予以奖励"。有些地主也在田间补播牧草，如图拉省的 А. В. 罗兹诺托夫斯基、В. А. 列夫申、А. Т. 博洛托夫；卡卢加省的 Д. М. 波尔托拉茨基；莫斯科省的 Е. И. 布兰克纳格尔、Б. И. 波利亚科夫、А. М. 雅罗斯拉沃夫、Л. Д. 鲍里索夫以及弗拉基米尔省的 М. А. 乌格里莫夫。在地主的领地中，牧草与大麦、燕麦和小麦

---

① Комов И. М. О земледелии, с. 209, 216；Крохалев В. С. Из истории учения о системах земледелия. —Советская агрономия, 1947, № 2, с. 91-96.

② Рознотовский А. Новое земледелие, основанное на правилах тайного советника И. Х. Шубарта фон Клеефельда. Ч. I - Ⅵ . М. , 1794；Ч. Ⅶ. М. , 1800；Деревенское зеркало, ч. I. Спб. , 1798；Бакунин М. Правила руководствующия к новому разделу и обработыванию полей с показанием нужных сельских заведений. Спб. , 1800.

③ Челищев П. И. Путешествие по Северу России в 1791 году. Спб. , 1886, с. 175；Бажаев В. Г. Крестьянское травопольное хозяйство в нечерноземной полосе Европейской России. М. , 1900, с. 36-39.

一起播种于多圃制下的各块田地上。①

　　俄国田间牧草栽培学说的奠基人是 B. A. 列夫申。他根据气候和土质将俄国划分为不同的区域，并分别为这些地区编写了在田间补播牧草的实践指南。B. A. 列夫申认为在田间补播牧草之前需要建造人工草地，即先将旧草皮铲除并焚烧，然后将焚烧产生的灰烬撒在农田里，为耕地提供肥料。这项工作要在 5~9 月进行，待来年春天开始补播牧草。② 起初，俄国实行田间牧草栽培的效果并不理想。因为自由经济学会仅向"俄国开明的群体"宣传田间牧草栽培的理念，而"开明的群体"虽然对牧草栽培抱有兴趣，却没有大规模地付诸实践。

　　俄国农学家提出了一系列土壤保护措施，其中包括对旱灾和水土流失的防治措施。M. И. 阿福宁是俄国首批农学教授之一，他建议使用排水沟储存田间的雪水和雨水。A. T. 博洛托夫提出了加固垄沟顶部的新方法——削去垄沟的尖顶，然后在其侧壁上播种豆科牧草。相关学术成果还提到了采取土壤保护措施的必要性和森林防护带的作用。③

　　自由经济学会的成员和《自由经济学会文集》的读者不仅关注新的农学理念，也非常重视传统的农业问题——耕地流程。《自由经济学会文集》中有一篇文章写道："种庄稼的时候要注意两点：一是弄清楚土壤的

---

①　Труды ВЭО，1766，ч. Ⅲ，с. 73 - 99；1790，ч. Ⅹ，с. 129；1798，4. Ⅲ，с. 1 - 33；1802，4. 54，с. 222-225；1805，ч. 57，с. 24 - 110；1806，ч. 58，с. 250-252；Бакунин М. Правила руководствующия к новому разделу и обработыванию полей с показанием нужных сельских заведений. Спб.，с. 15 - 16；Рознотовский А. Новое земледелие, основанное на правилах тайного советника И. Х. Шубарта фон Клеефельда. 1794 ч. Ⅰ, с. 35-40；ч. Ⅱ，с. 145；ч. Ⅳ，с. 346-374；Деревенское зеркало, ч. Ⅰ, с. 114-127；Лебядников И. Полевой год или месяцеслов в пользу земледельцам... Спб.，1793, с. 74-76.

②　Труды ВЭО，1801，ч. 53，с. 206 - 216，246 - 314；Хорошайлов Н. Г. К истории культуры клевера в СССР. —В кн.：Материалы по истории земледелия в СССР. Сб. Ⅱ. М. -Л.，1956，с. 482.

③　Болотов А. Т. Избранные сочинения..，с. 295-346；Соболев С. С. Из истории борьбы с засухой и эрозией почвы в России. —Советская агрономия，1948，№ 3，с. 92-96.

特性，二是在犁地、耙地、填压土壤、浇水、播种等各个环节都适度地劳动。"① И. М. 科莫夫还指出："耕作是农业的主要内容。"耕作有助于除草，使空气和水分更充分地渗入松软的土壤中，为作物的生长创造必要条件。秋耕也是有益的，"耕过的地在冬天结冰后，会在春天变得更松软。此外，秸秆茬和杂草也会完全腐烂在地里"。И. М. 科莫夫是第一个提出"双层"耕作的人，即同时使用两把犁以不同的深度犁地。②

И. М. 科莫夫认为，耕地次数应当根据土壤性质和所种作物的特性决定。小麦田需要翻耕 4 次，土质黏重的黑麦田需要翻耕 3 次，土质松软的黑麦田需要翻耕 2 次，大麦田需要翻耕 3~4 次，燕麦田和荞麦田则需要翻耕 2 次。每次犁地之后必须耙地。③ 具体的农业实践因地制宜。

А. Т. 博洛托夫进行了大量实验，最终发现作物的播种深度会影响作物产量，这一结论非常重要。А. Т. 博洛托夫发现，用常见的木犁播种会造成种子的播种深度不均，有些种子因为种得太深而死亡，还有一些种子则留在土层表面。因此，他建议用耙代替木犁。在《关于播种粮食的说明与实验》一文中，А. Т. 博洛托夫不建议在 6 月犁过的土地上直接播种秋播作物，因为在间隔一个多月之后，犁过的土地会再次长出杂草，并且结上一层硬土壳。因此，А. Т. 博洛托夫建议在犁过的田中播种秋播作物前先耙地。

农学家们认为，要选择最优质的种子播种。通常，谷物第一次脱粒后得到的种子最优质。此外，А. Т. 博洛托夫通过实验得出了结论：产量

① Шукшин Н. Нужнейшия экономические записки для крестьян... Тобольск, 1794, с. 9-10.

② Комов И. М. О земледелии, с. 150, 164. И. М. 科莫夫并没有像英国农学家托尔那样高估犁地和耙地在农耕中的重要性，后者认为"犁地和耙地给土地带来的营养与肥料一样多"。（Там же, с. 171-172）参见 Боуден Т. Наставник земледельческий или краткое аглинского хлебопашества показание... М., 1780。

③ Деревенское зеркало, ч. Ⅰ, с. 35-44; Ливанов М. О земледелии, скотоводстве и птицеводстве. Изд. 2. Николаев, 1799, с. 9, 62-70; Рогенбук Ф. Руководство к землепашеству или главнейшия правила сельского хозяйства. Спб., 1792, С. 9-21, 43-45, 52-60; Шукшин Н. Нужнейшия экономические записки для крестьян... Тобольск, 1794, с. 21-89.

最高的地块上收获的作物最适宜播种。农学家们建议，在播种之前将种子放在草根土下观察几天，检查种子是否发芽。为了保护植物不受病虫害和杂草的侵袭，一些农学家建议在播种前将种子浸泡在混有石灰的粪水中；另一些农学家则建议烟熏种子。[①] И. М. 科莫夫根据英国的农业实践经验，提出了把小麦、黑麦与雀麦分离开来的新方法：先用盐水浸泡，小麦或黑麦会沉底，而雀麦则会浮上来。И. М. 科莫夫还建议以同样的方式防治黑穗病：将小麦洗净后放入盐水中浸泡，然后在烘干时往小麦上撒草木灰。[②]

农学著作中多次出现"甘露"、面包虫、黑穗病和杂草等字眼。自由经济学会以及农学家们花费了大量的精力探寻植物病虫害的原因，并寻找解决方法。他们的努力没有白费。В. А. 列夫申发现黑穗病属于真菌性病害。А. Т. 博洛托夫根据杂草的不同特性（寿命、根系、花色和繁殖力等），首次对杂草进行了科学分类，这种分类方法在现代农学中也基本适用。И. М. 科莫夫和 А. Т. 博洛托夫发现，适应性强的杂草受天气的影响很大，"每种杂草都有自己喜欢的天气"。А. Т. 博洛托夫的实验表明，播种时间也直接影响着杂草的长势。农学家们认为除草并不是一个单一的环节，而是一套复杂的程序，需要精心挑选种子、及时播种、用耙给种子覆土、松土、锄草、将脱粒后的谷物与杂草种子分开，才算除草成功。[③]

---

① Труды ВЭО, 1766, ч. Ⅱ, с. 181 – 182, 161, 69, 88; 1766, ч. Ⅲ, с. 43 – 66; 1773, ч. ⅩⅢ, с. 13 – 14; 1773, ч. ⅩⅩⅤ, с. 112 – 118; 1779, ч. Ⅰ, с. 102 – 112; Ливанов М. О земледелии, скотоводстве и птицеводстве. Изд. 2. Николаев, 1799, с. 113 – 116.

② Труды ВЭО, 1787, ч. Ⅶ, с. 37 – 47. Ср.: 1773, ч. ⅩⅢ, с. 174 – 221.

③ Комов И. М. О земледелии, с. 81 – 90; Соколов Н. С. Страницы из истории русской агрономии. А. Т. Болотов о борьбе с сорняками. —Советская агрономия, 1946, № 5 – 6, с. 76 – 82; Индова Е. И. Вопросы земледелия в «Трудах Вольного экономического общества» во второй половине ⅩⅧ в. – В кн.: Ежегодник по аграрной истории Восточной Европы, 1970 г. Рига, 1977, с. 119 – 120; Сивков К. В. Вопросы сельского хозяйства в русских журналах ⅩⅧ в. —В кн.: Материалы по истории земледелия в СССР. Сб. Ⅰ, с. 589 – 591.

18 世纪是大规模引种的时代。在这一百年内，俄国所种的作物种类几乎增加了一倍。17 世纪末，俄国只有 55 种作物，而到了 18 世纪末，俄国出现了近百种作物。土地开发和作物种植范围的扩大，表明人类利用自然资源的能力有所增强，这带来了诸多积极影响。[①]

自由经济学会在推广作物上的作用不可谓不大。正如人们所说："自由经济学会重视每一种作物的推广，包括罕见的作物。"[②] 该学会从各个地方收集不同作物的播种情况、播种密度和产量的信息，在《经济商店》、《村民》和《自由经济学会文集》上普及马铃薯、玉米、向日葵的播种方法，还向活跃的会员赠送稀有作物的种子。此外，自由经济学会在俄国各省，尤其是南方省份进行了种植中国大麻、布拉班特亚麻、埃及黑麦、水稻、意大利大麻和阿拉伯燕麦等外来作物的实验，并撰写实验报告。除了自由经济学会，地主个人以及 1762 年后德意志人在伏尔加河流域的移民活动都对俄国引进外来作物起到了促进作用。[③]

1765 年，参政院颁布了一项法令，其中介绍了马铃薯的品种和种植方法，并就其养护、储存和食用方法提出了建议。[④] 法令颁布后，马铃薯块茎被运往各省，当时的俄国人称马铃薯为"地下苹果"。诺夫哥罗德省省长雅科夫·西韦尔斯首次以书面形式公开了马铃薯的实际种植情况。诺夫哥罗德省收到彼得堡运来的马铃薯块茎后，将其分发给各城市，城市又将马铃薯块茎发给地主。马铃薯适宜种植在砂质土

① Дулов А. В. Географическая среда и история России. Конец XV—середина XIX в. М.，1983，с. 65-67，183.

② Ходнев А. И. Краткий обзор столетней деятельности императорского Вольного экономического общества с 1765 по 1865 год. Спб.，1865，с. 20. 自由经济学会推荐种植的作物包括 24 种大田作物和 75 种蔬菜作物。—Труды ВЭО，1789，ч. IX，с. 220-226.

③ Вавилов Н. И. Избранные труды，т. II，с. 187；Ковалевский Г. Очерк сельскохозяйственных культур и интродукции их в России в XVIII веке. –Известия государственного института опытной агрономии，т. VII，№ 6，1929，с. 652-673.

④ ПСЗ，т. XVII，№ 12406.

壤上，产量可达播种量的 20 倍，有些地方甚至达到了播种量的 60～80 倍。[①]

马铃薯的推广速度很慢，农奴制阻碍了其在农村的普及。大多数地主和农民并没有看到参政院的法令，也没有学习过相关学术成果，仍然不知道如何种植、食用和储存马铃薯。他们需要示范，然后模仿范例来种植马铃薯。A. T. 博洛托夫认为，马铃薯推广缓慢的原因在于"俄国人民还没有习惯马铃薯的味道，没有体会到它的美味"。他建议，在种植马铃薯时，要将种薯切成小块茎，种芽朝上。A. T. 博洛托夫强调，马铃薯的养护方法很简单，只需要除两次草，"剩下的什么都不需要做"。而在18 世纪末，M. E. 利瓦诺夫认为除了除草，还需要给马铃薯培土。18 世纪的出版物上记录过卡卢加省、梁赞省、彼得堡省和阿尔汉格尔斯克省的马铃薯种植情况。[②] 俄国北部和东部地区也进行了马铃薯的试种。到了18 世纪 80 年代，无论是在阿尔汉格尔斯克还是在西伯利亚，马铃薯都已广为人知。19 世纪初，马铃薯已经传播到了遥远的涅尔琴斯克。自由经济学会一名通讯员的妻子亚历山德拉·克里切夫斯卡娅就在这里种植了马铃薯。她强调，马铃薯对西伯利亚很重要，因为那里的"农作物产量普遍不高"。克里切夫斯卡娅既种植马铃薯块茎，也种植从马铃薯茎上切下来的细枝，即"马铃薯茎叶"。她熟读农学文献，并给自由经济学会撰文。《彼得堡新闻》刊载了英国作家巴顿的一篇文章，其中写到种植马铃薯茎叶是一种新方法。对此，克里切夫斯卡娅给自由经济学会写了一封信，其中提到："英国的巴顿把半个多世纪以来全世界，乃至西伯利亚人

---

① Труды ВЭО, 1767, ч. Ⅴ, с.197-200.

② Труды ВЭО, 1770, ч. ⅩⅣ, с.1-32; 1767, ч. Ⅶ, с.61; 1768, ч. Ⅹ, с.69; 1769, 4. Ⅺ, с.100; 1774, ч. ⅩⅩⅥ, с.43; 1784, ч. Ⅴ, с.162-169; 1789, ч. Ⅸ, с.109118; Экономический магазин, 1780, ч. Ⅰ, с.342-344; Ливанов М.О земледелии, скотоводстве и птицеводстве. Изд. 2. Николаев, 1799, С.141.

习以为常的事情视为新发现。"①

A.T. 博洛托夫对果树栽培也颇有研究。他在图拉省有领地，领地中建有果园，常年用来做实验。长达半个多世纪，A.T. 博洛托夫都在从事果树的种植与养护，以及新水果品种的培育。通过实践，他获得了丰硕的学术成果——七卷本对各种水果的说明和图解（共有661个水果品种、560张图解）。他开创性地提出了管理"果园"的基本方法，② 认为应该将果园分成若干部分，分类进行科学养护，这种方法也适用于现代的水果种植业。然而，在18世纪，A.T. 博洛托夫的科学理念并未被应用于实践。

18世纪的俄国农民习惯于精耕细作，因此，他们对新型农具的需求不断增长。И.M. 科莫夫曾经写过一篇专门介绍农具的文章，他指出："如果有人能修理旧农具，并大力引进国外的新农具，那么将有助于减轻农民的负担。"③ И.M. 科莫夫介绍了英国先进农具的结构，不过，他在引进新农具的道路上只迈出了第一步。自由经济学会试图向地主推广先进的新型农具，如手动播种机、铁耙、马拉耙、板斧、草地专用犁等。④ 至于新农具的实际使用情况，则称不上乐观。A.T. 博洛托夫提议用双轮推车来运输作物，它与单轮推车相比具有明显的优势。然而，双轮推车并没有被广泛使用。И.M. 科莫夫称："这体现出了一个可悲的事实——有益的知识在民间传播得很慢。大约在十年前，介绍新农具的书就已付梓问世，而十年之后，使用新农具的人却依然只有它的

---

① Труды ВЭО，1804，ч. 56，с. 67-89.

② Труды ВЭО，1775，ч. XXIV，с. 233-263；1780，ч. II，с. 1-33；1793，ч. XVII，с. 1-43；ГБЛ，ОР，ф. 475，А. Т. Болотов，картон 3，№ 7-8；картон 4，№ 1-7.

③ Комов И. М. О земледельных орудиях，с. 3.

④ Труды ВЭО，1769，ч. XI，с. 64-75；1774，ч. X VIII，с. 1-39；176-187；1793，ч. XVII，с. 129 - 145；1794，ч. XIX，с. 75 - 84，126 - 129；1796，4. II，с. 175 - 176；Экономический магазин，1781，ч. VII，с. 326 - 328；Скоро жать или двойной серп. Курск，1794.

发明者。"①

18 世纪最后 25 年的一些经济类著作研究了如何发展畜牧业并保持种植业与畜牧业之间的平衡，不过数量不多。

在 18 世纪，养马成为贵族的爱好。当时的许多著作，包括原创著作和译著都提到了动物的养育和治疗问题。其中，最具代表性的是《医马手册》，由 Г. Ф. 多尔戈鲁科夫公爵的兽医 В. И. 韦列夏金于 1723 年写成，他出身农奴。作者根据当时的医学实践，阐述了动物饲养技术和兽医学方面的诸多问题。②

18 世纪下半叶，Н. 奥西波夫、Ф. 乌多罗夫和 Я. 希尔施的书，作为马场和羊场的经营指南，在草原地区广为流传。③ 要想顺利发展畜牧业，就需要对不同气候条件下的牲畜饲养、治疗以及育种等问题有科学的把握。一些农学家主张采取草田轮作制，即将田地划分成两块，去掉休耕地。这样可以将农田上留下来的干草和块根植物直接喂给牲畜，它们都是优质饲料，有助于增强牲畜的体质，从而促进畜牧业的发展。

18 世纪，俄国的兽医学正处于起步阶段，兽医学家重点研究病畜的治疗方法。当时兽疫频发，每年都有牲畜死亡，且多在夏季。当时的人认为，发生兽疫的主要原因在于，畜群通常销往彼得堡和莫斯科，在长途跋涉的过程中农民对牲畜照顾不周。《自由经济学会文集》宣传了防止兽疫传播的各种措施，如隔离病畜，用杜松、醋和矾熏畜圈，不食用病

---

① Комов И. М. О земледельных орудиях, с. 44; Труды ВЭО, 1773, ч. ⅩⅩⅢ, с. 162-173.

② Назаренко И. И. Некоторые рукописные источники по зоотехнии ⅩⅦ-ⅩⅧ вв. - В кн.: Вопросы истории естествознания и техники, вып. Ⅰ. м. , 1956, с. 235 - 241; Он же. Конский лечебник Верещагина 1723 г. —Ветеринария, 1953, № 5, с. 62-64.

③ Труды ВЭО, 1767, ч. Ⅵ, с. 156-226; 1769, ч. ⅩⅠ, с. 35-58; 1784, ч. Ⅴ, с. 68-85; Осипов Н. Карманная книга сельского и домашнего хозяйства. Спб. , 1791, с. 232 - 312; Он же. Новейший и совершенной российской конской знаток, ездок, охотник, заводчик и коновал... Спб. , 1791.

畜肉，不出售病畜的毛皮，[①] 给畜群接种疫苗，等等。[②]

18 世纪的俄国人更多地靠经验而非医学知识治疗病畜。他们认为牲畜的死亡是不可避免的。"每年都有牲畜死亡，目前尚未找到治疗方法"，自由经济学会的调查问卷中有不少类似的答案。为了治愈病畜，当时的俄国人尝试过放血法、"穴位埋线疗法"，还把焦油、食盐、啤酒、醋、钾硝、钾碱、铜矾、灰烬和各种草药碾成粉末或调成溶液，当作药物喂给病畜。[③]

18 世纪，俄国没有完善的动物医疗体系。兽疫发生时，当局为了防止疾病传播采取了一系列措施，但农民并不买账。农民在治疗牲畜时，离奇地将科学与迷信相结合。家庭法术是一种重要的治疗方法，它在基督教传入之前就已存在。[④] 数百年来，农民饲养牲畜的经验表明，以下方法是防控兽疫最有效的方法：隔离病畜、深埋病死的牲畜、烟熏畜圈。但这并不足以阻断兽疫的传播，每轮兽疫都会使数以万计的牲畜死亡。针对这一问题，自由经济学会的成员巴赫拉赫特博士提出了一个解决方案：教授青年农民治疗牲畜的方法。[⑤]

[①] Труды ВЭО, 1766, ч. II, с. 100–105, 194; 1770, ч. XVI, с. 144; 1771, ч. XVII, с. 1–60; 1772, ч. XXI, с. 1–64; 1775, ч. XXX, с. 145–153; 1784, ч. V, с. 126139; 1803, ч. 55, с. 88–183; Андреевский И. Новый полный методический лечебник конской, скотской и других домашних животных. Т. 1–2. М., 1793; Он же. Наставление или изображения правил, собственно принадлежащих к сбережению конского здоровья. М., 1796; Осипов Н. Крестьянин скотовод или краткое наставление деревенским жителям о воспитании и содержании всякого рода домашней скотины... Спб., 1792.

[②] Труды ВЭО 1780, ч. II, с. 55–198; 1803 (ч. 55, с. 88–183.

[③] Труды ВЭО 1767, ч. VII, с. 175; 1770, ч. XV, с. 76–79; 1789, ч. IX, с. 184–194; 1791, ч. XIX, с. 277–292; 1793, 4. XVII, с. 215–228; ПСЗ, т. XII, № 9269; т. XIX, № 14181; Ливанов М. О земледелии, скотоводстве и птицеводстве. Изд. 2. Николаев, 1799, с. 193–222; Андреевский И. Новый полный методический лечебник... Т. 1–2.

[④] Громыко М. М. Трудовые традиции русских крестьян Сибири (XVIII –первая половина XIX в.). Новосибирск, 1975, с. 70–73, 145–150.

[⑤] Дружинина Е. И. Северное Причерноморье в 1775–1800 гг. М., 1959, с. 218; Труды ВЭО, 1772, ч. XXI, с. 62.

在宣传国内和西欧农学成就的过程中，有许多地主抱残守缺，固守"旧习俗"。对此，М. М. 谢尔巴托夫批判道："俄国人……受到了旧习俗的奴役，认为改变这些习俗是一种罪恶。他们对自己的土地一无所知……以一种极其粗鲁的方式将土壤贫瘠的原因归咎于上帝，殊不知，这往往是由自己的无知造成的。"[1] И. М. 科莫夫更是毫不留情地写道："大部分农田上的农民，就像在磨坊里劳动的马，循规蹈矩，不敢敞开大门接受新事物……他们像前人那样犁地、耙地、播种，至于劳动质量如何，他们则一无所知。"[2] И. М. 科莫夫曾试图向农民宣传农学知识，不过其宣传的形式和内容不得而知。1796 年，И. М. 科莫夫去世后，莫斯科省省长总督 П. 叶罗普金写道："И. М. 科莫夫刚从英国回到莫斯科省，就开始向农民宣传先进的耕作方法。"[3] А. Т. 博洛托夫认为，地主最重要的职责就是向农民传授农学知识。地主有责任向农民介绍所有新农具，这不仅会提高自己领地的收益，也对农民有益。А. Т. 博洛托夫试图用自己给科洛姆纳的农民普及马耙的亲身经历，说服地主自费引进新农具，以让农民使用。拿农民举例子最有说服力，因为对于农民而言，"农民发自内心的一句赞美能抵得上地主的十句好话"。[4] 在大多数情况下，地主看不起农民，所以夸大了农民的迟钝、无能和懒惰。只有少数地主承认农民代代相传的经验和知识很宝贵。П. И. 雷奇科夫属于后者，他指出："如果总是蔑视普通农民的经验、技能，那么我们在耕地乃至其他许多重要的事情上，都将逊色于娴熟和开明的农民，在这些方面，他们几乎能达到完美的程度，我

---

① Щербатов М. М. Записка по крестьянскому вопросу. —В кн. : Щербатов М. М. Неизданные сочинения. М. , 1935, с. 12–13.

② Комов И. М. О земледелии, с. 24–25.

③ 引文出自 Гурьянов В. П. И. М. Комов. Его жизнь и деятельность. М. , 1953, с. 62。

④ Труды ВЭО, 1768, ч. IX, с. 41, 43; 1775, ч. XXX, с. 158–186.

们已经认识到了这一点。"①

　　向地主传播先进的农学知识成了自由经济学会的主要任务之一。为了达到这一目的，自由经济学会使用了各种方法。1769 年，自由经济学会建议地主把三圃制中的每块田地划分出一部分作为试验田，再将每块试验田分成 8 等份。这 8 块田地的播种密度、种子品质、播种时间、犁地深度、施肥量和耕作强度都不相同。提出该建议的人称，田间实验是为了"改善耕地状况"②。这引起了一些农学家的强烈反应，其中包括 A. T. 博洛托夫。他说，在农村居住时，他一定会"拜访所有农户……并仔细观察所有事物"。正因如此，A. T. 博洛托夫才能取得丰硕的学术成果，这都是从实践中探索出来的。A. T. 博洛托夫对同时代人的影响不可估量。他在回忆录中写道："所有的熟人、朋友和邻居，都争先恐后地告诉我何人种了我尚未见过的作物。"③

　　A. T. 博洛托夫、И. M. 科莫夫、M. E. 利瓦诺夫、B. A. 列夫申、M. И. 阿福宁的作品都加深了农民对农学的理解，并促使农民在农学理论的指导下进行实践。这些农学家大多出身贵族，有些人学习农学是出于兴趣，有些人则是为了提高自己领地的农业生产率。针对后者，自由经济学会印制了一份外国农业书籍清单，"懂外语的人"可以从中获取有用的信息。截至 1789 年，清单中共列了 92 本著作，包括法语、英语和德语三种语言。一些读者成为自由经济学会的通讯员，学会给他们寄去稀有作物的种子，他们则要试种并定期报告实验进展。为了激励他们开展实验，19 世纪初，《自由经济学会文集》开始公布各省优秀地主实验

---

① Труды ВЭО, 1768, ч. IX, с. 2; 1766, ч. I, с. 178.

② Труды ВЭО, 1769, ч. XIII, с. 1－6; Герасимов Г. А. Инструкция Вольногоэкономического общества от 1769 г. по постановке полевых опытов. —Советская агрономия, 1949, № 9, с. 91-93.

③ Труды ВЭО, 1768, ч. IX, с. 93; Жизнь и приключения Андрея Болотова, описанные самим им для своих потомков. Спб., 1871-1873, ч. II, с. 613.

者的名单。① 诺夫哥罗德省的地主斯捷潘·乌沙科夫就是一位优秀的地主实验者，他大力向农奴推广新事物。

自由经济学会和农学期刊并不是传播农学知识的唯一渠道，18世纪的农学专著也是传播农学知识的重要手段。18世纪，俄国共出版了120本有关农业的俄文著作和译著。② 其中，И.М.科莫夫、М.Е.利瓦诺夫、А.В.罗兹诺托夫斯基的专著，以及 А.А.桑博尔斯基的译著《英国农业实践简述》，既能促进农业的总体发展，又能激发读者的阅读兴趣。此外，俄国还有专门面向地主的《农业实践指南》，其中详细说明了每个月要做哪些农活，并提出了管理农场的建议。③

到了18世纪末，农学专著的受众面更加广泛，出现了面向农民的农学专著。这些作品的作者站在农奴的立场上写作，他们认为并非只有地主才可以教懒惰、笨拙的农民耕地。自由经济学会在1798年至1799年出版了面向农民的《农村之镜：全民之书》，书中借农民库兹马·多苏热夫之口，建议农民实行轮作制、补播牧草并使用改良农具。Н.П.奥西波夫在《农牧民饲养家畜、预防畜病、购买常用药的简要指南》一书中，借助农民纽

---

① Труды ВЭО, 1773, ч. XXIII, с. 6 - 8, 13 - 14, 24 - 25, 33; 1789, 4. VIII, с. 213 - 230; 1791, ч. XIII, с. 51, 56, 96; 1792, ч. XV, с. 287: 1805, ч. 57, с. 20 - 22, 54 - 57, 65 - 89; 1806, ч. 58, с. 252; 1809, ч. 58, с. 78 - 81, 144 - 150.

② Сводный каталог русской книги гражданской печати XVIII века, т. V. м. , 1967, с. 128.

③ Друковцев С. В. Экономическое наставление дворянам, крестьянам, поварам и поварихам. Спб. , 1772; Он же. Экономический календарь или наставление городским жителям в разных частях экономии. . . Изд. 2. М. , 1786; Лебядников И. Полевой год или месяцослов в пользу земледельцам, огородникам и любителям садов, также краткие начертания полевой экономии. Спб. , 1793; Осипов Н. Карманная книга сельского и домашнего хозяйства. Спб. , 1791; Он же. Подробный словарь для сельских и городских охотников и любителей ботанического, увеселительного и хозяйственного садоводства. . , ч. I - II. Спб. , 1791 - 1792; Он же. Новой и совершенной русской Садовник или подробное наставление российским садовникам и огородникам. . , ч. I - II. Спб. , 1790; Чулков М. Записки экономические для всегдашнего исполнения в деревнях прикащику. Изд. 2. М. , 1790.

森·多莫日洛夫之口，讲解了牲畜的饲养和治疗方法。1794年，尼古拉·舒克申的《农民急需的农业指南》一书在距首都很远的托博尔斯克出版。

应该注意，我们不能夸大农学读物的作用。同时代的人深知这一点，他们认为农学读物"没有传播到农村"，相关译著也没有带来预期的效果，因为俄国有着自己特殊的国情。[①]

18世纪，俄国的社会经济矛盾越发尖锐，农奴制和地主土地所有制阻碍了先进的科技成果转化为生产力。地主希望在不进行根本性变革的情况下提升领地的利润，便只能加强对农奴的剥削。不过，也有地主试图借助现代科学理论和西欧的经验来改善领地管理制度。1792年，Д.М.波尔托拉茨基就将其阿夫丘里诺领地改造成了新型领地。1797年，他又改造了自己在图拉省的切列莫什尼亚领地。

Д.М.波尔托拉茨基在斯图加特念书时，曾游历欧洲。他将英国的诺福克轮作制引入俄国，成为第一个用四圃制和补播牧草代替三圃制的俄国地主。四圃制中的第一块田播种大豆和马铃薯，二者在砂质土壤上很高产，丰收年的产量可达200~300俄石/俄亩；第二块田播种春播作物，如小麦、大麦、燕麦等，补播三叶草；第三块田播种三叶草，作为牲畜的饲料；第四块田播种冬黑麦和小麦。这种模式能够解决耕地交错问题，提高农作物产量，还为牲畜提供了足够的饲料。Д.М.波尔托拉茨基改变了管理地主农民的方式。他使用雇佣农，为他们提供农具，并按农民的耕地面积计算工资。他的阿夫丘里诺领地常年使用泥灰岩作肥料，[②] 大大提高了土壤肥力；他还使用现代农具，包括从国外带来的农具。Д.М.波

---

① Лебядников И. Полевой год или месяцослов в пользу земледельцам, огородникам и любителям садов, также краткие начертания полевой экономии. Спб., 1793. с. 1; Бакунин М. Правила руководствующия к новому разделу и обработыванию полей с показанием нужных сельских заведений. Спб., с. 7.
② 泥灰岩是在石灰岩和白云岩转化为黏土岩的过程中形成的沉积岩，在土壤中施用泥灰岩可以减弱土壤酸性。

尔托拉茨基的创新轰动一时，起初受到了周边地区地主的强烈质疑。Д. М. 波尔托拉茨基的管家曾回忆到，对于来访者而言，一切都前所未闻。因为他们不了解外国的农业管理方式，每个创新都被他们视为错误，每一个不同于古老习俗的细节都被认为是对传统的违背。А. М. 鲁宁的领地与 Д. М. 波尔托拉茨基的领地相邻。А. М. 鲁宁曾参观阿夫丘里诺领地，后来在自己的日记中明确表示不看好阿夫丘里诺领地，因为它的管理成本高昂，而且是按地主刁钻的要求建造的。[①] 不过，随着时间的推移，越来越多的地主借鉴了 Д. М. 波尔托拉茨基的做法，开始使用改良的犁、带铁齿的耙和脱粒机，还种植了马铃薯。一些地主甚至把自己的农奴送到阿夫丘里诺领地学习。当然，阿夫丘里诺领地的创新并未对俄国整体的农业发展产生影响，但是，其存在本身就具有重要意义，因为它是最早将科学知识应用于农业实践的尝试之一。

18 世纪，俄国人对农学、畜牧学和兽医学等专业知识的学习尚不深入。对于 18 世纪上半叶的贵族而言，学习"如何耕地"毫无意义。"没有什么比住在乡下的贵族更可笑，没有什么比强迫贵族离开宫廷并在农田里劳动更令他们害怕"。[②] 然而，1762 年，《贵族自由宣言》颁布之后，有相当一部分贵族来到农村生活，管理领地上的农业生产活动。18 世纪末的相关资料对这种现象给予了高度评价，社会舆论也发生了巨大的转变，例如，М. Д. 丘尔科夫把亲自管理农业生产活动的地主称为"祖国的真正儿子和国家利益的拥护者"[③]。

从 18 世纪 60 年代开始，青年贵族越来越多地出国留学，学习内容包

---

①　Мин Е. Описание Авчуринского хозяйства, устроенного Д. М. Полторацким. Земледель-ческий журнал, 1829, № 26, c. 239—241; Лунин А. М. Записки, ч. Ⅱ. - ГБЛ, ОР, ф. 153, картон 1, № 2, л. 114 об.

②　Краткие разсуждения служащия в наставление о земледелии, частно и вообще до государственного домостроительства принадлежащия. Б/м., 1779, с. 3.

③　Чулков М. Записки.., с. 11.

括农学。上面提到的 Д. M. 波尔托拉茨基正是其中一员，他"在国外见识到了各种新事物和新制度"，并将其引入自己的领地。18 世纪 70~80 年代，包括 И. M. 科莫夫和 M. E. 利瓦诺夫在内的 11 名俄国学生前往英国学习农学，师从阿尔图尔·扬格等著名农学家。此次公派留学的负责人是 A. A. 桑博尔斯基，他是俄国驻伦敦大使馆内的教堂牧师，对英国的农业文化有着浓厚的兴趣。① 后来，И. M. 科莫夫在回忆英国的留学生活时写道："俄国留学生们了解了英国人在哪个季节、什么样的土壤上播种何种粮食、蔬菜、牧草或水果，不同的作物如何耕种，在不同土壤上施用什么样的肥料，何时施肥，饲养哪些牲畜，各类牲畜如何饲养；阅读了英国的农学著作。"回国后，留学生们进行了大量实践。其中，И. M. 科莫夫和 M. E. 利瓦诺夫在学术上大有造诣。此外，И. M. 科莫夫、M. E. 利瓦诺夫和 B. Π. 普罗科波维奇分别在莫斯科省、塔夫利达省、叶卡捷琳诺斯拉夫省组织农业生产活动、推广先进的耕作方法。M. E. 利瓦诺夫在尼古拉耶夫周边的博戈亚夫伦斯基村，创办了农业学校，其是俄国最早的农业学校之一，教授平民知识分子和青年农民农业知识。②

1735 年，国家在莫斯科周边的霍洛舍沃村开设了一所学校，招收饲马员、低阶文官、神职人员和农民的子弟。最初，该校的办学目的是为官营马场培养马医，但是，在实际的教学中，该校教授的是所有与马学相关的专业知识。1735 年，该校共有 80 名学生；1750 年增加到了 158 名学生，但其中只有 9 人愿意当马医。③ 霍洛舍夫村的马医学校，以及 18 世纪下半叶成立的其他马医学校，标志着俄国职业教育的出现。

---

① Cross A. «By the Banks of the Thames». Russians in Eighteenth Century Britain. Newtonville, Mass. , 1980, p. 61-79, 319-335.

② Комов И. М. О земледелии, с. 18；Русский архив, 1872, т. 2, с. 266；Архив графов Мордвиновых, т. I. Спб. , 1901, с. 280.

③ Волков С. И. Крестьяне дворцовых владений Подмосковья в середине ⅩⅧ в. (30-70-е годы) . М. , 1959, с. 161-170.

1797 年，在 A. A. 桑博尔斯基和 M. A. 巴枯宁的推动下，农业实践学校在巴甫洛沃建成。该学校占地面积为 252 俄亩，其中有 140 俄亩是耕地，共分为七块田，果园和菜园占地面积为 25 俄亩，林地占地面积为 62 俄亩，教学楼的占地面积为 25 俄亩。学校每年的经费有 20040 卢布。《农业实践学校条例》规定，该校应当教授"与耕作、果蔬栽培、森林种植、动物饲养、农村住宅建筑相关的知识"。学校的创办者认为自己的任务是"在不改变各地现有耕作模式的前提下，尽可能地改善耕作技术，引入更高效的耕作方法"[1]。该学校预计招收 53 名学生，其中 8 名来自莫斯科大学，20 名来自孤儿院，5 名来自神职人员家庭，20 名来自宫廷农民家庭。地主也可以把自己的农奴送到该校学习，但是，农业实践学校的学费相当高——每年 90 卢布。在完成三年的学业后，该校的毕业生可以担任领地管家、乡村牧师和公务员。该校共有 4 名教师、7 名助教。教师分别是格列布尼茨基、科兹洛夫、萨方科夫以及后来入职的伊万·苏达科夫，他们的生平大致相似——都出身于农民，前 3 名教师是 Г. A. 波将金的农奴，最后 1 名教师是 И. Г. 车尔尼雪夫的农奴。18 世纪 80 年代，Г. A. 波将金将格列布尼茨基、科兹洛夫和萨方科夫送到英国当雇农，让他们学习英国人如何耕作。[2] 回到俄国后，他们在克里切夫领地实践了英国的耕作方式，然后与 M. E. 利瓦诺夫一起在博戈亚夫伦斯基学校工作，最后跟随 A. A. 桑博尔斯基入职农业实践学校。[3]

农业实践学校的课程几乎全部是实践课，老师们教授的实践方法以

---

① Положение практической школы земледелия и сельского хозяйства. Спб., 1798, С. 2-3；ПСЗ，т. ⅩⅩⅣ，№ 17946；т. ⅩⅩⅥ，№ 19760.

② 伊万·苏达科夫在日记中写道："我想尽可能多地观察与经济制度有关的一切事物。至于没有看到的东西，我便想方设法四处打听，然后记录下我所看到和听到的一切。"——Журнал Ивана Судакова в бытность ево в Англии, для примечания Экономических и протчих до земледелия касающихся надобностей. Лондон，1784.—ГБЛ，ОР，ф. 313，А. К. Федоров，№ 25，т. Ⅰ，л. 60 об.

③ Cross A. Op. cit., p. 73-75.

德国和英国农学理论为基础。该校在斯摩棱斯克省有一个实验农场。遗憾的是，农业实践学校的存在时间不久，由于亏损过大，1803 年就关停了。学校的修建和维护费用共计 200641 卢布，但是它生产的农产品只能卖 1087 卢布。宫廷农民不愿意来这里上学，所以，这所学校的招生反而像招聘。1803 年，内务大臣在报告中指出，强制农民上学会导致他们"一回家立刻就忘了所学的知识"[1]。曾经有来自维亚特卡省、坦波夫省和奥廖尔省的 20 名农奴在巴甫洛沃的农业实践学校学习。农业实践学校创始人的初衷是让毕业于该校的农民免费获得种子和农具，建立一个属于自己的新农场。但显然，他的愿景没能实现。

在农奴制的限制下，多圃制和田间栽培牧草等新制度并没有完全应用于实践，也没能有效地促进俄国农业的总体发展。大部分农民没有接触到先进的科学理念。科学成果转化为社会生产力的效率低下，农业领域的矛盾非常尖锐。

社会思想、科学、教育和物质生产领域都受到了新兴资本主义经济的影响。其表现为：各文化领域之间的联系更加紧密，相互之间的影响不断扩大，俄国文化与西欧文化的交流越发紧密。当然，农业生产文化也受到了这一进程的影响，只是在 18 世纪尚未明显表现出来。18 世纪是农学知识的积累期，这一时期所积累的知识和经验在 19 世纪转化成了现实成果。

---

① ПС3, т. XXVII, № 21016.

第三章
工业生产文化

H. B. 科兹洛娃　Л. B. 科什曼

B. P. 塔尔洛夫斯卡娅

工业生产文化是文化体系，尤其是物质文化体系的要素之一。它指的是工业生产所需的物质资料和工业技术水平。工业生产使人类对大自然的开发和利用更加充分，扩大了生产资料在某一社会发展阶段的应用范围。因此，工业生产文化反映了生产力的发展水平。而生产力可以划分为两种，二者相互联系：第一种是技术生产力，它代表着物质生产要素的发展状况，众所周知，物质生产要素是流动性最强、最容易发生改变的生产力要素；第二种是社会生产力，它指的是生产者的创造性、智慧、经验以及利用科技成果的能力。

18 世纪的工业部门与 17 世纪的工业部门大致相同，都有家庭手工业、工业和小商品生产业。不同的是，这些部门的比重和内部关系发生了本质性变化。

18 世纪俄国工业领域发生的最大改变是以手工工场为代表的大规模工业企业的普及。与此同时，小商品生产业仍然占据主导地位，俄国的工业总体上以小商品生产业为主。手工工场的普及，意味着劳动力在生产过程中的分配和工作方式发生了改变。在手工工场，劳动分工情况决定着生产力的发展状况。

政府政策和社会经济发展水平共同影响着俄国工业的发展状况。18世纪，商品货币关系不断发展，封建农奴制开始衰落，资本主义经济出现。大约在 18 世纪末，封建生产关系开始阻碍工业的发展。

18 世纪工业领域的诸多概念与当今的含义不同。当时的工业术语远不能像现在这样准确地表达出某种工业生产的性质。当时，手工工场生产的商品和根据订单制造的产品并未被区分开来。[1] 手工工场与"工厂"的最大区别在于，"工厂有巨大的厂房和机器，而手工工场中除了手动机器，别无他物"。[2] 18 世纪，"手工业"、"手工艺"和"手工劳动"的含义相似。[3] 尽管手工工场中出现了水力机器，但是仍然以手工生产为主。手工工场一般属于大规模工业企业，不过，也有一些手工工场属于小商品生产业。1721 年，彼得堡市政局规定："应该支持商人和小型手工工场的发展，纺织场、铁场、铜场等大型手工工场除外，还要扩大从事必需品制造的工人队伍，如裁缝、鞋匠、木匠、铁匠、银匠等。"[4]

18 世纪，由 Ф. 普罗科波维奇[5]引入的"手工工场"一词，被纳入了俄语词汇。它经常出现在期刊、新闻、字典和彼得一世时期的立法中，[6]工人们也常常在民间口头文学中使用这个词。[7] 18 世纪 60 年代的一篇文

①　ПСЗ, т. Ⅵ, № 3980, 4054, 4102; т. ⅩⅤ, № 11158, 11308; т. ⅩⅩⅢ, № 17438 и др.

②　ПСЗ, т. ⅩⅩⅤ, № 18187.

③　ПСЗ, т. ⅩⅧ, № 12872.

④　ПСЗ, с. Ⅵ, № 3708.

⑤　Фасмер М. Этимологический словарь русского языка. М. , 1967, т. Ⅱ, с. 570.

⑥　Российский с немецким и французским переводом словарь, сочиненный Иваном Нордстентом. Спб. , 1780, ч. 1, с. 347; Словарь Академии российской, производным порядом расположенный. Спб. , 1793, ч. Ⅳ, стб. 30.

⑦　18 世纪中期，雅罗斯拉夫尔的一首民歌中有这样几句歌词："我们必须从各手工工场中获得灵感，然后制作一些东西，有些手工工场可以在地毯、餐巾或桌布上印制不同的图案……" Дмитриев С. С. Рабочий фольклор ⅩⅧ в. —Литературное наследство, 1935, спб. 19-21, с. 14.

章中有这样一句话："'手工工场'实际属于手工业……手工工场只是国家经济的一个生产部门，或者更确切地说，是国家经济的一部分；农业才是最重要的手工业。"[1] 在当时的字典中，"手工工场"一词被解释为"手工业""手工作业"，М. Д. 丘尔科夫也这样理解"手工工场"。[2] 此外，该词在18世纪还有另一层含义。手工工场委员会指出："18世纪，人们习惯于将'手工工场'理解为有大量工匠聚集的特殊机构，工匠在老板的监督下生产某种商品……现在，许多手工工场由雇工管理。他们中的许多人出生在手工工场，只能在手工工场里谋生，没有其他技能……也不会做农活，只能当手工工场里的工人。"[3] 可以看出，在这里，"手工工场"被理解为有雇工的企业。

在18世纪，"副业"一词的含义更加广泛，它指的是除耕作外的一切能给劳动者带来收入的行业，包括手工业、商业、农产品初级加工业、畜牧业，以及一些传统副业，如捕鱼业、狩猎业和伐木业等。在18世纪，尤其是18世纪初，手工工场也属于"副业"。此外，18世纪的人们还会用"工厂"一词来表示从事手工生产的企业。

18世纪中叶，俄国开始出版与工业相关的期刊和技术指南。这极大地促进了工业信息的传播和新工业术语的引入，也加深了人们对工业术语的理解。

在18世纪前25年，各类报刊上大量刊载关于工业的文章。这些文章记录了矿物开采业、冶金业、纺织业的发展状况以及乌拉尔和奥洛涅茨的手工工场建设情况，还介绍了染色工艺以及各种新发明。[4]《彼得堡新

---

① Наказ Мануфактур-коллегии в Комиссию по составлению проекта нового Уложения, 1767 г. —Сб. РИО, т. 43, 1885, с. 204.

② Чулков М. Д. Историческое описание российской коммерции.., т. VI, кн. III. М., 1786, с. 20, 22.

③ Сб. РИО, т. 43, с. 210.

④ Ведомости, 1719, № 4, август. Петербургские期刊大约刊载了 40 篇此类文章。—Данилевский В. В. Русская техническая литература первой четверти XVIII в. М. -Л., 1954, с. 260.

闻报》和《莫斯科新闻报》也刊载了以工业为主题的文章，其中介绍了企业的创办历程、工业技术设备、企业历史和培养工匠的方法等信息。[①] 科学院于 1755 年创办了《益智娱乐月刊》，定期发表与俄国和西欧工业发展相关的文章。[②] 此外，A. T. 博洛托夫在 1780~1789 年出版的《经济商店》受众很广。

18 世纪，俄国出现了专门研究化学及其实际应用的专著，这是 18 世纪经济文化生活中的新现象。人们非常重视对产品成分和制造技术的研究，例如，油漆、水晶、玻璃、陶瓷、油墨、珠宝由哪些成分构成，"如何制造金银"，乃至画家"应该用哪种颜色塑造什么形象"，等等。这类研究主要借助于外国书籍。此外，俄国还出现了专门面向手工工场主的著作，其中，关于冶金技术及其应用的专著尤为重要。[③] 1722 年，俄国出版了第一本力学著作——《统计学还是力学》，这是 Г. Г. 斯科尔尼亚科夫-皮萨列夫为手工工场主和矿业学习者编写的实践指南。不过，该专著并未以俄语出版。18 世纪下半叶，该书多次再版。[④] 在 18 世纪，不同著

---

① 期刊是研究工业（包括工业生产文化）的重要史料。可参见 Столпянский П. Н. Из истории производств С. - Петербурга за 18 век и первую четверть 19 века. —Архив истории труда, 1921, кн. 2 (《彼得堡新闻报》上的文章)。

② Рычков П. И. Переписка между двумя приятелями о коммерции (1755, февраль, апрель, декабрь; 1797, январь); Гишпанские предложения о приведении в лучшее состояние мануфактур и купечества (1755, январь); Историческое описание о мануфактурах (1756, февраль); Аглинский купец (1756, март, апрель) 等文章。

③ 1762 年，莫斯科大学的 И. Г. 赖谢尔教授创建了名为《为工商业界传播知识、创造乐趣的最佳作品集》的杂志。该杂志仅出版一年。亦可参见 Агентов М. И., Гаврилов И. Г. Открытие сокровенных художеств, служащее для фабрикантов, мануфактуристов, художников, мастеровых людей и для экономии. Переведено с немецкого М. Агентовым, ч. 1–3. М., 1768–1771。

④ Геннин В. Описание уральских и сибирских заводов. М., 1937 (写于 18 世纪 30 年代); Ломоносов М. В. Первые основания металлургии или рудных дел. Спб., 1763 (写于 1742 年); Шлаттер И. А. Обстоятельное наставление рудному делу. Спб., 1760; Он же. Обстоятельное описание рудного плавильного дела., т. 1 - 5. Спб., 1763 – 1784; Махотин Г. Книга мемориальная о заводском производстве, 1776 (手稿); Герман И. Ф. Наилучший способ плавить и выковывать железо. Спб., 1784.

作的销量存在差异。В.И. 盖宁的著作广为人知，尽管其著作在苏联时期才得以再版。① М.В. 罗蒙诺索夫、И.А. 施拉特尔和 И.Ф. 赫尔曼的著作发行量相当大，约有 600～1000 册，对工业生产实践具有重要意义。М.В. 罗蒙诺索夫的《冶金学基础》一出版，就有 100 册被送往科雷万和沃斯克列先斯克的官营手工工场。还有许多著作在较短的时间内再版，足以说明此类著作需求之大。②

18 世纪六七十年代末出现的科学考察著作，是同时代人了解乌拉尔、阿尔泰和西伯利亚地区采矿业发展状况的渠道。这些著作中包含生态学、民族学和地理经济学的相关知识，详细记载了矿石等自然工业资源的利用情况、手工工场的技术水平、工人的社会构成等具体信息。③

1773 年，莫斯科大学出版社出版了俄国第一部地理词典——《俄国地理词典》，由费奥多尔·波鲁宁编写。它按字母表顺序解释了所有"值得铭记的地理概念"，其中包括矿场。④

渐渐地，社会对工业和手工工场的理解更加深入、多元。对于工业发展问题的思考成为社会意识的一部分。

---

① 目前该书共有 4 本抄本。—Вестник АН СССР, 1935, № 3, с. 48.

② 在 18 世纪后 35 年，М. 阿根托夫所著的《发现隐藏的艺术》分别于 1768～1769 年、1778～1787 年、1790 年三次出版。1796 年，М.В. 罗蒙诺索夫的《冶金学基础》再版。

③ Рычков Н.П. Журнал или дневниковые записи путешествия по разным провинциям Российского государства, 1769 и 1770 гг. Спб., 1770; Лепехин И.И. Дневные записки путешествия доктора и Академии наук адъюнкта Ивана Лепехина по разным провинциям Российского государства, ч. I－Ⅳ. Спб., 17711805; Паллас П.С. Путешествия по разным провинциям Российской империи, ч. I－Ⅲ. Спб., 1773-1788. 上述每本著作都出版了 600 册。

④ 1788～1789 年，Н.И. 诺维科夫承担了《地理词典》的再版工作，将其改名为《新编俄国地理大全》（共 6 卷）。该事实足以说明俄国社会对《地理词典》的兴趣。《新编俄国地理大全》中的"小商品生产业"部分由 Н.В. 科兹洛娃和 В.Р. 塔尔洛夫斯卡娅共同编写。

小商品生产业

18 世纪，小商品生产业在俄国工业中占主导地位。但是，各小商品生产业的规模、生产组织、技术设备、与市场的联系程度各不相同。18 世纪俄国小商品生产业的总体特点是不同形式和发展水平的小商品生产业并存，小商品生产业在保留传统的基础上吸纳了新的元素。

俄国的大多数居民，尤其是农民，都从事着所谓的"基础"副业，这些传统副业，如狩猎、捕鱼、野蜂饲养以及蘑菇、浆果、坚果和草药采集等行业，是国家发展的根基，И. Г. 格奥尔基于 18 世纪下半叶写道，捕鱼业"是我国大多数农民从事的主要的也是唯一的副业"[①]。狩猎和捕鱼是俄国人世代积累下来的技能。同时代人对西伯利亚人的狩猎技能和伏尔加河流域居民高超的捕鱼技术深表钦佩。人口的流动使人们能够将不同地区的副业经验结合起来。例如，在 18 世纪至 19 世纪上半叶，西伯利亚的猎人将外来农民和西伯利亚原住民的狩猎技术和习惯相结合，并根据环境加以改进，探索出了新的狩猎方法。[②] 但总的来说，18 世纪的狩猎技术与 17 世纪的狩猎技术没有本质区别。[③] 狩猎行业发生的变化是由商品货币关系的进一步发展引起的，不过，这些变化不十分显著。可以发现，基础副业在保留传统方法（例如捕鱼时继续使用篓子、旋曳网、织网、鱼梁等工具）的同时，也吸收了新要素，出现了以市场为导向、从事产品加工的大规模生产组织。

---

① Георги И. Г. О побочных крестьянских работах. —Продолжение трудов ВЭО, 1783, ч. Ⅲ；И. Г. 格奥尔基（1729~1802），俄国民族学家、自然科学家、旅行家、彼得堡科学院院士。

② Громыко Н. Н. Трудовые традиции русских крестьян Сибири（ⅩⅧ—первая половина ⅪⅩ в.）. Новосибирск, 1975, с. 158.

③ Очерки русской культуры ⅩⅦ в., ч. 1. М., 1979, с. 65.

伏尔加河，尤其是伏尔加河中下游，仍然是 18 世纪俄国的主要捕鱼区之一。"伏尔加河及其支流……连同亚伊克河一起，为整个国家供应鲟鱼、欧鳇、鱼子等水产品。"① 对于大多数地区的居民，包括亚伊克河流域的哥萨克而言，捕鱼是维持生计的主要手段。总的来说，18 世纪渔业的商业性质比以前更浓。不过，它在总体上仍然是封建性质的，所有的大型渔场都归国家所有，由僧侣和显贵管理。在 18 世纪前 25 年，阿斯特拉罕地区最好的渔场都是官营渔场。渔民倾向于购买非渔业用地，因为他们不想花高价买入渔场，到最后却只能使用两三年，这笔账对他们而言不划算。② 大型渔场拥有先进的捕鱼设备，而且工人分工明确、各司其职。小型渔场则没有精细的分工，捕捞、清洗、分类、腌制和熏制鱼类都由同一批工人干。大型渔场更像是一个企业，拥有完整的生产链，从捕鱼、初加工到成品制作一条龙。辛比尔斯克省的马雷科沃渔场规模很大，共有 400~500 名工人，由于马雷科沃渔场的产品很畅销，所以马雷科沃鱼逐渐成了一个品牌。③ 19 世纪初，捕鱼业被官方认定为"民间重要的工业部门"，"造福了全国人民"。④

18 世纪的矿物开采量不断增长，这主要得益于大规模工业企业的蓬勃发展，企业规模越大，对原材料的需求自然也就越多。18 世纪初，人们发现了储存铜、铁、宝石和耐火黏土的新矿藏。1721 年，探矿员格利戈里·卡普斯京在俄国南部勘探到了煤矿；1722 年，人们在莫斯科郊外发现了褐煤矿。⑤ 新的锡矿、铅矿、金矿和银矿等也陆续被发现。国家鼓

---

① Паллас П. С. Путешествия по разным провинциям Российской империи. ч. Ⅰ，с. 199.
② Голикова Н. Б. Очерки по истории городов России конца ⅩⅦ—начала ⅩⅧ в. М.，1982，с. 137−138.
③ Индова Е. И. Дворцовое хозяйство в России. Первая половина ⅩⅧ века. М.，1964，с. 262−268.
④ Обозрение юридического состояния России и выгод от того проистекающих для народных промыслов，ныне существующих. Спб.，1818，с. 22−25.
⑤ Развитие естествознания в России（ⅩⅧ-начало ⅩⅩ века）.由 С. Р. Микулинский、А. П. Юшкевич主编. М.，1977，с. 115.

励开采矿物是为了给手工工场提供足够的原材料，不过，并非所有矿物都为工业所需。1719 年 12 月 10 日，俄国颁布了法令，宣布设立矿物总局。法令规定，"任何人，无论他拥有什么样的社会地位，都可以在任何地方开采、熔炼、提纯各种金属和矿物，如硝石、硫黄、硫酸盐、明矾、型砂以及宝石等"。1722 年，国家对"阻碍矿产勘探"[①] 的地主予以惩罚。

为了满足大规模工业企业的需求，人们加大了矿产开采力度。相关资料不仅记载了开采的矿物种类，还记录了各地工人开采不同矿物的方法。例如，П. С. 帕拉斯提到，科夫罗夫的石灰资源丰富，那里的农民"将石头打碎，一部分用于建筑，另一部分用于制造石灰，销往莫斯科和特维尔"。奥卡河沿岸有黏土矿床，黏土中还夹杂着"泛白的黄铁矿"，"老百姓采集其中的黄铁矿，每半俄石为一批，存放到附近的玻璃厂中"。[②]

18 世纪的采矿技术与 17 世纪相比几乎没有进步。欧俄沼泽矿和"矿巢"[③] 的开采工作和以前一样，主要由农民进行。俄国西北部地区拥有丰富的原材料——沼泽矿、湖矿和森林矿，因此这里的农民长期从事矿产开采工作。西伯利亚也有类似的矿藏。从 17 世纪开始，一直到 19 世纪上半叶，俄国各地小商品生产业的矿石开采技术，以及从沼泽矿中提取铁的技术都没有改进。[④] 不过，在 18 世纪，炼铁工和矿石开采者的专业化程度有显著提高。17 世纪末，西伯利亚出现了探矿员、冶炼师和金属加工师等职业。[⑤]

---

① ПСЗ, т. V, № 3464; т. VI, № 3972.

② Паллас П. С. Путешествия по разным провинциям Российской империи. ч. I, с. 33 - 57.

③ 矿石多藏于面积较小的高地中。

④ Сербина К. Н. Крестьянская железоделательная промышленность Северо - Западной России XVI—первой половины XIX в. Л., 1971.

⑤ Вилков О. Н. Промыслово-промышленное освоение Сибири крестьянами в конце XVII—начале XVIII столетия. —Вопросы истории, 1983, № 1, с. 35.

在 16~17 世纪，俄国人生产铁矿石的方法是从沼泽矿中提取铁。但
18 世纪并非如此，尽管从沼泽矿中提取铁的传统方法仍然有人使用，但
这已经不是生产铁矿石的普遍方法了。

小生产者与手工工场联系紧密：小生产者为手工工场提供劳动力
和原料，而手工工场则为小生产者提供成品。但是，封建农奴制使小
生产者与手工工场之间的关系变得越来越畸形，从而导致小生产者和
手工工场的工人相对立。以下例子足以证明上述观点：如果某一地区
要建造私营或官营手工工场，那么当地居民就会被剥夺使用该地矿产
的权利。

图 3-1　用于从竖井中抽水的手动水泵

18 世纪，黏土、石灰、云母、薄层砂岩和白粒岩相继被开采，满足
了所在地居民对建筑材料的需求和手工工场的需要，也为国家带来了更
多财富。占有这些资源是一种致富手段。例如，皇室通过向商人和宫廷
农民出租莫斯科周边的米亚奇科夫采石场获得了可观的收入。该采石场
为莫斯科及周边地区供应充足的白粒岩。格热利黏土也为国家所有。大
约在 18 世纪中期，И. A. 格列边希科夫的手工工场开始使用这种黏土制

作玛瑙餐具，其生产的餐具闻名全国，因而，格热利黏土的使用范围也越来越广。

18 世纪，新矿产的开采直接促进了新工业品的出现。从索洛维茨基群岛开采出来的"纯净、优质的云母可用于制作船灯"①。国家为了支持卡累利阿的大理石开采工作，专门从索尔塔瓦拉派去一名机械操作员，还在卡累利阿建造了一台石头抛光机。后来，这名机械操作员又被派到了另一个地方，所以这台花费了国家数千卢布的机器并没有投入使用。当时，人们尝试使用 И. И. 波尔祖诺夫发明的蒸汽机。然而，事实证明，"工人拿手锯工作的劳动成本比机器维修费低得多"。大理石的开采工作强度非常大，仅在山下挖坑道就需要两名工人，其中一个人需要拿着钻孔机钻孔，另一个人拿锤子敲打钻好的孔，一天下来可以钻 3~4 俄尺深。大理石块需要用特殊的滑架运输，滑架由 10~80 匹马牵引。② 由于劳动力廉价，18 世纪俄国的手工工场宁可雇用大量的劳动力，也不愿购买机器。

在整个 18 世纪，俄国的加工业所占的经济份额比采掘业大得多，各小型加工业的发展程度不同。18 世纪下半叶，莫斯科省的小生产者家庭，乃至手工工场都生产纺织品。为了满足小农经济的内部需求而发展起来的其他加工业，如面粉加工业和木材加工业等的商品性逐渐提高。许多小作坊的商品性也在不断提高，有望发展成手工工场。18 世纪 60 年代，莫斯科省的许多农民在耕地的同时还从事家庭纺织业——纺织麻布、毛线和呢绒等。③ "家庭手工业是小农经济的必要组成部分，小农经济存在的地方几乎都有家庭手工业。"④ A. H. 拉吉舍夫描述过不同生产形式在

① Полунин Ф. Географический лексикон Российского государства. М. , 1773, с. 364.

② Краткое описание мраморных и других каменных ломок, гор и каменных пород, находящихся в Российской Карелии, сочиненное Самуилом Алопеусом, пастором в. Сордавале. Спб. , 1787.

③ Мешалин И. В. Текстильная промыщленность крестьян Московской губернии в XVIII и первой половине XIX века. М. -Л. , 1950, с. 26.

④ Ленин В. И. Полн. собр. соч. , т. 3, с. 328.

同一行业中并存的现象："……在俄国……每个农民都可以是木匠，只不过，有一些农民能通过当木匠赚钱。"[1]

家庭手工业催生了按订单制造产品的手工业模式。染坊就按照订单生产印花布匹。到了18世纪末，某些地区的染坊发展成了手工工场。俄国各地有许多农民手工业者，他们从事的手工业往往具有传承性，并且能够将农民暂时从农业中分离出来。然而，即使到了18世纪末，大多数农民手工业者都没有完全脱离农业。[2]

И.Г.格奥尔基认为，农民能将手工业劳动与农业劳动完美结合起来。"农民能够自己制造大部分家庭用品和基础农具。还有一些农民以木匠为副业，制作雪橇、家具、马具、绳索、水桶等"，他们"技艺高超"，同时也没有放弃"耕作"。[3] 许多农民的木雕技术炉火纯青。木雕经常用来装饰农具和农舍，具有一定的象征意义。此外，农民制作骨雕、木制餐具等的工艺也非常娴熟。

18世纪俄国的城市手工业不断发展。即使在拥有庞大消费市场的莫斯科，手工工场也仍然按订单制造产品。[4] 手工工场的工人以裁缝和鞋匠居多，他们主要缝制衣服和鞋子。打铁业也属于手工业。有时，行业性质决定了手工工场的生产模式。例如，各建筑行业的从业者如木匠、泥水匠、伐木工、抹灰工、屋面工等，都需要按照订单生产。不过，他们也可以做自由的商品生产者。例如，木匠可以自由出售木房墙框、内河

① Радишев А. Н. Избранные философские и общественно-политические произведения. М., 1952, с. 437.
② Вилков О. Н. Промыслово-промышленное освоение Сибири крестьянами в конце XVI—начале XVIII столетия.—Вопросы истории, 1983, № 1; Шапиро А. Л. К истории крестьянских промыслов и крестьянской мануфактуры в России XVIII в. – Исторические записки, Т. 31, 1950.
③ Георги И. Г. О побочных крестьянских работах, с. 152–153.
④ Заозерская Е. И. К вопросу о зарождении капиталистических отношений в мелкой промышленности России начала XVIII в. —Вопросы истории, 1949, № 6, с. 82.

船等成品。国家需要大宗货物时，会雇用国内外的工匠工作。此外，统治者经常委托大师制作精致、罕见的物品。

18 世纪，手工业者与市场之间的联系大大增强。历史学家有这样一种观点：18 世纪的手工业是面向市场的小商品生产业，已经具备了小商品生产的特点。[①] 事实上，在 17 世纪，尤其是 17 世纪末，手工业的市场导向明显加强，许多手工业部门不仅具备了小商品生产的性质，还不断扩大生产规模和消费市场。[②] 据 1694 年的资料记载，共有 88 个城市的小商品大量销往莫斯科，其中既有生活用品，如锅、碗、碟、瓢、勺、刀、灯、链、锁、钥匙、衣服、鞋子等；也有原料和半成品，如蜂蜡、毛皮、皮革、鬃毛、牲畜角、铁、钢；还有劳动工具、武器，如斧头、铁锹、刮刀、渔网、铁砧、月牙斧、手枪。[③]

各种食品也在城市流通。城市中食品行业的从业者主要出身农民，有甜品贩、磨坊工人、酿酒工人、厨师、渔夫、卖油郎、屠夫等。

城市手工业者往往出售自己制造的产品，相对富有的手工业者还会租用专门的销售场地。[④] 到了 18 世纪末，这种做法被禁止，手工业者只能在作坊里出售工艺品，"不能在家中、广场上和自己开的专卖店里销售产品"。国家为加入行会的手工业者发放店招牌，"招牌既可以钉在门上，

①　Полянский Ф. Я. Городское ремесло и мануфактура в России XVIII в. М., 1960, c. 75; Сакович С. И. Социальный состав московских цеховых ремесленников 1720-х годов. — Исторические записки, т. 42, 1953, c. 259.

②　Устюгов Н. В. Ремесло и мелкое товарное производство в Русском государстве XVII в. — Исторические записки, т. 34, 1950, c. 50; Данилова Л. В. Мелкая промышленность и промыслы в русском городе во второй половине XVII – начале XVIII в. （по материалам Ярославля）. -История СССР, 1967, № 3.

③　Сакович С. И. Торговля мелочными товарами в Москве в конце XVII в. - Исторические записки, т. 20, 1946, c. 131; Заозерская Е. И. К вопросу о зарождении капиталистических отношений в мелкой промышленности России начала XVIII в. — Вопросы истории, 1949, № 6, c. 80.

④　Заозерская Е. И. К вопросу о зарождении капиталистических отношений в мелкой промышленности России начала XVIII в. —Вопросы истории, 1949, № 6, c. 82.

也可以悬挂在门外"。只有"为底层人民制作服装和棺材"的工匠没有资格挂放招牌。[1]

与 17 世纪相似，18 世纪俄国的城市手工业者主要有铁匠、鞋匠、裁缝、制革工、制袖工、木匠、银匠、制帽工和制砖工等。

18 世纪，俄国的城市人口的数量不断增长，市民对基本生活用品的需求随之增加，这极大地推动了城市手工业的发展。

18 世纪 20 年代，俄国出现了第一个手工业者行会。俄国十月革命前的历史学家和苏联历史学家，对有关行会改革的许多问题进行了研究。[2]需要强调的是，俄国行会的出现比西欧晚得多，它是在手工工场取得了长足发展，且专制政府加强对社会经济生活的管控时出现的。俄国手工业者行会的入会门槛低，不像西欧那样对入会者有种种限制。早在 1722 年 4 月 27 日，俄国就颁布了建立城市手工业者行会的法令，该法令规定"国内的所有工匠都有权利加入行会"。甚至农奴也可以短期加入行会，不过"除耕地之外，他们必须要同时从事手工业"[3]。手工业者行会的入会限制一直比较宽松。

不同城市手工工场的工人构成各有特色。1726 年的数据显示，莫斯科手工工场的工人有些加入了手工业者行会，其中有 46.3%（共 3189 人）都是农民。在莫斯科的 153 个手工业者行会中，有 108 个行会中都有农民的身影。这些农民大多缴纳代役租，来自数十个县的 450 多个村庄。莫斯科手工工场中大约有 40%（共 2830 人）的工人是工商业者和平

---

① ПСЗ，т. XXV，№ 19187；т. XIX，№ 13421.

② 参见 Степанов Н. Сравнительно-исторический очерк организации ремесленной промышленности в России и западноевропейских государствах. Киев，1864；Дитятин И. Устройство и управление городов России，т. I. Спб.，1875；Довнар－Запольский М. Организация московских ремесленников в XVII в. —Журнал Министерства народного просвещения，1910，сентябрь；Пажитнов К. А. Проблема ремесленных цехов в законодательстве русского абсолютизма. М.，1952。

③ ПСЗ，т. VI，№ 3980，№ 4054.

民知识分子。除此之外，有一部分工人是宫廷、修道院的仆役和外国人。[1]

彼得堡手工工场中的工人主要由被迫移民的工人和新吞并地区的农民、市民构成。1711年，共有1417名莫斯科工人迁移到彼得堡。到18世纪20年代，加入彼得堡手工业者行会的人中有一半以上都是农民。[2] 18世纪，南方城市手工工场中的工人主要由军人构成，他们大多是低级士兵。西伯利亚城市，如塔拉、秋明、托博尔斯克、托木斯克等的手工工场工人同样多为低级士兵。

每个城市的手工工场中都有不少工人未加入手工业者行会，这部分工人的构成非常复杂。他们可以在没有店招牌的情况下"出售产品"。

新型手工业的出现是18世纪俄国手工业取得进步的一个重要标志，彼得一世时期出现的许多手工业都属于新型手工业。18世纪20年代，制造船舶、船桨和指南针的工匠加入了彼得堡的手工业者行会。[3] 海军部的造船厂也需要这些专业工匠以及制造缆绳和锅炉的工匠。根据И. К. 基里洛夫的统计，1727年，海军部共有51名工匠、48名工匠助手和99名学徒。[4] 此外，俄国出现了制造丝绸和彩布的专业工人。莫斯科和彼得堡都出现了专业的丝绸织造工，偏远的昆古尔也出现了专业的呢绒织造工。[5]

许多新型手工业专门为贵族服务。18世纪前25年的改革影响了贵族的生活方式、日常习惯和文化理念。他们开始使用新的家具，穿新式服

---

① Сакович С. И. Социальный состав московских ремесленников, с. 242-247.

② Заозерская Е. И. К вопросу о зарождении капиталистических отношений в мелкой промышленности России начала XVIII в. —Вопросы истории, 1949, № 6, с. 72, 75.

③ Заозерская Е. И. К вопросу о зарождении капиталистических отношений в мелкой промышленности России начала XVIII в. —Вопросы истории, 1949, № 6, с. 76-81.

④ Кирилов И. К. Цветущее состояние Всероссийского государства. М., 1977, 2-е изд., с. 48-49.

⑤ Заозерзская Е. И. К вопросу о зарождении капиталистических отношений в мелкой промышленности России начала XVIII в. —Вопросы истории, 1949, № 6, с. 71. 呢绒是一种彩色粗羊毛织物。

装，如丝袜和靴子等，戴新式帽子和假发，使用手杖。贵族妇女开始穿箍骨裙和金银锦缎，在辫子上系丝带，以往的金银花边则不再流行。新的日常生活用品，如以前从未见过的纸牌和烟斗等，也逐渐普及开来。所有这些新的需求催生了许多新型手工业的诞生。

图 3-2　18 世纪的纸牌

在 18 世纪，"医士"、公证人以及文化工作者，如画家、圣像画家、音乐家和教师等都属于工人。不过在当时，这些群体尚未壮大。其中，圣像画家的队伍最庞大。1764 年，俄国城市中共有 517 名圣像画家、20 名画家、16 名音乐家和 67 名"医士"。①

姆斯捷拉村、帕列赫村和霍卢伊村的农民依照 16 世纪僧侣绘制的圣像画作画，并将绘制圣像画作为自己的职业，维持生计。这些地区的圣像画绘制业规模不大，但是分工明确，不仅体现在原料的准备上，也体

---

①　ЦГАДА, ф. Комиссии о коммерции, № 397, оп. 1, д. 441, л. 75-76 об., 80-83 об.

现在圣像画的绘制过程上。[1] 圣像画成稿需要经过多次修改才能完成，不过，彼时的农村圣像画创作远未达到艺术创作的境界。1723年，帕列赫村的3名农民带着834幅圣画像前往彼得堡。但是，圣主教公会认为其中只有26幅圣像画有销路，它们属于"中等画作"，还有311幅"介于中下等水平之间的"圣像画勉强可以出售，其余的画作则完全无法出售。[2] 同时代人指出："有些圣像画很奇怪，因为作画者创造的是自己从未见过的形象，如果现实中的确有这种人物存在，那么无疑是个怪物。"[3]

18世纪俄国的小商品生产业能够取得进步，不仅是因为手工业发展迅速，还得益于地区专业化程度的加强。随着全俄市场的形成，手工业产品能够销售到更远的地区。到18世纪末，某些地区的特色手工业高度发达，并形成了独特的工业文化，即传承前辈的工艺，沿用先前的工具，并继续与以往的商业伙伴保持贸易往来，因为他们对产品销售和手工业的顺利发展至关重要。18世纪的小商品生产业不断发展，一方面，各地区生产特定商品的专业化程度越来越高；另一方面，某些地区具备了向更高水平的工业组织过渡的条件。不过，这一进程非常复杂，远非所有地区的小商品生产业都能发展成手工工场。概言之，18世纪小商品生产业发生的最大变化就是商品性增强，只有个别小商品生产业发展成了大规模工业企业。

到18世纪下半叶，某些地区的手工业成了居民从事的主要行业。

俄国中部地区的手工业结构复杂多元，纺织业无疑是主导行业。18世纪，俄国出现了半毛织品纺织业和丝织品纺织业，18世纪末又出现了棉纺织业。

---

[1] Разгон А. М. Промышленные и торговые слободь и села Владимирской губернии во второй половины XVIII в. -Исторические записки，т. 32，1950，с. 149.

[2] Описание документов и дел Синода，т. III. Спб. ，1878，стб. 122-123.

[3] Посошков И. Т. Книга о скудости и богатстве и другие сочинения. М. ，1951. с. 140.

18世纪俄国纺织作坊的产品种类丰富，包括布匹，如花粗布、亚麻粗布、绉纱、驼绒布、薄毛布等，还有腰带、饰边和丝带。[①] 城乡都存在纺织作坊，不同地区开办纺织作坊的主体不同。许多城市的大型纺织作坊是在商人的家里组织起来的，主要生产用于制作衬衫和裤子的麻布和花粗布。不过，在大多数地区，农民是纺织业的主力军。在俄国，织布业一直都是农民家庭手工业的一部分。[②] 18世纪，伊万诺沃、舒亚、科赫马、列日涅沃和捷伊科沃的纺织业比较发达。18世纪末19世纪初，这些地方的小型纺织作坊发展成了手工工场，莫斯科省的农村纺织业也发生了类似的转变。

18世纪，农村冶铁业在向小商品生产业过渡的道路上快速发展。冶铁业在俄国西北部地区，如乌斯秋日纳、波舍霍尼耶、别洛焦尔卡、科斯特罗马、季赫文、大乌斯秋格和卡累利阿等地很普遍。在扎赖斯克、谢尔普霍夫、上图里耶、托博尔斯克等有矿藏的城市，以小商品生产的形式存在的冶铁业也具备一定的规模。

冶金业是最古老的传统手工业之一，它在小商品生产业中占据着特殊的位置，遍布俄国各地。一些地区的冶金业有数百年的历史，工艺纯熟。锻造工人们在传承传统锻造技术的基础上对技术加以改进，在制作成品，如锅、碗、钉子、刀等方面更加专业。巴甫洛沃、沃尔斯马以及穆罗姆的瓦恰村等地的冶金业历史悠久。值得注意的是，在18世纪，一

---

① Мешалин И. В. Текстильная промыщленность крестьян Московской губернии в XVIII и первой половине XIX века. М. -Л. , 1950, с. 72. 亚麻粗布是光滑的白色或原色布料，用于制作衣服；花粗布是彩色或带条纹的粗布；绉纱是烟色毛织物或丝绸；驼绒布是一种原色毛绒布料；薄毛布即薄毛织物；饰边与丝带相似。

② Клокман Ю. Р. Социально-экономическая история русского города. Вторая половина XVIII в. М. , 1967, с. 238；Разгон А. М. Промышленные и торговые слободь и села Владимирской губернии во второй половины XVIII в. - Исторические записки, т. 32, 1950；Мешалин И. В. Текстильная промыщленность крестьян Московской губернии в XVIII и первой половине XIX века. М. -Л. , 1950.

些地区出现了只生产特定金属的专门加工业。例如，雅罗斯拉夫尔省主要从事铜器和锡器的生产以及钟的铸造；图拉省以生产兵器闻名；特维尔省的铁匠们则擅长锻造各种类型的钉子。[①] 直到 19 世纪，波舍霍尼耶的钉子一直闻名全国。18 世纪末，巴甫洛沃和沃尔斯马能够生产各种各样的金属产品。巴甫洛沃重点制作需求量大的商品，如武器、锁、刀、剪刀等。沃尔斯马的产品满足了农民的需求，这里主要生产"斧头、桶、长柄大勺、门锁、犁铧和各种农具，如农用折叠刀等"[②]。

制革业、制皮业和羊皮加工业也同样重要。纺织业是城乡大规模工业企业的主导部门，而制革业则不同，它是小商品生产业的主导部门，在弗拉基米尔省、科斯特罗马省以及伏尔加河中游地区的城市尤其发达。此外，制革业在雅罗斯拉夫尔省、弗拉基米尔省、科斯特罗马省和下诺夫哥罗德省的农村地区也很常见。

И. Г. 格奥尔基提到，"制皮业"是某些地区农民从事的主要行业。А. Н. 拉吉舍夫认为"皮革加工"是某些地区的农民主要从事的小手工业。[③] 18 世纪末，仅博戈罗茨克村就有 327 名农民从事皮革加工业，此外，还有一些农民专门"用加工过的皮革缝制手套"[④]。

制革业带动了一系列"附加"产业的发展，如炼油业、制胶业、制蜡业和制毡业等。通常，制革工人也生产皮制品，如靴子、毛皮大衣、马具、手套等。18 世纪下半叶，阿尔扎马斯的制革业、制皂业和炼油业

---

① Клокман Ю. Р. Социально-экономическая история русского города. Вторая половина ⅩⅧ в. М. , 1967, с. 223, 235, 244.

② Федоров В. А. Помещичьи крестьяне Центрально-промышленного района России конца ⅩⅧ—первой половины ⅩⅨ в. М. , 1974, с. 134–135; Георги И. Г. Описание Российско-императорского столичного города Санкт-Петербурга. Спб. , 1794, с. 139.

③ Георги И. Г. Описание. . . Санкт-Петербурга, с. 139; Радищев А. Н. Полн. собр. соч. , т. 2. М. -Л. , 1941, с. 437.

④ Водарский Я. Е. Промышленные селения Центральной России в период генезиса и развития капитализма. М. , 1972, с. 178.

较为发达，制作皮革、肥皂、油脂的手工工场规模庞大，一些官员甚至直接称其为"工厂"。[①] 舒亚生产的肥皂非常畅销。М. Д. 丘尔科夫指出："舒亚生产的肥皂质量很好，畅销全国。"[②]

18 世纪，俄国各手工业部门在专业化程度提高的同时，开始相互融合。例如，俄国中部的城镇和大型工业村有各种各样的小商品生产业，包括制革业、冶金业、纺织业、印染业、制衣业等。有些手工业产品起初只是为了满足当地居民的需求而生产，后来逐渐畅销全国。例如，穆罗姆的挂锁形小麦面包曾远销至全国各地。[③]

伴随着地区专业化生产的进一步发展，手工业内部分化的趋势也更加明显。工人需要在制造工艺和劳动工具不变的情况下提高劳动生产率。人们对工艺品的需求不断增加，自然就促使工艺品的产量增加、质量提高。在手工生产的条件下，工艺品的质量主要取决于工人的手艺，他们可以通过长期制作同种产品来练就高超的技艺。在 18 世纪前 25 年，俄国出现了专门制作某类金属制品的工匠，如金匠、银匠、铁匠、铜匠、枪匠、锡匠、抽屉匠、焊工、刀匠、锁匠、锅炉工和火绳枪匠。以下"产品"都属于铜制品：纽扣、十字架、枝形灯、烛台、钟表、拉链、挂钩、戒指、马车钉、锅炉、杆秤、铜丝、铜片、门锁、腰带扣等，这些产品都由专门的工匠制造。从事武器制造的工人包括锁匠、精饰工、制剑工和制柄工。制革工艺包括皮革制作、皮革加工和成品制造三个环节，其产品有以下几种：红色、白色、黑色的牛皮、羊皮和马皮，鞣皮，皮鞋底、皮鞋垫，黄色、绿色、红色、天蓝色的皮袋，皮靴，各种款式的皮手套，毛皮大衣和毛质卡夫坦袍，皮带，等等。这种专业化生产在 17 世

---

① Клокман Ю. Р. Социально-экономическая история русского города. Вторая половина XVIII в. М. , 1967, с. 274.

② Чулков М. Д. Историческое описание.., т. IV, кн. VI, с. 297.

③ Бакмейстер Л. Топографические известия, служащие для полного географического описания Российской империи, ч. I. Спб. , 1771, с. 132.

纪尚未出现。①

小型手工工场生产的商品质量不高，政府采取了各种措施，如严惩偷工减料的城市工匠。然而，在推行该政策的过程中，政府遇到了巨大的困难。1649 年的法令规定，对在金银中混入其他金属的工匠进行惩罚。И. Т. 波索什科夫提议让工匠在自己生产的商品上盖章。1700 年的法令也提出了同样的要求。② 但是，И. Т. 波索什科夫写道："直到 18 世纪 20 年代，仍然有许多工匠不在自己制造的产品上盖章。"因此，政府于 1722 年 4 月 27 日颁布了一项法令，将行会制度引入俄国，并再次强调所有产品都必须"盖上工匠本人的印章"。若"工艺品的质量好"，行会则会在产品上盖第二个章。如果产品质量不过关，行会则有义务"打碎（金、银、铜、锡、铁或木制品）或撕毁（衣物等）产品，并命令工匠重新制作，直到其制作出合格的产品为止"③。1785 年颁布的《手工业法典》和1799 年颁布的《行会条例》对"产品的制造工艺、纯度、耐用度、尺寸和重量"提出了严格的要求，并明确了对工匠以次充好、偷工减料、以旧充新和超时完成订单等行为的处罚方式。④ 立法反复提及这一话题，足以证明这些乱象的普遍性。

国家对于产品质量的重视促进了手工业者技艺的普遍提高。政府在俄国城市引入手工业者行会，就是为了提高手工业者的技艺。1722 年 4 月 27 日的法令规定，必须对加入行会的工匠进行严格的资格审查，判断他们是否是一名合格的工匠。随后的立法也反复强调，只有加入行会的

① Данилова Л. В. Мелкая промышленность и промыслы в русском городе во второй половине ХⅦ – начале ХⅧ в. （по материалам Ярославля）. – История СССР, 1967, № 3. с. 103; Заозерская Е. И. К вопросу о зарождении капиталистических отношений в мелкой промышленности России начала ХⅧ в. — Вопросы истории, 1949, № 6, с. 82.

② ПСЗ, т. Ⅲ, № 1572.

③ ПСЗ, т. Ⅵ, № 3980.

④ ПСЗ, т. ХⅫ, № 16188, ст. 99–102; г. ХХⅤ, № 19187, гл. ⅩⅠ, 15–16.

工匠才有资格开作坊、招收学徒，这促使工人的技艺不断提高。不过，我们不应夸大行会的作用，因为即使到了 18 世纪下半叶，加入行会的工匠仍然不到城市工匠总数的 1/3。① 1785 年，叶卡捷琳娜二世颁布了《俄罗斯帝国城市权利和利益诏书》，其中把控产品质量的任务是工人们自己提出来的，这也是他们赞成保留且完善行会制度的原因之一。②

小商品生产业的工艺水平不仅取决于设备的先进程度，还取决于手工业者将知识转化为劳动成果的手段和效率。在 17 世纪，拜师是学习一门手艺的唯一途径。在西欧，从学徒向工匠蜕变的全过程都在行会中进行，行会会严格地检验学徒的技艺是否达到了一定水平。而俄国则不同，在 18 世纪以前，俄国既没有从立法上规范学徒制，也没有在学徒期结束时对学徒进行强制性测验。И. Т. 波索什科夫认为，这是 18 世纪初俄国手工业者技艺低的原因之一。他特别指出，一个学徒"在经过五六年的学习后就可以成为独立工匠，其实他们只学到了一点皮毛，制作的产品质量较差，因此只能降低商品价格以保证销量、维持生计，高不成低不就。这样的学徒连工匠都算不上，更别提成为大师了"。为了防止这种情况的出现，И. Т. 波索什科夫建议从立法层面禁止师傅让学生提前出徒，并强制要求学徒证明"自己的技艺高超，没有任何不足"③。

18 世纪初，俄国的学徒期通常持续 5 年，与 17 世纪一样。个别行业，如制衣业的学徒期为 3~4 年。如果学徒自己支付学费，或由地主支付学费，那么学徒期通常只有 2~3 年或者 1 年。1722 年 4 月 27 日的法令模仿西欧制度，将所有行业的学徒期统一为 7 年。然而，事实上，只有个别行业的学徒期延长到了 7 年。1785 年颁布的《手工业法典》再次将

① Полянский Ф. Я. К вопросу о зарождении капиталистических отношений в мелкой промышленности России начала XVIII в. —Вопросы истории, 1949, № 6, с. 92.

② Пажитнов К. А. Проблема ремесленных цехов в законодательстве русского абсолютизма. М. , 1952. с. 62~67.

③ Посошков И. Т. Книга о скудости и богатстве и другие сочинения. М. , 1951. с. 139, 141.

学徒期缩短为 3~5 年。[①]

在 18 世纪前 25 年，莫斯科有 40 多个手工业招收学徒，其中既有常见的行业，也有相当少见的新兴行业，如制梳业、制镜业、印刷业、装订业、制表业、制帽业、制匾业、配药业和理发业等。[②]

17 世纪的学徒大都是工商业者的后代，而到了 18 世纪初，莫斯科学徒中有很大一部分是农民。1714 年，莫斯科农民学徒的比重占学徒总数的 43%。珠宝行业的工匠多为市民和地主农民，而农村手工业者多为农民，他们通常制造铁具、马具。此外，农民遍布于各行各业，包括金线纺织业、制刀业、制匾业和印刷业。回乡之后，农民将自己的一技之长传授给同村人。例如，佩列斯拉夫尔县[③]亚历山德罗夫乡的所有地主农民都会制作金银饰带。由此看来，学徒制不仅促进了城镇小商品生产业的发展，也促进了农村小商品生产业的发展。

学徒在学徒期内完全受师傅的支配，被迫为师傅劳动，而劳动只能换取食物和衣服。从 18 世纪前 25 年的资料来看，学徒要为师傅做"各种家务活"。学徒期结束时，师傅要为学徒提供作业服和独立工作所需要的装备。[④] 1785 年的《手工业法典》规范了师傅和学徒的关系，明确了双方的权利和义务。其中特别规定，"每个师傅在家中相当于学徒的家

① Капустина Г. Д. Из истории ремесленного ученичества в Москве в начале XVIII в. –В кн.: Вопросы социально-экономической истории и источниковедения периода феодализма в России. М., 1961, с. 116, 118；ПСЗ, т. VI, № 3980；т. XXII, № 16188.

② Капустина Г. Д. Из истории ремесленного ученичества в Москве в начале XVIII в. –В кн.: Вопросы социально-экономической истории и источниковедения периода феодализма в России. М., 1961, с. 116.

③ Капустина Г. Д. Из истории ремесленного ученичества в Москве в начале XVIII в. –В кн.: Вопросы социально-экономической истории и источниковедения периода феодализма в России. М., 1961, с. 116-117.

④ Капустина Г. Д. Из истории ремесленного ученичества в Москве в начале XVIII в. –В кн.: Вопросы социально-экономической истории и источниковедения периода феодализма в России. М., 1961, с. 118.

长，要像对待家人一样对待学徒"。该法典首次禁止师傅及其家人强迫学徒"承担与所学技艺无关的劳动"。如果师傅不履行义务，粗暴地对待学徒，那么行会将剥夺师傅收徒的权利。然而，现实中虐待学徒的现象很常见，这是师徒"文化"的典型特征。

帮工的技术水平介于学徒和师傅之间。1799 年颁布的《行会条例》对帮工的定义如下："帮工是手工工场中的工人，他们已经掌握了一门手艺，但还需要通过实践提高技艺。帮工至少经过三年才能成为独立工匠。"① 此外，帮工需要通过两次考核，首先展示自己的作品，然后在规定的期限内完成行会对其下达的任务。年满 24 岁的帮工才有资格晋升为工匠。

18 世纪，俄国有自愿学习的学徒，也有被国家强制学习新工艺的学徒。例如，1712 年，各省省长收到了一项命令：从城市招募 315 名青年铁匠和木匠，把他们送到图拉的手工工场学习制造"火枪和手枪的枪管、枪栓"。同时，省长还需要在"合适的地方"组织工人学习制作马具，否则省长将被惩罚。学成归来的工匠将被分配到各省的军队工作，"每省的军队分配两名工匠"。② 1731 年，士官武备学校成立，它被赋予"将 20 ~ 35 岁的新兵培养成军队工匠"的使命。为了提高学生的基本素质，1761 年，参政院规定士官武备学校要从军校中的 13 ~ 15 岁的学生、士官武备学校的低年级学生和"不交人头税的自由人"中招募学生。所授课程包括语文、算术、几何、绘画和德语。如此安排的原因如下："一个工匠需要了解几何学，以便认清工艺品的构造，并发明新的东西；需要学习绘画，以便绘制平面图；还需要掌握德语，以便读懂所有优秀的德国工匠所写的……关于医马的德文书籍。"

士官武备学校的学习年限为 6 年，学生毕业后进入军队工作。"每年

---

① ПСЗ，т. ⅩⅩⅤ，№ 19187.
② ПСЗ，т. Ⅳ，№ 2575.

各省的军队（共 30 个骑兵团和 50 个步兵团）最多能够吸纳 30 名不同行业的工匠，包括枪械师、铁匠、马具工、马刺工、制枪工等。"在军队工作 12 年后，工匠可以退休，但"必须……加入彼得堡和莫斯科的手工业者行会，或者自己想去的某个大城市的知名行会"①。

1772 年成立的商业学校也教授"艺术和手工艺"，该校主要培养商人子弟。"商业"一词在 18 世纪的含义很广，既可以指代商业，也可以指代工业。②

此外，在 18 世纪末，孤儿们也开始作为学徒接受各种培训，以便将来离开孤儿院后"有一技之长……以便养家糊口"③。然而，由于训练不足，他们常常无法成为合格的工匠。

18 世纪，俄国聘请外国专家的规模比以往大。普鲁士驻俄大使秘书 И. Г. 福克罗特曾记录道："彼得一世大量雇用外国艺术家和各类工匠。"④ 1702 年，彼得一世在新法令中提到了引进外国专家的必要性，随后出台的几部法令也不止一次地强调这一点。⑤ 荷兰画家、旅行家科尔涅利·德·布鲁因曾于 18 世纪初游历俄国，他注意到，"俄国人善于模仿，并且勤奋好学"。⑥ 然而，外国专家并不总是愿意将自身的技艺传授给学徒。对此，И. Т. 波索什科夫指出："如果外国工匠像在本国一样频繁嫖娼，而对学徒漠不关心……那么他应该被驱逐出俄国。我们不能容忍他们在俄国碌碌无为。"⑦

在赴俄的外国工匠中，有一部分是专家，另外一部分是训练有素的工

---

① ПСЗ，т. ⅩⅤ，№ 11224.

② План коммерческого воспитательного училища. Спб. ，1772.

③ ПСЗ，Т. ⅩⅩⅤ，№ 18804.

④ Фоккеродт И. Г. Россия при Петре Великом. —Чтения в Обществе истории и древностей российских，1874，т. Ⅱ，с. 74.

⑤ ПСЗ，т. Ⅴ，№ 3017：т. ⅩⅢ，№ 10129；т. ⅩⅥ，№ 12290；т. ⅩⅪ，№ 15331.

⑥ Путешествне через Московию Корнелня де Брунца. М. ，1873，с. 96.

⑦ Посошков И. Т. Книга о скудости и богатстве и другие сочинения. М. ，1951. с. 143.

匠，后者占大多数。专家偶尔被邀请到手工工场工作，并被支付高额报酬。训练有素的工匠通常根据订单和市场需求生产商品，他们有权加入俄国的手工业者行会，或成立私人行会。1724年，彼得堡的外国工匠，如铁匠、陶匠、裁缝、鞋匠和银匠等，通常同时加入两个行会——俄国行会和外国行会。[①] 莫斯科的外国工匠可以与俄国工匠加入同一个行会。1726年的数据显示，有365名外国工匠加入了莫斯科的手工业者行会，他们多来自波兰、瑞典、德国和法国，占行会成员总数的5.3%。[②] 到18世纪末，彼得堡的外国行会中共有1477名外国工匠，他们来自55个不同的行业。[③]

由此可见，18世纪的彼得堡是外国工匠的聚集地，莫斯科次之。其他省份，如雅罗斯拉夫尔省、沃洛格达省和阿尔汉格尔斯克省的外国工匠很少。外国工匠的影响范围基本仅限于两个首都。

18世纪小规模商品生产的进步还体现在企业数量的增加和企业规模的扩大上。在18世纪，"工厂"一词的使用频率大幅提高，它在当时指代大大小小的手工工场，它们通常有一定的劳动分工，并配有简单的设备，主要从事原材料的初级加工，主要生产皮革、肥皂、油脂、麦芽、纱线和酒。这些手工工场正在向工厂转型。但在18世纪，尽管有些手工工场已经开始了资本积累，实行了雇佣劳动制，并不断扩大生产规模，但仍然未发展成工厂。[④] 下面我们将对生产日常用品的手工工场进行研究。

制革工的队伍庞大。绝大多数制革坊都是"非法的"，即没有注册的。[⑤] 直到19世纪初，俄国大多数制革坊都没有发展成手工工场。[⑥] 只有少数商人开办了大型手工工场。例如，18世纪20年代，商人 И. А. 米克

① Пажитнов К. А. Проблема ремесленных цехов в законодательстве русского абсолютизма. М., 1952. c. 48, 103.

② Сакович С. И. Социальный состав московских ремесленников, c. 242, 247.

③ Георги И. Г. Описание... Санкт-Петербурга, c. 236, 253.

④ 关于这类企业的发展水平和性质，历史研究者持不同的观点。

⑤ Любомиров П. Г. Очерки по истории русской промышленности. М., 1946, c. 172.

⑥ Любомиров П. Г. Очерки по истории русской промышленности. М., 1946, c. 174.

利亚耶夫开办了两个大型制革手工工场，每年能生产 25000～35000 张皮革。[1] 大型手工工场的分工明确，准备工作由鞣革工、除毛工、软化工、浸灰工和"剖革工"完成；加工整饰工作则由磨革工、熨烫工和染色工负责。制革工序相当简单，不需要复杂的设备。制革工具基本是木制工具，如浸灰桶和鞣革桶等，还有一些其他的制革工具：用于剪切皮革的剪刀、用于清除皮革上羊毛的铁刀和木刀、用于将皮革从桶中取出的钳子、用于剥离皮下组织的"挑刀"和用于剖削皮革的"刨刀"。有些手工工场使用由马力驱动的打磨机磨革，但大多数手工工场仍由工人磨革，"工人通常用两端有星状刨刀的杵在研钵中磨革"。[2] И. И. 列别辛对"熟皮"的制作过程进行了非常详细的描述。生皮被浸泡在河流或专用井中，每天都需取出，用磨革机打磨，然后放在装有石灰溶液的桶中，以进行"脱毛"。脱毛后将皮成对绑起来，在水中浸泡 3 天，使皮下组织脱落，鞣制环节就基本完成了。之后，工人们需要"用脚踩革"，然后将革与狗粪一起放入水中浸泡，在粪水中泡完后再放入"面粉发酵液"中浸泡 9～14 天，其间需要多次冲洗并踩踏皮革。夏季，两名工人每天"可以浸泡、踩软 300 张革"。复鞣完成后可以加工皮革，正面染色，背面涂焦油或鱼油。"待皮革略微变干时"，把皮革揉软，然后去肉，最后再"熨平"皮革，即往皮革上喷麻油。质量较差的皮革，即所谓的"用来制作鞋底的皮革"，也以同样的方式制成，不同的是它们的浸泡和鞣制时间更久、整饰时间更短。将生皮制成熟皮至少需要 13～14 周。[3] 18 世

---

[1] Волков М. Я. Хозяйство капиталиста—купца Среднего Поволжья И. А. Микляева в конце ⅩⅦ—первой четверти ⅩⅧ в. – В кн. : Проблемы генезиса капнтализма. М. , 1970, с. 209.

[2] Паллас П. С. Путешествия по разным провинциям Российской империи. ч. Ⅰ , с. 74 – 75.

[3] Лепехин И. И. Дневные записки путешествия доктора и Академии наук адьюнкта Ивана Лепехина по разным провинциям Российского государства, ч. Ⅰ , с. 39-43.

纪初，浸灰桶的容积差异很大，有些可以容纳 5~6 张皮革，有些则可以容纳 100~120 张皮革，不过后者大多数时候都装不满。① 18 世纪的皮革生产技术与 17 世纪的皮革生产技术相比几乎没有改进。不过，制革手工工场的规模有所扩大，雇用的劳动力也有所增多。皮革工艺中最重要的进步，就是不在皮革上涂焦油，而改涂鱼油。政府规定的这种方法增强了皮革的防水性。② 这一创新对小商品生产者造成了打击，因为政府不允许售卖用"旧方法"③ 制作出来的熟皮。1716 年，政府在莫斯科开办了专门"课程"，并将制革工统一送到此处学习。学习结束后，工人必须使用新方法制作熟皮。此外，政府还向各省派遣工匠宣传新方法。因此，俄国中部地区以及偏远地区的工人都开始使用新方法生产熟皮，"在莫斯科培训过"的制革工被派往卡尔戈波尔、索利卡姆斯克、秋明、托博尔斯克等地普及新方法。④ 与此同时，政府还采取了一系列措施，禁止工人用旧方法生产熟皮。例如，1725 年，政府要求阿拉特里的工人按照新方法制革，一旦发现有手工工场使用焦油，政府将责令关停。⑤然而，即使是这样严格的措施也无济于事。直到 18 世纪末，还有手工工场继续在皮革上涂焦油。18 世纪，俄国的制革手工工场开始生产绒面革。

　　18 世纪的皮革产业在保留传统特征的基础上出现了一些创新。一方面，皮革加工业成了一个独立的部门，加工皮革所需的原料，如树皮、石灰、明矾等通常要从很远的地方购买；另一方面，在制革业发达的地区，一些附加产业，如制皂业和制靴业也逐渐繁荣。肥皂企业和制革企业集中在伏尔加河中游地区，其原始的生产方式造成了空气污染和水污

---

① Волков М. Я. Купеческие кожевенные предприятия первой четверти XVIII в. —История СССР，1966，№ 1，с. 142.

② ПСЗ，т. V，№ 2949.

③ Волков М. Я. Купеческие кожевенные предприятия..，с. 141.

④ Заозерская Е. И. Торговля и купечество..，с. 82.

⑤ ЦГАДА，ф. 1271，д. 86，л. 35–36 об.

图 3-3　制革工

染，对居民的健康产生了负面影响。同时代人注意到了这一点。1768 年，
Π. C. 帕拉斯在提及阿尔扎马斯时写道，"肥皂工、制革工、染色工、制
鞋工几乎遍布整座城市。""所有这些会造成污染的手工业都分布在城市，
因此市里火灾频发，狭窄肮脏的街道上充斥着有害气体。"[1] 对此，И. И.
列别辛补充道："制革场产生的各种垃圾流入河中，生皮也在河中浸泡，
造成了严重的河水污染。在炎热的季节，河水有一股难闻的气味，连牲
畜都喝不下。"[2]

　　18 世纪，各种化学工业，如火药工业、制皂业、制蜡业、制漆业、
制盐业以及制造硫酸、矾等化学品的产业等，仍然停留在小规模生产的
阶段。虽然也出现了少数大型手工工场，但都是官营手工工场。并且，

---

[1]　Паллас И. С. Путешествия по разным провинциям Российской империи. ч. I, с. 73, 76.
[2]　Лепехин И. И. Дневные записки путешествия доктора и Академии наук адьюнкта Ивана
Лепехина по разным провинциям Российского государства, ч. I, с. 84.

这些手工工场并没有发展成工厂。

18 世纪，政府极为重视硝石①以及硫黄的生产，它们是制造火药所需的原料。生产碳酸钾的企业大多是官营企业。市民、商人和工匠可以生产油漆、矾、火漆、硝酸和硫酸等化工产品。城乡有许多私营肥皂企业，为工商业者所有。农民主要生产焦油和树脂。化工企业基本上都是小规模作坊。②

碳酸盐产业在俄国的历史悠久。碳酸盐可以用于制造药物、玻璃、肥皂、布匹和皮革，还可以漂白织物。此外，碳酸盐也是出名的上等肥料。参政院 1756~1768 年的档案中记录了碳酸盐的生产方法："俄国草原地区的碳酸盐由榆木灰、椴木灰、榛木灰的碱液制成。其他地区的碳酸盐则用经过铁炉煮沸的碱液制成；俄国的碳酸盐在欧洲颇负盛名，每年在全世界的销售额可达一百万卢布。"③ 18 世纪的俄国人用传统的方法生产碳酸盐。政府试图引入改良的方法以提高碳酸盐的质量，但并没有成功。18 世纪，俄国人，尤其是俄国海军对焦油和树脂的需求大大增加，所以人们大量从俄国森林地带采集焦油和树脂。与碳酸盐的生产方法相似，焦油的生产方法也非常简单。"焦油本身是无利可图的，因为焦油需要经过蒸馏，制作成本高。然而，炉子的使用使焦油的生产变得有利可图，这大大提高了劳动效率，工人付出很少的劳动就能得到更多的焦油，同时还能获得优质的熟煤。"④ 18 世纪下半叶，有人提出了类似的技术改进方案。П. С. 帕拉斯曾这样评价阿尔扎马斯的制皂业："碱液都用草木灰熬制而成，不掺杂任何杂质，因此，肥皂场有很多储存草木灰的大箱子。即使在今天，农民仍然会偷偷地砍伐禁止开采的森林，然后把制成的上等草木灰卖给肥皂场。"同时，他还指出，这里生产的肥皂"看起来

① Лукьянов П. М. Указ. соч. , т. 1, с. 52, 56.
② Любомиров П. Г. Очерки по истории русской промышленности. М. , 1946, с. 187, 189-190.
③ Лукьянов П. М. Указ. соч. , т. 2. М. -л. , 1949, с. 7.
④ Чулков М. Д. Историческое описание.. , т. I , кн. II. М. , 1783, с. 13.

很普通，但质量非常好"。

采盐业与制盐业是 18 世纪俄国重要的工业部门。俄国有三种类型的盐：湖盐、矿盐和食盐。煮盐技术没有重大改进。18 世纪的大多数盐场都不是新建的。索利卡姆斯克、旧鲁萨、巴拉赫纳、索利加利奇、托季马、亚连斯克、谢尔贡、纳杰伊诺、索利维切戈茨克、霍尔莫戈雷、科拉、图尔恰索沃、苏梅、凯姆的盐场都存在已久。西伯利亚的盐场位于伊尔库茨克和叶尼塞斯克。[1] 阿斯特拉罕像往常一样继续开采湖盐。18 世纪，北方盐场的重要性降低，新的湖盐被开发出来，例如，萨拉托夫省的埃利通湖盐和奥伦堡省的伊列茨克湖盐。[2] 在距离伊尔库茨克[3] 2～3 俄里的山区进行了岩盐的开采工作。盐归国家或富人所有。18 世纪初，国家垄断了食盐销售，扼杀了食盐生产商的积极性，导致食盐的产量下降，盐的运输也出现了问题。18 世纪下半叶，食盐匮乏成了一个棘手的问题。政府通过开采埃利通湖盐、伊列茨克湖盐和克里木的盐，部分地缓解了食盐匮乏的情况。然而，直到 18 世纪 60 年代初，伊列茨克湖盐和埃利通湖盐仍然比彼尔姆生产的盐贵。此外，彼尔姆的盐还"比埃利通湖盐的纯度高"。伊列茨克的湖盐很优质，此处的盐只能由国家开采，开采过程中需要使用重达 30～40 俄磅的方木。有时会开采出所谓的"心盐"——一种纯净如水晶、有助于改善视力的盐。[4] 19 世纪初以前，俄国的盐主要产自埃利通湖和克里木，而盐的加工通常在彼尔姆省的新乌索利耶和利夫内的盐场进行。那时，每年有 800 多名采盐工和 12000 名搬运工在埃利通湖畔的盐矿工作，采盐量达 500 万～800 万俄磅/年。但是，广大地区，

---

① Лукьянов П. М. Указ. соч., т. 2, с. 7; Паллас П. С. Путешествия по разным провинциям Российской империи.., ч. I, С. 74-75.

② Чулков М. Д. Историческое описание.., т. IV, кн. II. М., 1786, с. 67-81.

③ Кацурагава Хосю. Краткие вести о скитаниях в северных водах（« Хокуса монряку»）. М., 1978, с. 111.

④ Полунин Ф. Географический лексикон Российского государства, с. 100-102, 366.

尤其是距盐源较远地区的食盐供应问题并没有得到解决。政府意识到了造成食盐短缺的原因是开采技术落后、运货困难、进价低但售价高、"自由"盐商紧缺等，但不敢大胆地采取措施。从 1808 年起，阿斯特拉罕、克里木生产的食盐，伊列茨克湖盐和埃利通湖盐可以自由出售。[①]

如前所述，与 17 世纪相比，大多数牵动国家经济命脉的工业技术并没有取得重大进步。工业的进步主要表现在企业数量的增加和生产规模的扩大上。"粗放式"工业发展模式是封建时代的典型特征。封建时代的另一个特征是过度开发自然资源，18 世纪的人们已经注意到了这一点。许多以木材为原料的工业，如制盐业和焦油蒸馏业等，生产技术落后，某些地区的森林消失殆尽。

为了建设海军，18 世纪俄国的木材工业处于政府的监管之下。一方面，这促进了木材工业技术的进步，例如，造船场中出现了大型锯木场。以往，工人们用斧头将原木砍成木板，导致木材大量损失，因为在用斧头砍伐的过程中，许多木材都变成了木屑。而锯木场用锯子锯木板，恰好解决了这一问题。另一方面，船舶的建造导致造船区的松树林逐渐被耗尽。尽管有专门的法令规定用锯子砍伐木材，但直到 18 世纪下半叶，农民在砍伐木材和制作木板时仍然使用斧头。

在 18 世纪，酿酒业发挥了特殊的作用。酿酒场很常见，产量极高。值得一提的是，酿酒业开始了资本积累的进程。此时，酿酒业与许多冶金业的经济效益已不可同日而语。[②] 作为城市经济的一个部门，酿酒业还不断向原料产地和农村扩张。到 18 世纪下半叶，酿酒业完全被贵族垄断。18 世纪上半叶，地主、商人和国家开办的酿酒场如雨后春笋般出现。

① Сведения о настоящем состоянии соляной части в России и предположения об устройстве ее на будущее время, составленные в 1806 году министром внутренних дел. Б. м., 1807.

② Павленко Н. И. Торгово-промышленная политика правительства России в первой четверти XVIII в. —История СССР, 1978, № 3, с. 65.

到了 18 世纪 50 年代初，全国共有 594 家酿酒场。[①]

大型酿酒场通常有磨坊、制曲车间、蒸馏车间以及一些辅助车间，如锅炉房、打铁房、制桶房和制砖房等。蒸馏车间里的主要设施有带盖耳锅、蒸碗和锅炉。大型蒸馏车间里的锅炉总容积相当于上百个桶的容积。18 世纪中叶，俄国共有 20 多家大型酿酒场，每家大型酿酒场每年生产 2 万~8 万桶酒。[②] П. С. 帕拉斯认为酿酒过程中使用的蒸锅不环保，排放出了大量的酒蒸汽。对于他的批评，酿酒场主给出了这样的回答："习惯就是如此。"[③]

尽管 18 世纪的城乡工业扩大了生产规模，但总体上仍然属于小商品生产业。18 世纪头 25 年的俄国工业比较特殊，因为当时的生产规模极小，大多数手工工场工人，哪怕是城市手工工场的工人都没有助手，甚至连学徒都没有。通常，工人没有固定的工作单位，多在"自己家"与"家人"一起工作。[④] 不过，18 世纪 30 年代的资料显示，图拉省工匠的劳动工具较为齐全。绝大多数工匠都拥有 3~5 种不同类型的工具，有些工匠甚至有 7~8 个工具，只有少数铁匠拥有 1~2 个工具。维修这些工具还需要额外雇用工人。[⑤] 18 世纪下半叶，工匠对额外劳动力的使用有所增加，其中除了学徒，还包括雇工。[⑥] 一些作坊的生产规模扩大，其拥有者变成了拥有雇工的手工工场主。这种情况在许多城市，尤其是在大城市很常见。列宁写道："小商品生产者建立较大的作坊，是向比较高级的工

---

① Волков М. Я. Очерки истории промыслов России. Вторая половина ⅩⅦ–первая половина ⅩⅧ в. М., 1979, с. 74.

② Волков М. Я. Очерки истории промыслов России. Вторая половина ⅩⅦ–первая половина ⅩⅧ в. М., 1979, с. 317–318.

③ Паллас П. С. Путешествия по разным провинциям Российской империи.., ч. Ⅰ, с. 133.

④ Заозерская Е. И. Торговля и купечество.., с. 77–78.

⑤ Павленко Н. И. Развитие металлургической промышленности России в первой половине ⅩⅧ в. М., 1953, с. 462–463.

⑥ Георги И. Г. Описание... Санкт-Петербурга, с. 236–253.

业形式的过渡。"① 然而，工匠向手工工场主的转变是一个非常缓慢的过程，因为小生产者的资本积累进行得异常缓慢。

虽然如此，还是有许多小型作坊发展成了大型手工工场。以冶金业为例，17 世纪的小型作坊至少在以下四个方面为向手工工场的转型奠定了基础：资本集中在少数小生产者手中；专业化生产，即区域内和跨区域劳动分工越来越发达；矿区分离；专业劳动力充足。② "探矿员" 这一职业早在 18 世纪以前就已为人所知，18 世纪，企业主开始大量雇用探矿员。例如，杰米多夫家族就雇用了农民探矿员，常常派出一整个勘探队寻矿。③ И. И. 列别辛在周游俄国时发现，许多地方存在着古老的矿井，这表明，在手工工场出现之前就有了采矿活动。若某地区的矿藏足以支撑大型手工工场的运作，那么该地的矿区就会被手工工场占有，农民则被分配到手工工场工作，无权开发矿产。在俄国西北部的一些地区，如乌斯秋兹诺和别洛泽斯克等地，农民也可以开发矿产，但是在手工工场工作的农民必须将自己制作的铁制品卖给手工工场，或给手工工场额外打零工。卡累利阿的工人和手工工场之间则有另一种互动模式：手工工场主组织工人重新锻造已经熔炼过的铁块。波舍霍尼耶的铁匠专门 "为沙皇服务"。

政府鼓励建设大型企业仍然以维护封建统治为目的，在很多情况下，政府的支持政策反而阻碍了小商品生产业的独立发展。根据 К. Н. 谢尔宾娜的观察，手工工场并没有取代农民的家庭手工业，农民仍然从事小规模的铁制品生产。因为手工工场主要为官方服务，不为广大平民消费者服务。④ 不仅

---

① 《列宁全集》第 3 卷，人民出版社，2013，第 320 页。——译者注

② Павленко Н. И. Развитие металлургической промышленности России в первой половине XVIII в.，с. 49-50.

③ Булыгин Ю. А. Некоторые вопросы культуры приписной деревни Колывано-Воскресенских горных заводов XVIII в. -В кн.：Крестьянство Сибири XVIII -начала XX в.（Классовая борьба，общественное сознание и культура）. Новосибирск，1975，с. 71-72.

④ Сербина К. Н. Крестьянская железоделательная промышленность Северо - Западной России XVI —первой половины XIX в. Л.，1971. с. 234.

冶铁业如此，纺织业也是如此。1727 年，参政院指出："众多农民通过交易俄国粗布……维持生计。"①

工匠在封建势力的压迫下进入手工工场工作。1719 年，舒亚县科赫马村的全体农民都被分配至荷兰人 И. 塔梅斯的亚麻企业工作，"该村非常适合开办手工工场，因为此地农民及其妻儿的手艺高超，制造出来的产品质量非常好"。② 此外，有一技之长的农民大量离开农村，进入城市的大型企业工作。18 世纪初，莫斯科周边的村庄以及雅罗斯拉夫尔、苏兹达尔、弗拉基米尔和特维尔的农民对于莫斯科的城市轻工业发展起到了一定的作用。③

18 世纪，农民常常被迫放弃自由手工业者的身份，成为手工工场中的熟练劳动力，尽管身怀技艺的农民离开农村对于自身似乎没有坏处。1724 年政府颁布了法令，规定只把"最优秀"的农民工留在手工工场，这表明政府更倾向于雇用熟练工人。④

纺织工人比较特殊。精通纺织技艺的中部地区农民，很快就能掌握复杂的丝织手艺。他们在城市中学习纺织细麻布和羊毛布。在手工工场中积累了工作经验之后，纺织工人可以重回农村从事纺织业。⑤ 这种模式不仅提高了农民的技能，而且改变了农民的思想。19 世纪初，《雅罗斯拉夫尔省地理志》中记载："城市使农民的思想更加开放，使他们养成了随意评判事物的习惯……农民不愿意尊重权威，甚至对上级很无礼。"⑥

---

① Соловьев С. М. История России с древнейших времен, кн. IX. М., 1963, с. 579.

② Заозерская Е. И. К вопросу о зарождении капиталистических отношений в мелкой промышленности России, с. 74–75.

③ Заозерская Е. И. Развитие легкой промышленность в Москве в первой черверти XVIII в. М., 1953, с. 99, 378–379.

④ Павленко Н. И. Торгово-промышленная политика.., с. 52.

⑤ Кулишер И. М. Указ. соч., с. 131–132; Мешалин И. В. Текстильная промыщленность крестьян Московской губернии в XVIII и первой половине XIX века. М. –Л., 1950. с. 40, 77–78.

⑥引文出自 Федоров В. А. Помещичьи крестьяне Центрально-промышленного района России конца XVIII—первой половины XIX в. М., 1974, с. 223.

小型手工业的不稳定性意味着城市工人很容易失去独立生产者的地位，沦为雇佣工。由于小型手工业的市场有限，城市工人大多都需要加入手工工场工作。例如，1716 年，大多数莫斯科农民（约 300人）都在官营企业工作，制造货币、兵器、布匹和衣帽等产品。城市工人往往刚一开办私人作坊，[①] 就不得不关停，转而成为雇佣工。也有一部分工匠在商人开办的手工工场工作。同一个企业中经常有各行各业的工匠。

国家将一些地方的工匠强制分配到官营企业工作。例如，雅罗斯拉夫尔的高水平制革工被派往波切普、雷利斯克"做雇工，为君主工作"。从 1710 年的名单来看，雅罗斯拉夫尔的铁匠基本被分配到莫斯科的大炮场工作。[②] 图拉的上百名铁匠被派往乌拉尔的第一批手工工场工作，其中既有官营手工工场，也有私营手工工场。[③]

城市工人还能为手工工场提供生产工具。对此，1765 年，手工工场委员会副主席 Φ. 苏金指出："很少有手工工场不需要小作坊制造的工具，不仅如此，需求还很大。"Φ. 苏金责令小作坊的工匠制造更多工具，并加强对产品质量的监督，以减轻大型手工工场的负担。[④]

总而言之，城市小手工业者通过为手工工场提供高素质工人和生产工具，促进了各种工艺的普及和进步，这为 18 世纪俄国手工工场的发展创造了条件。

---

① Заозерская Е. И. К вопросу о зарождении капиталистических отношений в мелкой промышленности России, с. 78.

② Данилова Л. В. Мелкая промышленность и промыслы в русском городе во второй половине ⅩⅦ-начале ⅩⅧ в. （по материалам Ярославля）. -История СССР, 1967, № 3. с. 99, 102.

③ Заозерская Е. И. Мануфактура при Петре I. М. , 1947, с. 102.

④ Полянский Ф. Я. К вопросу о зарождении капиталистических отношений в мелкой промышленности России начала ⅩⅧ в. —Вопросы истории, 1949, № 6, с. 173. "手工工场"部分由 Л. В. 科什曼所著。

手工工场

18 世纪，手工工场在俄国普遍开来。[1] 贸易和手工业的发展是手工工场出现的客观条件，前者已经具备小商品经济的特点，并且显示出了集约化和专业化的趋势。

同时，人们对自然资源的兴趣越发浓厚。开发和利用自然资源成为社会经济生活中的一个普遍现象。人类活动的新形式出现了，手工工场的普及正是其表现之一。

除了客观的社会经济条件，政府政策也推动了手工工场的发展。统治者既重视黑色冶金业、制麻业、造纸业、铸币业等传统工业部门，也鼓励新兴工业的发展，后者满足了国家和贵族的需要。政府政策对手工工场的推动作用在 18 世纪头几十年尤为显著。彼得一世推行了授予手工工场特权、予以财政拨款等积极措施，[2] 既促进了老工业的发展，也刺激

---

[1] 1725 年，俄国约有 130~140 家手工工场，18 世纪 60 年代约有 500 家，18 世纪末（据 1804 年的资料）有超过 1000 家手工工场。- Пажитнов К. А. К вопросу о переломе в мануфактурной промышленности XVIII в. — Вопросы истории, 1948, № 3, с. 61, 62. 由于当时的统计数据不完善，上述数据并不准确。这些数据的意义在于展现手工工场的动态发展特征。除此之外，还有其他资料记载了 18 世纪俄国手工工场的数量变化。- Заозерская Е. И. К вопросу о развитии крупной промышленности也 有 в России в XVIII веке. — Вопросы истории, 1947, № 12, с. 64, 65.

[2] Это отражено в обширном законодательстве, касавшемся вопросов промышленности. 这一点在涉及工业问题的立法中得到了体现。参见 ПСЗ, т. V, № 2876 – «О заведении суконных заводов», 1715 г.; № 3089 – «Жалованная грамота на исключительное заведение в России фабрик для делания всяких материй и парчей», 1717 г.; № 3142 – «О взятии свидетельств мастеровым людям, желающим определиться на мануфактуры», 1718 г.; № 3174 – «О даче фабрикантам Турчанинову и цымбальникову на размножение полотняного завода грамоты», 1718 г.; № 3176 – «Доношение фабриканта Алексея Милютина о пожаловании ему на делание шелковых лент...», 1718 г.; № 3464 – «Берг-привилегия», 1719 г.; т. VI, № 3708 – «Регламент главного магистрата», 1721 г.; № 3711 – «О разрешении покупать к заводам крепостных», 1721 г.; т. VII, № 4345 – «О заведении в России фабрик», 1723 г.; № 4378 – «Регламент Мануфактур-коллегни», 1723 г.; 等等。

了新兴工业的出现，如造船业及其附加产业（如制锚业）、锯木业、有色金属加工业、制镜业、制瓷业和制糖业等。

俄国新兴工业的崛起以及手工工场数量的增加引起了同时代人的注意。彼得一世时期的著名政治家 П. 沙菲罗夫，是 1717 年成立的丝绸场的"创办人"之一，他曾写道，俄国出现了"许多闻所未闻"的工业。[1]

18 世纪有相关资料和图示记录了当时手工工场的外观、特点和功能。大型手工工场中的典型建筑是集生产建筑和生活建筑于一体的建筑综合体，其中包括生产车间、工人住宅以及附属建筑，如菜园和草场等。冶金企业中的建筑综合体包含办公室、住宅和教堂。一些手工工场，尤其是乌拉尔南部的手工工场，有坚固的围墙，以保护手工工场免受当地居民的攻击。生产建筑的布局大致相同，手工工场的中央处有一个水坝，主要生产车间与之相邻。离大坝最近的，首先是高炉车间，它消耗了大部分电力，其次是铁锤车间，最后是辅助生产车间，如锯木间、打铁间、制锚间等。通常，冶金企业没有铸造车间，铸造环节在高炉车间完成，将铁水倒入高炉的砂模中即可。[2] 很长一段时期，手工工场都是木式建筑，只有少数例外。手工工场的外墙上覆盖着一层混有羊毛的黏土，用来防火。低矮的车间没有窗户，工人们借助门外射进来的阳光照明，晚上则靠熔铁炉或松明照明。[3]

纺织企业中也有建筑综合体。莫斯科的亚麻企业外侧有围栏，主车间有两层，一楼进行桌布和餐巾的生产，有三台机器和其他辅助设备，二楼是住宅，供外国工匠居住。此外，还有一个供俄国学徒居住的小屋、两个仓库、一个地窖和一个板棚。其中一个仓库内放有砖砌的熔铁炉和

①　Шафиров П. Рассуждение. . . о причинах Свейской войны. Спб. , 1722, с. 15.

②　Кашинцев Д. История металлургии Урала. М. -л. , 1939, с. 74.

③　Кашинцев Д. История металлургии Урала. М. -л. , 1939, с. 92.

两个铜制的锅炉，用来熬制漂白亚麻布的碱液。[1] 另一个砖砌的熔铁炉建在河边的草地上，用于煮纱。亚麻工人修建了三条通往亚乌扎河的河道，并在亚乌扎河上方建造了一座原木桥，以便漂白亚麻。在整个 18 世纪，彼得堡的印染企业内都包含"住宅"、生产建筑、菜园和草场。此外，手工工场使用由马力驱动的发动机，因此一般也有马厩。[2] 有时，手工工场中的一些部门会分离出来，构成独立的生产部门。例如，锯木坊、砖坊、制锚坊、打铁铺、毛皮作坊和家具作坊等，它们从大型手工工场中分离了出来，为特定的手工工场供应产品。[3]

总体来看，在 18 世纪，建筑综合体是俄国工业企业中的固定建筑。工业企业中这种稳定的结构体现了封建时代的特征，并在很大程度上反映了封建时代的意识水平。

18 世纪的大规模工业企业以集中生产的形式为主。某些取得了一定发展并日益商品化的小商品生产业之所以无法发展成大规模工业企业，除了缺乏社会支持，还有一个因素是缺乏能源和技术保障。只有集中生产的企业，如冶金企业，才能为生产数量和质量都达标的商品提供必要的能源和技术保障。[4]

18 世纪，俄国出现了三个主要的工业区：中部工业区主要发展加工业，尤其是纺织业；乌拉尔工业区是俄国的冶金业中心，包括黑色金属

---

[1] Базилевич К. В. На старейших полотняных фабриках. —Архив истории труда в России, 1923, кн. 10, с. 12–13.

[2] Покшишевский В. В. Территориальное формирование промышленного комплекса Петербурга в XVIII – XIX вв. —Вопросы географии, 1950, сб. 20, ист. география, с. 129 – 130.

[3] Бакланов Н. Б. Техника металлургического производства XVIII в. на Урале. М. , 1936, с. 131.

[4] Мешалин И. В. Промышленность России во второй половине XVIII в. и ее территориальное размещение. —В кн. : Известия Всесоюзного географического общества, 1941, т. 73, вып. 2; Дробижев В. З. Ковальченко И. Д. , Муравьев А. В. Историческая география СССР. М. , 1973, с. 233–240.

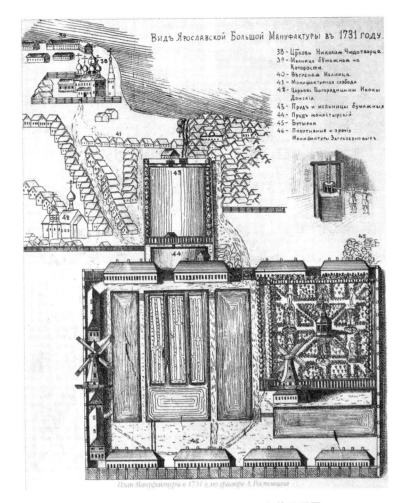

图 3-4 雅罗斯拉夫尔大型手工工场的平面图

冶金业和有色金属冶金业；还有西北冶金工业区。18世纪末，以彼得堡为中心的新工业区出现，造纸业和印染业都是当时的新兴工业。

在17世纪末18世纪初，位于西北工业区的奥洛涅茨以冶金业闻名。但由于奥洛涅茨的矿产质量差、数量少，不能为冶金业提供足够的原料，在18世纪逐渐丧失了优势。18世纪初，该地区继续发展冶金业是国家对于大北方战争的军事部署，并非为了发展经济。[1]

新兴工业的出现、新工业区的形成和经济专业化的提高都意味着生产力有所发展。

纺织业集中在俄国中部地区。纺织企业不仅使用本地原料，如亚麻、羊毛等，还使用进口原料，如丝绸和棉花。大部分纺织企业都集中在莫斯科省。此外，雅罗斯拉夫尔省、科斯特罗马省和弗拉基米尔省的亚麻产业取得了进一步发展。[2]

18 世纪下半叶，新兴的棉纺织业日益蓬勃。棉纺织业最先在阿斯特拉罕地区出现，因为这里最容易购买中亚棉花。[3] 18 世纪 50～60 年代，在政府的支持下，外国人在彼得堡建立了第一批棉纺织场，这些手工工场使用进口原料细平布。[4] 18 世纪末，伊万诺沃村也出现了棉纺织场。[5]

中部工业区的冶金业结构发生了一些改变。1754 年 8 月 30 日，为了保护莫斯科周边的森林，国家颁布了法令，宣布"永久关停"莫斯科方圆 200 英里[6]以内的所有"水晶企业、玻璃企业和钢铁企业"。[7] 事实证明，这些保护

---

[1] Павленко. Н. И. Развитие металлургической промышленности. . , c. 56.

[2] Пажитнов К. А. Очерки истории текстильной промышленности дореволюционной России. Шерстяная промышленность. М. , 1955, c. 15–16; Он же. Хлопчатобумажная, льнопеньковая и шелковая промышленность. М. , 1958, c. 307; Дюбюк Е. Полотняная промышленность Костромского края во второй половине ⅩⅧ—первой половине ⅩⅨ века. Кострома, 1921, c. 22; Мешалин И. В. Текстильная промышленность крестьян Московской губернии в ⅩⅧ—первой половине ⅩⅨ века, c. 107.

[3] Любомиров П. К. Очерки по истории русской промышленности. М. , 1946, c. 600–605.

[4] 1755 年，昌伯林和科赞斯的"印花布手工工场"在红村建成。1767 年，利曼的手工工场在施吕瑟尔堡建成。—Дмитриев Н. Н. Первые русские ситценабивные мануфактуры ⅩⅧ в. М. -Л. , 1935, c. 14, 34. 欧洲的印花布手工工场最早于 1746 年出现在米卢斯（德国），第二批于 1763 年出现在英国。Столпянский П. Н. Из истории производств С. -Петербурга за 18 век и первую четверть 19 века. —Архив истории труда, 1921, кн. 2, c. 94.

[5] Гарелин Я. П. Город Иваново-Вознесенск, или бывшее село Иваново, и Вознесенский Посад, ч. 1. Шуя, 1885, c. 147–148; Мешалин И. В. Текстильная промышленность. . , c. 104.

[6] 1 英里＝1.61 公里。——译者注

[7] ПСЗ, т. ⅩⅣ, № 10285.

环境的措施并未取得成效。人们将商业活动转移到了其他地区。例如，18世纪50年代，奥卡河沿岸出现了铁矿企业，主要由巴塔舍夫家族创办，巴塔舍夫家族涌现出了许多大企业家。梁赞省、弗拉基米尔省、下诺夫哥罗德省和坦波夫省也出现了新工业区。[①]

18世纪，黑色金属和有色金属冶金业主要集中在乌拉尔地区。除了乌拉尔工业区，俄国东部又形成了两个工业区：以巴尔瑙尔为中心的阿尔泰工业区和以外贝加尔为中心的涅尔恰工业区。这里有丰富的矿藏和大量冶金企业，主要生产有色金属和贵金属。18世纪，俄国首次出现了官营金银冶炼企业。[②]

乌拉尔地区的冶金业始于17世纪末18世纪初。丰富的铁矿资源、[③]可用作燃料和建筑材料的广阔森林、便于建造水坝的众多河流以及便利的地理位置——靠近可通航的丘索瓦亚河（通过该河流可以将金属产品运至俄国中部，尽管速度很慢），都是乌拉尔发展冶金业得天独厚的优势，为乌拉尔带来了极高的经济效益。

在彼得一世统治时期，乌拉尔中部地区成为俄国经济最发达的地区。早在17世纪，乌拉尔中部地区已经出现了小型冶金企业和农民自建的土式高炉。[④]政府计划在这些地区创办大型冶金企业，一方面是考虑到了此地的经济发展水平，另一方面是为了开发新的矿藏。1697年，托博尔斯克的军政长官 M. Я. 切尔卡斯基受命在除乌拉尔地区以外的地方勘探矿石，上图里耶的军政长官 A. И. 卡利京也受命"开发各地的优质矿石"。

---

① Любомиров П. Г. Очерки по истории русской промышленности. М. , 1946, с. 423, 425, 480, 481; Демиховский К. К. Возникновение и развитие приокской металлургии во второй половине XVIII в. -Учен. зап. Пермского гос. ун-та, т. XVII, вып. 4, 1961.

② Любомиров П. Г. Очерки по истории русской промышленности. М. , 1946, с. 315.

③ "这种磁性矿石每100俄磅能产出30~40俄磅优质铁"，曾考察过乌拉尔富铁矿的"矿石专家"写道。—Любомиров П. Г. Очерки по истории русской промышленности. М. , 1946, с. 338.

④ Очерки русской культуры XVII в. , ч. 1, с. 110.

图 3-5　叶卡捷琳堡的风光

1701~1704 年，卡缅卡和阿拉帕耶夫斯克出现了新的露天矿区。[1]

18 世纪 30~50 年代，人们开始开发乌拉尔北部和南部地区。18 世纪
30 年代中期，政府和杰米多夫家族在富含矿藏的布拉戈达特山附近创办
了几个高炉企业。

这一时期，俄国有两个主要的工业基地，即中乌拉尔工业基地和南
乌拉尔工业基地，它们各有特色。中乌拉尔工业基地多为官营企业，此
外，还有许多由杰米多夫家族和斯特罗甘诺夫家族创办的企业。南乌拉
尔工业基地主要发展炼铜业，商人创办的私营企业居多。18 世纪的北乌
拉尔地区在工业上还没有什么发展。[2] 乌拉尔工业区冶金企业的密集分布
具有一定的合理性，这是大规模工业企业发展必不可少的因素。

乌拉尔冶金综合体形成于 18 世纪，具体数据见表 3-1。[3]

---

[1]　Белов В. Д. Исторический очерк уральских горных заводов. Спб., 1896, с. 25. 17 世纪
初，军政长官负责在新开发的地区勘探矿石。

[2]　Любомиров П. Г. Очерки по истории русской промышленности. М., 1946, с. 355-359.

[3]　Исторический архив, т. IX. М., 1953, с. 286-321. 表中的数据仅包括 1853 年正在运营
的企业，不包括当时已停止运营的企业。

表 3-1 18 世纪至 19 世纪上半叶乌拉尔冶金企业数量

单位：个

冶金企业数量	18 世纪			19 世纪上半叶
	1700~1750 年	1751~1800 年	总计	
官营企业	4	10	14	3
私营企业	37	58	95	25
总计	41	68	109	28

18 世纪是乌拉尔工业发展最迅猛的时期。在 18 世纪中叶，乌拉尔的冶金企业生产了俄国 2/3 的铁、9/10 的铜和几乎所有的黄金。[1] 得益于乌拉尔工业巨大的生产规模，俄国成为世界第一大生铁制造国。

新工业区的经济开发意味着各种自然资源，尤其是矿物资源的使用更加广泛。乌拉尔地区的工业专业化生产改善了社会劳动分工，后者在封建时代的进步主要体现在生产力的发展上。与小商品生产业相比，大规模工业企业具有更大的经济潜力和技术潜力，也能为生产力的发展创造更多条件。列宁认为，无论是俄国还是国外，区域化劳动分工都是大规模工业企业的标志。小商品生产业无法联动不同地区，而大规模工业企业可以打破这一局限，不仅能联动各个地区，而且还能在地区内进行专业化生产。[2]

采矿业的发展情况主要取决于政府政策。在 18 世纪头几十年，已经存在的老冶金生产基地继续发展，例如，中部工业区的图拉和沃罗涅日，还有西北工业区。布特南特曾在西北工业区开办冶金企业，后来，其冶金企业在彼得一世统治初期被收归国有。

---

[1] Любомиров П. Г. Очерки по истории русской промышленности. М., 1946, с. 382; Павленко Н. И. Развитие металлургической промышленности.., с. 87, 512.

[2] 《列宁全集》第 3 卷，人民出版社，2013，第 392 页。——译者注

18 世纪 40~60 年代，俄国冶金业的发展脉络日渐明朗。[①] 在这一阶段，冶金企业的数量增幅最大，私人资本，尤其是商人资本积极投入到工业建设中，贵族企业家大量涌现。[②] 私营冶金企业的大量建设意味着资本在工业经济中发挥的作用越来越大。[③]

大型冶金企业在创办初期往往缺乏技术专家。不过，这个问题不难解决。新建的冶金企业可以向历史悠久的冶金企业学习，并邀请老冶金企业的熟练工人来新企业工作。特聘来的工人会事先考察并确定大坝的建造位置。[④] 18 世纪后几十年没有出现新的冶金企业群，冶金企业通常创办在已经开发过的拥有现成水坝的旧址上。莫斯科工人谢苗·维库林和图拉工人斯捷潘·特列古博夫共同在涅维扬斯克创办了企业。他们只有在建造鼓风机时聘请了外国工人。[⑤] 许多"奥洛涅茨工人"在乌拉尔炼铁。1723 年，В. И. 盖宁在给彼得一世的信中写道："奥洛涅茨工人使您的企业面貌焕然一新，现在，您的企业生产的铁制品非常优质。"[⑥] 巴塔舍夫家族的企业大量聘用熟练工人。通常，新企业建设完成后，巴塔舍夫家族就从其他企业聘请一批熟练工人来到自己的企业工作，以维持企业的正常运营。[⑦]

---

① Павленко Н. И. История металлургни в России XVIII в. М. , 1962, с. 461463；Любомиров П. Г. Очерки по истории русской промышленности. М. , 1946, с. 437；Кашинцев Д. История металлургии Урала. М. -л. , 1939, с. 112-113.

② 在 1741~1770 年这 30 年，俄国商人共建立了 79 家企业，贵族创办了 29 家企业；在此前的 40 年（1701~1740），俄国商人共创办了 36 家企业，贵族仅创办 1 家企业；而在此后的 30 年（1771~1800），俄国商人只创办了 8 家企业，贵族创办了 13 家企业。—Павленко Н. И. История металлургии в России XVIII в. , с. 463.

③ 1751~1780 年，国家将 22 家冶金企业转让给了私人。这一时期是整个 18 世纪内转让官营企业数量最多的时期。—Павленко Н. И. История металлургии в России XVIII в. , с. 458.

④ Павленко Н. И. История металлургии в России XVIII в. , с. 224.

⑤ Струмилин С. Г. Очерки по истории черной металлургии в СССР. М. , 1867, с. 129.

⑥ Глаголева А. П. Олонецкие металлургические заводы при Петре I. —Исторические записки, т. 35, 1950, с. 191. В. И. Гейнин (1676~1750) с 1698 年起在俄国工作，1713 年开始管理奥洛涅茨的采矿企业，1722 年开始管理乌拉尔的采矿企业。

⑦ Свиньин П. Заводы, бывшие И. Р. Баташева, а ныне принадлежавшие генерал-лейтенанту Д. Д. Шепелеву и его детям. Спб. , 1826, с. 13.

叶卡捷琳堡冶金企业的建设充分吸收了各地的经验，说它是当时建筑艺术的巅峰毫不为过。该企业中的大坝由工人列昂季·兹洛宾设计，他曾在杰米多夫家族的企业工作。В. И. 盖宁在给彼得一世的信中写道，杰米多夫家族派了"最优秀的工人"来建设新企业。企业的建筑草图以及机器的放置图由克莱奥平和戈尔杰耶夫绘制，他们曾经在奥洛涅茨"制造大炮"，后来又在谢斯特罗列茨克绘制车间草图和"迫击炮、榴弹炮等"的设计图纸。①

18 世纪最后几十年，俄国各地的冶金业生产规模都有所缩减。发展速度的减慢和冶金企业的消失首先发生在欧俄。到了 18 世纪末，受科学技术水平的限制，乌拉尔冶金业的发展已穷途末路，原材料，尤其是"能源资源"也即将耗尽。据史料记载，在整个 18 世纪，乌拉尔地区共出现过 172 家冶金企业。② 到19 世纪中叶，只有 95 家幸存了下来。③ 乌拉尔的工业资本并不稳定，18 世纪，乌拉尔地区的居民从事冶金行业。欧俄的冶金业资本也十分不稳定。④ 通常，冶金企业只能在第一代创办者的管理下正常运营，极少能传承至第二代或第三代，杰米多夫家族、巴塔舍夫家族和奥索金家族都是如此。这种情况阻碍了大型工业的发展。

冶金企业的不稳定是由一系列复杂的原因造成的，比如商品货币关系尚不发达，冶金企业与市场缺乏联系，政府的工业政策不合理、摇摆

① Горловский М. А. К истории основания Екатеринбурга. —Исторические записки，т. 39，1952，с. 173–180.

② Павленко Н. И. История металлургии в России XⅧ в.，с. 460.

③ 18 世纪末，俄国五大商人家族共拥有乌拉尔地区 1/3 以上的企业，即雅科夫列夫家族、奥索金家族、特维尔迪舍夫家族、米亚斯尼科夫家族和古宾家族。可以看出，杰米多夫家族不在其列，此时该家族已经将其在乌拉尔的企业转让给了 С. 雅科夫列夫。—Павленко Н. И. История металлургии в России XⅧ в.，с. 271.

④ 在整个 18 世纪，该地区有 47 个商人家族开办了冶金企业。到18 世纪末，只有 8 个家族的企业幸存，其中，巴塔舍夫家族的企业规模最大。—Павленко Н. И. История металлургии в России XⅧ в.，с. 214.

图 3-6　铸工

不定。

　　高炉车间和铁锤车间是 18 世纪冶金企业中必不可少的部门，它们保留了 17 世纪的许多特征。所用的能源和储水设施都没有改变：大坝仍然由黏土筑成，有 2~3 个木"槽"和老式水闸。[①] 高炉车间和铁锤车间通常建在一起。有时，铁锤车间会独立出来，但通常距离高炉车间很近，这样便于运输高炉车间的生铁，从而进行加工。

---

① Кашинцев Д. История металлургии Урала. М. – л., 1939, с. 174; Очерки русской культуры XⅧ в., ч. 1, с. 111.

两段式制铁法早在 17 世纪就被发明了出来，这是冶金生产技术最重要的成就，促进了冶金业生产力的提高和技术设备的进步。

高炉车间里通常有一个带木式鼓风机的高炉和一个钻床，前者用于炼铁，后者用于铸铁。高炉的设计与欧洲高炉相同，其结构直到 19 世纪中叶才发生本质性变化。[①] 不过，18 世纪高炉的尺寸和高度都有所增加。В. И. 盖宁将俄国高炉的标准高度定为 10 俄尺，即 7 米。不过，18 世纪 60 年代，一些大型企业使用的高炉已经超过了这一高度。到 18 世纪末，乌拉尔地区的高炉普遍高于这一标准，平均高度可达 14~20 俄尺，即 10.5~14 米。[②] 炉顶的结构也发生了变化，烟囱改用砖砌，但炉料上方的部分仍然是木式装置。炉料装置处增加了一个生铁板，工人们扳动它即可吊起炉料，放入高炉中。炉衬改用耐火材料建造，这样可以将高炉的使用寿命延长至 5~8 年。

18 世纪的炼铁技术取得了实质性进步。人们已经生产出了高质量生铁。优质生铁用于制作精美的铁制品，劣质生铁则用于铸造粗糙的铁制品。通过改变炉料的配比，可以得到不同类型的生铁，炉料包括矿石、石灰石、木炭等。人们非常重视炉料的准备工作。通常，工人们先烫烧矿石，然后将其在捣矿机中捣碎，最后倒入其他炉料。炉料的配方由 В. И. 盖宁制定。[③]

工人们完全靠经验配制炉料。当时的科学尚无法解释高炉炼铁的化学原理。直到 18 世纪 70 年代，氧气才被发现，有关燃烧的理论也随之出现，但这些理论应用于实践的时间则晚得多。当时，生铁的质量完全由

---

① Кашинцев Д. История металлургии Урала. М. -л. , 1939，с. 82.

② 在 17 世纪初，高炉的尺寸由以前的 4 俄丈×4 俄丈改为 5 俄丈×5 俄丈（约 100 平方米）。—Бакланов Н. Б. Техника металлургического производства XVIII в. на Урале. М. , 1936，с. 63；Кашинцев Д. История металлургии Урала. М. -л. , 1939，с. 141.

③ Геннин В. И. Описание уральских и сибирских заводов, с. 169-170.

工人的技术决定，因为他们负责炉料的调配工作。[①]

铁制品仍然用精炼法生产，即在熔炉中对生铁进行再加工。18 世纪俄国铁锤的结构、重量和形状都与以往相同。不同的是，18 世纪的铁锤中出现了更多金属零件；另外，18 世纪的锤头形状更加丰富，人们可以根据工作需要更换不同形状的锤"头"。[②]

在 18 世纪，人们不仅使用精炼法生产优质钢材[③]，还用这种方法生产普通钢材。18 世纪 20~30 年代，В. И. 盖宁将精炼法引入俄国，此后，该方法一直沿用至 19 世纪上半叶。然而，18 世纪俄国的钢产量并不高。涅夫扬斯克、下塔吉尔、兹拉托乌斯特和别洛列茨克的冶金企业中有单独的炼钢车间，其中配有炼钢设备。[④] 1785 年，叶卡捷琳堡周边地区一企业开始生产钢。该企业建于 1764 年，年产钢量约为 4000 普特。但是，该炼钢企业的存在时间不久，于 1792 年被烧毁。国内市场对钢的需求不大，国外市场也主要需要铁制品。[⑤]

18 世纪，冶金业内部的劳动分工进一步深化，铁锤车间和锻造车间的专业化程度进一步提高。铁锤车间又分为 7 个独立的车间：优质钢间、普通钢间、杵锤间、轧制间、切割间、锚固间和金属丝生产间。锻造车间也分为 7 个独立的小车间。17 世纪冶金业中的 9 个车间，在 18 世纪分化成了 40 个车间，其中有 8 个是炼铜车间。[⑥] 压延间和切割间出现于 18 世纪下半叶。18 世纪 80 年代，人们开始在生产铁板的过程中使用轧制

---

① Геннин В. И. Описание уральских и сибирских заводов, с. 160-161.

② Бакланов Н. Б. Техника металлургического производства ⅩⅧ в. на Урале. М., 1936, с. 71；Кашинцев Д. История металлургии Урала. М. -л., 1939, с. 195.

③ 优质钢材即软钢，后来被称为"生钢"。

④ Кашинцев Д. История металлургии Урала. М. - л., 1939, с. 198；Любомиров П. Г. Очерки по истории русской промышленности. М., 1946, с. 455.

⑤ 18 世纪下半叶，乌拉尔冶金企业生产的产品有 96% 为带状铁。—Кашинцев Д. История металлургии Урала. М. -л., 1939, с. 136.

⑥ Бакланов Н. Б. Техника металлургического производства ⅩⅧ в. на Урале. М., 1936, с. 159-160.

机，它比以往的压扁机更先进，轧制出来的铁板更薄。1782 年，切尔莫兹的冶金企业首次使用了轧制机。[①] 18 世纪末，西尔维斯克等地的冶金企业也开始使用轧制机。

18 世纪的炼铜技术没有明显进步。值得一提的是，黄铜——一种铜锌合金被发明了出来。奥索金家族是最早在乌拉尔地区开办黄铜企业的家族之一。1741 年，尤格夫的企业开始从事"将红铜加工为黄铜的生产"。后来，杰米多夫家族的苏克孙企业也开始生产黄铜。[②]

18 世纪，劳动分工进一步深化。18 世纪 30 年代，每个冶金企业中大约有 160 个工种、180 名工人。[③] 17 世纪的冶金工人通常要从事多个工种。[④] 而到了 18 世纪，这种现象很少见。如果某个车间因为缺乏原料而停工，那么企业主通常会把工人调到另一个车间继续从事同一种工作。

劳动工具的丰富促进了生产专业化程度的提高。[⑤] 18 世纪的劳动工具种类更加多样，并且数量增多。18 世纪中期，采矿企业使用的工具多达600 多种。而在 17 世纪，图拉的采矿企业只使用了 77 种工具。[⑥] 18 世纪，一些工具的功能更加完善，但名称未变。[⑦]

---

① Новокрещенных Н. Н. Чермозский завод, его прошлое, настоящее и летопись событий. Спб., 1889, с. 17.

② Павленко Н. И. История металлургии в России XVIII в., с. 221; Кашинцев Д. История металлургии Урала. М.-л., 1939, с. 199. 截至 20 世纪末，苏克孙企业仍然作为一家光学机械厂而存在，生产医疗设备。

③ Бакланов Н. Б. Техника металлургического производства XVIII в. на Урале. М., 1936, с. 166. 在 17 世纪，一家冶金企业中最多只有 22 个工种。

④ Очерки русской культуры XVIII в., ч. 1, с. 114.

⑤ 马克思认为，"工场手工业时期通过劳动工具适合于局部工人的专门的特殊职能，使劳动工具简化、改进和多样化"。参见《马克思恩格斯文集》第 5 卷，人民出版社，2009，第 396 页。——译者注

⑥ Бакланов Н. Б. Техника металлургического производства XVIII в. на Урале. М., 1936, с. 162.

⑦ 例如，生产锤子时需要使用各种钳子：酿造钳用于煮铁；熟铁钳用于夹持铁块；牵拉钳用于将铁块从坩埚中拉出，将铁块拉成条状；敲击钳用于加工铁块；针钳用于加工小的装饰性铁块。——Геннин В. И. Описание уральских и сибирских заводов, с. 636, 638, 639.

图 3-7 轧制机

水能的利用使人们得以使用功率更大的机器，如起重机、洗矿机、捣矿机、磨矿机、专用炼钢炉、切割机、轧制机和"用于研磨薄木板"的研磨机等。这些机器单靠人力无法运转。[1] 18 世纪的工业术语更加丰富。新工业术语多为外来词，后来成为工业行话中的常用词。俄国和西欧在各领域的交往越发紧密，其中也包括工业领域，这毫无疑问促进了外国工业术语在俄国的传播。[2]

冶金工人的劳动具有持续性，一方面是因为生产步骤比较特殊，例如，高炉必须不间断地运转；另一方面是因为人们对铁制品的需求不断增加。冶金工人通常需要利用自然光照明，因此夏季的工作时长为 13.5 小时/天，冬季为 8.5 小时/天。18 世纪，官营冶金企业工人的平均工作时长为 11 小

---

[1] Геннин В. И. Описание уральских и сибирских заводов, с. 635–647.

[2] 在 В. И. 盖宁的作品中可以看到外来术语。—Геннин В. И. Описание уральских и сибирских заводов, с. 634–647.

时/天。私营冶金企业工人在夏季和冬季的工作时长不同，但平均工作时间比官营企业更久，为 12~13 小时/天。[1] 尽管冶金生产不间断，但工人的数量波动很大，因为大多数工人需要在农忙时节回家做农活。[2] 持续劳动在一定程度上促进了劳动生产率的提高和冶金业的总体发展。

18 世纪，俄国的冶金技术取得了两个重大进步：出现了新式圆柱形鼓风机；矿石开始被用作燃料。18 世纪 90 年代，乌拉尔的彼得罗扎沃茨克出现了圆柱形鼓风机，又叫活塞鼓风机，取代了所谓的木板鼓风机。后来，彼得罗卡缅斯科耶、涅维扬斯克、叶卡捷琳堡的冶金企业以及巴塔舍夫家族的企业都使用了圆柱形鼓风机。[3] 圆柱形鼓风机极大地提高了高炉的生产率，产量从 5 吨~6 吨/天提高到 15 吨~16 吨/天，即从 300 普特/天提高到了 900 普特/天。这就是新式鼓风机异常受俄国人欢迎的原因所在。在圆柱形鼓风机出现在俄国的最初 15 年，其就迅速普及，乌拉尔地区有 2/3 的冶金企业都使用了圆柱形鼓风机。[4]

18 世纪，煤作为一种工业燃料，并没有被广泛使用。丰富的木材、人们使用木炭的传统以及数百年来积累的烧炭经验，都使木炭长期作为冶金业的主要燃料。

虽然煤未被大量用作燃料，但依旧被开采了出来。[5] 18 世纪末，俄国

---

[1] Бакланов Н. Б. Техника металлургического производства XVIII в. на Урале. М. , 1936, с. 168-169.

[2] Павленко Н. И. Развитие металлургической промышленности. . , с. 243.

[3] Кашинцев Д. История металлургии Урала. М. － л. , 1939, с. 185 － 186; Свиньин П. Заводы, бывшие И. Р. Баташева, а ныне принадлежавшие генерал-лейтенанту Д. Д. Шепелеву и его детям. Спб. , 1826, с. 48. П. С. Яковлев в Урале открывал в предприятиях中 的鼓风机由其农奴 И. Г. 齐金安装，他是一名熟练的工匠。

[4] Бакланов Н. Б. Техника металлургического производства XVIII в. на Урале. М. , 1936, с. 65-66; Кашинцев Д. История металлургии Урала. М. －л. , 1939, с. 188.

[5] Карпенко З. Г. Горная и металлургическая промышленность Западной Сибири в 1700－1861 гг. Новосибирск, 1963, с.41; Открытие и начало разработки угольных месторождений в России. М. －Л. , 1952, с. 52, 93, 138, 225; Шухардин С. В. Русская наука о разработке ископаемого угля в XVIII в. М. , 1950, с.51.

在这方面取得了一些成就，开展了极小规模的开采工作。1799 年，《论俄国土煤的用途和使用方法》一书在彼得堡付梓问世。其作者是 Н. И. 利沃夫——18 世纪最开明、思想最活跃的俄国人之一。该书最早在俄国推广了煤，也是最早将煤视作一种燃料来论述它的优点的著作。①

18 世纪，俄国的金属加工业不发达，只有少量的大型金属加工企业，如图拉的军工企业，谢斯特罗列茨克的军工企业，莫斯科和彼得堡的军工企业和铸币企业，普龙斯克等地生产铁丝、别针、纽扣、盆子、餐具和烛台的企业。② 除了少数专业化企业，一般的金属加工企业都生产武器，如大炮、炮弹等，以及生活用品。18 世纪末，俄国出现了首批能生产更复杂、更精美的金属制品的企业，例如，卡拉切夫的刀具企业、尤赫诺夫的镰刀企业、梁赞的钢具企业、彼得堡的机械企业和莫斯科的钟表企业。③

在 18 世纪，国家是金属制品的主要消费者，它决定着金属制品的生产规模。

加工业在整个工业结构中占据主导地位，而纺织业又在加工业中占主导地位。④

政府政策推动了麻纺织业和毛纺织业的发展，因为陆军和海军需要此类产品。在 18 世纪头几十年，大型纺织企业主要集中在莫斯科，以大型手工工场的形式存在。织造坊的生产规模很大，并开始将水力发电应

---

① Шухардин С. В. Русская наука о разработке ископаемого угля в XVIII в. М. , 1950，c. 51.
　　"许多实验和矿业大楼的实践（矿业大楼曾奉命使用煤作为燃料）表明，煤既适合家庭使用，也适合所有以木柴为主要燃料的手工工场使用"。—Львов Н. А. О пользе и употреблении русского земляного угля. Спб. , 1799，c. 2.
② Любомиров П. Г. Очерки по истории русской промышленности. М. , 1946，c. 429–430, 434.
③ Там же，c. 505.
④ 18 世纪 60 年代，纺织工人占全国工人总数的 80%，纺织业产品占工业产品总额的 80%。—Дробижев В. З. и др. Историческая география СССР，c. 233.

用于船帆的生产中。① 1705 年，国家出资在莫斯科建立了一家毛纺织企业，在弗谢赫斯维亚茨基石桥附近，主要"生产德式呢绒"，即宽松的彩色毛呢织品，供士兵穿着。彼得一世曾下令"增设呢绒企业，以保证五年内不再从外国购买制服"。② 然而，在 18 世纪，俄国进口外国呢绒的活动从未停止。

政府于 1707 年在莫斯科创办了俄国第一家麻纺织企业。该手工工场主要生产宽幅薄麻布、桌布和餐巾。荷兰工人将 11 台亚麻布织造机和 1 台餐巾织造机带到了这里，它们"能制造出人们需要的各种布匹"③。国家经营毛纺织企业和麻纺织企业的时间不长。1711 年，俄国的企业主们免费获得了麻纺织企业的所有权，1720 年又获得了毛纺织企业的所有权。这是国家首次将纺织企业转让给个人，有时甚至直接忽视企业主的意愿强行转让。例如，1715 年，国家颁布法令规定把毛纺织企业"转交给创办企业的商人，即使他们不同意，也要强制转让"④。冶金企业也是如此。国家将官营企业转让给企业家，这是吸引私人投资的一种手段。18 世纪，私营企业推动了麻纺织业和毛纺织业的进一步发展，这些企业通常是家族企业。

与麻纺织业和毛纺织业不同，18 世纪以前，俄国的丝织业并不发达，长期进口丝织品。直到 17 世纪末，俄国才首次进行了生产丝织品的尝试。然而，这次尝试并不成功。实际上，俄国的丝织业真正出现于彼得一世统治时期。自出现之日起，它就与私人资本有着千丝万缕的联

---

① Заозерская Е. И. Развитие легкой промышленности в Москве.., с. 124. "织造物"一词早在 17 世纪就广为人知。该词有两个含义：在瑞典语中意为"衬衫"；在印度语中意为"布"。—Довнар-Запольский М. В. Торговля и промышленность Москвы в XVI-XVIII вв. - В кн.: Москва в ее прошлом и настоящем, ч. III, вып. 6. М., б. г., с. 59.

② ПС3, т. V, № 2876 (1715 г.).

③ Заозерская Е. И. Развитие легкой промышленности в Москвс.., с. 186.

④ ПС3, т. V, № 2876 (1715 г.).

系。1714年，莫斯科成立了第一家织造丝绸、丝带和金银饰带的企业，由御用锅炉工 A. 米留京独立创办，他"自掏腰包"，没有依靠国家的支持。1718年，该企业共有34台织机，发展迅速。到了18世纪中叶，该企业已有120台织机，能够生产丝带、金银饰带、手帕等各种丝织品。①

1717年，Ф. А. 阿普拉克辛、П. А. 托尔斯泰和 П. П. 沙菲洛夫共同在莫斯科创办了一家丝织企业，并在彼得堡开设分部。他们都是著名的国务活动家，获得了政府拨款，用于购买设备。此外，他们被特许使用使馆区的地块，并且具有"在俄生产银丝、锦缎、天鹅绒、塔夫绸、丝带和长袜等各种丝织品的特权……"他们可以"在所有展销会上……出售产品，并且还享有50年的免税权"②。该企业有180台织机和700多名工人，工作设备齐全，有两台水磨，可以将织机合并，以编织丝带。③ 然而，这种大型企业和彼得一世时期的许多企业一样，好景不长。尽管它作为一个整体存在的时间有限，仅存在至1724年，不过到了18世纪下半叶，它被拆分为几个著名的丝织企业，继续运营。④

到18世纪80年代，创办于18世纪前25年的纺织企业大约有1/3幸存下来。1725年，俄国共有39家纺织企业，而到18世纪70年代末只剩下了13家。其中有5家企业没有易主，由同一个家族控制，他们分别是塔梅斯家族、帕斯图霍夫家族、奥沃希尼科夫家族、米留京家族和叶夫列伊诺夫家族；剩下的8家企业都已易主。如果我们将企业主的变更频率视为衡量企业稳定性的标准，那么麻纺织业和丝织业的运营相当稳定：

---

① ПСЗ, т. V, № 3176; Коган И. И. Московские шелковые фабрики первой половины XVIII в. —Старая Москва, сб. I, м., 1929, с. 127 - 128; Заозерская Е. И. Развтие легкой промышленности в Москве.., с. 293-294.

② ПСЗ, т. V, № 3089.

③ Заозерская Е. И. Развитие легкой промышленности в Москве.., с. 311.

④ 这些企业分别由伊万·叶夫列伊波夫、马特维·叶夫列伊波夫、潘克拉特·科罗索夫、安德烈·巴布什金以及拉扎列夫兄弟掌管。Коган. И. И. Московские шелковые фабрики первой половины XVIII в. —Старая Москва, сб. I, м., 1929, с. 130.

13 家麻纺织企业中有 5 家仍由同一个家族经营，12 家丝织企业中有 6 家由同一个家族继续经营。而 14 家毛纺织企业中只有 2 家企业得以幸存，况且，这 2 家企业的所有者都发生了变更。[①]

　　大多数纺织企业出现于 18 世纪下半叶。从社会等级来看，绝大多数纺织企业主都是商人。[②]

　　18 世纪，纺织企业的技术设备并没有取得实质性的进步。[③] 麻纺织企业中的设备有整经机、捣麻机、梳麻刷、脚蹬式纺车、纺锤、用于漂白和煮纱的锅炉与喙木桶、织布机、轧麻机。使用织机前需要做一些准备工作，通常要花费两三天乃至两三周。[④] 织机是纺织企业中最基本的生产设备，企业中的织机与农民用的简易织机没有太大区别，后者"被农民用来制作帆布、棉布等家用织物"[⑤]。

　　丝织企业中的机器有手动织机和研磨机，后者用来拆卷、捻线和并丝。织布机上有钢筘[⑥]、用来缠绕线轴的各种绳子和金属零件。丝织企业

①　Заозерская Е. И. Мануфактура при Петре Ⅰ, прилож.; Она же. Развитие легкой промышленности в Москве.., прилож.; Пажитнов К. А. Очерки... Шерстяная промышленность. Хлопчатобумажная, льнопеньковая и шелковая промышленность, с. 168, 308; Коган И. И. Московские шелковые фабрики первой половины ⅩⅧ в. — Старая Москва, сб. Ⅰ, м., 1929, с. 129, 130; Хрестоматия по истории СССР. ⅩⅧ век. Сост. М. Т. Белявский, Н. И. Павленко. М., 1963, с. 305–326.

②　18 世纪 70 年代末，俄国商人共开办了 130 家纺织企业，贵族仅开办了 54 家纺织企业。具体情况因行业而异。在丝织业（共有 45 名商人企业主和 5 名贵族企业主）和麻纺织业（共有 56 名商人企业主和 18 名贵族企业主），商人企业主占多数。在毛纺织业，商人企业主和贵族企业主的人数相近（有 29 名商人企业主和 31 名贵族企业主）。该数据参考发表于《苏联史选读：18 世纪》上的《1788 年轻工业年报》，第 305～326 页。年报中有几处未指明企业主的社会属性，本书暂将其视为商人。

③　Рубинштейн Е. И. Полотняная н бумажная мануфактура Гончаровых во второй половине ⅩⅧ в. М., 1975, с. 42.

④　Кириллова Л. А. Русское мануфактурное льноткачество ⅩⅧ —первой половины ⅩⅨ в. - Сб. трудов НИИ худ. пром., вып. 6. М., 1972, с. 189–190.

⑤　Рубинштейн Е. И. Полотняная н бумажная мануфактура Гончаровых во второй половине ⅩⅧ в. М., 1975, с. 42; Грязнов А. Ф. Ярославская большая мануфактура. М., 1910, с. 11.

⑥　钢筘是织布机的一部分，用于连接纬纱和经纱。

的织机比农民使用的织机大，不过，二者纺织出来的丝织品差别不大。①印花企业中的设备简易，主要车间是印花车间，工人们通常把布放置在桌子上，进行手工印花，一位工人负责涂抹颜料，另一位工人则负责调配颜料，后者通常会带一名学徒。

细木车间主要生产劳动工具及其零件。冈察洛夫家族的麻纺织企业中就有"制造和修理各种木式工具的细木车间"。利曼在施吕瑟尔堡的企业中设立了专门制造木板的细木车间。②

18世纪的纺织企业按生产的零件种类进行劳动分工，这是手工工场内部生产专业化发展的初级形式。此外，手工工场的工种有所增加，这无疑是劳动分工深化的标志。不过，不同工业部门的劳动分工深化的速度不同。其中，麻纺织业的劳动分工最为细致，共有20个工种。丝织业和印花业的劳动分工则相对落后，一共只有5~6个工种。③

纺织企业中还有一种劳动分工方法，即按所需原材料的种类分工。不过，这种方法很少使用。按成品种类分工的方式只存在于大型手工工场。按成品种类分工需要专业的设备和工人，据史料记载，18世纪的大

---

① Пажитнов К. А. Очерки... Шерстяная промышленность，с. 12.

② Рубинштейн Е. И. Полотняная н бумажная мануфактура Гончаровых во второй половине XVIII в. М.，1975，с. 43；Дмитриев Н. Первые русские ситценабивные мануфактуры XVIII в. М. -Л.，1935，с. 76-84. 冶金业也出现过类似的情况。马克思认为，"工场手工业最完善的产物之一，是生产劳动工具本身特别是生产当时已经采用的复杂的机械装置的工场"。参见《马克思恩格斯文集》第5卷，人民出版社2009，第426页。——译者注

③ 麻纺织企业中有梳毛工、纺纱工、纺线工、线轴工、织布工、洗白工、扦样工、原料处理工和辅助工人；毛纺织企业中有挑毛工、剪毛工、剥毛工、洗毛工、打毛工、梳毛工、拔毛工、刮毛工、梳棉工、织布工、拖布工、压布工；丝织企业中有摇纬工、卷线工、复织工、烧炭工、绘图工；印花布企业中有洗布工、烘干工、摇纬工、印花工、画线工。——Курицын И. С. Указ. соч.，с. 144；Дмитриев Н. Н. Первые русские ситценабивные мануфактуры XVIII в. -Л.，1935，с. 111；Любомиров П. Г. Очерки по истории русской промышленности. М.，1946，с. 32；Рубинштейн Е. И. Полотняная н бумажная мануфактура Гончаровых во второй половине XVIII в. М.，1975，с. 53.

型手工工场已经具备这些条件。例如，在 18 世纪 50 年代中期，伊万诺沃村布特里莫夫和格拉切夫的手工工场中就有专门编织亚麻布、粗帆布、桌布和餐巾的织机。[①] 丝织企业分别雇用了织造花缎、塔夫绸、丝绒、金银饰带和丝带的专业工人。然而，与冶金业相比，纺织业的劳动分工尚且不够发达，因为某些专业性较强的生产环节还没有独立出来。[②]

漂白和染色是纺织品生产中极为重要的两道工序，决定着织物的质量。因此，纱线和织物的漂白和染色方法都被企业主严格保密。18 世纪的漂白技术没有取得实质性进步。自然因素，如水、空气和太阳光等，是决定漂白工艺成功与否的关键因素。亚麻布和细平布在露天草地上漂白。漂白技术取得了些许进步，例如，开始使用碱液，即漂白时用机器将碱液浇灌在布匹上。此外，人们开始使用专用滚筒将河水运到漂白池中。[③]

染色工艺更加复杂。大型手工工场中的染色车间通常根据订单进行生产。18 世纪 30 年代，扎特拉佩兹诺夫家族在雅罗斯拉夫尔的手工工场中建立了一个染色车间，该车间主要对亚麻布和毛织物进行染色，后来也对丝织品进行染色。[④] 1741 年，国家颁布了毛纺织企业和丝织企业条例，规范了染色工艺，其中提到："在手工工场中设立染色车间是必要的……如果一个手工工场中有一个或多个染色车间，那么手工工场的运营将更加稳定，收益也会增加。"[⑤]

染色工艺除了包括简单的染色，还包括印花工艺，即在织物上印制图案。农村有一种普遍的印花方法，即用油画颜料在织物上绘制图案。

①　亚麻布用于制作小帆，漂白帆布可制作各种布衣，半漂白帆布用于制作军用布衣。18 世纪的纺织企业还生产新型密条纹亚麻布。

②　Курицын И. С. Указ. соч. , с. 144, 145；Коган И. И. Московские шелковые фабрики первой половины XVIII в. —Старая Москва, сб. I , м. , 1929, с. 139.

③　Цейтлин Е. А. Очерки истории текстильной техники. М. —Л. , 1940, с. 131；Дмитриев Н. Н. Первые русские ситценабивные мануфактуры XVIII в. М. —Л. , 1935, с. 67.

④　Грязнов А. Ф. Ярославская большая мануфактура. М. , 1910, с. 48.

⑤　ПСЗ, т. XI , № 8440, 1741 г. , 2 сентября.

手工工场最初也使用这种方法印花。后来，利曼的手工工场改进了印花技术，用化学品将油画颜料固定在布上，这样布上的花纹就不会褪色。此外，利曼的手工工场还改良了漂白方法。①

手工工场使用西洋茜草制成的颜料来代替油画颜料。起初只有彼得堡的手工工场主掌握了这种染料的配制秘方，后来，在此工作过的伊万诺沃农民将这个秘方传播开来。第一个破解染料秘方的是 O. 索科夫，他在利曼的手工工场工作了 7 年，于 1787 年回到伊万诺沃，之后，便开始使用新方法印花。织物通常在碱液中漂白，然后铺在草地上晾晒，晒干后进行手工缝制，最后用染料染色。②

大约在 18 世纪中叶，手工工场主开始吸引小手工业者进入手工工场工作，这为后来俄国纺织业的快速发展创造了条件。麻纺织业就是如此。18 世纪末，农民生产了越来越多的亚麻纱线，某些品种的大麻也被制成纱线。③ 大量的纱线被卖到手工工场，工人再将其织成麻布。18 世纪 80年代，麻纺织企业中的员工人数达到了 1000~3000 名。④ 这些工人中有很大一部分原先从事家庭手工业。18 世纪下半叶，冈察洛夫家族的纺纱企业出现了向农村扩散的趋势。⑤ 麻纺织业生产不断向农村扩散。这首先得

① Дмитриев Н. Н. Первые русские ситценабивные мануфактуры XVIII в. М. – Л. , 1935, с. 85. 有关新式漂白方法的说明可参见 Труды ВЭО, 1794, ч. XIX, с. 85–115。

② Гарелин Я. П. Город Иваново-Вознесенск, или бывшее село Иваново, и Вознесенский Посад, ч. 1. Шуя, 1885, с. 141–148.

③ Любомиров П. Г. Очерки по истории русской промышленности. М. , 1946, с. 102. 在彼得一世统治时期，大麻纤维的加工全部在手工工场内部完成。

④ Дюбюк Е. Полотняная промышленность Костромского края во второй половине XVIII — первой половине XIX века. Кострома, 1921, с. 12–13. 这些企业包括 П. 赫列布尼科夫在普龙斯克的企业（共 1059 名工人）、Л. 卢金在图拉的企业（共 1295 名工人）、雅科夫列夫家族在雅罗斯拉夫尔的企业（共 2637 名工人）、泽姆斯科夫家族在莫斯科的企业（共 1031 名工人）、冈察洛夫家族在雅罗斯拉维茨的企业（共 2559 名工人）和在莫斯科的企业（共 3479 名工人）。

⑤ Рубинштейн Е. И. Полотняная н бумажная мануфактура Гончаровых во второй половине XVIII в. М. , 1975, с. 71.

益于麻纺织业悠久的历史，其次是因为麻布的缝制技术简单，许多小手工业者都能轻松掌握。

有时，企业主会雇用农奴在手工工场以外工作。据 B. И. 谢梅夫斯基记载，戈洛夫金伯爵在伏尔加河沿岸的一个村庄开办了麻纺织企业，其中有 200 台织机。"女性农奴不仅要在手工工场生产家用麻布、帆布和桌布，还需要向手工工场定期上缴亚麻"。[1]

与麻纺织业不同，在 18 世纪末之前，大型毛纺织企业和丝织企业的生产都在手工工场内部集中进行。毛纺织业与小手工业者之间的联系很少。手工工场使用小手工业者生产的纱线，还有极少数手工工场会使用农民生产的坯布。[2] 丝织业则几乎完全是城市手工业。18 世纪以前，俄国的丝织业不发达，所以大多数丝织企业不可能雇用小手工业者，而是主要雇用自由手工业者，并且工人数量很少。直到 19 世纪初，丝织企业才开始雇用小手业者在自己家中工作。[3] 由此可见，工业的发展水平与其他一系列因素，主要是自由雇佣关系和企业家手中的巨额资本等，共同构成了工业生产扩散的必要条件。列宁认为手工工场的存在的时间很长，可能长达几个世纪，给人们带来了一定的影响。[4] 18 世纪下半叶，手工工场的劳动扩散促进了大规模工业企业的发展。后者又促进了经济的整体发展，而经济正是国家建设的基础。

谈及 18 世纪俄国的大规模工业企业，就不能不提玻璃工业和陶瓷工业，二者在 18 世纪取得了长足的发展。

玻璃制造技术的复杂程度决定着玻璃生产必须在手工工场集中进行。[5]

① Семевский В. И. Крестьяне в царствование Екатерины Ⅱ，т. 1. Спб.，1881，с. 71-72.

② Любомиров П. Г. Очерки по истории русской промышленности. М.，1946，с. 67.

③ Любомиров П. Г. Очерки по истории русской промышленности. М.，1946，с. 127.

④ 《列宁全集》第 3 卷，人民出版社，2013，第 393~394 页。——译者注

⑤ Цейтлин М. А. Очерки по истории развития стекольной промышленности в России. М. -Л.，1939，с. 37.

第一批生产玻璃的小型手工工场早在 17 世纪就已出现，其中一些手工工场到 18 世纪初仍在运营。[1] 17 世纪，格热利耐火黏土等新材料的发明，使俄国玻璃工业的发展成为可能。

在 18 世纪前 25 年，由于经济建设的需要以及贵族生活方式的改变，对玻璃的需求急剧增加，这是推动玻璃工业发展的重要动力。

官营的玻璃手工工场在彼得一世统治时期开始建造。尽管玻璃工业存在已久，但合格的玻璃工仍然非常少。1706 年，麻雀山上建成了一座官营手工工场，专门为国家生产玻璃。3 年后，该手工工场被转租给英国人威利姆·罗伊德，租期 10 年，"用于为俄国生产各种玻璃餐具和玻璃窗"。除此之外，这个英国租户还需要"自费培养 12 名能与外国玻璃工媲美的俄国玻璃工"[2]。

在这座手工工场出租期间，国家禁止个人创办私营玻璃企业。直到 20 世纪初，俄国才出现了私营玻璃企业。1724 年，最早的"生产玻璃和水晶的私营手工工场"由 B. B. 马尔采夫在莫扎伊斯克建成，他是 19 世纪俄国著名的马尔采夫公司的创始人。到 1725 年，莫斯科及其周边地区共有 10 家生产玻璃制品的手工工场。[3] 这些手工工场的产品种类齐全，有玻璃窗、镜子、高脚杯、啤酒杯、烧瓶、灯泡、盐碟、墨水瓶、水壶、量杯等"各种手工制作的玻璃餐具"。[4]

18 世纪下半叶，玻璃工业发展迅速。到 18 世纪 60 年代初，俄国大

---

[1]　Очерки русской культуры ⅩⅧ в. , ч. 1, с. 108 - 109. 科耶特的杜哈宁企业一直经营到 1702 年，后来转让给他人，1719 年后归俄国第一家制糖企业主 П. 维斯托夫所有。伊兹梅洛夫斯基玻璃企业一直运营到 1707 年。—Любомиров П. Г. Очерки по истории русской промышленности. М. , 1946, с. 192; Безбородов М. А. Очерки по истории русского стеклоделия. М. , 1952, с. 20.

[2]　Сб. РИО, т. 11, 1873, с. 125; Цейтлин А. М. Указ. соч. , с. 27.

[3]　Заозерская Е. И. Мануфактура при Петре I, с. 174 - 175.

[4]　Любомиров П. Г. Очерки по истории русской промышленности. М. , 1946, с. 193; Безбородов М. А. Указ. соч. , с. 23.

约有 25 家玻璃企业，其中大部分建于 18 世纪 40 年代。[①] 在 18 世纪 60~90 年代，马尔采夫的玻璃企业所在地成为俄国最重要的玻璃工业区，其产品主要在国内其他地区，尤其是莫斯科的马卡里耶夫展销会上销售，在原产地的销量反而不高。[②]

在整个 18 世纪，玻璃企业一直都以小型手工工场的形式存在。它由多个部门组成，生产链比较完整。[③] 工人各司其职，有"玻璃制造工"、[④]学徒、切割工、绘图工和水晶磨工。

18 世纪俄国玻璃工业的最大变化在于生产技术取得了重大进步。1765 年，人们发现可以用天然硫酸钠代替碳酸钾和石灰渣作为制造玻璃的原料。沃斯克列先斯克矿区的工人 К. Г. 拉克斯曼首次在巴尔瑙尔成功地用硫酸钠制造出了玻璃。18 世纪 70 年代末，К. Г. 拉克斯曼发明的玻璃制造法还传播到了德国。18 世纪 90 年代，К. Г. 拉克斯曼出版了一本专著，介绍如何用硫酸钠制造玻璃。[⑤] 书中写道："在我看来，硫酸钠可以制成玻璃这一发现最为关键。首先，它标志着玻璃生产进入了新时代，硫酸钠可以取代碳酸钾作为原料，这将有助于保护日益稀疏的森林；其次，当时的自然资源勘探者都认为不存在属于碱性盐的矿物质，现在，这一结论不攻自破。"[⑥] К. Г. 拉克斯曼的发明极为重要。

18 世纪，俄国玻璃工业的发展水平大致与欧洲齐平。[⑦] 此时，俄国开

---

① Любомиров П. Г. Очерки по истории русской промышленности. М., 1946, с. 194-198.

② Цейтлин М. А. Указ. соч., с. 65.

③ 18 世纪 60 年代，各手工工场的工人人数不同，通常有 15~16 名工人。但马列采夫家族的手工工场是个例外，工人多达 165 名。—Любомиров П. Г. Очерки по истории русской промышленности. М., 1946, с. 198.

④ 关于玻璃生产过程的描述可参见 Любомиров П. Г. Очерки по истории русской промышленности. М., 1946, с. 195.

⑤ Лаксман К. Г. О введении в употребление щелочной ископаемой соли на стеклоплавильных заводах вместо поташа. —Труды ВЭО, 1798, ч. Ⅲ, с. 240-251.

⑥ Там же, с. 241.

⑦ Цейтлин М. А. Указ. соч., с. 36-37.

始生产彩色玻璃——制作工艺最复杂的玻璃制品之一。此外，第一批生产陶瓷和彩瓷的手工工场也出现于 18 世纪。

М. В. 罗蒙诺索夫提议创办新型玻璃企业。1755 年，М. В. 罗蒙诺索夫在彼得堡附近的乌斯季卢加创办了一家新型玻璃企业，"主要制造由自己发明的彩色玻璃和用其制成的印花玻璃珠"。值得注意的是，要想生产新型玻璃制品，必须先进行大量的实验。直到 1760 年，М. В. 罗蒙诺索夫才成功地制造出了印花玻璃珠。制作马赛克用的彩色玻璃，也是 М. В. 罗蒙诺索夫通过实验发明出来的，这种玻璃的制造方法比印花玻璃珠简单①。这些实验单由一个人无法进行，只能在手工工场中进行，因为手工工场的原料充足、技术先进。

俄国制瓷业的发展也建立在大量实验的基础上。实验是促进 18 世纪俄国科学和工业发展最重要的因素。俄国第一家官营制瓷企业成立于 1744 年，是后来彼得堡的 М. В. 罗蒙诺索夫瓷器厂的前身，其创办者是 Д. И. 维诺格拉多夫。他是一位天才科学家和实验家，曾与 М. В. 罗蒙诺索夫一同公派出国留学，② 在德国的马尔堡大学学习化学、冶金学和采矿学。Д. И. 维诺格拉多夫不仅找到了制造瓷器所需的原材料、发明了瓷器制造技术，还建立了制瓷企业，他的手工工场又发明了焙烧炉的制作方法。③ 1752 年，制瓷实验成功后，Д. И. 维诺格拉多夫编写了《关于俄国彼得堡制造的纯瓷及其制造方法的详细说明》。从本质上讲，Д. И. 维诺格拉多夫是 18 世纪下半叶俄国制瓷理论的集大成者。然而，Д. И. 维诺格拉多夫的著作并不为同时代人所知，因为它直到 1950 年才首次出版，距离写作时间已经过去了近 200 年。

---

① Там же，с. 31–33.
② 此前，欧洲已有两家类似企业，由欧洲瓷器发明者贝特格分别于 1710 和 1718 年在迈森和维也纳创办。Лихачева Д. М. К истории зарождения частных фарфоровых фабрик в России. —Сб. трудов НИИ худ. пром.，вып. 6. М.，1972，с. 167.
③ Там же，с. 184.

　　Д. И. 维诺格拉多夫发明的制瓷方法很快就被各个手工工场采用。俄国第一家私营制瓷企业于 1765 年在奥廖尔省的谢夫斯克成立。创办人为 М. Г. 沃尔科夫，他深耕制瓷领域，是一位天才实验家。他首次使用格卢霍夫的陶土制造瓷器。然而，М. Г. 沃尔科夫的制瓷企业存在不久，于 1768 年关停。英国商人 Ф. Я. 加德纳的制瓷企业于 1766 年在德米特罗夫县的韦尔比基村成立，是后来德米特罗夫瓷器厂的前身。在 18 世纪，Ф. Я. 加德纳的制瓷企业是一个大型手工工场，内部劳动分工明确。[①] 正如《俄国地理词典》中记载的那样，在 Ф. Я. 加德纳的手工工场中，"每件瓷器都至少经过了 20 双手的打磨，成品近乎完美"。[②] 该手工工场使用 Д. И. 维诺格拉多夫研制的制瓷配方。[③]

　　1803 年，莫斯科大学出版社出版了 И. Я. 戈尔特文斯基的著作。[④] 他是俄国的元老级玻璃制造专家。该书详细记载了制造不同类型的玻璃和水晶所需的原材料及生产方法。其中提到，制造玻璃需要用碳酸钾。这或许意味着，同样作为玻璃生产原料的硫酸钠在实践中很少使用。

　　俄国真正意义上的造纸业出现于 18 世纪。18 世纪以前出现的个别"造纸坊"寿命不长，彼得一世时期的文献中已经找不到它们的踪影了。[⑤] 18 世纪的造纸业发展迅猛，因为文化传播速度加快，工业也在不断发展，因而人们对纸张的需求不断增加。[⑥] 在 18 世纪头几十年，造纸场通常生

---

① Там же，с. 167，170，173.

② Полунин Ф. Географический лексикон Российского государства，с. 84.

③ Лихачева Д. М. Указ. соч. ，с. 182.

④ Голтвинский И. Наставления，основанные на опытах и долговременных наблюдениях делать лучшим и выгоднейшим образом всякого роду стекло，хрусталь，такоже поташ. М. ，1803.

⑤ Очерки русской культуры XVII в. ，ч. 1，с. 116 – 117；Любомиров. П. Г. Очерки по истории русской промышленности. М. ，1946，с. 146.

⑥ 1725 年，俄国有 5 家造纸场，1762 年有 26 家，1796 年有 72 家。—Участкина З. В. Русская техника производства бумаги. М. -Л. ，1954，с. 12，14.

产用于书写、包药、装弹药的纸张。到了 18 世纪下半叶，俄国生产的纸张中约有 3/4 是书写纸,[①] 其消费者主要是首都和省城的国家机构和文职人员，还有一部分是城市居民。18 世纪 20 年代末以前，西欧纸张的销量高于俄国国内纸张的销量。[②]

18 世纪，俄国的造纸场主要分布在彼得堡省、莫斯科省、卡卢加省、雅罗斯拉夫尔省和沃罗涅日省，多在手工工场密布的中部工业区。

造纸场多为小型手工工场，拥有上百名工人的造纸场罕见。丰富的生产设备和工种说明造纸场的劳动分工明确。造纸场中有专门存放碎布的仓库、熬制粘纸胶水的车间以及晾晒成品纸张的车间。造纸技术的创新在于用打浆机取代以往的研钵来打碎破布。造纸工艺有多个环节，环环相扣，每个环节都由专人负责，有汲水工、打浆工、冲压工、剥纸工、烘干工、胶合工等。[③]

大型造纸场往往将某一生产环节的废料用作另一个生产环节的原料。除了破布，稻草以及制造船帆、麻布和绳索时产生的废料都可以作为纸张的原料。因此，许多麻纺织企业主也开办了造纸场。И. 扎特拉佩兹诺夫、А. 冈察洛夫、Ф. 乌格留莫夫的大型企业集麻纺织业和造纸业于一体。

绝大多数造纸企业都由商人开办。[④]

大规模工业生产首次造成了"劳动者和资本家的分裂"，这种分裂"极其明显"。[⑤] 在 18 世纪俄国手工工场迅速发展的背景下，具有不同社

---

① Любомиров П. Г. Очерки по истории русской промышленности. М., 1946, c. 149, 151, 153.

② Там же, c. 146, 148.

③ Участкина З. В. Указ. соч., c. 60.

④ Любомиров П. Г. Очерки по истории русской промышленности. М., 1946, c. 155.

⑤ Ленин В. И. Полн. собр. соч., т. 3, c. 435. 列宁认为，"到农民解放时，这种分裂在我国工场手工业的各个最大中心已经由于数代的延续而固定下来"。参见《列宁全集》第 3 卷，人民出版社，2013，第 395 页。——译者注

会功能的新型企业主出现了。从 18 世纪下半叶开始，新型企业主在俄国资产阶级的形成中发挥了重要作用。

18 世纪头几十年，俄国的企业主一般都是商人。[①] 资本从贸易领域到工业领域的转移使传统商人的社会地位发生了改变，并为资产阶级的出现创造了条件。商人将资金投入到工业上，有助于维护整个商业家族的利益，叶夫列伊诺夫家族就是典型的例子。[②]

18 世纪上半叶，企业主们利用政府提供的便利和优惠，将资金投入到手工工场的建设中，政府致力于建设新手工工场，并扩大某些老手工工场的规模。П. А. 杰米多夫、И. 特维尔迪舍夫、И. 米亚斯尼科夫、М. 波霍佳申、И. 扎特拉佩兹诺夫、А. 冈察洛夫都是具有创造性的杰出工业家。

杰米多夫家族是乌拉尔最大的工业家族，其工业实力是两代人积攒下来的——出身于图拉武器制造工的尼基塔·杰米多夫和他的儿子阿金菲·杰米多夫。18 世纪中叶，杰米多夫家族的企业生产了俄国 40% 以上的铁制品，19 世纪初，该企业大约生产了俄国 25%[③]的铁制品。

来自西伯利亚的商人 И. 特维尔迪舍夫和 И. 米亚斯尼科夫是南乌拉尔地区著名的冶金工业家。И. 米亚斯尼科夫拥有一家酿酒企业，专门为国家供应酒和军粮。[④] 将工业与商业相结合似乎是 18 世纪俄国工业家的共同点。М. 叶夫列伊诺夫在莫斯科和彼得堡的丝织企业专门向阿斯特拉罕的马卡里耶夫展销会供应商品，此外，М. 叶夫列伊诺夫还从事麻布、

---

① 在当时的手工工场主中，商人占 40%，工匠占 16%，工商业者占 8%，贵族占 8%，外国人占 18%。- Заозерская Е. И. К вопросу о развитии крупной промышленности в Росски XⅧ в. —Вопросы истории, 1947, № 12, с. 68.

② 17 世纪末 18 世纪初，一些仅从事贸易活动的大商人家族纷纷破产。—Аксенов А. И. Московское купечество в XⅧ в.（Опыт генеалогического исследования）. Автореф. канд. дис. М., 1974, с. 8.

③ Советская историческая энциклопедия, т. 5, с. 8.

④ Павленко Н. И. История металлургии в России XⅧ в., с. 227.

书写纸与中国进口商品的贸易。① И. 扎特拉佩兹诺夫在雅罗斯拉夫拥有几间店铺，销售化工产品和染料。② 在彼得堡港口开展进出口贸易的有麻纺织企业主 И. 塔梅斯和 И. 扎特拉佩兹诺夫、俄国首位印花布制造商利曼、莫斯科的陶瓷企业主 И. А. 格列边希科夫、И. 特维尔迪舍夫、М. 古宾等人，还有杰米多夫家族、巴塔舍夫家族。③

18 世纪下半叶出现的新型企业家大都从手工工场主那里收购手工工场。经营规模最大的新型企业家是 С. 雅科夫列夫。他出身于奥斯塔什科夫的农民家庭，在莫斯科白手起家，最初做小买卖，后来从事专卖生意，积累了百万财富。1762 年，С. 雅科夫列夫被授予世袭贵族身份。С. 雅科夫列夫于 1764 年收购了第一家手工工场——И. 扎特拉佩兹诺夫在雅罗斯拉夫尔的麻纺织企业。后来，С. 雅科夫列夫接连收购了杰米多夫家族、沃龙佐夫和亚古任斯基的几个手工工场。短短 22 年，С. 雅科夫列夫共收购了 16 个手工工场，自己创办了 9 个手工工场。④ М. 古宾和巴塔舍夫也属于新型企业家。

要想收购手工工场，必须拥有大量的资金。⑤ 18 世纪，大规模收购手工工场的情况不常见，基本只存在于冶金业领域。

18 世纪的工业家大都出身商人，个别出身城郊小手工业者或农民。

---

① Кафенгауз Б. Б. Очерки внутреннего рынка России первой половины XVIII в. М. , 1958, с. 105, 146, 200, 300.

② Грязнов А. Ф. Ярославская большая мануфактура. М. , 1910, с. 12, 25.

③ 俄国外贸通过彼得堡港口开展。Ведомости о составе купцов и их торговых оборотах. М. , 1981, с. 10, 11, 14, 15, 37, 51, 54, 55, 92, 113, 144, 148.

④ Павленко Н. И. История металлургии в России XVIII в. , с. 248-252, 464.

⑤ 比如，1768 年，С. 雅科夫列夫用 80 万卢布从 П. А. 杰米多夫手中买下了 7 家企业以及卡马河沿岸的森林，乌拉尔、莫斯科和彼得堡的几间房屋（Кафенгауз Б. Б. История хозяйства Демидовых в XVIII-XIX вв. , т. I. М. , 1949, с. 288）。М. 古宾的贸易额也非常可观。1787 年，М. 古宾与莫斯科商人 М. 基里亚科夫在彼得堡港口的货物进口额约为 19. 2 万卢布。巴塔舍夫家族的贸易额则较低，约为 2 万～4. 5 万卢布。—Внешняя торговля России через Петербургский порт, с. 10, 51, 113.

虽然贵族企业在冶金业中独占鳌头，但它在工业资本的整体发展和扩张中没有发挥任何实质性作用。冶金行业中的贵族企业是不具有可持续性的偶然存在。① 纺织业领域的贵族企业家不多，他们主要经营毛纺织企业。

18 世纪，工业资本家作为一个社会集团，正处于形成过程的初级阶段，尚未成熟。企业家并不是非封建意识形态的承载者，他们仍然站在农奴制的立场上看待问题。例如，1736 年颁布的关于加强工人限制的法令，就是在工业资本家 И. 扎特拉佩兹诺夫、В. 谢戈凌、Ф. 波德谢瓦尔希科夫和 И. 塔梅斯的建议下制定的。②

从这样一个看似微不足道的偶然事件中可以看出，18 世纪的工业家在封建社会的框架内最大限度地追求个人利益。麻纺织企业主 P. 格林科夫作为谢尔佩伊斯克的代表，加入了新法典编纂委员会。他竭力为商人争取开展贸易、建立手工工场的特权。商人，尤其是大商人对社会"信誉"和尊重的理解很有趣。"如果手工工场主和一等商人没有被赐予长剑，那么他就不会得到足够的尊重，尤其不会得到其他商人的尊重……如果德国商人看到俄国商人没有佩剑，就不会对他有好脸色，尤其是在展销会上……高贵的外国商人……认为与俄国商人交谈是一种耻辱，只因为他没有佩剑。因为没有佩剑就意味着没有信誉。给予俄国商人信誉会为国增光。"③ 由此可见，商人并不是按照传统标准来理解"信誉"的。

思想进步的商人，如 H. 波列沃伊、T. 普罗霍罗夫和 B. 波特金等人比同时代的其他商人自尊心更强。18 世纪的大工业家都渴望获得贵族身

---

① 18 世纪，国家先后将 32 家冶金企业转让给了贵族。直到 18 世纪末，这些企业都为贵族所有。Павленко Н. И. История металлургии в России XⅧ в. , c. 381，383.

② ПСЗ, т. Ⅸ, № 6858. Указ 7 января 1736 г.

③ Сб. РИО, т. 8, 1871, c. 5.

份，也有许多人成功加入了贵族的行列。① 昔日的商人一旦获得贵族身份，便会疯狂购置"受洗过的财产"，即农奴。②

由于缺乏综述类文献，我们很难得知 18 世纪工业家的文化程度。不过，大致可以推测出，头两等商人，尤其是大工业家基本能识字。И. 扎特拉佩兹诺夫就曾被彼得一世派往荷兰留学，学习"粗麻布的制作工艺"③。

如前所述，1736 年的法令是根据企业主的建议起草的。众所周知，莫斯科毛纺织企业和丝织企业的老板 И. 扎特拉佩兹诺夫、И. 多库恰耶夫和 А. 巴布什金都识字。④ И. 特维尔迪舍夫甚至还编写过专著《关于俄国冶金工业的状况和需求的说明》。⑤

通常，尼基塔·杰米多夫让管家或儿子阿金菲·杰米多夫（后者曾在图拉中学念过书，能够读书写字）替自己签名。阿金菲·杰米多夫曾出国"考察采矿业"，并在萨克森的弗赖堡买下了一间矿物学研究室，后来将其赠给了莫斯科大学。⑥ 阿金菲·杰米多夫的儿子耶维奇·杰米多夫子承父业，也出国进行了考察，他去过德国、荷兰、法国、意大利和英国，参观了这些国家的博物馆和各种展览，购买了艺术品。由于对采矿业和冶金业的兴趣甚浓，耶维奇·杰米多夫还参观了荷兰和英国的工厂

---

① 杰米多夫家族于 1726 年获得贵族身份、特维尔迪舍夫家族于 1758 年获得贵族身份、雅科夫列夫家族于 1762 年获得贵族身份、马尔采夫家族于 1775 年获得贵族身份、米留京家族于 1740 年获得贵族身份、拉扎列夫家族于 1774 年获得贵族身份、巴塔舍夫家族于 1783 年获得贵族身份、古宾家族于 19 世纪中叶获得贵族身份、奥索金家族于 1833 年获得贵族身份。

② 例如，18 世纪中叶，П. А. 杰米多夫拥有 1.3 万名农奴；19 世纪 20 年代，巴塔舍夫家族拥有 1.25 万名农奴。—Советская историческая энциклопедия，т. 2，с. 164；т. 5，с. 89.

③ Русская старина，1883，№ 10，с. 69，70.

④ ЦГИА г. Москвы，ф. 397，оп. 1，1767，ед. хр. 14，16.

⑤ Советская историческая энциклопедия，т. 14，с. 165. Рукопись хранится в ЦГАДА.

⑥ Огарков Д. Демидовы，с. 14；Головщиков К. Род дворян Демидовых. Ярославль，1881；Летопись Московского университета. М.，1979，с. 17.

以及萨克森的银矿。[1] 在日常生活中，耶维奇·杰米多夫是名副其实的老
爷。他住在莫斯科或莫斯科郊外的领地中，这位整日被奢侈品包围的男主
人对启蒙运动并不陌生，他经常与伏尔泰通信，拥有彼得堡最新出版的著
作和讽刺杂志，如《画家》等。阿金菲·杰米多夫的长子普罗科菲·杰米
多夫以富有、古怪和对慈善事业的热爱而闻名莫斯科。他为孤儿院、莫斯
科大学以及 80 年代成立的许多学校都捐过款。[2]

　　18 世纪的手工工场不断改进生产技术。И. А. 格列边希科夫在莫斯
科创办了一家"制造烟斗"的手工工场，他改良了乌釉陶器的生产技术，
并成功地生产出了本土瓷器。[3]

　　然而，只有一小部分企业主受过教育。大多数企业主对工人的野蛮
态度和无限剥削无论如何都称不上"开明"。工人的工作时长不固定，有
时可能长达 13 个小时或 14 个小时，且工作量极大。"由于阳光不充足，
许多纺织工人在工作时根本看不清产品样式……许多手工工场的建筑维
护情况很差：雪水和雨水从天花板的缝隙中漏下来，地上没有铺木板或
地砖，铺过的地板也已经破败不堪，地面坑坑洼洼"。[4] 工人绝对无权的
处境又加剧了这种情况，他们依附于手工工场，不能自行离开。也就是
说，在某种意义上，工人变成了农奴。手工工场主对工人的非人待遇引
发了多次工人暴动。众所周知，大量乌拉尔工人参加了由普加乔夫领导
的农民起义。

　　占有国家土地和农奴的世袭手工工场是 18 世纪一种典型的手工工

① Кафенгауз Б. Б. История хозяйства Демидовых в XVIII–XIX вв. , с. 267–270.
② Огарков Д. Демидовы, с. 51；Кафенгауз Б. Б. История хозяйства Демидовых в XVIII – XIX вв. , с. 26；Шубинский С. Н. Русский чудак XVIII в. Исторические очерки и рассказы. Спб. , 1905；Летопись Московского университета, с. 32.
③ Салтыков А. Б. Первый русский керамический завод. М. , 1952, с. 21.
④ Регламент суконным и каразейным фабрикам 2 сентября 1741 г. –ПСЗ, т. XI, № 8440；Коган И. Московские шелковые фабрики первой половины XVIII. —Старая Москва, сб. I , м. , 1929, с. 142.

场，农奴是其中的主要劳动力。这种情况一直持续至 1861 年改革。到 18 世纪末，俄国手工工场中有 40% 以上的工人都属于雇佣劳动力。①

与小作坊不同，手工工场对工人学徒的要求更为严格。学徒制是"手工工场天生的伙伴"②。"手工工场的总工所做工作的""精细程度和复杂程度"与普通工人不同，所以不同工人需要学习的知识范围不同。手工工场将工人划分为"受过教育的工人和未受过教育的工人"③，其实行学徒制的目的是建立一支熟练的骨干队伍，他们的能力最终决定着劳动分工水平，这对工业的进一步发展具有很大意义。"如果不对工人进行长期培训，那么大规模的机器工业不可能在改革后发展得如此迅速。"④

起初，俄国学徒主要由外国工匠培训。后来，政府试图改变这种局面。在 1723 年颁布的手工工场委员会条例中，有一条"关于培养熟练工人和学徒"的规定写道："手工工场主要坚信，每个手工工场都有优秀、熟练的师傅，他们也能培养出熟练的工人，继续在此工作。让自己的工人培养学徒，会使我国的企业主感到光荣。"⑤

一般来说，学徒的培训期很长，共有 7 年的学习时间和 3 年的实践时间。关税委员会在 1727 年发布的《报告》中指出，"没有学徒能在 5 年之内学会做粗麻布，也没有学徒能在 10 年之内掌握精织细造的技艺"。⑥

学徒制是提升冶金工人技艺的一种常见形式。在 18 世纪 30 年代，乌拉尔成了培养冶金工人，尤其是制铜工的摇篮。⑦

手工工场开创了一种新的教育形式——职业学校。在 В. И. 盖宁的倡议下，1716 年，奥洛涅茨的彼得罗夫手工工场为贫困贵族和高级工人子

---

① Дробижев В. З. и др. Историческая география СССР，с. 234−235.

② Ленин В. И. Полн，собр. соч.，т. 3，с. 427.

③ Маркс К.，Энгельс Ф. Соч.，т. 23，с. 362，379−380.

④ Ленин В. И. Полн. собр. соч.，т. 3，с. 429.

⑤ ПСЗ，т. Ⅶ，№ 4378.

⑥ Грязнов А. Ярославская большая мануфактура. М.，1910，с. 26−27.

⑦ Павленко Н. И. Развитие металлургической промышленности..，с. 193−195.

弟开设了两所职业学校，这是俄国最早的一批职业学校。一所学校教授算术、几何、绘图、炮兵学和工程，另一所学校培养高炉工、制炮工、制锚工和制刀工。到 18 世纪 20 年代，这两所职业学校大约有 300 名学生。①

　　В. Н. 塔吉舍夫提议在乌拉尔建立矿业学校。18 世纪 20 年代，叶卡捷琳堡的手工工场建立了第一所矿业学校，教授工人子女阅读、写作和算术。② 到了 18 世纪 30 年代，卡缅卡、上伊谢茨科耶、乌克图斯、波列夫斯科伊、阿拉帕耶夫斯克、利亚林、瑟谢尔季的官营手工工场开设了拉丁语学校和德语学校，只招收贵族子弟，主要为手工工场培养行政管理人员。叶卡捷琳堡的手工工场开设的学校里有 80% 的学生是工人子女，他们从这些学校毕业后进入乌拉尔的冶金企业工作。③ 在 1734 年，即 В. Н. 塔吉舍夫来到乌拉尔的第一年，叶卡捷琳堡只有一所学校，共 108 名学生。而两年后，也就是 1736 年，叶卡捷琳堡已经有 14 所学校，共招收了 744 名学生。④ 1742 年，乌拉尔的手工工场理事会共管理 11 所学校，共计 570 名学生。⑤ 理论教育与手工工场中的实践教育相辅相成。В. Н. 塔吉舍夫坚信，应该将理论教育与实践教育相结合。他曾写道："不仅要用耳朵听讲，还要尽可能多地动手实践，这样才能掌握一门手艺。"⑥

　　企业家们如出一辙，都在私营手工工场中开设了学校。И. 特维尔迪舍夫和 И. 米亚斯尼科夫的手工工场"为青少年开办了学校，教他们识

---

① Глаголева А. П. Указ. соч. , с. 180；Русский биографический словарь, т. «Гааг-Гербель». М. , 1914, с. 417.

② Нечаев Н. В. Горнозаводские школы Урала. М. , 1956, с. 60.

③ Пензин Э. А. Школы при горных заводах Урала а первой трети XVIII в. - В сб. : Общественно-политическая мысль дореволюционного Урала. Свердловск. 1983, с. 75.

④ Павленко Н. И. Развитие металлургической промышленности. . , с. 201.

⑤ Нечаев Н. В. Указ. соч. , с. 82.

⑥ Данилевский В. В. Указ. соч. , с. 67.

字，并根据他们的成绩分配不同的职务"①。然而，阿金菲·杰米多夫和斯特罗甘诺夫家族反对在手工工场中开办学校。阿金菲·杰米多夫在给政府的一份报告中写道："6~12 岁的孩子若想要接受教育，那么可以上学，如果他们不愿意，就不能强迫他们上学。因为这个年龄段的孩子已经可以胜任手工工场的很多工作，比如提取用于燃烧的铁矿石和铜矿石，还可以跟着手工工场的师傅学习。"② 然而，有些资料记载的情况与此并不相符，首先，童工并不像阿金菲·杰米多夫所说的那样，只干轻活，他们往往还要承担非常繁重的工作，例如焙烧矿石等；其次，对于商人而言，学徒制是培养工人最便捷的方法，但限制了青少年的全面发展。直到 1750 年，阿金菲·杰米多夫去世后，其在下塔吉尔的手工工场才开设了学校。③

1773 年，俄国成立了第一所矿业高校——彼得堡矿业学院。

18 世纪，手工工场的组织形式基本规范了下来。В. И. 盖宁编写了俄国第一本讲述乌拉尔冶金工业的书，其中介绍了"冶金企业的情况"，讲解了"大坝和手工工场应该从何建起，以及为此需要些什么"，还介绍了建坝工、高炉工、镀锡工、轧制工和切割工的工作内容。④

不同地区的手工工场之间存在一定的经济往来。因此，必须为手工工场的组织形式、生产技术和产品规格建立统一的标准，这是大规模工业企业发展的前提。

大型手工工场中有一道额外的工序——制样，即在大批量生产之前先制造一批样品。这一工序最早出现在 18 世纪的新兴工业中，如冶铜

---

① Павленко Н. И. История металлургии в России ⅩⅧ в. , с. 68.
② 引文出自 Семевский В. И. Посессионные крестьяне. —Вестник Европы, 1878, т. ⅩⅠ, с. 156。
③ Нечаев Н. В. Указ. соч. , с. 87.
④ Геннин В. И. Описание уральских и сибирских заводов, с. 117, 118, 127, 128, 131, 139, 160, 187, 229, 265, 299 等处。

业、冶银业和制瓷业等。叶卡捷琳堡的手工工场平面图中有"制样间"，波列夫的手工工场中也有"制样间学徒"。[1] 18世纪的相关资料中有关于制样间的记载及其必要性的说明。М.В.罗蒙诺索夫的书中描述了冶金业的制样过程，还介绍了检查样本所用的化验炉、化验工具。[2] И.А.施拉特尔的书中用专门一章来讲解制样这一工序，他在书中写道："试炼是为了确保炼出最优质的金属，同时还能检验提炼出来的物质是否有用。"[3]

除了关于生产设备和生产技术的文字说明，图片资料对于大型工业的发展和规范也起到了重要作用，它是18世纪俄国的技术类资料中不可或缺的一部分。В.И.盖宁首次在书中绘制了手工工场及其部分车间的平面图。

在18世纪下半叶，专业的平面图取代了以往的简单图示。[4] 平面图使技术手册更加直观，实用价值更强。此时，俄国有专门设计并绘制平面图的专家。测量员必须"为地下隧道、孔洞、巷道和矿井设计建造方案，并根据这些方案绘制平面图"[5]。И.А.施拉特尔的书中有30多幅平面图和多个表格，每个图表都附有详细说明。[6] 这样一来，人们能更清晰地了解采矿过程、建设矿井的不同方式、采矿工具以及冶炼矿石之前具体需要做哪些准备工作，其中，最后一个阶段的准备工作尤为重要，即研磨、清洗和挑选矿石。这些图纸中绘制了将矿石抬出矿井的马力传动装置、水力传动装置和"火力"传动装置，并介绍了操作方法以及"提

---

[1]　Лукьянов П. М. Указ. соч., с. 415, 457.

[2]　Ломоносов М. В. Первые основания металлургии или рудных дел, с. 109–110.

[3]　Шлаттер И. А. Обстоятельное описание рудного плавильного дела.., с. 181.

[4]　20世纪30年代，列宁格勒的国家地理学会档案馆中保存着"施拉特尔系列"画册，该画册出现于18世纪60年代，包含水彩画和乌拉尔各手工工场的设计图纸。该系列共有200多幅画作，目前下落不明。—Каменский В. А. Русская железная и медная мануфактура в изображениях XVIII–первой половине XIX в. - Архив истории науки и техники, вып. 7, Л., 1935.

[5]　Геннин В. И. Описание уральских и сибирских заводов, с. 91.

[6]　Шлаттер И. А. Обстоятельное наставление рудному делу.

高矿井空气质量"的方法。

众所周知，水是手工工场中最常见的资源。实践者和科学家都深知这一点。И. А. 施拉特尔写道，"在所有的资源中，水是必不可少的，它拥有巨大的力量，能更高效地为机器提供动力，这是毋庸置疑的……""要想了解水力知识并学习如何使用水力"，就需要先学习数学知识，"还需要不断地思考、做实验"。① 1788 年，莫斯科大学的学生 М. И. 潘克维奇在他的硕士学位论文《论通过水蒸气的膨胀和大气压力的作用将水提升到极大高度的特殊水力机器》。② 这是俄国第一个将蒸汽机视为辅助性生产工具进行研究的学术成果。

手工工场中有许多机器，多用于准备环节。这些机器包括起重机、吊锤和通风机等。然而，这些机器没有被应用于正式的生产环节，因此工业生产方式没有发生根本性改变。③

不过，这些机器的使用推动了新发明的出现，这种情况在手工工场中很普遍，尤其是在 18 世纪。④ 俄国发明家多来自民间，他们自学成才，对科学和社会文化的兴趣之广甚至令现代人惊讶。例如，世界上第一台螺丝车床的创造者 А. К. 纳尔托夫酷爱收集彼得一世时代的仪器和艺术品。1755 年，他完成了《机器舞台或机器奇观》一书的写作，这是一本关于 18 世纪的机床制造、奖章刻制和车床工艺的百科全书。此外，兴趣广泛的热能工程师 И. И. 波尔祖诺夫是俄国第一台蒸汽机的创造者。

---

① Шлаттер И. А. Обстоятельное описание рудного плавильного дела. . , с. 5.
② Летопись Московского университета，с. 33.
③ 参见 Маркс К. ，Энгельс Ф. Соч. ，т. 23，с. 386。
④ 有大量阐述 18 世纪俄国科技发明的资料。可参见 Виргинский В. С. Творцы новой техники в крепостной России，изд. 2 - е. М. ，1962；Он же. История науки н техники，т. I. М. ，1973；Очерки истории техники в России с древнейших времен до 60-х годов XIX в. М. ，1978；Данилевский В. В. Русская техника，изд. 2 - е. М. ，1948；Деятели русской культуры XVIII в. Страницы биографий. Библиографический указатель. М. ，1980；等等。

1717~1718 年，俄国首次出现了从地下矿井抽水的蒸汽机。[1] И. А. 施拉特尔详细介绍了这种机器，并绘制了其结构图。[2] И. И. 波尔祖诺夫首次提出以蒸汽为动力和"让火成为机器的仆人"的想法。1766 年 8 月，俄国历史上第一个蒸汽发动机在巴尔瑙尔的手工工场投入使用。然而，И. И. 波尔祖诺夫的发明命运悲惨，这台机器仅在巴尔瑙尔手工工场使用了半年，14 年后被销毁。

生产机器的发明意味着生产力在发展，也代表着手工工场生产力的上限。人类工业活动的成就体现在独特机器的发明以及简单机器（如高炉、熟铁吹炼炉、碾磨机、圆柱形鼓风机等）在生产中的广泛使用上。在此过程中，社会物质文化水平也得到了提高。

随着封建农奴制的衰落，封建生产关系已经不能促进社会进步，相反，它阻碍了社会进步。这是 18 世纪下半叶许多技术发明夭折的一个重要原因。

18 世纪，手工工场的发展水平高于小作坊。手工工场已经实现了区域经济专业化，产生了新的分支，出现了新的技术方法，并且利用了新的自然资源。判断手工工场发展水平的标准是劳动生产率。

在整个 18 世纪，手工工场的劳动生产率不断提高。在 18 世纪上半叶，乌拉尔的高炉是俄国冶金业领域中生产力最高的工具，其炼铁量可达 100~130 普特/天。[3] 18 世纪 60 年代末，乌拉尔最大的冶金企业——基什蒂姆手工工场、下塔吉尔手工工场和涅维扬斯克手工工场——的高炉炼铁量为 400~700 普特/天。活塞式鼓风机的使用极大地提高了高炉的

---

①　Виргинский В. С. История науки и техники, т. Ⅰ, с. 220.

②　Ломоносов М. В. Первые основания металлургии или рудных дел, с. 90–108；Шлаттер И. А. Обстоятельственное наставление рудному делу.., с. 150.

③　Струмилин С. Г. Указ. соч., с. 123，141，143. 这一时期，"老式"瑞典高炉每天能生产 43 普特生铁，英式高炉每天可生产 85 普特生铁，高度为 6.5 米的"新式"瑞典高炉每天则能生产 134 普特生铁。

生产率，其产量可达900普特/天。仅在1740~1770年，俄国高炉的生产率就提升了15%~20%。[①]

在18世纪，生产熟铁的效率也有所提高。在乌拉尔地区，一名工匠加学徒每天就能生产10~12普特熟铁。而在17世纪，图拉手工工场的熟铁产量不超过6普特/天，[②] 农民每天最多能生产4普特熟铁。[③] 熟铁产量的增加得益于生产技术的进步。[④]

由于上述原因，农民使用的高炉和手动熔铁炉迅速被冶金企业淘汰掉。早在17世纪60年代，铁制品就主要由手工工场生产。到18世纪末，手工生产的铁制品仅少量出现在偏远地区，即手工工场的产品运送不到的地区。

纺织业的劳动生产率也有所提高。例如，18世纪中叶，麻纺织企业使用了脚蹬式纺车，其生产率比手摇纺车提高了15%。[⑤] 纺织业的整体劳动生产力有所提高，但各手工工场的生产力水平仍然存在差异。[⑥]

在整个18世纪，政府和外国市场是俄国冶金产品，如劳动工具、武器、锚、做屋顶用的薄铁皮、铁丝、铜条等的主要消费者。在18世纪中叶，俄国的铁制品产量位居世界第一，是面向欧洲最大的铁制品出

---

① Кашинцев Д. История металлургии Урала. М. - л. , 1939, с.141；Бакланов Н. Б. Техника металлургического производства ⅩⅧ в. на Урале. М. , 1936, с.66；Струмилин С. Г. Указ. соч. , с.166.

② Кашинцев Д. История металлургии Урала. М. -л. , 1939, с.69.

③ Сербина К. Н. Указ. соч. , с.54~55.

④ 例如，在将熟铁塑造成钉子时，会产生1/4的废料，而手工工场生产铁制品时仅会产生1/10的废料。—Любомиров П. Г. Очерки по истории русской промышленности. М. , 1946, с.216 - 219；Струмилин С. Г. Указ. соч. , с.75；Сербина К. Н. Указ. соч. , с.103.

⑤ Курицын И. А. Указ. соч. , с.141.

⑥ Е. И. 鲁宾斯坦因统计了有关这一问题的重要数据。18世纪末，纺织手工工场中的自由雇佣工每周约可以织出1匹布，而农奴工人每周只能织0.6匹布。由此可见，自由雇佣工的劳动生产率比农奴工人高40%。—Рубинштейн Е. И. Полотняная н бумажная мануфактура Гончаровых во второй половине ⅩⅧ в. М. , 1975, с.59-62.

口国。18 世纪末，外国市场对俄国铁制品的需求达到了顶峰，后来逐渐下降。[①]

18 世纪，冶金业领域的大型手工工场并不十分发达，小手工业者几乎就能满足国内市场对家用金属制品的全部需求。不过，到了 18 世纪下半叶，手工工场生产的铁制品和铜制品的种类增多。巴塔舍夫家族的手工工场生产的产品深受国内消费者的喜爱。1763 年，巴塔舍夫家族获得了"在所有城镇"销售锅、斧头和锤子等工具的权利。[②] 斯纳维多夫的手工工场成立于 1784 年，最初从事生铁的生产。[③] 军事订单对于这些企业家的资本积累极为重要。[④] 乌拉尔地区的手工工场生产农民和小手工业者所需的各种劳动工具和家庭用具，如铁砧、铁铲、铁锯、煎锅、灯具、糖盒、茶盒和茶壶等。[⑤]

在 18 世纪下半叶，瓷器贸易的规模很小。瓷器通常在彼得堡的公共摊位上出售，Ф. Я. 加德纳的企业生产的瓷器就曾在此出售。18 世纪，俄国市场上主要销售外国瓷器，如英国、萨克森和法国的瓷器。[⑥] 玻璃器皿是最受欢迎的家庭用具。法典委员会的一位成员指出，"手工工场生产的玻璃器皿不仅销售给贵族，也被普通人购买；小酒馆是玻璃器皿的消费

[①] 根据相关资料中的数据统计，18 世纪中叶，俄国的铁出口量达 130 万普特。18 世纪末，俄国铁出口量为 400 万普特，而在 1802~1804 年，俄国铁出口量下降至 250 万普特。- Павленко Н. И. Развитие металлургической промышленности. ., с. 512; Рубцов Н. Н. История литейного производства в СССР, ч. I. М. –Л., 1947, с. 67.

[②] Любомиров П. Г. Очерки по истории русской промышленности. М., 1946, с. 480.

[③] Свиньин П. Заводы, бывшие И. Р. Баташева, а ныне принадлежавшие генерал-лейтенанту Д. Д. Шепелеву и его детям. Спб., 1826, с. 64.

[④] Демиховский К. К. Возникновение и развитие приокской металлургии во второй половине XVIII в. —Учен. зап. Пермского гос. ун-та, 1961, т. XVIII, вып. 4, С. 70, 72.

[⑤] Бакланов Б. Н. Техника металлургического производства XVIII в. на Урале. М., 1936, с. 123–125; Кашинцев Д. История металлургии Урала. М. –л., 1939, с. 135–136.

[⑥] Столпянский П. Н. Старый Петербург. Торговля фарфором в XVIII в. Столица и усадьба, 1915, № 28, с. 6–7.

主力"。①

各纺织企业的产品种类更加丰富。② 在整个18世纪，政府一直都是麻纺织企业和毛纺织企业的主要客户。拥有广阔国内市场的丝织企业主要面向贵族。直到18世纪末，纺织企业的产品，尤其是亚麻布，才开始被广大普通市民购买。此外，纺织企业也生产粗布——一种廉价的布。③

即使在18世纪末，手工工场生产的织物也没有渗透到农村，农民继续使用自己生产的布料制作衣服，如粗麻布、原色粗呢等，还有少数农民使用印花布。农民不购买手工工场的织物，除了受传统习俗的影响，还有一个重要原因是手工工场生产的织物价格高昂。市民的衣服和军装都由手工工场的工人缝制。

由此可见，在18世纪下半叶，手工工场在工业经济中占据特殊的地位，但它并未在与小手工业者的竞争中获胜，因为后者生产的商品是面向广大平民的。当然，手工工场的产品在国内也有一定的市场，这证明其作为新兴资本主义社会经济体系中的一个要素，是具有生命力的。手工工场中出现了新的社会经济关系——资本主义生产关系，其在俄国经济体系中的活力决定了手工工场的发展态势。

手工工场是18世纪俄国社会经济文化生活的重要组成部分，在城市

---

① Сб. РИО，т. 8，с. 51.

② 在18世纪60年代，麻纺织企业生产的粗麻布、帆布等主要销往国外，花条棉布、细麻布、斜纹布、桌布、餐巾等则销往国内。毛纺织企业生产军用布、薄毛布、驼绒、毛质腰带等；18世纪下半叶，毛纺织企业开始生产厚绒布、棉毛纱和厚呢绒。丝织企业生产各种丝织品：天鹅绒（包括光滑的天鹅绒和毛质天鹅绒）、花缎（包括彩色花缎和素色花缎）、塔夫绸、衬里、丝带、手帕。-Любомиров П. Г. Очерки по истории русской промышленности. М.，1946，с. 26，27；Коган И. И. Московские шелковые фабрики первой половины ХⅧ в. —Старая Москва，сб. Ⅰ，м.，1929；Старая Москва，сб. Ⅰ，с. 138.

③ Любомиров П. Г. Очерки по истории русской промышленности. М.，1946，с. 91. 粗布是一种蓝色条纹亚麻织物，它的名字来源于雅罗斯拉夫尔手工工场的老板扎特拉佩兹诺夫，粗布最早就是在这里生产的。—Грязнов А. Ф. Я рославская большая мануфактура. М.，1910，с. 116.

化进程中发挥着显著作用,[1] 并促进了俄国经济统一体的形成,而经济统一体正是统一民族形成的典型标志。然而,18 世纪下半叶,封建生产关系阻碍了社会经济的进一步发展。18 世纪末,手工工场同时雇用自由劳动力和农奴的新模式已初步形成。手工工场较高的生产力保证了其在俄国社会经济生活中的活力和可持续性,并且加快了手工工场向工厂过渡的进程。

---

[1]　乌拉尔的手工工场尤其值得关注,大型城市居民点在这些手工工场周边迅速发展起来。Черкасова А. С. Горнозаводская мануфактура и образование городов. —Исторические записки, т. 93, 1974, с. 295.

第四章
商　业

H. B. 科兹洛娃

B. P. 塔尔洛夫斯卡娅

　　18 世纪的俄国商业沿着 17 世纪的道路继续发展。[①] 这一时期，全俄市场的联系进一步加强，贸易特点有所改变，商品种类更加丰富，商人的处境也发生了转变。这四个变化是我们把握 18 世纪俄国商业史的关键。[②]

　　马克思曾说："18 世纪是商业的世纪。"[③] 18 世纪，欧洲国家在经济学理论研究和实际政策上都非常重视商业。18 世纪的许多俄国金融家都认为"商业是国家之本，社会之魂"。"商业"的含义非常广泛，它既包括贸易本身，如外贸和内贸，还包括工业、运输业和金融业。18 世纪，商业在俄国社会生活中的重要性日益增长，人们对商业的兴趣也不断增加。

　　与以前一样，18 世纪的商业活动主要在城市进行。随着社会劳动分

---

① Очерки русской культуры XVIII в. , ч. 1. М. , 1979.

② Маркс К. , Энгельс Ф. Соч. , т. 3, с. 59.

③ 《马克思恩格斯文集》第 1 卷，人民出版社，2009，第 564 页。——译者注

工的深化，城市的作用日益凸显。不过，这一普遍规律在不同的城市的表现各不相同。旧的商业中心有所衰落，新的商业中心形成。商业中心的总体功能和所开展的贸易类型也发生了变化。原因不一而足：国家获得了新的出海口，扩张了领土；旧的贸易路线发生了改变，出现了新的贸易路线；小手工业和手工工场不断发展；社会劳动分工深化，生产的专业化程度有所提高。

莫斯科仍然是俄国最大的商业中心。在18世纪前25年，来自俄国中部地区乃至北部地区以及乌拉尔和西伯利亚的商品纷纷销往莫斯科，这是地区间贸易联系加强和全俄市场发展的重要标志。

在莫斯科可以买到国内外的各种商品，这里吸引着全国各地不同社会等级的买家和商人。莫斯科销往各地的商品种类大致相同，而商品质量和价格不同，这取决于消费者的身份是大城市居民、小城镇居民还是村民，是贵族、商人还是农民。莫斯科展销会上的商品通常包括布匹、成衣、头饰、鞋类、皮革、日用品、金属制品、器皿、书籍、纸张、文具、化工产品、小食品以及海产品。这些货物主要由外地商人购买，然后在莫斯科以外的地方出售。莫斯科的批发贸易，无论是面向国外市场还是国内市场，都由莫斯科的商人和企业家控制。[1]

彼得堡对于本地贸易，乃至国内外贸易的发展都很重要。在建城的最初几十年，彼得堡对周边城市乃至边远城市的商业发展方向和发展水平产生了很大影响。到18世纪20年代，彼得堡的贸易范围已经辐射到了俄国西部、西北部乃至中部地区，如斯摩棱斯克、诺夫哥罗德、别热茨克、托尔若克、斯塔里察、上沃洛乔克、勒热夫、雅罗斯拉夫尔、罗斯

---

① Кушева Е. Н. Торговля Москвы в 30-40-х годах ⅩⅧ в. -Исторические записки，т. 23，1947，с. 85，92.

托夫、乌格利奇、雷宾斯克等地。①

彼得堡汇集了全国的大部分商品，对国内市场的扩大起到了重要作用。彼得堡成了新首都，中央行政机构转移到此地，数以万计的工人和商人也迁移到了这里。人口的增长使国家必须保证彼得堡具备充足的物资。在 1753 年废除国内关税之前，运往彼得堡的商品份额占国内商品总量的 1/4，所收关税高达 2200 万卢布。②

许多城市的贸易不局限于本省，还开展了跨地区贸易。早在 18 世纪上半叶，就有一些城镇积极地开展批发贸易和零售贸易，这些通常都属于定期贸易。③ 18 世纪下半叶，中部地区，如雅罗斯拉夫尔、科斯特罗马、特维尔、图拉、卡卢加、奥卡河畔的奥廖尔等地的城市贸易额相当高，约有 100 万卢布/年。④ 乡镇的贸易额也在增长。通常，在乡镇上流通的商品多为小农经济体系下的产品。乡镇中唯一的贸易形式就是定期贸易，即零售型展销会。每隔一段时间，乡镇居民生产的农产品和手工艺品就会在展销会上出售。莫斯科周边的大多数乡镇都如此开展贸易。还有一小批乡镇（在 18 世纪 50 年代，这类乡镇大约占乡镇总数的 16%）既没有开展固定贸易，也没有发展定期贸易。不过，这类乡镇的数量越来越少。⑤

---

① Кизеветтер А. А. Делопроизводство русских внутренних таможен как исторический источник. - В кн.: Сб. статей, посвященных В. О. Ключевскому его учениками, друзьями и почитателями. М., 1909, с. 80.

② Шапиро А. Л. О роли Петербурга в развитии всероссийского рынка в XIII первой половине XIX в. - В кн.: Города феодальной России. Сб. статей памяти Н. В. Устюгова. М., 1966, с. 388, 391, 394.

③ Миронов Б. Н. Внутренний рынок России во второй половине XIII—первой половине XIX в. Л., 1981, с. 56-59, 67-68.

④ Рубинштейн Н. Л. Внешняя торговля России и русское купечество.—Исторические записки, т. 54, 1955, с. 344.

⑤ Миронов Б. Н. Внутренний рынок России во второй половине XIII—первой половине XIX в. Л., 1981, с. 61.

当时，固定贸易多为零售贸易。任何城市都存在零售贸易，其发展程度反映了某个城市的商业发展水平，并决定了商业生活的特点。大型商业城市早在 17 世纪就形成了发达的网络。18 世纪初，更多城市建造了商业场所。例如，1703 年，彼得堡建造了交易市场、商城和港口。彼得堡交易市场的历史比许多外国交易市场还要悠久，巴黎、维也纳和柏林的交易市场分别成立于 1724 年、1771 年和 1805 年。[①] 在 1796 年敖德萨的交易市场出现之前，彼得堡的交易市场是俄国唯一一个交易市场。

彼得堡的商城最初由许多杂货铺组成，这些商铺大多为木式建筑。随着贸易的发展以及商品和商人的不断涌入，人们逐渐要求扩大贸易场所，因此，商城多次扩建。1705 年，人们开始建造新商城和专门的商品交易大楼。8 年后，彼得堡的港口旁建起了一座两层的带有瓦顶的商城，一楼是店铺，二楼是仓库。整个商城被一条通航运河一分为二。1719 年，海军部大厦附近建造了一座石式商城；1721 年，瓦西里岛也建造了一座石式商城。海军部大厦周边相继出现了新的海关大楼、港口和商城。彼得堡的每个角落都能看到木式商铺，这样的店铺方便搬迁，它们多分布于涅瓦河沿岸或运河沿岸，以便运输货物，也方便商人出行。[②]

18 世纪，城市的贸易活动只能在商城和展销会进行。外国人也必须在商城内从事批发贸易。然而，18 世纪 50~60 年代的经济调查问卷显示，只有 6% 的城市有专门销售商品的商城，并且这些城市都是大城市：莫斯科、彼得堡、下诺夫哥罗德、喀山、雅罗斯拉夫尔、卡卢加、巴赫穆特、辛比尔斯克、叶尼塞斯克、奥伦堡、托博尔斯克、伊

① Любименко И. И. Торговля в Петербурге. – В кн.: Петербург петровского времени. Очерки. Л., 1948, с. 85.

② Любименко И. И. Торговля в Петербурге. – В кн.: Петербург петровского времени. Очерки. Л., 1948, с. 90–92.

尔库茨克、乌法、基辅、阿斯特拉罕、阿尔汉格尔斯克、里加、雷瓦尔和哈尔科夫。到18世纪末，大型城市的数量有所增加。[①] 破旧的老商城被多次重建和扩建。从1755年到1785年，彼得堡的涅瓦大街上出现了一座两层的石式商城，每一层都有170家商铺，不同的商铺由拱廊连接起来。每个商铺专卖一种商品。此外，商城里还有货仓。最引人注目的商铺是位于大萨多沃伊街与丰坦卡街交叉口的活禽铺。野禽和家禽，包括狗、猫、猴子、狐狸等动物都在这里出售。活禽铺旁边是浆果铺，由农民经营，秋季，浆果铺还出售蘑菇。食品也可以在商城出售。1740年，商人建造了一座专门销售食品的带铁屋顶的双层石式商城。[②]

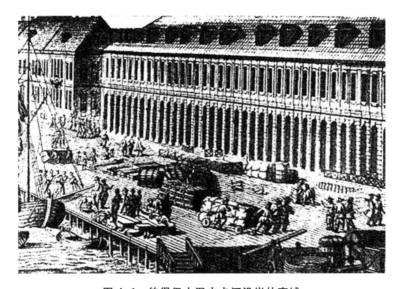

图 4-1　彼得堡小涅夫卡河沿岸的商城

---

① Миронов Б. Н. Внутренний рынок России во второй половине XVIII—первой половине XIX в. Л. , 1981, с. 58.

② Георги И. Г. Описание Российско-императорского столичного города Санкт-Петербурга. Спб. , 1794, с. 105.

据 М. Д. 丘尔科夫的统计，18 世纪 80 年代，莫斯科有近 5000 个商铺，各种商业场所共 8500 多个，包括商铺、售货摊、地下商铺、商棚等，[①] 其他任何一个俄国城市都无法与之媲美。18 世纪末，莫斯科的中国城有许多商铺都开展了零售贸易。莫斯科共有四个商铺开展批发贸易，其中三个位于中国城，盐和鱼类批发铺位于白城。除了周末和节假日，商城每天都营业。1782 年的法令赋予了商人“在家中开设商铺”的权利，1797 年的法令宣布：“自今日起，任何地方不能新建商城，若需要开展贸易，则应在家中开设商铺。”[②] 这些措施改变了许多城市的面貌。例如，彼得堡涅瓦大街的商城附近原本有一家木式商铺，1786 年，该商铺被一座两层的石式建筑取代，其一楼是商铺，二楼是住宅。[③]

由于贸易活动可以在商城之外进行，因此商人需要为自家商铺打广告。从 18 世纪 80 年代开始，《莫斯科新闻报》上出现了各种商铺广告，广告中标明了卖家地址，有时还会标明价格。有些商铺专门面向贵族和商人，根据他们的需求和品位定制产品。通过读报纸，人们可以了解到哪里出售领地、莫斯科私人住宅、家具、台球桌、“新式”水晶器皿、马车、马具、乐器（如“英国钢琴、长笛、管风琴”、小提琴等）、“精美画作”、“女士用品”（如女装饰边、假发），还有美食特产（如巧克力、鱼类、果酱等）、杀虫剂以及能洗掉“各种污渍”的洗涤剂。

除此之外，俄国还存在“人口”贸易。通常，普通农民及其家人会被一并卖掉，地主农奴则被单独卖掉。肥皂和烟草广告中经常夹杂着这样的广告：出售“优质厨师”及其妻儿，厨师“曾在莫斯科最豪华的住宅里工作”，他的妻子“擅长洗衣服、熨衣服”，他的女儿“擅长缝补衣

① Чулков М. Историческое описанке российской коммерции.., т. Ⅵ, кн. Ⅳ. М., 1786, с. 232-251.
② ПСЗ, т. ⅩⅪ, № 15462；т. ⅩⅩⅣ, № 18171.
③ Георги И. Г. Описание Российско-императорского столичного города Санкт-Петербурга. Спб., 1794, с. 106.

服、绣花"。①

《彼得堡新闻报》优先为官营商品打广告，这些商品包括新书、家具、钟表、镜子、画作、房屋、马匹等。18 世纪 60 年代，商业广告不仅刊登在报纸上，还以增刊的形式单独发表，增刊的标题通常为《新闻》。从 1782 年 9 月起，广告被印成了专门的《通告》和《商人通告》，与《新闻报》一起刊发。在彼得堡、莫斯科等地，"公开拍卖"的现象十分普遍。拍卖的物品包括领地和私人住宅内的财产，如家庭用品和衣服；"女皇陛下"还拍卖马匹。彼得堡还有一种独特的拍品——失事船舶上的受损货物。

18 世纪五六十年代，莫斯科和彼得堡出现了第一批欧式商店，这些商店专卖同一类商品。如同欧洲一样，俄国欧式商店的服务对象也是买得起奢侈品的富人。② 这些商店往往由外国商人经营，据 И. Г. 格奥尔基所说，"俄国有许多英国人、法国人、德国人和荷兰人开的商店……这些商店专卖女装、时装或家具等商品"。③ 欧式商店的装潢豪华，设有橱窗和陈列柜，它们多为玻璃材质。当时，陈列柜仅在诸如巴黎和伦敦之类的城市出现过。④

整体而言，18 世纪中期，70% 的城市居民点都开展了固定贸易。然而，只有特大城市的固定贸易比较发达，而在距莫斯科数百俄里开外的地区，固定贸易网点非常稀疏。例如，直到 19 世纪中期，许多市民仍然很难通过商店购买生活必需品，如糖、白面包等。此外，在 18 世纪 50 年代，只有 4% 的人口是城市人口，农村的固定贸易更加落后。所以，俄国只有一小部分居民能随时购买商品。人们对于商品的需求主要通过定期

---

① Московские ведомости. 1786，№ 19.

② Кулишер И. М. Очерк истории русской торговли. Пг.，1923，с. 265.

③ Георги И. Г. Описание Российско-императорского столичного города Санкт-Петербурга. Спб.，1794，с. 205，209.

④ Кулишер И. М. Очерк истории русской торговли. Пг.，1923，с. 262.

贸易满足，偶尔通过流动贸易满足。[①]

即使在固定贸易发达的城市，如莫斯科和彼得堡，定期贸易也仍然具有重要作用，它在为居民提供食物和必需品方面至关重要。在每周三、周五和周日，莫斯科周边的农民都会前往莫斯科，在"合适的地方"，如十字路口等地出售粮食、木材、干草等。18世纪下半叶，69%的城市贸易是定期贸易，到了19世纪初，79%的城市贸易都是定期贸易。县城每周有1~2次展销会，而省城每周有2~3次展销会。[②]

乡村企业在为人们提供日常生活必需品方面发挥了巨大作用。18世纪，其作用进一步加强。最引人注目的是出现了专门的工商业村，工商业村内不仅开设展销会，还建有每天营业的商城。奥卡河与伏尔加河之间、莫斯科省、弗拉基米尔省、科斯特罗马省、特维尔省、雅罗斯拉夫尔省和下诺夫哥罗德省等省有许多工商业村，它们有着悠久的贸易历史。这些工商业村是重要的贸易中心，在此经商的不仅有农民，还有许多城市商人。工商业村流通着各种各样的商品。

工商业村也为过境贸易提供了保障。国内的大商人乃至外国商人的贸易活动都无法绕过工商业村。工商业村的重要性还在于，能够拉动那些从来不进城，或者很少进城的农民的消费。这些人可能是耕地农民，他们通过出售自己种植的农产品来换取"城市"商品，也可能是农村小手工业者或小商贩。工商业村在18世纪一直发挥着重要作用。18世纪末，在小商品生产和过境贸易不断发展的基础上，工商业村的规模不断扩大。[③] 然而，

---

① Миронов Б. Н. Внутренний рынок России во второй половине XVIII—первой половине XIX в. Л. , 1981, с. 55~72.

② Миронов Б. Н. Внутренний рынок России во второй половине XVIII—первой половине XIX в. Л. , 1981, с. 59.

③ Клокман Ю. Р. Социально-экономическая история русского города. Вторая половина XVIII века. М. , 1967, с. 46; Водарский Я. Е. Промышленные селения Центральной России в период генезиса и развития капитализма. М. , 1972.

18 世纪的大工商业村相对较少。展销会在农民生活中的重要性要大得多，它普遍存在于各个城镇。例如，在 18 世纪初，仅巴拉赫那一个县就有 20 个小型展销会，小型展销会上主要是"穷人在出售各种小商品、口粮和白面包"[1]，周边城市的商人和居民都会来到这里购物。舍列梅捷夫家族在奔萨省的波伊姆村有一块领地。该家族每星期六都在自己的领地上开设展销会，周边农民会来到这里出售粮食和小手工艺品；在复活节后的第 10 个星期五，该家族会开设大型展销会，此时，商人和地主会带着织物前来销售，当地居民则出售粮食、牛、马等。

到 18 世纪末，展销会链条几乎覆盖了整个俄国。农村展销会主要集中在波罗的海沿岸、乌克兰和新俄罗斯，通常在节假日开设。通常，农村展销会的生意会受到城市展销会的冲击，前者在城市展销会暂停期间非常活跃。[2]

在 18 世纪，展销会作为一种特殊的贸易形式逐渐繁荣，其数量迅速增长。18 世纪 50 年代，俄国有 627 个展销会（244 个城市展销会和 383 个农村展销会），而到了 18 世纪 90 年代，展销会的数量几乎增加到了原来的 6.5 倍，共 4044 个（其中大部分———共 3180 个展销会都在农村地区）。[3] 展销会作为一种临时的大规模贸易平台，之所以能够发展起来，一方面是由于封建制度下的经济封闭，货币流通不畅；另一方面是受地理因素的影响，俄国幅员辽阔，交通不发达，人口密度低。[4] 展销会在一定程度上有助于打破贸易的等级限制。这就解释了为什么 18 世纪下半叶俄国商品

---

[1]　ЦГАДА，ф. 350，кн. 10，л. 162-162 об.

[2]　Чулков М. Д. Словарь учрежденных в России ярмарок. М.，1788；Миронов Б. Н. Внутренний рынок России во второй половине XVIII—первой половине XIX в. Л.，1981，с. 183.

[3]　Миронов Б. Н. Внутренний рынок России во второй половине XVIII—первой половине XIX в. Л.，1981，с. 62.

[4]　Вартанов Г. Л. Городские ярмарки Центральной части Европейской России во 2 - й половине XVIII в. -Уч. Зап. Ленинград. гос. пед. ин-та，т. 194，1958，с. 137.

货币关系在等级制度不断强化的情况下，还能如此迅猛地发展。

展销会的规模和重要性各不相同。城市展销会分为地方展销会、跨城展销会和跨省展销会。他们共同将国内市场联合成一个整体。18 世纪，俄国一共有 25 个超大型展销会：马卡里耶夫展销会、伊尔比特展销会、特罗伊茨克展销会（奥伦堡）、罗日杰斯特沃展销会（库尔斯克）、斯文斯克展销会（布良斯克）、谢夫斯克展销会、涅任展销会、苏姆展销会等。其中，马卡里耶夫展销会的规模最大，覆盖全俄。从叶尼塞斯克、托博尔斯克到斯摩棱斯克、里加和彼得堡，从阿尔汉格尔斯克到乌克兰和阿斯特拉罕，都在马卡里耶夫展销会的贸易范围之内。马卡里耶夫展销会是俄国展销会体系中的重要组成部分，吸引了来自阿尔汉格尔斯克、伊尔比特和拉年堡的商人。商人把在马卡里耶夫展销会购买的货物带到其他展销会上销售。[①] 这样一来，马卡里耶夫展销会就与莫斯科一起，构成了全俄市场的中心。

展销会办公室主任 A. 祖博夫指出，18 世纪下半叶，马卡里耶夫展销会成为俄国的贸易中心，也是衡量国内贸易发展水平的指标。19 世纪初，马卡里耶夫展销会的贸易额约有 7000 万 ~ 1 亿卢布/年。[②] 马卡里耶夫展销会不仅在国内颇负盛名，而且名扬海外。例如，1805 年参观过马卡里耶夫展销会的御医 Г. 列曼写道："这个小地方的展销会规模并不比法兰克福和莱比锡的展销会小。"[③]

[①] Кафенгауз Б. Б. Очерки внутреннего рынка России первой половины XVIII века（по материалам внутренних таможен）. М. , 1958, с. 117, 185.

[②] Зубов А. Описание Нижегородской ярмарки. Составленное директором ярмарочной конторы. Спб. , 1839, с. 9; Реман Г. Макарьевская ярмарка. Выписка из неизданного путешествия по восточной России, Сибири и Китайской Мунгалии. Северный архив, журнал истории, статистики и путешествий, 1822, апрель, № 8, май, № 9, с. 238.

[③] Реман Г. Макарьевская ярмарка. Выписка из неизданного путешествия по восточной России, Сибири и Китайской Мунгалии. Северный архив, журнал истории, статистики и путешествий, 1822, апрель, № 8, май, № 9, с. 143.

跨地区展销会链条非常重要，它能将地方市场和全俄市场联系起来。该链条包括布拉戈维申斯克展销会、库尔斯克展销会和伊尔比特展销会等。布拉戈维申斯克展销会将俄国北部与彼得堡、俄国中部和伏尔加河流域连接了起来；库尔斯克展销会将乌克兰纳入了全俄市场；伊尔比特展销会将欧俄与西伯利亚相连接。

地方展销会是最常见的城市展销会。不过，固定贸易发达的大城市基本没有展销会，即便有，其作用也不大。这表明，尽管展销会的数量有所增加，但其在城市中发挥的作用在逐渐减弱。到了 19 世纪初，俄国的所有城市几乎都开展了固定贸易（18 世纪中叶，俄国尚有 43 个城市未开展固定贸易）。[①]

展销会对民族地区的形成发挥了巨大作用。在第聂伯河左岸的乌克兰地区，涅任、罗姆内、基辅、克罗列韦茨、斯塔罗杜布、切尔尼戈夫、波尔塔瓦、佩列亚斯拉夫等地都有展销会，销售烟草、粮食、畜产品、伏特加和进口商品。据不完全统计，18 世纪中叶，乌克兰仅城市中就出现了 93 个展销会。[②]

在 18 世纪最后 25 年，第聂伯河右岸的乌克兰乡镇和工商业村开始在贸易发展中发挥重要作用。И. А. 阿科萨科夫写道："小俄罗斯的农村展销会每次持续一两周甚至更久，每年同一地点可以举办 6 次展销会，开设展销会的地方为未开市地方的居民提供了缓冲。这些展销会构成了数

---

① Миронов Б. Н. Внутренний рынок России во второй половине ⅩⅧ—первой половине ⅩⅨ в. Л. , 1981, с. 60-61.

② Шульга И. Г. Развитие торговли на Левобережной Украине во второй половине ⅩⅧ в. —В кн. : Вопросы генезиса капитализма в России. Л. , 1960；Гурджий И. Л. Сельские и городские базары на Украине в конце ⅩⅧ—первой половине ⅩⅨ в. и их роль в развитии товарного производства. —В кн. : Вопросы истории сельского хозяйства, крестьянства и революционного движения в России. Сб. статей к 75 — летию академика н. М. Дружинина. М. , 1961；Волков М. Я. , Тихонова Т. А. Ярмарки Украины середины ⅩⅧ в. — В кн. : Историческая география России ⅩⅧ в. Ч. Ⅰ. Города, промышленность, торговля. М. , 1981.

以万计的小展销会圈，将乌克兰整合成一个统一市场，不停地运作。"①

18 世纪，爱沙尼亚、利沃尼亚和库尔兰也有许多展销会，这些地区的展销会对商品进行分类销售。西伯利亚也形成了完整的展销会体系。

展销会之间相互协商开市日期，以便商人能够在一个展销会结束之后及时赶往另一个展销会。例如，马卡里耶夫展销会通常在 6 月 29 日开市，1736 年后改为 6 月 20 日开市；谢夫斯克和奥廖尔的展销会在 8 月 1 日开市；乌克兰的展销会则在 9 月 15 日开市，1749 年后改为 10 月 15 日开市。② 每个展销会中都有各种各样的商铺和小饭馆。以下是 Г. 列曼对马卡里耶夫展销会的记载："只有在开办展销会期间，这个地方（马卡里耶夫）才不会显得无聊和乏味，因为展销会上瞬间出现了大量的商铺和木板房，其中一些商铺甚至还有精致的门面。展销会中有很多笔直的街道，街边有旅馆、餐馆、咖啡馆、剧院、舞厅，这些建筑都很有格调。不过，这些建筑出现得迅速，消失得也迅速，8 月初就已不见踪影。"③

展销会上的大部分商铺都集中在商城里，商城的规模则取决于展销会的贸易量。18 世纪中叶，布拉戈维申斯克展销会的商城中有 133 家商铺和 46 间仓库。18 世纪 60 年代，库尔斯克的科伦展销会有 332 家商铺，成立于 1793~1812 年的石式展销会中有 466 家商铺；1705 年，伊尔比特展销会至少有 62 家商铺，1730 年有 149 家商铺，1770 年则有 200 多家商铺。④

马卡里耶夫展销会建于 1809 年，由 32 座独立的木式建筑组成，可以容纳 1400 家商铺。而实际上，展销会上的商铺多达 1800 个。1816 年的

---

① Аксаков И. А. Исследование о торговле на украинских ярмарках, ч. I. Спб. 1858, с. 5.

② Зубов А. Указ. соч. , с. 8.

③ Реман Г. Макарьевская ярмарка. Выписка из неизданного путешествия по восточной России, Сибири и Китайской Мунгалии. Северный архив, журнал истории, статистики и путешествий, 1822, апрель, № 8, май, № 9, с. 139.

④ Щекатов А. Географический словарь Российской империи, ч. I. М. , 1801, с. 432–433; Самсонов В. И. Курская Коренная ярмарка. – Уч. зап. Курск. гос. пед. ин-та, вып. 2, 1949, с. 104; Чулков М. Историческое описание. . , т. VI, Кн. IV, с. 83.

一场大火使马卡里耶夫展销会和展销会上的所有临时摊位灰飞烟灭。因此，马卡里耶夫展销会迁移到了下诺夫哥罗德，变成了一座石式商城，商城内共有 2530 家商铺。①

图 4-2　展销会

展销会中也有商人在货车上卖货。货车密密麻麻地排列成一排，车前有用木杆搭建成的临时摊位，车下有一间仓库和一间住房，车的顶部是马食槽。1767 年，库尔斯克的展销会上有上千辆这样的货车。众多小商贩都在货车上做生意，可移动的货车上装满货物，并配有家具。这种

① Зубов А. Описание Нижегородской ярмарки. Составленное директором ярмарочной конторы. Спб., 1839, с. 10 – 11; Самсонов В. И. Курская Коренная ярмарка. – Уч. зап. Курск. гос. пед. ин-та, вып. 2, 1949, с. 112–113.

"商铺"遍布整个库尔斯克展销会，甚至把街道也堵得水泄不通，马卡里耶夫展销会也是如此。

18 世纪下半叶，展销会像大城市的商场一样，出现了专门销售某类商品的专卖"商铺"。这种分类专业化销售在俄国乃至西欧都是一种新现象。直到 19 世纪初，莱比锡才隐约出现了商品专卖的趋势，英国和法国的专卖贸易比较发达，但仅限于大型贸易中心。Г. 列曼曾记载，在马卡里耶夫展销会上，"不同种类的货物在不同的商铺上出售"。[1] 马卡里耶夫对岸的雷斯科夫专卖铁制品、磨石、四轮大车、木式货车、马匹和咸鱼。

"简单商品"（如玻璃窗、通风窗和木式器皿）的交易始于伏尔加河流域。此外，这一地区也大量销售以瓷砖镶面的火炉。该地区有专门批发某类商品的商铺，仅茶叶批发铺就有整整两排，绵延 1 俄里长。同时，西伯利亚的商铺也零售茶叶。此外，西伯利亚还有毛皮专卖铺，其贸易额至少可达 7 万~10 万卢布/年。

在西伯利亚的 98 家商铺中，有批发箱包的商铺，也有零售箱包的店铺（整整两排），还有专卖亚麻布、金属制品、书写纸、瓷器、金银制品、"时装和报刊"的商铺。[2]

18 世纪，广告刚刚出现，尚未普及。许多商店既没有招牌，也没有任何装饰。通常，销售的货物越珍贵，商店的外观就越朴素。Г. 列曼注意到这样一个事实："最珍贵的商品通常在展销会上很不起眼。"例如，货物价值达数百万卢布的西伯利亚毛皮铺"安静地隐匿在角落

---

① Реман Г. Макарьевская ярмарка. Выписка из неизданного путешествия по восточной России, Сибири и Китайской Мунгалии. Северный архив, журнал истории, статистики и путешествий, 1822, апрель, № 8, май, № 9, с. 149–150.

② Реман Г. Макарьевская ярмарка. Выписка из неизданного путешествия по восточной России, Сибири и Китайской Мунгалии. Северный архив, журнал истории, статистики и путешествий, 1822, апрель, № 8, май, № 9, с. 200–214.

里，远离人群"①。店内似乎也没有什么豪华的装潢，只有几个铺着草席的箱子，有些商铺甚至连草席都没有。店主们"平静地坐在一旁，似乎不太在意顾客的到来"。他们虽然会为每个进店的人提供茶水，但并不会热情地向顾客推销，也不急于展示自己的商品。毛皮的交易规模通常很大，因此不十分需要临时买家。昂贵商品的销售情况都是如此。Г. 列曼写道："出售珠宝的商铺中隐藏着'无数看不见的财富'，但它们的外观非常不起眼，以至于顾客常常注意不到它们。"②

至于销量大的生活用品的店铺外观则非常精致，店主往往通过这种方式来吸引顾客。例如，钟表匠煞费苦心地装饰自己的店铺，钟表摊通常是展销会上最漂亮、最有格调的店铺。

此外，展销会上还有许多特殊的商铺，如普通的小酒馆以及面向商人和"贵族"的"高级酒馆"。在小酒馆里，食物通常用木盘盛放，鱼则常被放在新割的草上，还有鲜花点缀。同时代人说，这赋予了小酒馆"乡村色彩"。每位顾客都有自己专属的刀和木勺，如果需要，酒馆还可以提供木叉。莫斯科以及周边城市的"高级酒馆"的老板则会带着所有必要的设备和工人来到展销会，临时开办酒馆。③

展销会是开展贸易和各种娱乐活动的场所。在那里，每个人都能找到自己喜欢的娱乐活动。在马卡里耶夫展销会上，"来自上流社会的人"聚集在出售"时装和报刊"的商铺里。贵族来到展销会，不仅是为了购置茶叶、咖啡、糖、酒等货物，他们还会带上已成年的女儿，在众多青

① Реман Г. Макарьевская ярмарка. Выписка из неизданного путешествия по восточной России, Сибири и Китайской Мунгалии. Северный архив, журнал истории, статистики и путешествий, 1822, апрель, № 8, май, № 9, с. 205.

② Реман Г. Макарьевская ярмарка. Выписка из неизданного путешествия по восточной России, Сибири и Китайской Мунгалии. Северный архив, журнал истории, статистики и путешествий, 1822, апрель, № 8, май, № 9, с. 209.

③ Там же, с. 202—203.

年男子中为她们觅得一个情郎。每年，沙霍夫斯基公爵都会带着他的农奴表演团参加展销会，每次都要在展销会上新建一座可容纳上千人的剧院。每天晚上剧院都会上演一出喜剧，"次次座无虚席"。敏锐的旅行家Г. 列曼不仅被精彩的表演震撼，而且对剧院中各民族人民的面孔以及服饰印象深刻。马卡里耶夫展销会上还有马戏表演和各种民间娱乐活动，如木偶戏、小额抽彩、掷骰子、跳绳、小型动物园、皮影戏、蜡像。此外，伏尔加河彩船上的歌手尤其受欢迎。

就这样，来自俄国不同地区、不同等级的人们在展销会上相互交流。他们通过交流开阔了视野，并获得了对俄国这个统一实体的归属感。维什尼亚科夫家族的一位商人说："对于每年都参加马卡里耶夫展销会的莫斯科商人而言，参加展销会不仅是为了追求经济利益。他们有时不惜关闭自己在莫斯科的商店也要参加展销会。这场旅行丰富了他们在莫斯科单调的生活，能够使他们与不同民族、拥有不同信仰和习俗的人接触，这给他们的生活注入活力，使他们耳目一新，避免思维僵化。"[1]

更有趣的是，展销会甚至还能改变商人的气质和行为方式，尤其是与外国人打交道的方式。Г. 列曼指出，马卡里耶夫展销会上的俄国商人因"松弛，甚至可以说是骄傲"而与众不同，这甚至让"颇为了解他们的人难以置信"。俄国商人能够在展销会上扮演主角，亲眼看着自己的货物销往全国各地，因而"在与外国人打交道时表现出更强的自信和尊严。同时，在礼仪上，他们比普通的彼得堡商人和莫斯科商人更周到"[2]。

尽管城市和农村的贸易不断发展，但 18 世纪俄国的贸易网络仍然不完整。18 世纪中叶，每个贸易点（包括固定贸易点和定期贸易点）平均

① Сведения о купеческом роде Вишняковых（1762 – 1847 гг.），собранные Н. Вишня-ковым. Ч. II. M.，1905，c. 65.

② Реман Г. Макарьевская ярмарка. Выписка из неизданного путешествия по восточной России，Сибири и Китайской Мунгалии. Северный архив，журнал истории，статистики и путешествий，1822，апрель，№ 8，май，№ 9，c. 146.

有 38200 名商贩。[①] 这些商贩主要是货郎等小贩，他们独自或结伴来到各个城镇，售卖粮食、柴火、干草、"红货"等小商品，一般用车拉货，或自己背着货物叫卖。稍富裕一些的商人也开展类似的业务，他们从村庄购买粮食、呢绒、皮革、亚麻等商品，然后运到城市出售。直到 18 世纪末，俄国仍然是典型的农业经济，这限制了俄国贸易网络的延伸。农民家庭生产的各种必需品可以满足大多数人的需求，人们对现有的贸易体系很满意，只会偶尔买卖商品。不过，在 18 世纪中叶，俄国不同地区之间的贸易联系越发密切：某些地区生产的商品，如雅罗斯拉夫尔的皮革、别洛泽斯克和科斯特罗马的木式器皿畅销于庞大帝国的各个地方。此外，出现了专门的农业贸易市场，主要交易重要的粮食作物。[②] 手工工场的产品也开始在市场上流通。一方面，生产规模的扩大促进了贸易的发展，进而拉动了消费；另一方面，消费者对某些商品的需求迫使生产者和商人做出相应的调整。在农奴制时代，人们对某种商品的需求取决于多种因素：城市人口规模、外国市场的影响以及交通方式等。18 世纪，社会生活中的商品货币关系不断发展，说明人们对贸易的兴趣越来越浓厚。商人作为一种职业，可以带来收入。城市和农村非耕地人口的增加、贵族和农民资金的积累以及农民地租的增加，都直接促进了商业的发展。同时，商业活动也能体现出社会转型时期的贫富差距。例如，个别富农经常购买昂贵的进口商品，而广大贫农就像 A. H. 拉吉舍夫所描述的那样：把糖视作贵族食品，只买得起家织麻布衬衫和草鞋。18 世纪下半叶，农民经常开展贸易，其唯一目的就是出售粮食（或是种子），以便向地主和国家缴纳地租，这导致市场上的农产品供大于求。农民只能在春天购

---

① Миронов Б. Н. Внутренний рынок России во второй половине XVIII—первой половине XIX в. Л. , 1981, с. 55–72.

② Яцунский В. К. Социально-экономическая история России XVIII–XIX вв. М. , 1973, с. 294; Ковальченко И. Д. , Милов Л. В. Всероссийский аграрный рынок XVIII—начала XX века. Опыт количественного анализа. М. , 1974, с. 79–122, 211–217.

买粮食，但此时的粮价已经很高。① 贵族对商品非常挑剔，他们的需求显然超出了生活必需品的层面。

图 4-3　货郎

供求信息滞后、远距离运输存在困难、不同地区和季节价格的巨大差异、物价的普遍上涨，都导致 18 世纪的商品无法满足人们的需求。18 世纪初，政府颁布了一项关于收集和公开价格信息的法令，"以便人们了解哪里的东西便宜、哪里的东西昂贵"。1723 年的法令压低了手工

---

① Яковцевский В. Н. Торговля. —В кн.: Очерки истории СССР. Россия во второй половине XⅧ в. М.，1956，с. 139–140.

工场的产品价格，"这样人们将更愿意购买手工工场生产的商品"。18世纪60年代和80年代，粮食价格上涨，政府采取了一系列措施调查其原因，并在首都推行统一商品定价、减少粮食出口的政策。[①] 然而，国家的经济政策一直都以充实国库为目的，盐价的多次上涨足以说明这一点。盐价上涨不仅导致盐的销售量减少，还助长了走私贸易。[②] 总的来说，不稳定的行情和供求信息的滞后共同导致展销会上的大量货物滞销。

俄国的社会经济矛盾在18世纪后三四十年越发尖锐，传统的封建贸易形式和新兴的资本主义贸易形式并存，二者相互渗透。传统贸易形式包括商城和展销会上的零售贸易、批发贸易、小商贩的兜售贸易以及"禁售"商品的国家垄断贸易（以承包和专卖等古老的方式进行）。国家垄断贸易的全部利润，或大部分利润都归国家所有，这损害了绝大多数普通商人的利益，却增加了贵族商人的财富。

18世纪初，针对俄国常见的国家垄断贸易，ч. 惠特沃斯在报告中做出了经典评论："莫斯科的商城完全变成了国家商城：国家不满足于对本国优质商品的垄断，如焦油、碳酸钾、大黄、胶水等，还试图垄断外国商品。政府通常以低价买断这些商品，然后转卖给英国和荷兰商人，从中获得巨额利润。例如，政府以个人名义在国外购买俄国人所需的商品，这样只需支付佣金，就可以在国内自由销售进口商品了。"[③]

1704～1709年，一大批商品变成了国家垄断商品。到18世纪20年代中期，以下商品都被国家"垄断"：盐、烟草、软革、焦油、大麻、碳酸钾、

---

① История русской экономической мысли, т. Ⅰ, ч. 1. М., 1955, с. 284：ПСЗ, т. Ⅶ, № 4368：Мнронов Б. Н. Экспорт русского хлеба во второй половине ⅩⅧ начале ⅩⅨ в. — Исторические записки, т. 93. 1974.

② Троицкий С. М. Финансовая политика русского абсолютизма в ⅩⅧ веке М., 1966, с. 160-170.

③ Сб. РИО, т. 39, 1884, с. 262.

图 4-4　行商

大麻籽、亚麻籽、润滑膏、白垩、鱼油、鲸油、鬃毛、鱼子酱、大黄、牛毛。[1] 1705 年 1 月 1 日，在国家垄断商品清单中，盐是主要的垄断商品。

　　在 18 世纪前 25 年，有许多商品被外国商人垄断，这为国库增加了外汇收入。

　　国家垄断早就引起了广大商人的不满。1711 年，政府决定将中国商品的自由贸易权退还给商人。俄国政府早在 17 世纪初就开始垄断中国商品。大商人 A. 菲拉蒂耶夫、M. 格里戈里耶夫和 И. 伊萨耶夫就这一建

---

① ПСЗ，т. IV，№ 2045；Павленко Н. И. Торгово-промышленная политика правительства России в первой четверти XVIII века. -История СССР，1978，№ 3，с. 58-60.

议提交了报告，他们表示，成立专门的中国贸易公司是不现实的，要想建立这样的公司，至少需要 150 万卢布的资金。① 不仅是商人，还有一些从事贸易活动的贵族也极力反对国家垄断的行为。1715 年，贸易委员会的主席 П. А. 托尔斯泰也表达了类似的想法："贸易必须自由进行，不能以垄断的方式销售任何商品。"经济学家也试图证明停止国家垄断、开展"自由"贸易对国家有利。②

1719 年，俄国颁布了一项法令，宣布"取消国家对某些商品的垄断"，碳酸钾和焦油除外，为了"拯救森林"，国家必须控制对它们的经营权。③ 后来，焦油贸易放开，但不久又再次被国家垄断。1728～1732 年，国家曾短暂地放弃对食盐的垄断，但由于财政困难，很快再次对其实行垄断。18 世纪 60 年代，食盐在被国家垄断的同时，还可以自由销售。1781 年的食盐法规定，任何人都可以从国家商店中"自由买盐"，买完之后，可以以任何价格出售。④

国家垄断销售得益于中央集权的加强。在彼得一世统治时期，商人拥有专卖权，到了 18 世纪中期，专卖权转移到了贵族手中，如舒瓦洛夫家族、沃龙佐夫家族和尤苏波夫家族。贵族通常不直接从事贸易活动，而是通过中间人参与。他们会把专卖权转让给商人，以换取自己需要的资源。商人 M. 科科列夫原本是下诺夫哥罗德佩切尔斯基修道院的农民，18 世纪 60 年代，在萨拉托夫担任 П. С. 苏马罗科夫和 А. П. 舒瓦洛夫的食盐代售人。⑤ 1749 年，莫斯科商人库兹马·马特维约夫以 42891 卢布/

① Милюков П. Н. Государственное хозяйство России в первой четверти XVIII столетия и реформа Петра Великого. Спб., 1905, с. 390.

② Там же, с. 388–391; Павленко Н. И. Торгово-промышленная политика правительства России в первой четверти XVIII века. –История СССР, 1978, № 3, с. 60–61.

③ ПСЗ, т. V, № 3428, 4410.

④ Санкт-Петербургский журнал, 1807, № 7, отд. 2, с. 78–84; Троицкий С. М. Финансовая политика русского абсолютизма в XVIII веке М., 1966, с. 160–170.

⑤ Кушева Е. Н. Саратов в третьей четверти XVIII в. Саратов, 1928, с. 10.

年的价格买下了大俄罗斯的烟草专卖权，为期 4 年；1753 年，商人 Л.
戈尔贝列夫又以 66662 卢布/年的价格买下了大俄罗斯的烟草专卖权；
1759 年，大俄罗斯 20 年的烟草专卖权转移到了 П. 舒瓦洛夫手中。最
后，彼得堡商人 Л. 戈尔贝列夫获得了彼得堡、莫斯科、诺夫哥罗德、
阿尔汉格尔斯克、下诺夫哥罗德、沃罗涅日、斯摩棱斯克和白俄罗斯等
地的烟草专卖权，"在这些地方，他自负盈亏"。П. 舒瓦洛夫手握许多
商品的专卖权。他从白海的捕鲸业和油脂贸易中赚取了巨额利润，在他
之前，油脂专卖权由 М. 叶夫列伊诺夫和 П. П. 沙菲罗夫掌握。П. 舒
瓦洛夫以 35~40 戈比/普特的价格购买油脂，然后以 80 戈比/普特的价
格在阿尔汉格尔斯克出售。阿尔汉格尔斯克的商人深受其害，因此，禁
止 П. 舒瓦洛夫垄断捕鲸业、取消其烟草专卖权的决定可谓大快人心。
П. 舒瓦洛夫还曾垄断拉多加湖和里海的海豹猎捕业。

　　商人为争夺波斯进口商品的贸易垄断权，进行了一场"大战"。1754
年，参政院收到了大商人以及工业家马特维约夫、泽姆斯基、哈斯塔托
夫、斯特鲁戈夫希科夫、特维尔迪舍夫、雅罗斯拉夫采夫和沃洛科沃伊
诺夫的请愿书，他们各自请求成立一个专门与波斯开展贸易的公司。这
触碰到了阿斯特拉罕商人的利益。大贵族 П. И. 列普宁、Р. И. 沃龙佐
夫、А. П. 梅利古诺夫以及彼得堡的伊萨哈诺夫家族也加入了这场战争。
最终，拥有雄厚资金的人在这场战争中占了上风。Р. И. 沃龙佐夫与
А. Б. 库拉金共同获得了"与里海左岸的人民，即布哈拉人、希瓦人和特
鲁赫曼人开展贸易"的特权，[①] 为期 30 年。

　　18 世纪，国家继续垄断葡萄酒贸易，人们对葡萄酒的需求量大幅增
加。葡萄酒销售是国家的主要收入来源之一，18 世纪 50~60 年代，葡萄
酒的价格急剧上升，增加了政府的财政收入。但"垄断"只是"冲动或

---

① 　Троицкий С. М. Русский абсолютизм и дворянство в XVIII в. Формирование бюрократии.
М. , 1974, с. 356-360.

不幸的标志，并不代表经济取得了发展"①。

除了食盐和葡萄酒，垄断其他商品的利润不大，不仅如此，还会对贸易的发展造成实质性伤害。1761 年 1 月 5 日，宫廷会议上有人指出："国库人不敷出，即便是国家垄断的贸易也不稳定。"②

承包经营是 18 世纪俄国商人的典型贸易方式。承包活动由中央和地方国家机构以及国家机构中的个人开展。通常，在资金不足但又必须按期交付大宗货物的情况下，商人会转让部分承包权，或寻找新的生意伙伴。在 18 世纪前二三十年，由于人们对农产品的需求量增加，且农产品运输困难、运输费用高，出现了专门为国家供应各种农产品，尤其是粮食的承包商。承包商与农民村社签订合同，不仅要负责把本地的粮食提供给客户，还要"把从其他地方买来的粮食"也提供给客户。承包商通常从直接生产者那里收购粮食。③

承包经营本身对商人，尤其是大商人来说是稳赚不赔的，但在某些情况下，如价格或运输成本上升、定金不足、生意伙伴无良等，承包商也会赔本。此外，政府严格控制承包商的利润。1715 年，承包商通常只能分得"1/10 的利润，最后到手的利润不得超过总利润的 1/6"。如果不遵守此规定，承包商将被处以罚款，罚款金额是利润的两倍。不过，1716 年，国家又规定承包商可以"不用像往常那样，将承包经营所得的利润上缴国库"④。

国家经常对承包商拖延付款。但总体而言，承包经营和专卖贸易还

---

① Ключевский В. И. Соч., т. 5. М., 1958, с. 168.

② Троицкий С. М. Финансовая политика русского абсолютизма.., с. 182-183.

③ Капустина Г. Д. К истории хлебного рынка Москвы в начале XVIII в. В кн.: Города феодальной России. Сб. статей памяти Н. В. Устюгова. М., 1966.

④ Павленко Н. И. Торгово-промышленная политика правительства России в первой четверти XVIII века. - История СССР, 1978, № 3, с. 54; Волков М. Я. Очерк истории промыслов России. Вторая половина XVII - первая половина XVIII в. М., 1979, с. 39-40; ПСЗ, т. V, № 2914.

是帮助许多商人积累了资本。①

国家除了垄断商品，还会雇用商人专门为国家供应重要货物，以特殊的价格采购商品。这种做法在 17 世纪就已经很普遍了。到了 18 世纪初，随着国家机器的增设、军事开支的增加、新城市的建设等，这种做法更加流行。指定专门的政府供货商对于政府而言很便捷，不需要单独派官员到处购买物资。通常，只有需要紧急购买商品时，政府才会派专员去采购。例如，1708 年 7 月 10 日，Г.И. 戈洛夫金曾在 "军营中" 给 А.А. 库尔巴托夫和 А. 伊万诺夫写信，派他们紧急为士兵购买 1 万双军靴和长袜，并送到军队。随后 А. 伊万诺夫向 А.Д. 缅希科夫报告："士兵所需要的军靴和长袜，已经在莫斯科采购完毕。"②

国家需要的大部分货物都被运送到彼得堡，这里是宫廷和政府机构所在地，而且在 18 世纪头十年，彼得堡周边还是战区。还有一部分货物被运送到其他城市。后来，出现了专门向政府供应粮草等战时物品的供货商，在战争时期，这些商人直接将粮草运到军队驻地。

自古以来，商人的贸易公司是保护资本的稳定运行、防止破产的方法之一。由于封建社会的信贷制度不完善、可用货币稀缺且贸易风险大，商人往往采取这种方式自保。商人的贸易公司是在家庭关系或纯粹商业关系的基础上成立的。承包公司尤为普遍。

18 世纪，国家支持 "外贸公司" 的发展。贸易委员会向外贸公司发放了大量贷款。③ 18 世纪的某些 "外贸公司" 借鉴了英国、法国和荷兰贸易公司的经验。但是，俄国的外贸公司并未取得长足的发展。其中，

---

① Павленко Н. И. История металлургии в России ⅩⅧ в. М., 1962.

② Юхт А. И. Русская промышленность и снабжение армии обмундированием н амуницией. –В. кн.: Полтава. К 250-летию Полтавского сражения. М., 1959, с. 217; Чулков М, Историческое описание.., т. Ⅵ, кн. Ⅰ, с. 124.

③ Боровой С. Я. Вопросы кредитования торговли и промышленности в России ⅩⅧ в. — Исторические записки, т. 33, 1950, с. 99.

俄国的波斯贸易公司被贸易委员会秘书 Д. Ф. 沃尔科夫视为商业的障碍，许多人都谴责这个公司的领导。另一家公司俄美贸易公司的出现对 18 世纪末远东贸易的发展起到了促进作用。[1] 该公司不局限于单纯的贸易业务，还帮助俄国开发在北冰洋岛屿和美洲的领土。1787 年，最高法令宣布授予俄美公司创始人 Г. И. 舍列霍夫和 М. С. 戈利科夫长剑、金牌和奖状。该法令指出："他们……在开展贸易活动、维护国家的利益、开发新领土方面做出了巨大贡献。"[2]

商人们除了发展外贸，还开展内贸。18 世纪下半叶，粮食贸易的规模扩大。1767 年，下诺夫哥罗德粮食贸易公司成立，30 名下诺夫哥罗德商人是该公司的股东。公司章程规定："任何人都可以入股，但每人至少要支付 25 卢布。"股东请求叶卡捷琳娜二世担任公司监察委员会主任，为此，她需要为公司提供 2 万卢布的资金。[3]

18 世纪下半叶，商人对于垄断销售和压迫广大商人的大承包商越发不满，因为这阻碍了普通商人贸易规模的扩大。支持"自由和平等"贸易原则的人越来越多，在当时的俄国，这一原则等同于废除垄断贸易和特权公司。18 世纪上半叶，政府在这个问题上摇摆不定，总体上持保守态度。但是，从 18 世纪 60 年代开始，商品货币关系的发展促使贵族的观念发生了变化，政府也开始考虑改变政策。1760 年，贸易委员会成立。它的职责包括决定"国家垄断的商品应该被继续垄断，还是自由销售"[4]。最终，在 18 世纪 60 年代，除葡萄酒和食盐以外的其他商品都可以自由销

[1]　Архив князя Воронцова, кн. 24. М., 1880, с. 120.

[2]　Тихменев П. Историческое обозрение образования Российско-Американской компании и действий ее до настоящего времени, ч. I, Спб., 1861, с. 22 – 44；Башарин Г. П. Рынок Якутии конца XⅧ в. – первой половины XIX в. —Исторические записки, т. 55, 1956.

[3]　Яковцевский В. Н. Купеческий капитал в феодально-крепостнической России. М., 1953, с. 68–69.

[4]　ПСЗ, т. XV, № 11, с. 117.

售，贸易公司对某种商品的专卖权也被剥夺。但公司组织本身并没有消失，它们慢慢演变成了商行和股份公司。

18 世纪，俄国的对外贸易状况发生了重大变化。外贸商品的数量、种类、销售地和外贸公司都发生了改变。在此，政府保护贸易顺差的政策发挥了重要作用。在大北方战争结束之前，阿尔汉格尔斯克在俄国与西欧的贸易中发挥了主导作用，近 90% 的出口商品和 70% 以上的进口商品都在阿尔汉格尔斯克港口中转。不过，到了 1726 年，彼得堡的港口迅速发展起来，从这里出口的商品总额达到了阿尔汉格尔斯克出口商品总额的 9 倍，进口商品总额则为阿尔汉格尔斯克进口商品总额的 40 倍。[①] 此后，阿尔汉格尔斯克的商人继续与荷兰、德国、挪威和瑞典开展贸易，向外国出口粮食、蜂蜡、粗布、大麻、皮革、亚麻籽油、草席、鬃毛、肥皂等商品。18 世纪 80 年代，阿尔汉格尔斯克港口的进口商品占俄国进口商品总数的 16.8%，出口商品则占 38.7%。[②]

彼得堡在俄国的对外贸易中的作用逐渐增大，其贸易额稳步增长。从 1726 年到 1796 年，俄国的对外贸易总额增加了 16 倍以上。[③] 除去俄国纸币汇率下降的影响，贸易额的涨幅仍然非常大。18 世纪 70 年代，俄国多达 3/4 的外贸业务是通过彼得堡港口进行的。英国、荷兰、丹麦、瑞典、西班牙、法国、葡萄牙、德国的船舶纷纷开往彼得堡港口。正如同时代人所说，抵达北方首都的船舶数量逐年增加，仅 1791 年一年，就有 1038 艘外国船舶进入了彼得堡港口。[④] 到 18 世纪末，彼得堡的贸易额已经遥遥领先于欧洲的主要港口城市。例如，18 世纪下半叶，德国最重要

① Семенов А. Изучение исторических сведений о российской внешней торговле и промышленности, т. 3. Спб. , 1859, с. 21—28.

② Яковцевский В. И. Купеческий капитал. . , с. 65—66.

③ Бутенко В. А. Краткий очерк истории русской торговли в связи с историей промышленности. М. , 1911, с. 73, 85.

④ Георги И. Г. Описание Российско-императорского столичного города Санкт-Петербурга. Спб. , 1794, с. 202.

的港口城市汉堡一共才出现过近 2000 艘国内外船舶，吕贝克只有 800～950 艘船舶，不来梅则仅有 480 艘船舶停泊。[①]

18 世纪，彼得堡成为俄国开展外贸的主导城市，而莫斯科则是进口商品的销售中心。在莫斯科可以买到来自英国、法国等欧洲国家以及土耳其、克里木、波斯等中亚国家以及中国的商品。这里也是出口货物的重要运输通道。[②] 莫斯科商人、俄国中部地区大城市的商人以及西部和北部地区的商人是俄国对外贸易的主要参与者。莫斯科商人与荷兰、英国、德国、意大利、波斯、叙利亚、希腊、伊斯坦布尔和中国都有贸易往来。[③] 沃洛格达商人在荷兰、阿姆斯特丹、汉堡、吕贝克、英国和挪威都有自己的代理商。[④] 总的来说，18 世纪俄国对外贸易能够蓬勃发展，主要得益于国内市场和众多工商业中心的发展以及商人积极的贸易活动。

18 世纪 20 年代，俄国与西欧的贸易对象已经发生了重大变化。17 世纪，俄国通过阿尔汉格尔斯克将大量原材料出口到欧洲，而在 1726 年，俄国出口的成品占出口商品总量的 52%。[⑤] 由于国内手工工场不断发展，各种成品，如亚麻布、铁制品、软革等越来越多地出口到国外。到了 18 世纪中叶，俄国出口的产品主要是软革、大麻和铁制品，它们占出口商品总数的 52%～69%。[⑥] 18 世纪中叶，俄国的粮食出口量不大，而到了 18 世纪下半叶，粮食出口量有所增加。进口商品主要有糖、呢绒、染料、葡萄酒、日用百货和奢侈品，满足了贵族的需求。

---

① Кулишер И. М. Лекции по истории экономического быта Западной Европы. Ч. Ⅱ. Изд 6-е. Пг. , 1922, с. 164.

② Кушева Е. Н. Торговля Москвы в 30-40-х годах ⅩⅧ в. , с. 78.

③ Яковцевский В. Н. Торговля, с. 120-121.

④ Чулков М. Историческое описание. . , т. Ⅵ, кн. Ⅳ, с. 190.

⑤ Заозерская Е. Н. Торговля и купечество. - В кн. : Очерки истории СССР. Россия во второй четверти ⅩⅧ в. , с. 168-169.

⑥ Яковцевскнй В. Н. Купеческий капитал. . , с. 30-31.

　　俄国的造船业落后，商船质量差、数量少，因而俄国拥有独特的对外贸易方式，即用外国船舶，主要是英国船舶进出口货物。俄国商人通常将出口货物带到彼得堡港口，交给外国商人，由外国商人负责租船并将货物运送到目的地。俄国商人买入的进口货物也由外国商人运送到俄国港口。18 世纪的商业著作中普遍记载：俄国在对外贸易中只用"外国船舶"。这是主流观点，即外国商人主导 18 世纪的俄国外贸。[①] 俄国外贸的这一特点使俄国商人很少与其他国家独立开展贸易。有关这一问题的最新研究表明，尽管俄国商人在外贸中的作用普遍增加，但直到 18 世纪末，彼得堡仍然只有 8% ~ 9% 的俄国商人独立从事出口贸易，只有 11% ~ 15% 的俄国商人独立从事进口贸易。不过，到了 18 世纪末，俄国商人已经完全将外国人排挤在中介贸易之外。此外，资本的积累使俄国商人可以自己决定出口商品的价格。[②]

　　18 世纪俄国与欧洲的贸易也独具特色：俄国商人直接与外国商人进行贸易，并且坚持使用贷款。通常，用贷款做买卖比用现金做买卖更常见。贸易中的流通资金远远超过商人的实际资产，包括动产和不动产。18 世纪前三四十年伏尔加河中游地区最大的酒店老板阿列克谢·乌沙科夫曾说："生意中流通的各款项都比我的存款多。"[③]

　　贷款被广泛应用于外贸活动中。据同时代人所说，通常，俄国商人在冬季来到彼得堡，与外国商人签订俄国商品的供货合同，此时俄国商人会收到一部分定金；最后结算在货物交付之后，也就是春天进行，定金的数额会影响结算价格。订购外国货物是一个长期的过程，通常持续

①　Георги　В. Г. Описание　Российско-императорского　столичного　города　Санкт-Петербурга. Спб. ，1794；Яковцевский В. Н. Купеческий капитал.. ，с. 119 等处。

②　Миронов Б. Н. К вопросу о роли русского купечества во внешней торговле Петербурга и Архангельска во второй половине ⅩⅧ - начале ⅩⅨ в. —История СССР, 1973, № 6, с. 139.

③　Заозерская Е. И. Торги и промыслы гостиной сотни Среднего Поволжья на рубеже ⅩⅦ - ⅩⅧ вв. - В кн. ：Петр Великий. М. -Л. ，1947, с. 244.

一年。然而，到了 18 世纪末，俄欧贸易模式发生了变化，俄国商人的支付能力增强了，更愿意用现金做生意。①

俄国商人与外国商人开展贸易活动通常不签订合同，最多只签订初步意向书。据丹麦大使尤斯特·尤里所说，外国船舶抵达俄国后，船长要向海关上报供应商和订货商的名字。订货商根据船舶的容量另外支付货运费，海关工作人员需要检查货物并登记数量。② 卸货在海关仓库进行。海关在接收到货物后，将其堆放在仓库内，以便检查货物质量并征收关税。彼得一世去世后，俄国于 1727 年首次实行海关质检，试图通过严厉的惩罚措施（包括处决）来禁止俄国商人销售劣质商品。然而，该举措没有取得预期的效果。尽管国家在 1761 年和 1795 年相继颁布了海关质检员的行为准则和相关法令，仍然有商人销售伪劣产品。

彼得堡海关的质检员既有俄国人，也有外国人。质检员的数量由进出口货物的重要性决定。1790 年，共有 16 名俄国质检员和 14 名外国质检员共同对俄国最重要的外贸商品——大麻和亚麻进行质量检测；5 名俄国质检员和 3 名外国质检员对黄油和脂油进行质量检测；4 名俄国质检员和 3 名外国质检员对鲱鱼进行质量检测；1 名俄国质检员和 2 名外国质检员对羊皮进行质量检测；5 名俄国质检员和 3 名外国质检员对软革进行质量检测；1 名俄国质检员和 2 名外国质检员对烟草进行质量检测。为了加快船舶的卸货速度并增收税款，海关吸纳了许多城郊居民担任所谓的装卸工。1790 年，彼得堡海关共有 170 名装卸工。③ 商人向装卸工支付服务费。装卸工的工作包括搬运海关退回的货物、储存货物、将货物装船、

① Георги И. Г. Описание Российско-императорского столичного города Санкт-Петербурга. Спб. , 1794, с. 206；Кулишер И. М. Очерк истории русской торговли, с. 241.

② Любименко И. И. Торговля в Петербурге. – В кн. : Петербург петровского времени. Очерки. Л. , 1948, с. 86.

③ Георги И. Г. Описание Российско-императорского столичного города Санкт-Петербурга. Спб. , 1794, с. 222.

把货物送到邮局等，他们凭此赚取跑腿费。彼得堡港口的装卸工多为阿尔汉格尔斯克和沃洛格达等地的富农。只有富农才有资格当装卸工，因为要想在海关工作，必须先支付大量的押金。18世纪末，装卸工上岗前需要支付500~700卢布的押金。[①]

代理商也在对外贸易中发挥了重要作用。贸易委员会认为他们在展销会上的作用很大。据 И. Г. 格奥尔基所说，"大多数代理商以前都是独立商人，只不过他们的生意不顺，有些人甚至破产了"。1790年，共有25名代理商由外国商人担任，其中3名是总代理商，5名是船舶代理商，17名是大宗商品代理商；共有17名代理商由俄国商人担任。[②]

为了保护俄国商人在海外的利益，彼得一世宣布设立俄国贸易代理处。贸易代理处负责人负责监督商业合同的执行、为俄国商人提供保护、签发护照等。第一个俄国贸易代理处于1707年出现在阿姆斯特丹。到彼得一世统治结束之时，几乎所有的欧洲城市〔如威尼斯（1711年）、汉堡（1713年）、巴黎（1715年）、布雷斯劳和安特卫普（1717年）、维也纳（1718年）、纽伦堡（1722年）、波尔多和卡迪克斯（1723年）〕都设立了俄国贸易代理处。[③] 18世纪60~70年代，俄国第三贸易委员会收到的许多信件强烈要求在主要外贸伙伴国派驻俄国贸易代理人。1782年，在请求派驻俄国代理人的信件中，有12封信建议为代理人支付薪水，7封信建议不给代理人支付薪水，还有29封信建议"改任贸易代理人"[④]。1808年，在第一批载有俄国商人的船舶到达美国的港口后，俄国也在美国建立了贸易代理处。[⑤]

---

① Там же，с. 207.

② Там же，с. 221.

③ Уляницкий В. А. Русские консульства за границею в XVIII веке. Ч. I. М.，1899，с. 1.

④ Рубинштейн Н. Л. Внешняя торговля России и русское купечество. —Исторические записки，т. 54，1955，с. 359-360.

⑤ Кайданов Н. Систематический каталог делам государственной Коммерц-коллегии. Спб.，1884，№ 668-675，с. 100-101.

　　与此同时，彼得堡也有保护外国商人利益的贸易代理处。18 世纪末，英国、普鲁士、瑞典、西班牙、葡萄牙、丹麦、荷兰都向俄国派驻了外贸总代理人；三座汉萨同盟城市——汉堡、吕贝克和不来梅也都有外贸代理人。①

　　18 世纪，俄国蓬勃发展的对外贸易促进了新的贸易组织形式的出现，这些新组织形式主要存在于俄欧贸易中，最早出现在彼得堡。阿尔汉格尔斯克的外贸机构在 18 世纪仍然保留着自身的特点，该地区在俄国对外贸易中尚保留着一些重要性。俄国与东方的贸易模式则更加传统。

　　直到 19 世纪初，阿斯特拉罕一直主导着俄国与东方的贸易。阿斯特拉罕与外高加索、伊朗、哈萨克等中亚国家都建立了贸易往来。水路贸易路线从阿斯特拉罕延伸到曼格什拉克半岛，陆路贸易路线则延伸到乌尔根奇、希瓦和布哈拉。通过阿斯特拉罕进口的东方商品主要是丝绸。1744 年，进口的丝绸占俄国进口商品总额（包括从欧洲进口的商品）的 93.5%。俄国的手工工场对生丝的需求量很大，昂贵的丝织品极受贵族和富商的欢迎，而纸织品和半丝织品则被城市人口广泛使用。国内生产的工业品、食品和少数西欧进口商品也通过阿斯特拉罕出口到东方。不过，其中西欧进口商品所占的份额并不高，18 世纪 30～40 年代占出口总额的 10%～15%。俄国出口的商品主要是皮革、呢绒、毛皮、染料、亚麻布和粗布。②

　　丝绸贸易路线沿伏尔加河、里海一直延伸至西欧，即从阿斯特拉罕到莫斯科再到彼得堡。亚美尼亚人在其中发挥了主导作用，与欧洲各国建立了贸易联系。在 18 世纪 20～30 年代，外贸是阿斯特拉罕港口的主要收入来源，但到了 18 世纪下半叶，其贸易额明显下降。

---

① Георги И. Г. Описание Российско-императорского столичного города Санкт-Петербурга. Спб. , 1794, с. 220.

② Юхт А. И. Русско-восточная торговля в XVII – XVIII веках и участие в ней индийского купечества. —История СССР, 1978, № 6, с. 48–49.

在 18 世纪，尤其是 18 世纪上半叶，阿斯特拉罕与东方的贸易仍由亚美尼亚商人和印度商人主导，不过，与 17 世纪相比，俄国商人的参与度明显提高了。阿斯特拉罕、莫斯科、库尔斯克、图拉、卡卢加和鲍里索格列布斯克的商人参与度最高[①]。

早在 17 世纪，阿斯特拉罕就出现了东方移民区，包括亚美尼亚移民区、吉兰移民区、布哈拉移民区和印度移民区。到了 18 世纪，俄国与东方的贸易规模不断扩大，且俄国政府对定居在阿斯特拉罕的东方商人实行保护政策，因此，东方移民区的人口不断增加。在 18 世纪 40 年代中期，亚美尼亚移民区有 776 人，布哈拉移民区有 469 人，吉兰移民区有 178 人。在 18 世纪的不同时期，印度移民区的常住居民在 40~100 名不等。[②] 这些居住在移民区的东方商人早在 1625 年就 "按照亚洲人的传统" 建造了自己的石式商城。在 18 世纪中叶，印度商城有 73 家店铺，亚美尼亚商城有 75 家店铺。18 世纪下半叶，移民区商城中的商铺数量没有发生很大的变化。1798 年，印度商城增建了仓库、储藏室、马厩、牛棚等商用建筑，以及厨房、餐厅、浴室等家庭建筑和教堂。其他东方移民区商城的构造也大致如此，包括商用建筑、家庭建筑和宗教建筑。

东方移民区的居民享有自由贸易权、"遵守祖国法律" 的权利以及宗教信仰自由。东方商人长期居住在阿斯特拉罕，并且游历于俄国各个城市，促进了俄国和东方国家人民的交流，使俄国更好地了解东方人民的生活方式、传统习俗和文化信仰。[③]

以奥伦堡为中心开展的东方贸易有所不同。从 18 世纪 40 年代起，奥伦堡及其周边城市在俄国与哈萨克等中亚国家建立贸易联系的过程中发

---

① Юхт А. И. Торговля России с Закавказьем и Персией во второй четверти ⅩⅧ века. — История СССР, 1961, № 1, c. 141–142.

② Юхт А. И. Русско-восточная торговля в ⅩⅦ–ⅩⅧ веках, c. 44–47.

③ Юхт А. И. Индийская колония в Астрахани. –Вопросы истории, 1957, № 3, c. 135, 137, 143.

挥了重要作用。俄国与这些地区的贸易主要由"边远城市的商人"参与，他们组成了商队以运送货物，贸易以交换的形式进行。[①] 奥伦堡的商业要地有专门的牲畜交易所，位于城墙边。18世纪下半叶的相关资料显示，吉尔吉斯人把4万~6万只羊和1万匹马运至奥伦堡，其中一部分牲畜要继续赶路，另一部分则在伏尔加河沿岸的城市被宰杀，其油脂用于销售。除吉尔吉斯人外，巴什基尔人、卡尔梅克人、哈萨克人、布哈拉人等也参与了奥伦堡的贸易活动。他们带来了皮袄、丝绸、花缎、棉布、大黄等商品，俄国商人则用亚麻布、软革、铜锅炉、铁锅炉、器皿、"彩色布料"和糖作为交换。[②]

1752年，参政院通过了一项决议，决定将关税条例、贸易法和盗窃法翻译成鞑靼语，"这样亚洲商人就不会因为不了解俄国的贸易法而受到处罚"。参政院还建议对亚洲商人的错误宽大处理，以便"在计划进行的商业扩张中不引起他们的怨恨，从而使他们继续与奥伦堡开展贸易"[③]。然而，在现实中，国内外商人之间的关系并不这么理想。况且，俄国最好的商品都卖给了当地贵族。

俄国与东方的主要贸易形式是商队贸易，这在对华贸易中最为典型。[④] 俄中贸易关系建立于17世纪60~70年代，但是有规律的长期贸易往来始于1689年《尼布楚条约》签署后。长途运输困难重重，从莫斯科到北京来回至少需要三年，且运输费用高昂，这需要商人持有大量资金。因此，大商人在对华贸易中占主导地位。商队的随从以及各类"自由民"在商队贸易中发挥了一定的作用。俄国运往中国的商品几乎都是毛皮，中国出口的则是丝绸和棉布。除了商队贸易，与中国接壤的俄国地区还

---

① Чулков М. Историческое описание.., т. Ⅵ, кн. Ⅳ, с. 258.

② Там же, с. 259–261.

③ Там же, т. Ⅱ, кн. Ⅲ, с. 43–45.

④ Фоккеродт И. Г. Россия при Петре Великом. —В кн.: Чтения в Обществе истории и древностей российских, 1874, т. Ⅱ, с. 61–64.

存在"私人贸易"。在18世纪20年代以前，流向中国的货物基本通过尼布楚出境。1727年的条约规定，边境城市恰克图是俄中主要贸易点。后来，恰克图成立了两"大"市场，一个是中国商品市场，另一个是俄国商品市场。①

18世纪末，俄国经历了两次俄土战争并吞并了克里木，获得了黑海和亚速海的16个港口。然而，这些港口的贸易额仍然不大。

18世纪的俄国商人来自不同民族。除大俄罗斯民族以外，还有哈萨克人、乌克兰人、白俄罗斯人，以及北方、西伯利亚、伏尔加河沿岸和波罗的海沿岸的俄国人。他们之间的贸易联系成为连接不同民族的纽带，促进了多民族统一文化的形成。此外，俄国商人来自各个等级。

商人、贵族、农民和独院小地主等都可以长期参与贸易活动。但与17世纪不同，到了18世纪，政府努力将俄国"分散的"商人集中起来，令各等级的商人加入行会，并给予行会成员在国内市场的专卖权，这样一来，有资格从事批发贸易和零售贸易的商人数量变少。政府的商业政策致力于把各等级的商人团结起来，商品货币关系的发展也打破了贸易的等级限制。18世纪，俄国出台了众多商业立法，其中，1754年废除国内关税的法令无疑是最具进步性的立法。但是，从总体上看，政府的商业政策自相矛盾，经常存在不同条款相互冲突的情况。关于贵族和农民贸易的立法就是一个典型的例子。

彼得一世鼓励贵族参与商业活动。1711年，彼得一世在给参政院的中俄贸易指令中写道："中俄贸易的实际情况与人们所描述的截然不同，仅靠普通商人不可能完成这项宏大的事业，所以必须让从事贸易的贵族参与其中。"1710年以后，政府政策规定，各等级商人在进行自由贸易时

---

① Александров В. А. Россия на дальневосточных рубежах（вторая половина ⅩⅦ в.）. Хабаровск，1984，гл. 2，$ 3；гл. 6.

需要缴纳相应的税款，该制度打破了以往的等级限制。1711 年的法令规定"各等级的人都可以以个人的名义自由地在各地交易各种商品，只需缴纳相应的税款即可……""任何人都不得私自以商人的名义进行交易"。① 长子继承法颁布的目的之一就是鼓励贵族家庭中的非长子"通过在国家机构供职、学习和经商等方式维持生计"。其补充法令明确规定：如果贵族家庭的非长子去服兵役，并因服役获得了收入，那么当服役期满七年时才可以用这些钱自由购买村庄、院子或商铺；如果他是公务员，那么供职满十年才可自由购置不动产；如果他从事商业活动，则在从业满十五年后才有权购置不动产。但是，无论是上述哪种情况，非长子永远都无法获得世袭领地。② 这样一来，商人作为一种职业，被贵族置于与军人和公务员同等重要的地位，这符合彼得一世对于"国家利益"的看法。③ 1714 年，年满 40 岁的贵族甚至被允许放弃贵族身份，加入商人群体，这并不会被"他们的家族视为耻辱"④。实际上，贵族，尤其是名门望族，如果被迫出去工作，那么他们更倾向于服兵役或当公务员，而非经商。只有那些被剥夺了权利的贵族或非世袭贵族（他们的父母往往是 17 世纪的公务员），才会被迫经商，因为他们平时就与工商业者生活在一起。

1711 年的法令有助于推动农民贸易的发展。法令颁布后不久，参政院就收到了莫斯科工商业者的请愿书，其中提到，免缴商业税的居民⑤不缴纳赋税就"多次在莫斯科交易大量商品，并从事各种手工业生产"。1715 年的人口普查结果显示，莫斯科有 295 名从事工商业的农民，他们

---

① ПСЗ, т. Ⅳ, № 2349, 2433; Доклады и приговоры, состоявшиеся в Правительствующем Сенате в царствование Петра Великого, т. I. Спб., 1880, № 349.

② ПСЗ, т. Ⅴ, № 2789, 2796.

③ Павленко Н. И. Петр Ⅰ（К изучению социально-политических взглядов）. В кн.: Россия в период реформ Петра I. м., 1973.

④ Троицкий С. М. Русский абсолютизм и дворянство, с. 348.

⑤ 指俄国 15~18 世纪时拥有白地、免缴商业税的居民。——译者注

大多来自波克罗夫斯克村和泰宁村。[1]

18世纪20年代，俄国颁布了新的法令，取消了"不同等级"的人自由贸易的规定。新法令的目的是把商人的活动范围限制在工商业区内，并使他们完全受地方长官的支配。拥有500卢布资金的商贩，或在彼得堡港口做买卖且贸易额达到300卢布/年的商贩可以加入商人群体。[2] 萨拉托夫和阿斯特拉罕的贵族就是这样成为商人的。[3] 但是，贵族普遍认为服兵役优于经商，对于贵族而言，军人是最光荣的职业。等级社会所孕育的这些观念在贵族制度不断强化的18世纪得到了巩固。

新法令规定，农民商人也可以进入工商业区开展贸易活动。但是，这些农民必须缴纳人头税，只有少数农民能支付得起这些税款，因此能进入工商业区的农民很少。未进入工商业区的农民不得在远离地主领地的地方开展贸易活动、经营商铺或开办手工工场，也就是说，他们的贸易范围仅限于本村和周边城镇。然而，这一立法不仅没有阻碍农民贸易的开展，反而还使城市中出现了免缴商业税的居民。1732年，波克罗夫斯克村的农民在莫斯科的新德国市场开展贸易，该市场由宫廷管理，共有87家商铺。[4] 1763~1783年，波克罗夫斯克村缴纳代役租的农民（共120人）全部成了商人或小市民。

---

① Голикова Н. Б. К вопросу о составе русского купечества во второй половине XVII—первой четверти XVIII в. – В кн. : Русский город（проблемы городообразования），вып. 3. М. ，1980，с. 48–50.

② ПСЗ，т. VII，№ 4312.

③ Кизеветтер А. А. Посадская община в России XVIII ст. М. ，1905，с. 32 – 34；Кушева Е. Н. Хозяйство саратовских дворян Шахматовых в XVIII в. – Известия АН СССР，VII серия，отд. гуман. наук. Л. ，1929，с. 587；Голикова Н. Б. Ростовщичество в России начала XVIII в. ，его некоторые особенности. – В кн. : Проблемы генезиса капитализма. М. ，1970，с. 289.

④ Волков С. И. Крестьяне дворцовых владений Подмосковья в середине XVIII в（30–70-е годы）. М. ，1959，с. 62.

18世纪20年代制定的农民贸易立法沿用了很久。农民要么缴纳双重赋税，要么被限制贸易活动范围，这种艰难的处境不可避免地对农民贸易以及农民"商人"的地位造成了影响。

尽管整个18世纪的贸易活动基本打破了等级限制，仍有个别人强调等级。И. Т. 波索什科夫就是后者，他认为："如果某个等级的人（无论是军官、贵族、小官员、教堂中的下级仆役，还是农民）想做生意，那么他们应该离开原来的等级，加入商人群体，以便直接参与贸易活动，而不是间接参与……"① 大多数商人都认为应该"让每个人保持原有等级并保护该等级的完整性"，这一观点贯穿于整个18世纪。1736年，贵族被禁止转入商人等级。② 后来，国家相继出台了一些立法，规定了不同等级的人开展贸易活动的权利。与此同时，商人群体的特权也在增加，18世纪20年代引入的商人行会就是表现。商人行会由老牌特权商人组成，他们的头衔虽然传承到了18世纪，但并没有为自身带来任何实质性好处。以波罗的海的东部各省为例，商人行会的发展方向与建立行会制度的初衷（即提升商人的专业性）背道而驰。实际上，足够的纳税能力是加入行会的门槛。1755年颁布的《海关法规》详细记载了行会商人的贸易特权，政府试图在该法令中规定不同等级的贸易权利。该法令以及在它前后出台的一些法令巩固了商人在市场上的垄断地位。农民只能在城市方圆5俄里以内的地区开展贸易，而且可交易的商品种类有限。此外，农民不能进入外国市场。贵族可以在国内市场上开展批发和零售贸易，也可以在国外市场上开展批发贸易，不过只能销售自己生产的商品，不能销售从别处购买的商品。手工工场主被禁止开办私人商铺，手工工场生产的商品通常被"运往商城，出售给商人"。没有加入俄国商人等级的外国人不得在俄国开展贸易活动。平民知识分子，如学校教师和家庭教

---

① Посошков И. Т. Книга о скудости и богатстве и другие сочинения. М. , 1951, с. 113–114.
② ПСЗ, т. IX, № 6949.

师等，也不得经商。① 《海关法规》还支持商人在本市垄断零售业。外市的商人只能把货物批发给本地商人。②

与 17 世纪不同，在 18 世纪前 25 年，莫斯科商人很少有拥有 2~3 家商铺的商人，拥有 10 家商铺的商人则更少。而到了 18 世纪中后期，大量的商铺集中在加入行会的大商人手中。例如，18 世纪 80 年代，彼得堡有超过 1/4 的商铺集中在 3.7% 的商人手中。18 世纪 60 年代，莫斯科有 93 个从事外贸的一等商人管理着 46.9% 的商人。③ 由于资本集中在少数大商人手中，那些加入行会的大商人便在市场上建立了垄断地位。

此外，商人群体在国家经济生活中所起的作用不与其数量成正比，而与其资金成正比，商人的数量其实很少，1766 年商人总数仅占俄国纳税人口的 2.48%。但是，商人群体的特权极大促进了商人资本的积累和集中。18 世纪末，商人群体获得了新的个人特权，如免交人头税、免在国家机构任职、免服兵役，头两等商人还免受体罚。在鼓励开展商业活动的同时，政府的统治仍然以封建制度为根基。1800 年，国家授予表现突出的商人以商业官衔。这个官衔相当于 8 等文官，获得该官衔的人可以获得农奴和土地，不过其后代不能继承自己的农奴和土地。④

从 18 世纪中叶开始，商人需要支付 500 卢布才能注册成为城市商人，并且至少需持有 1000 卢布的资金。后来，各等级商人的注册门槛都有所提高。贵族被列为"城市社会"中的一个群体，有权加入行会（该权利曾于 1790 年被取消，后又于 1807 年恢复），这都表明贵族在城市经济生活中的作用越来越大。

---

① ПСЗ, т. XX, № 14595；т. XIV, № 10486；т. VI, № 3892；т. XI, № 8757.

② ПСЗ, т. XIV, № 10486.

③ Яковцевский В. Н. Купеческий капитал в феодально-крепостнической России...с. 55~57.

④ ПСЗ, т. XXVI, № 19347.

18 世纪，俄国商人虽然不是商业资金的唯一提供者，却是主要提供者。此外，农民也开始向商业活动投入资金，他们广泛地参与商业活动。相应地，国家经济生活中也出现了一系列尖锐的问题，为了解决这些问题，政府出台了一系列计划和法令。

18 世纪末 19 世纪初，在农民贸易不断发展的背景下，政府逐渐放宽了先前限制农民贸易的政策。农民可以凭借贸易许可证开展商业活动。1804 年 4 月 9 日颁布的法令允许农民在小商铺做小买卖，但不能开展批发贸易。办理一级贸易许可证的农民可以出售国内外蔬菜、茶叶、咖啡和糖；办理二级贸易许可证的农民无权出售茶叶、咖啡和糖；办理三级贸易许可证的农民只能出售国内产品。1806 年 2 月 23 日的法令赋予了农民进行批发贸易和销售进口商品的权利。18 世纪末 19 世纪初出台的一系列法令允许拥有一定资金的农民加入商人行会，但是要支付双倍会费。1795 年和 1796 年颁布的法令规定，农民在服役期满之前和人口调查开展之后，不得加入商人群体。要想加入"城市社会"就需要承担相应的纳税义务。农民本人必须根据行会的要求，一次性付清三年的税款，以作担保。常常有些已经加入商人行会的农民因无法承受高昂的会费，放弃了商人身份。[①]

18 世纪，农民商人成为俄国商人的一部分。农民在农产品和农村手工业品的贸易中占主导地位，[②] 他们多销售经济作物，如亚麻、大麻、烟草等，其贸易额在 18 世纪有所增长。但是，大部分农民出售农产品都是为了支付商人行会的税款，[③] 也有一部分农民在世袭领主的压榨下被迫出

---

① Клокман Ю. Р. Социально-экономическая история русского города. Вторая половина XVIII века. М., 1967, с. 139–140.

② Кафенгауз Б. Б. Очерки внутреннего рынка России первой половины XVIII века (по материалам внутренних таможен). М., 1958, с. 69 – 83, 234 – 239; Клокман Ю. Р. Социально-экономическая история русского города. Вторая половина XVIII века. М., 1967, с. 39–40.

③ ПС3, т. XV, № 11489.

售粮食。

大部分农产品和畜产品贸易由农民控制。此外，农民在销售日用品（如肥皂、帽子、手套、鞋子、绳索、马鞍袋等）方面也具有压倒性优势。

农产品和手工业产品在进入市场之前需经过多次转卖。全俄市场的规模越大，农民商人发挥的作用就越大。农民的贸易规模非常大。到 18 世纪末，靠贩卖农产品"富裕起来的农民"随处可见。奔萨省阿尔汉格尔村库拉金领地的农民就是典型的例子。1783 年，该领地的《遗产登记簿》记录了一份"长期拥有流动资金"的农民名单，共有 74 名农民拥有流动资金，11 名农民的流动资金高达 300 卢布。[1]

农民贸易的投资金额和商品销售范围差异很大。有些农民商人进行一笔投资就需要花费上万卢布，有些农民商人的投资金额则非常小，巴甫洛沃的农民 Б. В. 普利布列霍夫就属于后者。1712 年，Б. В. 普利布列霍夫在当地的奥卡码头只花了 8 卢布就买到了"马具"和"水运木材"，然后把它们全部运到萨马拉出售。[2]

大多数农民商人主要在本村和周边城市开展贸易，也有一小批农民开展长途贸易。弗拉基米尔省瓦西里耶夫村的一些农民不仅耕种，还从事贸易活动。他们把目光"投向莫斯科、彼得堡、阿斯特拉罕以及顿河畔的哥萨克集镇，在这些地方经营商铺。他们将染色粗麻布销往乌克兰，至于农村展销会上常见的小商品，则在本地出售……"[3]

农民贸易的发展加快了农民商人群体的出现，他们在形式上属于农民，但从行为和生活方式来看，他们又属于商人。这一群体的处境相当

① ГИМ ОПИ, ф. 3, ст. оп. , д. 1281, л. 300–307.
② ЦГАДА, ф. 829, кн. 1450, л. 150 об.
③ Описанне промышленно-торговых сел Иванова и Васильевского, составленные крестянами-земсими вотчинных правлений. – В кн. : Материалы по истории СССР, вып. V. Документы по истории XVIII века. М. , 1957, с. 409.

艰难。国家对贸易主体的限制使他们必须加入乡镇商人群体，接着再加入城市商人群体。然而，他们的主人，乃至他们自己，都极力保留原来的农民身份。

有些农民商人的贸易规模极大，不亚于最富有的城市商人。例如，18 世纪初最大的批发商下诺夫哥罗德布拉戈维申斯克村的农民 A. И. 科拉布廖夫。据资料记载，1727 年，他共有价值 5451 卢布的货物在市场上流通，其贸易公司的员工都是巴甫洛沃村的村民，贸易范围从阿尔汉格尔斯克一直延伸到阿斯特拉罕。[①] 再比如奥斯塔什科夫村的农民 C. 雅科夫列夫。1733 年，C. 雅科夫列夫开始在彼得堡开展肉类贸易，伶牙俐齿的他偶然间被伊丽莎白·彼得罗夫娜发现，伊丽莎白任命他为宫廷食品承包商。从此，C. 雅科夫列夫承包了皇室的所有食品供应贸易，赚取了巨额资金。从 1759 年起，他连续 7 年垄断了彼得堡、莫斯科、英格曼兰、喀琅施塔得和拉多加及周边地区的食品贸易，累计贸易额高达 535670 卢布。后来，C. 雅科夫列夫被授予世袭贵族身份。在 18 世纪 60~70 年代，C. 雅科夫列夫开办了许多手工工场。[②] 不过，像 C. 雅科夫列夫这种出身农民的富商并不多见。他们通常是大工商业村的村民，而这些村庄归皇室、贵族或修道院所有。在村庄所有者的赞助下，农民才有机会在两个首都广泛开展贸易活动。

18 世纪的一些私人村庄中聚集了大量的农民工商业者。归约瑟夫·沃洛科拉姆斯克修道院和圣主教公会所有的奥斯塔什科夫村、雅罗斯拉夫的诺尔村、下诺夫哥罗德的布拉戈维申斯克村等地的农民都从事着手工业和商业。18 世纪 70~80 年代，一些经济发达的私人村庄发展成了城

---

① ЦГАДА，ф. 1361，кн. 3，л. 24，об. -25，113，об. -114，126 об.；ф. 273，кн. 32773，л. 4-5 об.，кн. 32745，л. 11-11 об.；ф. 829，кн. 1450.

② Клокман Ю. Р. Торгово-промышленная деятельность населения Осташковской: слободы в середине ⅩⅧ века. —В кн.：О первоначальном накоплении в России. М.，1958，с. 397-400.

镇。然而，大多数工商业村（例如弗拉基米尔省的许多工商业村）并未被认定为城镇，因为政府不愿与贵族发生冲突。①

农民商人的贸易规模和生活质量在很大程度上取决于地主，他们所缴纳的地租正是地主收入的主要来源。农民商人从村里的小商铺和其他贸易场所获得收入，从农民那里收到代役租之后，地主才会给农民发放休假证或贸易许可证，有些地主还额外对农民征收 1/10 的租金。除了剥削农民商人，地主还将农民的商业活动置于自己的直接控制之下。A. M. 切尔科夫斯基在给马尔科夫村领地管家的指示中写道："如果农民想要去外地做买卖，那么他们只能外出半年或一年，最长不能超过一年。还要给他们写信，指定具体的返回日期，并附上这样一句话，'如果有人超期未归，他将被视作逃犯予以处罚'。"未经地主允许，农民是不被允许参与专卖贸易的。② A. П. 沃伦斯基在给管家的指示中提到，农民从事商业活动是一种"偷懒"的表现。他只许农民在领地方圆 10 俄里以内的展销会上从事贸易，并且农民要事先告诉管家打算购买哪些商品，从展销会回来之后还要向管家汇报具体买了什么、卖了什么。若农民要去距领地 10~30 俄里远的展销会，那么他必须从管家处领取有管家签名的通行证，其有效期不超过三个月。18 世纪下半叶，许多地主都对管家发布了类似的指令，他们允许农民外出进行贸易活动的条件为留一名担保人。这样能保证农民商人及时缴纳代役租和人头税。③

不过，地主对农民商人的态度是双重的，地主在严格管理农民商人

① Клокман Ю. Р. Социально-экономическая история русского города.., с. 155.

② Петровская И. Ф. Наказы вотчинным приказчикам первой четверти XVIII в. –Исторический архив, т. VIII. М., 1953, с. 252 – 253; Александров В. А. Сельская община в России (XVII—начало XIX в.) М., 1976, с. 63, 57–58.

③ Памятники древнейшей письменности. Спб., 1881, с. 4 – 8; Архангельский С. Крестьяне крепостной деревни Московского промышленного района во второй половине 18 века (по данным вотчинных инструкций). —Архив истории труда в России, кн. 8, 1923, с. 139.

的同时，也给予他们鼓励和帮助。例如，地主会为他们提供贷款，并捍卫他们的贸易权。舍列梅捷夫伯爵很看好富裕的农民商人，甚至都没有向他们增收租金，"但如果某些农民商人有'赎买'人身自由的想法，甚至愿意为此献上自己一半的财富，伯爵会坚定地拒绝他们的请求"。[①]

18 世纪 70 年代，一些有远见的贵族在农民商人的活动中发现了改善现状的机会。但是，绝大多数贵族只致力于帮助农民提高贸易收入，而不希望给农民更多的自由。统治者对在商业中越发重要的农民持矛盾的态度，这表现在 18 世纪中期统治集团的争论中。1765 年，农民贸易的支持者（典型代表是叶卡捷琳娜二世时期的贸易委员 Г. Н. 捷普洛夫）及反对者（Я. П. 沙霍夫斯科伊等）在贸易委员会中展开了激烈的争论。Г. Н. 捷普洛夫一派认为，从经济角度来看，有必要打破商业活动的等级限制。[②] 与此同时，Г. Н. 捷普洛夫申明了自己的等级倾向："在我看来，只要贸易规模足够大、农业没有衰落、地主不被侵犯，那么对于国家而言，开展贸易的是商人还是农民没有任何区别。"[③] 这番话暴露出了最尖锐的问题，即从农民到商人的身份转变问题。

贸易的封建特征体现在城市商人和农村商人的斗争中，这种斗争在 18 世纪越发激烈，最终导致城市商人被迫退出农村市场。[④] 城市商人坚定地捍卫自己的等级特权，不仅是因为害怕商业竞争，更因为害怕农民逃

① Шепетов К. Н. Крепостное право в вотчинах Шереметевых（1708 - 1885）. М. , 1947, с. 109.

② Троицкий С. М. Обсуждение вопроса о крестьянской торговле в комиссии о коммерции в середине 60 - х годов XVIII в. - В кн: Дворянство и крепостной строй России XVI - XVIII вв. М. , 1975.

③ Троицкий С. М. Документ о крестьянской торговле в XVIII в. —Советские архивы, 1969, № 1, с. 93.

④ Вартанов Г. Л. Купечество и торгующее крестьянство центральной части Европейской России. - В кн. : Очерки из истории классовой борьбы и общественно-политической мысли России в третьей четверти XVIII века. Уч. зап. Ленинград. гос. пед. ин-та, т. 229, 1962.

税，不履行商人的义务。在整个 18 世纪，城市商人与农村商人之间矛盾频发。商人在请愿书中抱怨自己受到了农民的"冲击"。尽管有相关立法的限制，但农民仍然在未加入城市商人群体的情况下，继续在农村和城市开展贸易活动。到了 18 世纪下半叶，城市商人和农村商人之间的竞争愈演愈烈。18 世纪 60 年代，贸易委员会中的成员表示，农民贸易不断发展的确是国民经济的现状。各代表在提交给法典委员会的报告中展开了关于农民贸易的激烈争论，支持城市商人的代表试图以"自然法"和"实际利益"为论据，论证禁止跨等级贸易的必要性。在得出"深刻"结论的同时，他们还提议用军事手段来禁止农民贸易。两派竞争者的手笔值得相互"借鉴"：城市商人强行把从事商业活动的农民挤出市场，而后者则会为了做生意不惜诓骗。农民通常先采购粮食、帆布、皮革、脂油、肉类，"将其伪装成粮草，然后凭借地主和管家发放的贸易许可证，通过水路或陆路把商品运到彼得堡、莫斯科等地出售"。农民商人的另一种瞒天过海的贸易方法是"以他人的名义，比如，假借其他商人之名，或以财产赠予、友谊等任何对自己有利的虚假事由为借口"进行贸易。[①]

18 世纪，俄国城市商人和农村商人之间的畸形关系是由封建制度造成的。拥有资金的商人本身就是封建农奴制度的产物。行会商人和农民商人获利的程度和方法最终由现有的生产关系，尤其是地主对农民的剥削程度决定。但同时，封建制度使俄国商人不可避免地具有等级封闭性和局限性，他们试图通过各种手段消灭来自其他等级的竞争者。这削弱了整个商人群体的经济实力，阻碍了资产阶级的出现。

在商人和贵族之间建立联系并不容易。18 世纪，贵族的商业活动更加活跃。俄国统治者早在 18 世纪之前就意识到商人这一职业是有利可图的。为了追求经济利益，贵族开展贸易活动的意愿越来越强烈。在 18 世

---

① Сб. РИО，т. 107，1900，с. 75-76；т. 93，1894，с. 420-421.

纪这个"商业时代"，贵族的商业活动在规模和质量上都呈现出了新特征。18世纪上半叶，贵族从事的商业活动主要是专卖贸易和对外贸易，还有少数贵族从事批发贸易。从18世纪70年代起，俄国出现了新型贵族，他们定期出售自己领地的农产品。虽然经商的贵族已经卷入了商品货币关系，但其贵族身份仍然不变。他们从事贸易活动的主要目的是增加收入，这些收入大多用于非生产性开支，偶尔用作生产性开支，以巩固农奴制经济。

许多贵族只是不排斥商业，但商人绝不会成为他们的主要身份。此外，贵族多被任命为国家商业的管理者。例如，贸易委员会的第一任主席 П. А. 托尔斯泰就出身贵族，贸易委员会的首席监察员也是贵族，而商人只能担任委员会的普通成员。[1] 新型贵族致力于促进俄国商业的繁荣，但并非所有贵族商人都促进了俄国商业的发展，他们中的许多人在获得了商业管理权之后，利用职务之便谋私敛财，西伯利亚总督加加林公爵就是典型的例子。[2]

18世纪初的一封秘密信件中写道："所有的贸易都被高官及其手下的农民垄断了。陛下，请问这些新型商人，比如缅希科夫公爵、西伯利亚总督加加林公爵等，能够弥补受此冲击的广大商人吗？"[3] 虽然这番话夸大了商人的困境，但的确反映出一个事实，即贵族，尤其是国家行政机构的官员在商业领域非常活跃，А. Д. 缅希科夫就是一个典型的例子，他处理起商业事务来不知疲倦。А. Д. 缅希科夫委托管家、农奴和商人担任自己的贸易代理人，在莫斯科和彼得堡出售大量农产品，其中既包括他庞大领地内的产品，也包括从各地购买的农产品。在大麻贸易方面（欧洲对大麻的需求很大），他不仅是广大商人强劲的竞争对手，也是国家强

---

① ПСЗ, т. Ⅵ, № 3886.

② Соловьев С. М. История России с древнейших времен, кн. Ⅷ. М., 1962, c.495-497.

③ Троицкий С. М. Русский абсолютизм и дворянство, c.318-350.

劲的竞争对手。А. Д. 缅希科夫还开展专卖贸易，在大型商业中心开办商铺和手工工场，销售自己领地内的粮食、大麻、黄油等商品，并在欧俄的广大地区买卖各类商品。[1]

显然，А. Д. 缅希科夫因其商业版图之大而突出。不过，他并不是唯一从事商业活动的政要。18 世纪上半叶的政治家，如 Н. Ф. 戈洛温、С. Л. 拉古津斯基、А. В. 马卡罗夫、С. А. 萨尔特科夫、М. Л. 沃龙佐夫、库拉金家族、舒瓦洛夫家族等也从商业活动中赚取了巨额利润。[2] 上层社会的商业活动主要集中在外贸和专卖领域，这些商业活动可以在较短的时间内带来巨大的利润。并且，上层社会的成员往往能利用官职之便，尤其是对商业活动的直接管理权谋取私利。实际上，上层社会往往并不直接参与商业活动，而是将自己"有利可图"的重要商品的贸易特权转交给商人。通过这种方式，贵族获得了巨额利润。他们不在乎国家商业的实际发展状况，一味地通过投机倒把赚取巨额差价，这对商人造成了巨大的冲击。贵族抓住了普通商人的弱点，把所有重要的、有利可图的职位（无论是经济职务还是政治职务）牢牢把握在自己手中。例如，В. Н. 塔吉舍夫坚持认为，地方行政长官不能由商人担任，只能由贵族担任。

贸易活动逐渐成为贵族生活中的一个必要组成部分。18 世纪中叶，女性大臣 Н. А. 纳雷什金娜、公爵夫人 Н. А. 戈利岑娜、П. Б. 舍列梅捷娃等参与了向俄国中部地区和彼得堡出口伏尔加河渔产的贸易活动。[3] 马卡里耶夫展销会上可以买到康捷米尔、托尔斯泰、沃伦斯基、阿尤卡汗

---

① Троицкий С. М. Русский абсолютизм и дворянство，с. 340–344.

② Троицкий С. М. Русский абсолютизм и дворянство，с. 344 – 346；Павленко Н. И. О некоторых сторонах первоначального накопления в России. —Исторические записки，т. 54，1955；Милюков П. Н. Государственное хозяйство России. с. 388–389.

③ Кушева Е. Н. Саратов в третьей четверти XVIII века，с. 6.

以及斯特罗甘诺夫家族的商品。①

18 世纪上半叶，地主不仅出售低价买来的商品，还出售自己领地的产品，不过，销售自己领地农产品的情况尚不普遍。贵族的自产农产品在莫斯科等城市的粮食市场上销售，但贵族的粮食贸易规模比农民和商人小。

与 17 世纪不同的是，18 世纪中叶，贵族开始认真地考虑将经商作为增加领地收入的一种手段，他们开始收集剩余的粮食、干草、亚麻，还把多余的家畜拿到市场上出售。到了 18 世纪下半叶，贵族领地与市场的联系更加紧密。尤其是从 18 世纪 70 年代开始，贵族的贸易额不断增长，随着小麦种植份额的增加，贵族的贸易范围也发生了一些变化，各地的贵族都开始采购粮食。得益于耕作技术的进步，俄国中部黑土区、沃洛格达省和伏尔加河沿岸的贵族领地的农产品销量都有所增加。18 世纪末，贵族开始销售工业产品。在 18 世纪下半叶，戈利岑公爵家族的铁器贸易规模很大。值得注意的是，直到 18 世纪末，贵族遇到的所有贸易冲突都靠贵族的高位和特权解决。②

国内关税的废除、粮食价格的上涨、1762 年颁布的粮食自由贸易法以及给予贵族自由的法令，都促进了贵族商业的发展。同时，贵族开始重视对商业知识的学习。贵族的领地里出现了商业书籍，如《萨瓦里耶夫商业词典摘录》和《与军功贵族相对的商人贵族，或关于让贵族加入商人群体是否有利于国家福祉的两种论断》。③

有一种贸易活动不是为了营利，但对地主的家庭生活至关重要，这

---

① Кафенгауз Б. Б. Очерки внутреннего рынка России первой половины ⅩⅧ века（по материалам внутренних таможен）. M. , 1958, c. 186.

② Григорова-Захарова С. П. Торговля железом Голицыных во второй половине ⅩⅧ в. и ее экономические условия. Автореф. канд. дис. M. , 1953.

③ Павленко Н. И. К вопросу об эволюции дворянства в ⅩⅦ – ⅩⅧ вв. – В кн. : Вопросы генезиса капитализма в России. M. , 1960, c. 58.

就是"家庭用品"贸易。地主通常指派农奴和仆人购买这类物品,很少委派管家。通常,地主买到"家庭用品"之后就立刻转售。[1]

随着地主收入的不断增加,他们越来越多地购买奢侈品。18 世纪,俄国与西欧的经济和政治联系越发紧密,贵族的需求受欧洲的影响也越来越大。许多俄国贵族常常出国旅行,甚至长期居住在法国、英国和荷兰。由于俄国对奢侈品的需求增加,出国的贵族便从国外向国内销售奢侈品以赚取巨额利润,这已经成了贵族的习俗。П. Я. 亚古任斯基甚至建议降低首都贵族急需商品的关税。18 世纪下半叶,贵族对奢侈品的需求量再次增加,所喜爱的奢侈品种类也略有改变。18 世纪初,贵族购买的奢侈品多为服装和各种小型家庭用品,而到了 18 世纪下半叶,贵族则需要为众多领地采购复杂的设备。奢侈品加大了贵族的开销,因此贵族便加强对农奴的剥削,以期提高收入。1770 年,П. 舍列梅捷夫与意大利商人布朗克签订了一份贸易合同,为其库斯科沃领地的石洞订购了价值 1202 卢布 20 戈比的贝壳,还从格但斯克订购了带黄金腿的椅子;此外,П. 舍列梅捷夫从荷兰等国购买香料、咖啡、糖、奶酪、蔬菜、火腿等食品,其中某一类食品的价格就已高达 4000 卢布。[2]

18 世纪下半叶,生活方式的改变和对"欧洲生活"的向往,不仅是上层贵族的典型特征,也是中下层贵族的典型特征。贵族自己也意识到了这种生活是一种浪费。年轻的 А. Р. 沃龙佐夫记载了巴黎的俄国贵族对奢侈品的极度热爱。他建议"以法国人为榜样",后者"禁止进口某些商品,不是因为价格高昂,而是因为他们认为非法国制造的东西都不好"[3]。

---

[1] ГИМ ОПИ, ф. 17, ед. хр. 971, л. 81; ф. 60, № 1791.

[2] Шепетов К. Н. Крепостное право в вотчинах Шереметевых (1708–1885). М., 1947, с. 80–81.

[3] Заозерский А. И. А. Р. Воронцов. К истории быта и нравов XVIII в. —Исторические записки, т. 23, 1947.

　　为了获取必要的货物，扩大贸易范围，贵族与商人建立了联系。但效果不尽如人意。贵族经常对商人的能力感到失望，在第一次合作之后就与"能力欠缺，身无分文"商人停止来往。[1]

　　18 世纪，贵族对商业发展的影响体现在不同方面。一方面，对高收入的渴望使贵族支持农民开展贸易，自己也更加积极地参与商业活动；另一方面，贵族的品位和需求以及他们对奢侈品的偏爱改变了其他社会集团，首先是商人群体的贸易范围，商人的贸易活动受消费者需求的影响极大。18 世纪，彼得堡和莫斯科首次出现了时装店——一种面向上流社会的新型商店。

　　18 世纪，为了使教会服从于国家，俄国进行了教会改革，这使修道院贸易受到了很大的冲击。早在 1700 年，修道院就被禁止对其领地内的贸易活动征收关税。18 世纪中叶以前，修道院内展销会的收入都归国家所有，只有商城中的摊位属于修道院。18 世纪上半叶，尚有少数修道院可以销售盐和渔产等，这些商品通常被国家或者大商人垄断。教会财产的世俗化破坏了修道院的经济活动，剥夺了其开展贸易的机会。然而，修道院的领地上仍然存在许多展销会，这使修道院农民有机会开展贸易活动。宫廷贸易活动更为独立，宫廷通常大规模地收购和转售各种商品，并出售宫廷内部种植的粮食、亚麻、蔬菜和饲养的牲畜。[2]

　　商业资本的积累为工业企业的出现创造了必要条件。同时，商业资本的发展状况与工业资本成反比。商业资本积累得越快，工业资本的积累就越慢。由于商业资本在市场上占主导地位，工业品也在商人的销售范围之内，有一部分利润就从工业领域转移到了商业领域。[3] 18 世纪俄国最大的实业家不仅在国内销售商品，还向国外供应商品。他们通常在俄

---

[1]　Павленко Н. И. История металлургии в России ⅩⅧ в. , c. 435.
[2]　Индова Е. И. Дворцовое хозяйство в России. Первая половина ⅩⅧ века. М. , 1964.
[3]　Ленин В. И. Полн. собр. соч. , т. 3, c. 177.

国最大的展销会上与职业商人打交道，这里不需要中间商。

为了进一步开拓国内市场，促进工业生产的发展，需要取消贸易的等级限制和商业资本的主导地位，使工业家成为商人。^①众所周知，在 18 世纪末，政府为解决这些问题采取了一系列措施，并且，这些措施一直延续到 19 世纪。最终，上层商人的垄断地位被打破。1820 年，商人垄断本地市场的现象有所弱化。^②然而，直到 1842 年，工业家才被允许开办私人商铺零售商品。

由此可见，18 世纪俄国商业活动的主要参与者仍然是商人。不过，商人经常要面对市场上其他群体的合法或非法竞争。18 世纪末，贸易的等级限制和商人特权首次受到了冲击，上层商人的贸易垄断权终于开始被打破。

18 世纪，渗透于商业领域的等级制度对俄国商人群体的社会、政治和文化面貌产生了实质性的影响。商人群体的许多特征形成于此时，并一直保留到 19 世纪，新的文化元素逐渐渗入商人的生活中。人们对商业日渐浓厚的兴趣使 18 世纪的文学作品中出现了所谓的"完美商人"形象。18 世纪 60 年代以来，俄国出版了大量与商业有关的作品，所有作者对于"完美商人"的定义都一样，他们笔下的"完美商人"都具备相同的品质。在同时代人看来，最符合时代需求的商人正是在 18 世纪形成的。

"完美商人"必须具备某些知识素养。商人的必修"课程"包括商品种类，"货物运输"，即"它们（货物）的产地信息、购买时间、购买方式、运输方式"，会计（"正确地记录……自己的账簿"）。除了"商业学科"，商人还必须学习算术、书法、钱币学、度量学、商业地理、商业法律、商业语言、商业行话书写法以及欧洲国家语言等学科。有趣的是，除了学习具有实际应用价值的知识，商人还要学习"辅助学科"，如商业

---

① 参见 Маркс К.，Энгельс Ф. Соч.，т. 25，ч. I，с. 367-369。

② ПСЗ，т. XXXⅧ，№ 28389.

政治、商业史、纹章学、自然史、数学、视觉和绘画艺术、逻辑学等。为了传播商业知识，国家要求商人"频繁讨论商业事务"、出国旅行，并阅读报纸。① 当然，这些要求主要针对在俄国国内外开展大规模贸易的"有大量资金"的商人，对小商人的要求则宽松得多。18 世纪俄国贸易规模的不断扩大，以及与外国商人建立的永久性联系，催生了新型商人的出现，他们不仅掌握专业知识，还博学多识。这种新型商人有莫斯科商人 И. 茹拉夫廖夫、М. 西特尼科夫，图拉商人伊万·沃洛吉米洛夫、费奥多尔·沃洛迪米洛夫和拉里昂·卢奇宁，彼得堡商人伊万·伊萨耶夫和鲍里斯·斯特鲁戈夫希科夫，卡卢加商人阿纳托利·古宾以及谢尔普霍夫商人 П. 基什金和 Н. 基什金等，他们活跃于外贸领域。从 18 世纪60 年代开始，他们中的大多数人参与了与商人利益直接挂钩的经济政策的制定工作，因为"参政院坚信他们对这些问题有深刻的认识"②。正是在新型商人（如图拉商人费奥多尔·沃洛迪米洛夫和他的同事们）的倡议下，国家首次决定废除国内关税。这批商人在开展对外贸易方面表现出了极强的主动性，他们成立了专门的外贸公司，任命了解外国市场的商人担任管理者。③ 以上种种都表明，大商人在国家经济生活中发挥的作用越来越大，他们的教育水平得到了提高，眼界也更加开阔。在此或许可以引用 В. 博尔京的一句话，"商业对人们的教育和启蒙有着巨大的影响"。④

---

① Руководство к коммерческой науке в пользу высших классов гимназий, состоящих в округе имп. Московского университета. М., 1804, с. 3-5.

② Рубинштейн Н. Л. Внешняя торговля и русское купечество.., с. 360; Он же. Уложенная комиссия 1754-1766 гг. и ее проект нового уложения «О состоянин подданных вообще». К вопросу о политической активности купечества. —Исторические записки, т. 38, 1952, с. 215.

③ Рубинштейн Н. Л. Уложенная комиссия 1754-1766 гг., с. 214-215.

④ Болтин В. Рассуждение о происхождении купеческого состояния в России; о переменах в оном со времени императора Петра I и о правах и повинностях онаго ныне. М., 1827.

赞助商也出现于 18 世纪，例如 М. С. 戈利科夫，他赞助出版了《俄国商业史》一书。① 阿尔汉格尔斯克曾短暂地出现过一个由当地商人组成的"历史学会"。18 世纪，一些热爱阅读和戏剧的商人从广大商人中脱颖而出，当时的小说中也出现了这样的商人形象。П. А. 普拉维利希科夫的喜剧主人公是一个富商的店伙计，他"经常阅读各种题材的纸质书……既有古希腊史诗《奥德赛》、历史书，也有深奥难懂的书，附近商铺的伙计常常谈到他去看喜剧的事"②。德米特罗夫商人 И. А. 托尔切诺夫每次去彼得堡处理商业事务时，都会参观美术学院和博物馆，还会参加化装舞会，或观看法国喜剧。③ 然而，同时代人认为商人的这些新生活方式很奇怪。

18 世纪的许多商人都是文化名人。例如，科斯特罗马商人 Ф. Г. 沃尔科夫、И. И. 格里科夫（创作了关于彼得一世的著名作品）、П. И. 雷奇科夫、В. В. 克里斯季宁（其作品首次总结了俄国北方的商业史、商人发展史和手工业史）、Г. И. 舍列霍夫。Г. Р. 杰尔查文称 Г. И. 舍列霍夫为"俄国的哥伦布"。Г. И. 舍列霍夫不仅从事商业活动，还负责美洲殖民地的教育工作。④ Ф. В. 卡尔扎温的生活经历比较特殊，具有鲜明的时代特色。Ф. В. 卡尔扎温出生于一个信奉旧礼仪派的莫斯科商人家庭。他的父亲和叔叔是"忠臣和参议员口中的叛教者和刻薄的批判者"。Ф. В. 卡尔扎温曾与巴热诺夫一起被派往巴黎留学，后来与巴热诺夫成为挚友。Ф. В. 卡尔扎温因不愿经商与父亲发生了争执，然后选择出国留学。他游历甚广，曾在马提尼克岛、哈瓦那和北美生活。回国后，Ф. В. 卡尔扎温

---

① 参见 Чулков М. Историческое описание российской коммерции..., т. I－Ⅶ. Спб., 1781-1788。

② Плавильщиков П. А. Сиделец. Комедия в 4-х действиях, Спб., 1807.

③ Журнал или записка жизни и приключений И. А. Толченова. Под ред. Н. И. Павленко. Составители А. И. Копанев, В. Х. Бодиска. М., 1974.

④ Водовозов Н. В. А. Н. Радищев и Америка. – Уч. зап. Моск. гор. пед. ин-та им. В. П. Потемкина, т. 43, вып. 4, 1954, с. 75.

起草了关于改善俄国对外贸易市场的《建议》。①

国内外贸易的迅速发展，以及贸易和商人在国家经济发展中日益增长的作用，迫使政府更积极地处理亟待解决的商业问题。从18世纪60年代开始，政府着手解决这些商业问题，其标志是贸易委员会的成立，贸易委员会的宗旨是探究"促进商业发展和增加手工工场数量的方法"。1772年，П. А. 杰米多夫出资在莫斯科创建了一所商业学院，这是俄国第一所专门教授商业知识的学校。随后，莫斯科和彼得堡也出现了类似的商业学院。从18世纪60年代开始，俄国出版了大量商业文献，包括译著和俄国人的原著，② 其中介绍了关于货物、贸易类型以及贸易原则、商人必备的知识素养等信息。

然而，这些促进商业发展的措施大多只惠及极小一部分上层商人。18世纪的大多数商人仍然没有学习过科学知识，尤其是商业知识。许多莫斯科商人都认为，要想成为一名优秀的商人，"只需要'像其他脑力劳动者那样'学会工整地书写俄语即可，不必在乎所写的单词是否正确；还要会算术（了解四项算术规则、会记账即可）……最后，掌握一点德语也是很有用的"。商人认为，高等教育不仅没有必要，而且会损害商人的家庭利益和商业利益，因为"有学问的"商人子女会试图离开商业，从而导致家族生意无人继承。因此，直到19世纪中叶，俄国很少有上过大学的商人，包括莫斯科的商人。③

尽管商业理论不断传播，但"被理性和哲学之光照亮"的商业知识

---

① Старцев А. И. Ф. В. Каржавин и его американское путешествие. –История СССР, 1960, № 3.

② Ключ коммерции или торговли, то есть наука бухгалтерия, изьявляющая содержание книг и произвождение щетов купеческих. Спб., 1783; Перевод из энциклопедии о коммерции Александра Барсова, Николая Рубцова, Ивана Новикова и Василия Антипова. М., 1781; Правила основательныя торговли. Перевод с нем. яз. И. Новикова. М., 1799; и т. д.

③ Сведения о купеческом роде Вишняковых.., с. 92.

几乎没有被商人应用到实际活动中。即使到了 18 世纪中叶，也并非所有商人都能意识到识字的必要性。商人们越发怀疑所谓的商业科学知识。学识渊博的一等商人伊万·瓦维洛夫在其《俄国商人言商》（该书于 19 世纪 40 年代出版）一书中总结了俄国商人的特点：商人在各种商业实践活动中逐渐加深对"科学"的理解。商业知识需要被更积极地应用于商业实践中，而不只是停留在理论层面。①

实践是 18 世纪商业教育的主要形式。常年开展贸易的商人很早就开始带自己未成年的侄子出门做生意。商人子弟在实践中掌握了各种商业技能：如何选择销售方式（批发还是零售）、如何签订合同、如何雇用运输工人、如何计算成本和利润等。此外，他们还能在实践中了解行情、商品价格、信贷交易机制。当然，从实践中学到的知识范围在很大程度上取决于商人所从事贸易的性质、形式和规模。因此，不同商人的知识储备和对知识的理解程度不同。商业资金和家庭的不稳定性不可避免地阻碍商人对前辈的商业知识技能的传承。在这种情况下，商人的个人素质和精力就显得尤为重要。

18 世纪，俄国曾多次尝试组织商人子弟出国接受商业教育。然而，由于多种原因，这些尝试都以失败告终。

督促商人阅读商业书籍并非易事。商人经常在一些讲解会计学知识的基础商业书籍中写下这样的批注："许多作者都只是道听途说，根本不了解贸易。他们在没有事实依据的情况下，单凭通讯员的口述了解国内外贸易。"还有人这样写："纯属在胡说八道，我们不学会计学也能开展

---

① Беседы русского купца о торговле. Практический курс коммерческих знаний, излагаемых в С. - Петербурге публично по поручению имп. Вольного экономического общества и изданный под покровительством оного, членом его Иваном Вавиловым. Ч. I. Спб. , 1846.

贸易，并且能分清盈利和亏损。"①这大概就是商人们不愿意阅读商业文献的原因。1747 年，由贸易委员会提议从法语翻译过来的《萨瓦里耶夫商业词典摘录》印制了 1200 册，尽管贸易委员会做出了种种努力，但其销量仍然非常低：4 年内只出售了 112 本。另一部译作《完美商人》卖出了 400 本，不过其销售带有"不小的强迫性质"。②

应该指出，不仅俄国商人对商业理论知识持怀疑态度，西欧商人亦是如此。早在 15 世纪末，西欧就已经有人对复式簿记进行了系统的讲解，16 世纪又出现了许多关于簿记的教科书。但是，这些商业知识在西欧的普及很缓慢。即便是诸如英国东印度公司这样的大公司，在 17 世纪末之前，也不知营业年度和定期结余为何物。③

尽管大多数俄国商人接受商业理论知识的速度缓慢，但是他们在商业实践中精力充沛、思维敏捷。他们的商业活动有助于将不同地区联系起来，促进社会劳动分工的深化和生产的专业化，从而加速全俄市场的形成。从这个层面上看，商人和其他开展贸易活动的人"增强了民族联系，促进了统一民族的形成"。

俄国商人在外国市场也同样活跃，他们早在国家缔结相关条约之前就前往外国做生意。贸易委员会刚一提出在黑海与土耳其开展贸易具有可行性，一批莫斯科商人就带着货物冒险前往君士坦丁堡。18 世纪 40 年代，莫斯科富商加夫里拉·朱拉夫列夫曾三次前往君士坦丁堡做生意，在途中遇到了许多困难。④ 一般来说，商人需要"机智敏锐、目光长

---

① Ключ коммерции или торговли, то есть наука бухгалтерии..; Почтенный купец или бухгалтерия.., ч. 1-3. М., 1799.

② Соловьев С. М. История России с древнейших времен, кн. XI, с. 111-112.

③ Кулишер И. М. Лекции по истории экономического быта Западной Европы, ч. II, с. 188-189.

④ Заозерская Е. И. Торговля и купечество.., с. 174.

远……"①　18 世纪，俄国的贸易规模越来越大，贸易种类越来越丰富，在这种背景下，俄国商人必须具备上述品质。据部分历史著作记载，18世纪的俄国商人具有与生俱来的自信，他们相信自己能够获得财富，为社会创造价值，并且他们立场坚定，不会妄自菲薄。②　就这样，商业活动使全俄商人具备一个共同的性格特征——自信。18 世纪俄国商人的观念也受到了贵族的影响，这一点可以从商人对农奴的态度以及对贵族身份的渴望中看出来。最新的相关文献证实，这种思想扎根于商人的意识中，商人群体普遍认可封建主义价值体系。③

对于商人而言，对贵族生活的向往有时会招致祸患。为了追求无忧无虑的奢侈生活，И. А. 托尔切诺夫停止了商业活动，让管家操持生意，结果他"从城市头号商人沦落成了卑鄙小人"。И. А. 托尔切诺夫的命运表明，商业耗费了商人的大量精力，这导致大多数商人眼界偏狭、思想保守。一旦有疏忽，他们很快就会破产。除了精力充沛，许多商人还具有欺骗成性、贪婪、自私、厚颜无耻等特质。М. М. 马京斯基的喜剧主人公商人斯克瓦雷金说："同情、博爱等，这些品质只能在嘴上说说，但是在内心深处，尤其是在我这样的商人心中，根本不应该存在。"④　商人的负面品质不仅在喜剧中被抨击，也被当局打压。政府严惩、清除奸商的不良商业行为：1732 年，参政院要求莫斯科的商城烧掉前一年滞留下来的残次品，防止商人将"次品和合格商品混在一起卖，以免伤害消费者权益"⑤。

商人的保守思想体现在日常生活中。不过，不同地方的商人的保守

---

① 指体面的商人或会计。

② Громыко М. М. К характеристике социальной психологии сибирского купечества ⅩⅧ в. — История СССР，1971，№ 3，с. 66.

③ Там же，с. 68–70.

④ Матинский М. А. Санкт-Петербургский гостиный двор. М. ，1791，с. 85.

⑤ ЦГАДА，ф. 248，оп. 5，кн. 229，л. 358–359.

思想也存在着相当大的差异，就像他们的教育观念、经济观念和政治观念一样。例如，首都的商人极其向往贵族生活，他们追捧贵族的穿衣时尚，尽管"由于不习惯上流社会的摩登生活，表现得特别笨拙"①。不过，两个首都的商人生活方式也不同。在 18 世纪 80 年代的喜剧《店伙计》中，莫斯科商人与"彼得堡商人"的生活形成了鲜明对比："莫斯科是个古老的城市，不像彼得堡，我们莫斯科商人都是有贵族身份的。"其他省份的商人的生活方式在很大程度上保留了原先的特色，具有浓厚的农奴制色彩。维格尔曾于 1805 年前往伊尔库茨克，他在回忆录中对当地商人的描述如下："伊尔库茨克商人与中国有广泛的贸易往来，有些商人已经成了百万富翁……但是，他们仍然遵循俄国先辈的传统习俗——住石房子，房子里空着几间大房间，为了保持它们的绝对整洁，商人们从不进入这些大房间，而是生活在两三个拥挤的小贮藏室里，睡在箱子上。他们节俭到令人难以置信，甚至是荒谬的地步：全家人吃一碗杂拌儿汤，就着汤喝格瓦斯和啤酒。在舞会上，商人的妻女并不跳舞，而是穿着老式服装一动不动地坐着，仿佛在被迫观看叛教者娱乐。"② 需要注意的是，有相当一部分伊尔库茨克商人都是旧礼仪派教徒。

18 世纪俄国经济的发展、向大国的转型、对出海口的占领、全俄市场的出现等一系列变化，共同促进了新型商人的诞生。上文提到过的俄国商人在国内外市场上积极的经济活动足以证明这一点。18 世纪头 25 年的改革壮大了商人群体。然而，俄国商人的所有活动都是在封建农奴制的框架内进行的，这深刻地影响着商人的社会政治面貌，并进一步影响着俄国新型资产阶级的社会政治面貌。拥有特权的行会商人坚持保留自己的贸易垄断地位，并要求获得购买农奴的权利。直到 18 世纪末，商人依旧维护农奴制，这阻碍了国家工业和商品货币关系的发展。

---

① Корш Е. Быт купечества и мещанства. М., 1926, с. 32.
② Там же, с. 27.

就这样，在 18 世纪俄国贸易不断发展的背景下，非职业商人出现了。等级原则渗透到社会生活的各个领域，包括商业领域。各个等级的成员都参与到了商业活动中，他们相互敌对，相互争斗。直到 18 世纪末，国家逐渐取消了对未正式加入商人群体的生意人的限制。这为非职业商人的出现提供了巨大的可能性，这一群体在 18 世纪以后正式形成。

商业是俄国社会经济生活和物质文化的重要组成部分，刺激着其他物质文化部门的发展。在封建时代，农民、小手工业者和手工工场工人制造的产品都在市场上流通。随着社会劳动分工的深化和区域专业化生产的发展，商业活动的社会功能得到了加强。各地区通过商业活动建立起了经济联系，促进了统一国家市场的形成。同时，各地区之间的经济联系为统一的民族和民族文化的形成奠定了基础。从这个层面上看，商业作为物质生活的一个领域，对民族文化的发展产生了间接影响。此外，商业还直接促进了教育事业、科学和社会政治思想的发展。虽然在 18 世纪上半叶，商业活动的性质、规模、功能和形式尚与 17 世纪有很多相似之处，但是到了 18 世纪下半叶，尤其是 18 世纪最后三四十年，俄国的商业呈现出了新兴资本主义的特征。

第五章
交通方式与手段

Л.М. 玛拉西诺娃

　　18世纪，俄国在交通方式与手段的发展上取得了质和量的飞跃。商业的发展、国内市场的扩大以及国际交流的密切，使越来越多的地区建立了联系。与此同时也出现了许多问题，对于彼时的俄国而言，这些问题过于复杂，其中一些问题根本无法解决。因此，解决这些问题的任务便落到了后人的肩上。

　　在幅员辽阔、森林茂密、草原广阔、气候多样、地势总体平坦、河流沼泽众多、人口分布不均的俄国，解决交通问题始终是一项非常艰巨的任务。不完善的道路建设阻碍了各地区之间的交流，使它们相互隔绝。

　　除此之外，从经济角度来看，极有必要建立统一的国家交通网络，以打破国内交通壁垒。18世纪，已修建的水路和陆路被延长，新的道路接连出现，道路交叉口不断增多，交通网络更加密集。

　　交通是文化传播的条件和手段，道路和河流是文化传播的载体。自古以来，城市和农村都是在道路和河流旁边发展起来的，由此足以见得交通的重要性。科学、技术、教育以及各艺术领域的进步都与交通运输业的发展密切相关。

交通工具是人们日常生活中不可或缺的一部分。人们常常在公共节日（如加冕仪式、大使会议和陆海军胜利纪念日等）和私人庆典（婚礼、葬礼、娱乐活动和体育活动都离不开雪橇和马车）时乘坐交通工具。人们迎宾送客的礼节和交通习惯就这样在大大小小的节日中相习成俗。

人口流动性的增强使人们的个性发生了转变。早在 17 世纪下半叶，那些精力充沛、朝气蓬勃、善于交际、行动敏捷、英明果断的人，在社会上占据着越来越重要的地位，[①] 彼得一世和他最亲密的伙伴正是这类人的典型代表。他们精明强干，对世界抱有浓厚的兴趣，渴望交流，热爱旅行（而旅行正是知识的源泉）……这些品质在 18 世纪初尚且罕见，而到了 18 世纪末已经出现在社会各等级的成员身上。

与 17 世纪一样，在 18 世纪，水路交通仍然是俄国的主要交通方式。这一时期，俄国河流的总长度超过了 10 万俄里，其中约有 1/3 的河流可以通航。大河的流向决定了水路的通航方向。18 世纪的大河有北德维纳河、西德维纳河、涅瓦河、沃尔霍夫河、第聂伯河、德涅斯特河、顿河、伏尔加河及其众多支流。俄国主要的陆路交通路线基本经过上述大河流域，统筹了各大水系。西伯利亚的三条大河——鄂毕河、叶尼塞河和勒拿河自南向北流，而该地区的陆路自西向东延伸，把西伯利亚和欧俄联系了起来。总而言之，18 世纪俄国的水路交通至关重要。

在 17 世纪、18 世纪之交，俄国的水路交通建设面临着三个主要任务：修建滨海通道、改善河流的通航条件、建造人工运河以连接各大水系。这些问题在 18 世纪得到了不同程度的解决。

17 世纪末，人们为了改善通航条件，俄国进行了第一次水文调查。18 世纪，俄国专家先后对波罗的海、黑海、亚速海和里海进行了调查和

---

① 参见 Демин А. С. Русская литература второй половины XVII—начала XVIII века. Новые художественные представления о мире, природе, человеке. М., 1977。

监测，并绘制了这些海域的地图集和航海图，地图中可以看到海岸线轮廓和浅滩，海洋深度也被标记了出来，有些地图甚至还标出了航线和锚地。除了海域，俄国专家也对河流和湖泊进行了调查和监测。俄国主要河流的地图相继出版，地图中绘制出了浅滩、急流区、河岸地势、供纤夫使用的纤道，还标明了河流深度以及流向。有些地图还对"可通行的船舶类型"做出了注解。[①] 各大水系沿线的陆路交通路线地图也随之出版，其中还有对各交通路线运营状况的介绍。

俄罗斯科学院地理研究所成立于 1739 年，主要从事有关河流、湖泊和海洋的研究。M. B. 罗蒙诺索夫对这些问题非常感兴趣。他于 1763 年创作的《俄国产品的经济学词典》中强调了绘制地图的必要性，因为从地图上"可以看出河流上都有哪些船舶（例如平底船、驳船）在哪里航行……各流域的陆路交通路线、上游连接段、码头、连水陆路和急流区也用特殊符号标出"[②]。18 世纪 60 年代，贸易委员会的成员 H. E. 穆拉维约夫在其报告《关于商业的论断》中建议政府重视水路交通问题。他中肯地指出，有必要对俄国的主要河流进行水文调查，"因为如果不了解俄国的河流，那么解决任何交通问题都将是纸上谈兵"。[③]

俄国政府为研究水路交通问题付出了巨大的努力。得益于这些研究，俄国于 19 世纪初出台了欧俄水路建设计划，其中简要介绍了各河流的通航条件。[④] 不过，此时俄国对水路交通的研究仍然不够全面。

在进行理论研究的同时，俄国政府还采取了实际行动以改善航运条

---

① Гнучева В. Ф. Географический департамент Академии наук в ⅩⅧ в. М. -Л. , 1946, с.401.

② Там же, с. 192.

③ Троицкий С. М. Записка сенатора Н. Е. Муравьева о развитии коммерции и путей сообщения в России （60-е годы ⅩⅧ в. ）. -В кн. : Историческая география России ⅩⅦ—начала ⅩⅩ в. М. , 1975, с. 239.

④ Краткое описание внутреннего Российской империи водоходства между Балтийским, Черным, Белым и Каспийским морями, служащее изьяснением изданной при Департаменте водяных коммуникаций и гидрографической карты. Спб. , 1802.

件。在这一方面，彼得一世做了初步尝试，他疏浚河道、修建运河。但在 18 世纪 20~50 年代，彼得一世的上述政策被废除。

从 18 世纪 60 年代开始，俄国政府重新开始解决水运问题。贸易委员会开始讨论相关问题，参政院也出台了许多相关法令。

俄国 1784 年颁布的一项法令对改善河流的航行条件、测量航道和在浅滩上安装安全标志等工作进行了规范。其中特别提到："为了避免各条河流上的船舶遭遇不测……各省的航运总管要立即测量本省所有通航河流的深度，并在浅滩处设置标识，以保证船舶的航行安全。"[1] 此外，航运总管每年都要测量通航河流的深度、检查浅滩处的安全标志是否完好，并在必要时将安全标志移动到其他地点。

尽管俄国政府采取了具体措施以改善通航条件，也出台了相关法案，但船舶在航行的过程中仍然面临着许多障碍，因为河流中有许多浅滩和急流区，这给旅行者、领航员和航海家带来了诸多麻烦。许多河流只有在春季水位上涨时才可通航，夏季河流水位下降，大型船舶极易搁浅，因此只能用较小的船舶运输货物。旅行者和船主时常抱怨航行中遇到的困难，他们的船舶常常因此报废。

伏尔加河是欧俄的水路干线，其上游有许多浅滩。18 世纪 60 年代，仅从谢利扎罗夫卡到特维尔的河段就有 17 处浅石滩，从谢利扎罗夫卡河口到雷宾斯克的河段约有 50 处浅滩，雷宾斯克到萨拉托夫的河段则有 35 处浅滩。[2] 18 世纪初，科尔涅利·德·布鲁因在伏尔加河上航行时发现，伏尔加河下游也有许多船舶遇险或搁浅。[3] 第聂伯河、卡马河、丘索瓦亚河以及西伯利亚的许多河流（如安哥拉河）上的通航船舶也面临诸多困

① ПС3, т. XXII, № 16068, с. 217.

② Истомина Э. Г. Водные пути России во второй половине XVIII—начале XIX века. М. , 1982, с. 99.

③ Исторические путешествия. Извлечение из записок и мемуаров иностранных и русских путешественников по Волге в XV-XVIII вв. Составил Алексеев В. Сталинград, 1936, с. 192.

难。18 世纪，在安哥拉河上航行过的人都知道，安哥拉河危险的急流对掌舵者的技术要求极高。丘索瓦亚河上的船舶经常遇险，而丘索瓦亚河又是运载乌拉尔矿石的庞大商船的必经之路。在 18 世纪 80 年代，短短 5 年内就有 80 多艘运输金属的露舱货船在丘索瓦亚河遇险。第聂伯河湍急的水流也给航行造成了巨大障碍。脆弱的木船几乎无法在水位浅且水流急的拉多加湖航行。这些障碍只能通过提高河流水位，即建造水闸或侧路渠来克服。

俄国运河的建设始于彼得一世时期。他努力用水路把全国各地联系起来，尤其重视在新首都和中部地区之间、内陆和沿海地区之间开凿运河。俄国的运河系统比其他国家建立得更早。[①] 水运系统以及后来的全俄陆路系统最终成为维护国家统一的手段。欧俄的水路不仅要把整个俄国联系起来，而且要把俄国与外部世界也联系起来，从波罗的海可以进入欧洲，通过里海可以进入亚洲。这样，俄国便作为东西方国家交往的桥梁融入国际经济和文化的交流当中。

伏尔加-顿河运河和伊万诺沃运河将欧俄的中部地区与亚速海和黑海连接起来；上沃洛乔克运河和德维纳运河将整个俄国与波罗的海连接起来。各条运河通过伏尔加河进入波罗的海和里海这两个出海口。在 18 世纪前 25 年里，上述这些雄伟计划只实施了一部分。运河的建设过程反映了彼得一世改革的特点：一方面，任务迫在眉睫；另一方面，俄国不具备完成这些任务所需要的先进技术。这种矛盾使 18 世纪前 25 年的改革工作氛围异常紧张。1697 年开始的伏尔加-顿河运河的建设中止了，因为此时举国之力都投入到了争夺波罗的海的战争中。18 世纪初，奥卡河和顿河之间的伊万诺沃运河开始建设，运河上一共建造了 33 座水闸，后来该运河的建设也停止了。此外，国家还着手修建了莫斯科-伏尔加运河，然

---

① Горелов В. А. Речные каналы в России. К истории русских каналов XVIII в. М. -Л. , 1953, с. 8.

而，这项工程同样不了了之。事实上，彼得一世只建成了一条运河，即连接波罗的海和伏尔加河流域的上沃洛乔克运河。但是，该运河的建造难度很大，而且是单线航道，无法将水系内的各个地区全部联系起来。只有19世纪初修建的马林运河和季赫文运河能够连接水系内的各个地区。

上沃洛乔克运河的建设始于1702年，它将特维尔察河、茨纳河、沃尔霍夫河以及伏尔加河流域与涅瓦河流域联系了起来。该运河的河道总长1324俄里。① 上沃洛乔克运河的建设没有先进的技术作为支撑，由来自各省的一万余名建筑工人建造。运河上有水闸、水库等水利设施，用来保持水位稳定。1709年春，上沃洛乔克运河开始通航。该运河存在许多缺陷：水利设施不完善、某些河段水位过浅、河道上所有的建筑都不够坚固且缺乏技术维护，并且该运河是单线航道，前往彼得堡的船有去无回，最终只能在那里拆解后出售。

1718年，国家决定在拉多加湖周边修建一条运河。彼得一世亲自参与了该工程的设计工作。拉多加运河的建设工作与上沃洛乔克运河同样紧迫，共耗费了数百万卢布，投入了来自全国各地的大量劳动力。拉多加运河在18世纪30年代初投入使用。

俄国的第一条运河——上沃洛乔克运河命途多舛。1815～1820年，该运河年久失修，运河上的水闸已经腐烂、瓦解，船闸变成了杂草丛生的废木板。1718年春，运河上有一整个船队遇难。在这种情况下，俄国政府不得不重建上沃洛乔克运河。重建工作由 М. И. 谢尔久科夫主持，他是一位杰出的水利工程师和精明的管理者。1719年，М. И. 谢尔久科夫受命主持特维尔察河河段的维修工作。② 这项工作的主要目的在于，确保运河在整个通航期的水量充足。经过重建，上沃洛乔克运河的许多水

---

① Родин Ф. Н. Бурлачество в России. Историко-социологический очерк. М. , 1975, с. 62–63.
② ПСЗ, т. V , № 3397, с. 718–719.

闸和运河得到了修缮，运河上建起了调节水库。此外，М. И. 谢尔久科夫还初步制定了解决博罗维奇急流区通航问题的方案。到18世纪中叶，上沃洛乔克运河的货运量高达1200万普特/年。[①]

然而，在封建制度的限制下，上沃洛乔克运河的维修工作由个人承包，因此荆棘载途，最终停滞不前。尽管 М. И. 谢尔久科夫有充沛的精力和出众的管理才能，但由于维修资金不足，最终无法扭转乾坤。运河总管时常抱怨运河上的商人和船主恣意妄为，商人们也时常抱怨航行困难。商船队的等待时间延长，有时他们甚至要等2~3周，水位才会上涨，然后才能通航。

1774年，国家将上沃洛乔克运河的维修工作交给了谢尔久科夫家族，并向他们支付了17.6万卢布。后来，谢尔久科夫家族对上沃洛乔克运河进行改建：开凿了几条新的运河（如从韦利耶湖到谢利格尔湖的韦利耶夫运河、伊尔门湖附近的西韦尔索夫运河以及用于加深姆斯塔河河床的运河等），重修了水闸，用石闸取代木闸，新建了几座水库用以提高水位，并清除了一些急流区。这些措施不仅使上沃洛乔克运河成为俄国最重要的水路干线，还确保了它的高效运营。[②]

彼得一世还计划修建几条将彼得堡和俄国中部地区连接起来的运河。然而，直到一百年后，这些计划才成为现实。彼得堡的贸易额迅速增长，为了保证货物的及时运输，政府于1803年和1809年相继修建了马林运河和季赫文运河。不过，这些运河不能供来自伏尔加河中下游的大型船舶通航，因为它们的吃水深度大。18世纪，雷宾斯克成为伏尔加河上最重要的中转城市。伏尔加河在雷宾斯克附近的水位很浅，因此人们在这里修建了三条人工运河，以为大量的货船提供通道。

---

①　Данилевский В. В. Русская техника. Л.，1949，с. 280.

②　Истомина Э. Г. Водные пути России во второй половине XVIII—начале XIX века. М.，1982，с. 137-140.

18 世纪，俄国还修建了其他重要的运河，比如连接涅曼河和西德维纳河的运河、连接涅曼河和普里皮亚季的运河、第聂伯-布格运河、连接卡马河和维切格达河流域的北叶卡捷琳娜运河以及连接彼得堡与科特林岛的运河等。这些运河的建立为全俄水运系统的形成奠定了基础。

俄国需要在通往出海口的大河口建立港口。港口在新首都建立之初就开始建造。在 18 世纪下半叶，里加也建起了港口。西德维纳河较低的水位给里加的港口建设工作带来了诸多不便。首先需要疏浚西德维纳河的河道，然后修建水坝以抬高水位。纳尔瓦、利巴瓦和雷瓦尔也相继建设了港口。18 世纪末，俄国获得了黑海出海口后，在黑海沿岸的下列地区建立了港口：赫尔松、塞瓦斯托波尔、费奥多西亚、尼古拉耶夫、塔甘罗格和敖德萨。

俄国向海洋强国的转型从根本上拉动了俄国造船业的发展。俄国的舰队成立于彼得一世时期，他为这项事业投入了相当大的精力。从青年时期到生命末期，彼得一世对于造船的热情从未消退。"他最为重视造船工艺。无论多重要的国务活动都阻挡不了他手持斧头建造船舶的热情。即便到了晚年，彼得一世只要在彼得堡，每天都至少会在海军部待上两个小时，无一例外。他在造船业领域取得了巨大的成就：同时代人认为他是俄国最好的船匠。他不仅是一位敏锐的观察者，更是一位经验丰富的船舶工程师，掌握了所有造船工艺。彼得一世为自己的造船技艺感到自豪，并不遗余力地在俄国普及造船技术。"[1]

在彼得一世统治时期，沃罗涅日、阿尔汉格尔斯克、下诺夫哥罗德、喀山、阿斯特拉罕等城市都建造了造船厂。俄国最重要的造船厂要数彼得堡造船厂，该造船厂创办于 1704 年。当时的俄国海军部还只是一个大型造船厂，由 17 个船坞以及众多车间、仓库和行政楼组成。彼得堡造船

---

① Ключевский В. О. Соч. , т. 4. М. , 1958, c. 32.

厂采用最先进的造船技术，并在此基础上加以改进，形成了固定的生产线。①

图5-1　彼得堡海军部大厦

军用船厂和丰坦卡河畔的民用船厂都由海军部管辖。这些船厂在18世纪前25年里如日中天，工人数量高达1万人，② 汇集了全国各地乃至外国"最优秀的船匠"。此外，海军部的造船厂将外国先进的造船技术和俄国的传统造船工艺融合了起来。

俄国在设计和建造大型军舰时，非常重视外观。工匠的绘画和雕刻

---

① 详细信息可参见有关军事和舰队的资料。

② Семенова Л. Н. Рабочие Петербурга в первой половине XVIII в. Л. , 1974, с. 65.

技艺都很高超，极具艺术天赋。因此，18 世纪的俄国船舶是公认的实用艺术品。船舶主要由木雕装饰，船尾、船舷、船头都刻有木雕。船舶表面被镀上了不同颜色的油漆——金色、银色和鲜红色，使船舶有种独一无二的华丽之美。船舶上的雕刻装饰极大地促进了俄国雕塑艺术的发展。雅各布·斯特林曾写道："在彼得一世统治时期，彼得一世对造船工艺的热爱给雕塑艺术提供了用武之地……他战舰上的甲板和船头一定有雕刻装饰，就像英国和荷兰的战舰一样……彼得一世的游艇还刻有金雕，华丽至极，无与伦比。"[①] 为了提高船舶的观赏性，彼得一世专门聘请了外国雕塑家，后来也聘用训练有素的俄国雕刻大师。

　　然而，造船业的进步主要发生在军用船舶制造领域。民用船厂主要由个人经营，商船和货船的建造工艺并不先进。彼得一世曾梦想建立一支国家商船队，但在 18 世纪，他的梦想并未实现。

　　彼得一世希望尽可能广泛地普及他在最先进的造船厂中使用的造船方法。18 世纪初，彼得一世颁布了大量与造船业相关的法令。从 1715 年起，他还颁布了一系列关于用"新方法"建造船舶的法令。以往俄国船匠仅"凭感觉"建造船舶，不使用任何设计图纸，这样建造出来的船结构简单、成本低廉，但使用年限短，只能撑过一个通航期。彼得一世坚决反对"老式"造船法。1715 年 11 月，他向所有发展航运业和造船业的省份下达了命令，明文禁止用传统方法造船。"一旦发现有人按照传统方法造船，那么他需要为每艘船支付 200 卢布的罚款。另外，国家将没收老式船舶所有零件，将其运往西伯利亚，十年内不能使用。"[②]

　　彼得一世的改革遭到了地方的顽强抵抗。船匠习惯于传统的造船法，对新方法持保守态度。此外，俄国工人用新方法建造船舶的经验尚不丰

---

① Малиновский К. В. Записки Якоба Штелина о скульптуре в России в XVIII в. —В кн.: Русское искусство второй половины XVIII в. - первой половины XIX в. Материалы и исследования. Под ред. Т. В. Алексеевой. М., 1979, с. 110.

② ПСЗ, т. IV, № 2956, с. 183.

富，相关管理人员以及熟练工人也比较缺乏，最重要的是，在俄国大规模推广新造船方法的物质基础和技术条件都不具备。

18世纪前25年出现了大量新型船舶。荷兰式船舶，如平底大帆船、武装帆船、武装平底船、单桅小帆船等在俄国广泛流行。不过，欧式船舶大多没有在俄国普及开来，只是"为本土船舶建造提供了借鉴"[①]。最为流行的欧式船舶是"荷兰式平底帆船"，其船头较钝，有一层甲板、一根桅杆，运载量可达1万普特，可在浅水区登陆。

18世纪的俄国船舶大多是巴洛克式的，长约15俄丈，宽4俄丈，高2俄丈，可以在水深12~15俄尺的地方登陆，最多可容纳8000普特货物。1718年，俄国开始建造新型帆船——两头尖的大型木式帆船。这种帆船较轻巧，航速极高，行驶中所耗的劳动力小。伏尔加河上的大型木式帆船最多可运载2.5万普特货物。

18世纪俄国的船舶种类非常丰富，船舶通常根据结构特征或建造地点而得名。比如抛锚船、低舷露舱驳船、单桅帆船、中型无甲板船、巨型平底白木船、大桡战船、内河单桅木帆船、平底小木船、平底大木船、内河半甲板木驳船，再比如上沃洛乔克船、别洛焦尔卡船、季赫文船、罗曼诺夫船、克利亚济马船、苏拉船等。船舶的类型如此多样，是因为俄国新征服了一些造船业历史悠久的地区，这些地区保留着当地的造船习惯。此外，国外先进的造船经验与俄国各地具有本国特色的造船方法是可以并存的，并不相互排斥。后者保留了历经数百年考验的民间造船技术的精髓。凡是有可通航河流的地方都有造船业。随着运货量的增长和航运能力的发展，造船业的规模也在扩大，逐渐成为某些地区最重要的手工业部门，不同等级的人民，如商人、小手工业者和农民都参与到了造船业中。

---

① Шубин И. А. Волга и волжское судоходство. М. , 1927, с. 180.

"俄国没有专门建造内河商船的大型造船厂。所有内河船以及大多数海船的建造工作，主要由沿海港口的农民完成。"[1]

1785 年，俄国颁布了《俄罗斯帝国城市权利和利益诏书》，允许商人参与到造船业当中，1800 年，贵族也获得了这一权利。

许多商人开始建造和购买商船，逐渐组建自己的船队。1771 年，雷宾斯克商人波波夫组建了一支由 200 多艘商船组成的船队。[2]

18 世纪，大部分商船是由农民以及城乡小手工业者建造的。到 18 世纪末，从事造船业的农民和小手工业者超过了 3 万人。[3]

18 世纪，俄国造船业的规模扩大，并且，在俄国最重要的水路——上沃洛乔克运河上，每年都有数以千计的船舶被损坏。这些因素共同导致了沿河森林被大量砍伐。因此，一些地方政府颁布了保护森林的特别法令，禁止私人造船商在指定地区砍伐森林。

船舶遇到险滩恶水或搁浅时，主要靠人力拉出。水路上的主要劳动力是纤夫，他们会根据风向和河水流向来制定工作计划。直到 18 世纪末，俄国才出现了水上马车，但是它仍没有取代纤夫。水陆交通行业的从业者数量众多，根据 Н. И. 帕夫连科的估算，在 18 世纪中叶，河道上大约有 10 万名纤夫工作，而到了 18 世纪末，纤夫总数已经达到了 20 万人。[4] Ф. Н. 罗亭还认为这些数字被低估了（几乎少了一半）。[5] 纤夫的工作和生活条件极其艰苦，微薄的工资、超负荷的劳动量、船主的专横、忍饥挨饿的生活以及各种疾病摧残着他们的身心。

水运行业中从事体力劳动的工人越来越多，与此同时，人们对于从

---

① Истомина Э. Г. Водные пути России во второй половине XVIII —начале XIX века. М., 1982, с. 58.

② Там же, с. 60.

③ Рубинштейн Н. Л. Некоторые вопросы формирования рынка рабочей силы в России XVIII в. —Вопросы истории, 1952, № 2, с. 95.

④ Очерки истории СССР. XVIII в. М., 1962, с. 182.

⑤ Родин Ф. Н. Бурлачество в России. Историко-социологический очерк. М., 1975, с. 79-80.

事脑力劳动的工人，尤其是领航员的需求不断增加。在 18 世纪中叶，上沃洛乔克运河上共有 2500 多名经验丰富的领航员。[①] 商队能否成功通过危险地带，取决于领航员的判断。他们不仅需要熟悉航行路线，还需要具备勇气和胆识。博罗维奇急流区的航运总管在 1768 年呈交参政院的报告中写道，领航员是"不受任何上级管制的自由人"。在 18 世纪下半叶，国家开始雇用农民领航员。[②]

船舶的驱动技术原始、落后，经常在途中停滞，导致水运效率极其低下。运载铁器的商船队仅从乌拉尔到彼得堡就需要耗费 13～18 个月，运载面粉的商船队从下诺夫哥罗德到拉多加则需要 5 个半月，从卡马河口到科洛姆纳需要 75 天，从雷宾斯克到特维尔需要 20 天。[③]

水运行业中有数十万名纤夫工作，但即便如此，内河航运的劳动力仍然不足。18 世纪中叶，俄国首次使用了动力船，其构造并不复杂。18 世纪 50 年代，俄国共有 40 艘动力船，用于运输下诺夫哥罗德的食盐。18 世纪末，俄国天才发明家 И. П. 库里宾设计出了新型船舶。他发明了以水力发动的自航船，还煞费苦心地研发以马力驱动的自航船，最终，И. П. 库里宾根据链条传动的原理设计出了马力发动机，这一成就使他产生了发明蒸汽船的想法。于是，И. П. 库里宾又做了大量工作以研究各种牵引方法。其间库里宾创新了一系列造船理论，同时，他还提出在水路上使用新机器，并在河流上建锚定站。И. П. 库里宾独立绘制了所有设计图纸，出版并大力宣传自己的作品，促进自己的理论研究成果应用于实践。然而，这位才华横溢的机械大师受时代所困，其创造力被封建农奴制抹杀了。И. П. 库里宾的科学发明没有得到认可，最后在贫困和耻辱中郁郁而终。

---

① Истомина Э. Г. Водные пути России во второй половине XVIII—начале XIX века. М. , 1982, с. 85.

② Там же, с. 81–89, 124.

③ Родин Ф. Н. Бурлачество в России. Историко-социологический очерк. М. , 1975, с. 74–75.

图 5-2　伊萨基耶夫教堂附近的浮桥

　　水路交通的管理系统形成迟缓。关于水路交通规则的法令最早于1759年颁布，其中规定了在伏尔加河等河流上航行的规则以及货物运输规则。此外，法令还规定船舶不得堵塞河口，不得阻碍其他船舶通行，等等。18世纪最重要的航运政策是废除国内关税，这减轻了内河航运的负担。规范水路交通秩序的法案是1781年颁布的《商船航运法规》，[①] 它为后来水运交通领域的立法奠定了基础。《商船航运法规》在以往的基础上，引入了新的航运规则：规范商船的注册程序，对船舶驾驶员进行专门培训，明确船长、领航员和其他"船员"的职责，引入航运合同、船舶保险，建设护航舰队，规范紧急避难措施，等等。[②] 但是，该法案仍然无法有效地维持水运秩序，各地违反航运规则的案例层出不穷。为了保障自身安全，商人、船主和旅行者不得不联合起来，组成大型商船队航

----

① ПС3，т. ⅩⅤ，№ 10926，с. 320–323.

② Устав купеческого водоходства. Спб.，1784.

行，每个船队约有几十条船。

在18世纪，统一的水路交通管理体系刚刚形成，以俄国水路干线上沃洛乔克运河为轴心。由于该运河主要流经诺夫哥罗德省，因此其重建和维修工作由诺夫哥罗德省省长负责。1773年11月起，诺夫哥罗德省省长担任"水路交通主管"一职。渐渐地，他开始组建自己的工作队伍。1782年，水路根据维护程度被分为两类——已修缮和未修缮的。前者仍由诺夫哥罗德省省长管理，后者则由运河建筑师和水利工程师管理。① 到了1797年，俄国的所有水路都被委托给诺夫哥罗德省省长 Л. Е. 西韦尔斯管理。② 1798年2月，水路交通部成立。它由原先的几个部门（拉多加运河勘察办公室、上沃洛乔克运河管理局、博罗维奇急流区指挥处等）合并而成，并增设了新的部门（航运指挥处以及各站点的航运检查处）。1809年，交通运输总局成立。就这样，直到19世纪初，水路交通运输业都由该部门集中管理。

水路交通运输业的发展促进了教育、自然科学领域和印刷业的进步。从18世纪初开始，俄国人就定期到国外学习造船工艺。第一批造船厂孕育了教授基础科学知识的初等学校，第一所初等学校是沃罗涅日造船厂为其工匠开办的。后来，彼得堡和雷瓦尔、喀琅施塔得等地也出现了初等学校。③ 此外，俄国还出现了职业教育学校——航海学校和海事学院。关于造船业、船舶驾驶和水利工程建设的教材大量出版，其中既有俄国人原创的，也有从外文翻译过来的。1708年，俄国第一本关于信号通信的书《海军信号通信》在莫斯科出版。它介绍了100多个水路交通信号，包括启航信号、起锚信号以及雾天和夜间行驶信号等。由于大规模地修建运河，有关水利工程的书籍也相继出版。1708年，《人工运河的建设方

---

① ПСЗ，т. XXI，№ 15562.

② ПСЗ，т. XXIV，№ 17 848，c. 504–505.

③ Краснобаев Б. И. Очерки истории русской культуры XVIII в. М.，1972，c. 45–46.

法》一书付梓问世，该书讲解了关于建造运河和水闸、疏浚河床以及引导船舶通过急流区和泥沼的操作方法。[1] 1724 年，俄国出版了指导船队安全航行的完整教程；18 世纪 20 年代初，俄国出版了讲解商船航行规范的《船长章程》。许多关于航海的书籍都是用外语出版的。虽然这些书籍大多仅涉及海军领域，但仍然促进了俄国航海技术的整体发展。

＊＊＊

陆路作为国家交通网络的一部分，多与水路相连。连水陆路是交通网中必不可少的一环。冬季，陆路往往横跨冰冷的河道，许多道路都沿河而建，几乎没有不跨河的陆路。虽然如此，陆路仍然具有较强的独立性。在 18 世纪，陆路的重要性不断增加，但水路仍然是首选的交通方式，因为水路交通更便宜、更便捷，运输量也更大。

早期的道路，尤其是欧俄中部和北部地区的道路，一直保留到了 18 世纪。莫斯科是传统的陆路交通枢纽，九条陆路干线从莫斯科呈放射状向外延伸：第一条公路从莫斯科经过雅罗斯拉夫尔向东延伸，从维切格达河畔的索尔通往乌拉尔和西伯利亚，途经沃洛格达、霍尔莫戈雷和阿尔汉格尔斯克；第二条公路通往弗拉基米尔、下诺夫哥罗德，然后沿伏尔加河延伸至阿斯特拉罕；第三条公路通往科洛姆纳和梁赞；第四条公路向南延伸至谢尔普霍夫、图拉和库尔斯克；第五条公路通往卡卢加和基辅；第六条公路通往沃洛科拉姆斯克和勒热夫；第七条公路通往莫扎伊斯克、维亚兹马和斯摩棱斯克；第八条公路通往特维尔和诺夫哥罗德；最后一条公路通往德米特罗夫、卡申和乌斯秋日纳。[2]

---

① Данилевский В. В. Русская техническая литература первой четверти XVIII в.

② Муравьев А. В., Самаркин В. В. Историческая география эпохи феодализма. М., 1973, с. 141.

18 世纪，这些古老的道路延伸到了更广阔的地区，将莫斯科与俄国北部、黑海南部和西南沿海地区、波罗的海沿岸地区、欧洲、中亚和西伯利亚连接了起来。В. Б. 鲁巴诺夫撰写的《筑路专家》一书于 18 世纪末出版，其中介绍了俄国最重要的陆路干线。该书多次再版，深受广大旅行者的喜爱，[①] 其中介绍了约 400 条主要公路的基本情况，包括各公路站点之间的距离等。有些公路长达数百俄里甚至数千俄里。在 18 世纪末，以下公路具有重要的政治和经济意义：莫斯科 – 彼得堡公路（全长 1033 俄里，途经特维尔和诺夫哥罗德，通过维堡一直延伸到瑞典边境）、立陶宛公路（从莫斯科到斯摩棱斯克再到立陶宛，全长 1064 俄里）、基辅公路（全长 1295 俄里）、别尔哥罗德公路（全长 1382 俄里）、沃罗涅日公路（从莫斯科延伸至莫兹多克，全长 1723 俄里）、阿斯特拉罕公路（从莫斯科到坦波夫、基兹利亚尔再到莫兹多克，全长 1972 俄里），阿尔汉格尔斯克公路（从莫斯科到雅罗斯拉夫尔、沃洛格达、霍尔莫戈雷、阿尔汉格尔斯克、奥涅加再到科拉，全长 2290.5 俄里）、西伯利亚公路（从莫斯科经过下诺夫哥罗德、喀山和彼尔姆延伸至西伯利亚）。这些道路及各条支路的总长约 15788 俄里。[②] 除了这些重要的陆路干线，还有许多地方道路。

18 世纪出现了诸多新道路，其中彼得堡 – 莫斯科公路是最值得关注的，它是国家的交通干线之一。政府对这条道路的建设工作非常重视。彼得一世计划在两个首都之间修建一条直达公路，修建工作伊始，就出现了许多困难：修路地段有大面积的沼泽和大片森林，而建设道路需要

---

① Дорожник чужеземный и российский и поверстная книга Российского государства с приобщением известия о почтах и щета весовых за письма денег, так же сыска почтмейстерам и других нужных сведений для пользы гонцов и путешественников: собраны и напечатаны на иждевении императорского Санктпетербургского почтамта под смотрением В. Г. Рубана. Спб., 1777.

② Истомина Э. Г. Водные пути России во второй половине XVIII—начале XIX века. М., 1982, с. 25–26.

在坚硬的土层上铺设原木，然后在原木表面铺设黏土，但该地区频繁的降雨使土壤泥泞不堪。尽管政府投入了巨大的精力来维修彼得堡-莫斯科公路，但在整个18世纪，这条道路从未呈现出完好的状态。

从彼得堡到皇村的道路是质量最好的道路之一，因为其长度短、地理位置特殊。这条道路用石头铺成，路边有供牲畜饮水的水槽，还有大理石制成的里程碑。秋季，路旁会挂1100盏灯笼用以照明。18世纪20年代初，一条路面坚硬的新道路——彼得堡-纳尔瓦公路建成了。

由于欧俄与西伯利亚的联系日益密切，政府急需改建西伯利亚公路以提高运输效率。18世纪20年代，西伯利亚的主要陆路干线——莫斯科-西伯利亚公路开始建设。公路沿线修建了哨所和车站。政府还大量雇用移居到这里的农民修建公路。起初，这条公路只供宫廷使用。

随着第二次堪察加考察工作的开展，参政院于1733年3月16日下令修建世界上最长的公路——西伯利亚公路。修建该道路的最初目的是保证东西伯利亚的城市每月与托博尔斯克和彼得堡保持邮政联系。"最初，西伯利亚的道路是分散的，用来运输各个地区的邮件。"① 几十年后，分散的道路被连接起来，新道路也被修建。18世纪80年代，西伯利亚公路最终建成。А. Н. 拉吉舍夫称其为"横跨西伯利亚的伟大通道"。

17世纪末和18世纪初，政府为了方便开展军事行动、发展经济和外交，修建了大量公路。统治者下令修建公路常常是因为一时兴起，许多公路根本没有完工（例如，远征亚速时修建的亚速公路）。

从国家道路建设办公室上交给法典委员会的报告中可以看出道路的建设状况。总体情况相当明朗："目前国家公路的建设和维护不到位，国家根本没有能力完成这些工作。"② 直到18世纪末，人们才清楚哪些道路

---

① ПСЗ, т. IX, № 16351, с. 63; Быконя Г. Ф. Заселение русскими Приенисейского края в XVIII в. Новосибирск, 1981, с. 114.

② Сб. РИО, т. 43, 1885, с. 390.

应该作为国道，由政府修建和维护。国家道路建设办公室提议将以下道路定为国道：以彼得堡为起点的公路有彼得堡-莫斯科公路、彼得堡-里加公路、从彼得堡到维堡和瑞典边境的公路、彼得堡-普斯科夫公路、彼得堡-阿尔汉格尔斯克公路；以莫斯科为起点的公路有莫斯科-阿尔汉格尔斯克公路、莫斯科-斯摩棱斯克公路、莫斯科-基辅公路、从莫斯科到西伯利亚、托博尔斯克等地的公路、莫斯科-奥伦堡公路、从莫斯科到罗斯托夫的圣德米特里要塞（即顿河下游）的公路、莫斯科-基兹利亚尔公路。[①]

俄国没有明确规定公路的建设和维修制度。通常，完成这些工作是当地居民的义务。这种工作模式无疑会降低工作效率，还会加重民众的负担。居民们只会修建简易的木排马路，即把柴束放置成几排，用土覆盖，然后，在其表面再次叠放柴束并用土覆盖。用这种方法修筑的道路不牢固，因为木头会腐烂，导致路面不平，下雨时路面还会变得泥泞。为了解决这一问题，人们试图用沙土或原木代替木排，但效果并不显著。18 世纪 40 年代，有人提议用石板路来代替木排路（彼得堡和莫斯科早在 18 世纪初就开始建造石板路）。然而，该建议未被参政院采纳。[②]

直到 18 世纪 80 年代，石板路才在俄国普遍开来。莫斯科-彼得堡公路、纳尔瓦公路以及诺夫哥罗德省的一些路段都是用石头铺成的。18 世纪六七十年代，随着运货量和车流量的增加，道路维修工作迫在眉睫。俄国官员借鉴了外国经验，提出了一系列旨在改善路况的方案。参议员 H. E. 穆拉维约夫在 1763 年给参政院的一份报告中提出了自己的方案，"将道路建设得井井有条，不仅能够满足商业发展的需求，也会福泽万民"。H. E. 穆拉维约夫指出，修缮道路是"国事"，需要以"艺术和知

---

① Там же.

② ПСЗ, т. XV, № 11384, с. 868.

识"作为支撑。"平整的公路并不像许多人想象的那样容易建造。"①

这种思想在当时的社会中相当流行。政府被迫开始重视道路维护，颁布了一些关于公路建设和维护的法令，统一了公路宽度，出版了道路建设教材，这些教材为后来的道路建设奠定了技术基础。此外，国家还将道路划分成不同的类别，并改进了桥梁建设技术。测量公路长度、安装距离标识、沿路植树、绘制地图等，都是维护道路的措施。18世纪最后25年，各省积极开展地形测量说明书的撰写工作。

从整体上看，俄国的道路维护状况很差。И. Г. 科尔布曾于1698～1699年随大使团访问俄国，他记录道："斯摩棱斯克的道路非常泥泞，有很多沼泽，几乎无法通行，马匹深陷于沼泽中，只能勉强露出头部，而把马匹从沼泽中拉出来又非常困难。"② 马车和货车时常陷入泥潭，赶路者不得不自己动手修理桥梁和道路，整个18世纪的情况都是如此。即使是国家的交通大动脉——莫斯科-彼得堡公路也甚少能正常通行，因为路上常有断枝、沼泽和坑洼，桥梁和道路交叉口也经常难以通行。А. Н. 拉吉舍夫在他的著作中写道："从彼得堡坐车过来，我想象着这条路是最完美的公路，事实上也的确如此。但好景不长，路面在旱季可以正常通行，但是在夏季多雨时节会变成巨大的泥潭，无法通行。"③ 若遇沙皇和政要出行，某些路段会短暂地处于相对有序的状态，但是随后又立马恢复原样。对恶劣路况的抱怨几乎能在18世纪每一位旅行者的日记中看到。

许多道路维护法令的实际执行状况很糟糕，参政院曾收到过一份报告，其中指出，"修缮过的公路比没修缮过的公路路况更糟"，还不如压

---

① Троицкий С. М. Записка сенатора Н. Е. Муравьева о развитии коммерции и путей сообщения в России（60-е годы XVIII в.）. -В кн.：Историческая география России XVII—начала XX в. М.，1975，с. 237-238.

② Корб И. Г. Дневник путешествия в Московию 1698，1699 годов. Спб.，1906，с. 37.

③ Радищев А. Н. Путешествие из Петербурга в Москву. —В кн.：Русская проза XVIII в. М. -Л.，1950，с. 82.

根不修路。"保持目前的状态，只需修复河流和沼泽上方的桥梁，以保证道路不中断即可。因为在秋季多雨时节，现行的道路修复方式不会给行人带来任何便利。夏季也是如此，未修缮的道路则比修过的道路更便捷，因为公路上的沙子与秋天的泥潭一样，给行人造成了很大障碍。"①

图 5-3　冬季的带篷马车

　　恶劣的路况导致车辆行驶缓慢。从莫斯科到基辅大概要花费两周的时间，从莫斯科到沃洛格达大约需要 5 天，从莫斯科到阿尔汉格尔斯克则需要 10 天，从莫斯科到斯摩棱斯克需要 3 天，从莫斯科到汉堡大约需要 20 天。出国旅行往往要花上几个月甚至几年。俄国的商队通常在冬季出发前往中国，第三年才能返回。夏季，俄国马车在公路上行驶的平均速度为 7 俄里/小时，冬季为 5 俄里/小时。

　　陆路的主要交通工具是驿站马车，其出现于 17 世纪，在 18 世纪有所

---

① Краткий исторический очерк развития водных и сухопутных сообщений и торговых портов в России. Спб. , 1900, c. 336.

改进。和以前一样，公路上的"驿站"相隔 20~30 俄里。18 世纪 80 年代，西伯利亚公路上的驿站间距则大得多，有些驿站间隔 100 多俄里。驿站马车夫居住在驿站附近的农村，以便及时接活，马车夫的居住地被划分为不同的区域，每个区域有几户人家和几栋院子，每块区域内的院子数量因地而异。通常，每个马车夫配有 3~4 匹马、一辆货车、一架雪橇以及马鞍，如果驿站设在河边，那么马车夫将额外分得一条小船。马车夫每年可获得 20~25 卢布的薪酬，此外，每次出行时马车夫还会获得赶马费。除了工资和赶马费，马车夫还从政府那里获得了免于缴税的土地，并被免除各种义务。① 到 18 世纪中叶，全俄共有 45000 余名驿站马车夫。②

驿站最初由驿站衙门集中管理，个别地区的驿站由多个衙门共同管理，地方驿站多由驿站长直接管理。在 18 世纪前 25 年，驿站的结构发生了重大变化，驿站的管理权更加集中。彼得堡的驿站衙门成为中央管理机构。后来，驿站逐渐与邮局合并。根据参政院 1722 年颁布的法令，驿站和邮局两个部门的领导权集中到了邮政局长一人手中。驿站衙门从此改名为驿站办公室，并在 18 世纪一直沿用此名。

最初，驿站的存在只是为了满足宫廷和政府的需要，即为宫廷信使以及各种官员提供出行工具。渐渐地，平民也有了长途奔波的需求，客运交通开始发展。乘驿马出行的步骤如下。行人首先需要办理驿马使用证，首都的驿马使用证由驿站衙门或其他机构发放，地方的驿马使用证由地方行政长官发放。在整个 18 世纪，驿马使用证的样式几乎没有变化，其中需要填写途经公路的名称、出行者姓名、所需马匹和马车夫数量、支付情况以及出行目的等信息。③ 行人需要先给驿站出示驿马使用证

① Соколов Н. И. Санкт-Петербургская почта при Петре Великом. Спб. , 1903, с. 7.
② Сб. РИО, т. 43, с. 363.
③ Времешшик императорского Московского общества истории и древностей Российских, кн. 5, ч. Ⅲ. М;, 1850, с. 27–28.

并支付赶马费，然后才能获得所需的马匹和马车夫。直到18世纪末，俄国官方没有明文规定行人需要支付赶马费，这导致赶马费的波动较大，甚至有些人不支付赶马费。大多数地区的赶马费通常为1戈比/俄里。

18世纪下半叶，国家试图规范乘驿马出行的程序并统一马车上的马匹数。国家在给司法委员会的指示中表示："四座马车应该配备6匹马，可容纳4名乘客和少许行李。带篷的四座马车也需要6匹马牵引，最多可以容纳24普特行李和2名乘客。双座轿式马车应该配备5匹马、2~3名马车夫，可容纳2名乘客，但放不下行李。两座敞篷马车需要由4匹马牵引、2个马车夫驾车，可容纳1~2名乘客和10普特行李。驿站的带篷马车需要2匹马牵引，最多只能容纳1名乘客和4普特行李，如果有2名乘客，则需要由3匹马牵引。"① 然而，马车的载重标准并未以立法的形式确立，因此，现实中的马车常常超载，因此，驿站的马车夫经常抱怨：马车的载重量过大，马匹过于劳累，他们不得不花费更多的力气来驱赶马车，但工资却没有上涨。

18世纪，俄国的道路服务设施也有待完善。早在18世纪初就有人提议在每个驿站建造旅店，以供旅客歇脚、吃饭、住宿和取暖。1719年1月，彼得一世签署了一项关于建造旅店的法令，命令地方长官在道路旁建造旅店，旅店中"既要有舒适的房间，还要有马厩"，"旅店要提供食物和马饲料"，"还要为旅客提供各种服务，并且价格适中"。②

然而在18世纪，这样的旅店很少。通常，旅店狭小拥挤、烟雾缭绕，旅行者只能吃自带的食物。旅店的秩序混乱，旅客经常与马车夫或驿站长发生争执。国家出台了多项关于道路建设的法令、条例和方案，以整顿驿站和旅店的秩序，对争吵者和斗殴者施以严厉惩罚。

除了驿站提供的公共交通工具，私人交通工具，如四轮轿式马车和

---

① Сб. РИО，т. 43，с. 365.

② ПСЗ I，т. V，№ 3295，с. 636.

敞篷马车等也被广泛使用。

18 世纪人口流动的增加、货运量的增长刺激了一个特殊的行业——马车运输业的发展。同时，驾马车为国家运货曾是居民的义务，但是在 18 世纪，国家对居民的要求有所放宽，所以许多居民"倾向于通过花钱，即雇用马车夫代替自己完成义务"①。

这一时期出现了一大批马车运输业从业者，其中包括货运承包商。有时，货物的运输工作由马车主指派雇工完成。有时，运输业务会外包给承包商或一批马车夫。农民广泛参与马车运输业。② 早在 18 世纪初，俄国中部地区就有 30 多个县的居民驾驶马车运输货物。农民马车夫驾驶着数以万计的马车运送各种货物。在 1710~1720 年，马车运输业的工作制度更加规范：政府订购货物时需要与货运承包商签订合同。

马车运输业及货运承包制度不可避免地对俄国各社会集团的文化生活产生影响。人们的交际圈扩大了，结识了更多的人，到了更多的地方，拓宽了视野，丰富了个性，也产生了新的需求。列宁指出，非农业人口外流对文化发展的影响与日俱增，"它把居民从偏僻的、落后的、被历史遗忘的穷乡僻壤拉出来，卷入现代社会生活的漩涡。它提高居民的文化程度及觉悟，使他们养成文明的习惯和需要"③。

18 世纪俄国马车最显著的特点就是种类繁多，贵族和普通人乘坐的马车不同，冬季和夏季使用的马车不同，庆典和平日使用的马车也不同，不同地区的马车又有所不同。既有华丽的四轮轿式马车，也有简易的旧式马车；既有带篷四轮马车，也有敞篷四轮马车；还有双轮马车、雪橇式马车……贵族最常使用的是各种各样的四轮轿式马车，有单座马车、

---

① Капустина Г. Д. Гужевой транспорт в Северной войне（По материалам Московской крепостной конторы половины ⅩⅧ в.）. -В кн.：Вопросы военной истории России. ⅩⅧ и первая половина ⅩⅨ в. М.，1969，с. 162.

② Там же，с. 166.

③ 《列宁全集》第 3 卷，人民出版社，2013，第 530 页。——译者注

图 5-4　彼得堡宫殿广场上的马车和马车夫

双座马车和四座马车等。四轮轿式马车由木头、金属、皮革、玻璃和云母制成，内外都有雕刻、镶嵌和绘画作为装饰。这种马车不仅是交通工具，更是一件艺术品。建造一架贵族马车通常需要几个月甚至几年的时间。[①] 沙皇出访欧洲所乘坐的马车由最杰出的画家布歇和华托设计。[②] 其车型精致，从下到上逐渐增宽，马车的前轮比后轮小得多，车上有很多弹簧和转盘等复杂的零件，"整个马车集中了所有当时最先进的机械装置"。[③] 一名马车夫坐在车厢前驾驶马车，其前方还有一名马车夫骑马。仆从站在车厢旁的踏板上。车厢通常有两扇窗户和一扇玻璃门。长途马车的空间相当大，内设基本生活设施。叶卡捷琳娜二世于 1787 年前往克里木，"她乘坐的马车由 30 匹马牵引，马车只有一个车厢，但车厢内有许多房间：一间办公室、一个可容纳 8 人的客厅、一间小书房。车厢内

①　Чернышев В. А. Старинные экипажи на выставках Эрмитажа. Путеводитель. Л. , 1980，с. 3.

②　Придворно-конюшенный музей. Спб. , 1891.

③　Чернышев В. А. Сухопутные средства сообщения в России XVI – XVII веков. Автореф. канд. дис. Л. , 1980，с. 80.

生活设施齐全……马车行驶得非常平稳，像游船一样"。[1] 在 18 世纪中叶，除了进口马车，俄国也出现了不少国产马车。马车的价格根据其规格和精美程度从数百卢布到数千卢布不等。[2]

雪橇式马车是常见的交通工具。夏天，人们会给它装上车轮。在长途旅行时乘坐的雪橇式马车中，乘客不仅可以坐着，还可以躺下，以消减旅途中的疲惫。一位同时代人曾这样描述雪橇式马车："其顶部和侧面都是密闭的，所以寒冷的空气几乎不会侵入车厢。车厢两侧都有窗户，内部有两个座位，空间较大，可以容纳各种生活必需品和用来打发时间的书籍。车厢前面挂有一盏灯笼，里面有蜡烛，人们通常在夜幕降临前点燃蜡烛，以照亮夜路。被褥放在车厢底部，旅客在旅途中可以随时躺下休息。为了保暖，人们在雪橇的滑行板上放置加热过的石头或装有开水的锡制容器。但是，尽管人们采取了种种保暖措施，储存在马车中的葡萄酒和伏特加等烈酒仍然常常被冻成冰块。雪橇式马车相当于一个可移动的房间。"[3]

小型带轮马车，如小型四轮马车也很常见。与以往相比，其结构基本没有变化。И. 格拉巴里于 18 世纪 20 年代写道："有充分的理由认为，从 17 世纪甚至是 16 世纪开始，四轮马车的外观一直没有改变。"[4] 它已经存在了数百年，其构造满足了人们的实际需求。"四轮马车的结构很简单，前后轮的大小相同，没有弹簧，车轮是木质的，车身由方形木板组成，没有悬挂着的装饰品。有些马车的车轮被包上了铁皮，车身呈圆形。"[5] 四轮马车的设计根据其目的和适用地形变化。通常，带篷马车，

---

① Коваленский М. Н. Путешествие Екатерины Ⅱ в Крым. М. , 1916，с. 39-40.

② Памятники Московской деловой письменности. ⅩⅧ век. М. , 1981，с. 38-39.

③ 引文出自 Соколов Н. И. Санкт-Петербургская почта при Петре Великом，с. 61.

④ Грабарь И. Эволюция способов передвижения. Способы передвижения в старину. — Строительство Москвы，1926，№ 1，январь，с. 16.

⑤ Чернышев В. А. Сухопутные средства сообщения в России ⅩⅥ-ⅩⅧ вв. , с. 17.

图 5-5　冬季的雪橇式马车

如轿式大马车等是客车。小型四轮马车为敞篷马车，如敞篷双轮马车和敞篷四轮马车的出现奠定了基础。敞篷的四轮马车多为货车，用来运输谷物、干草、秸秆、蔬菜等各种农产品。1798年出版的《农业指南》建议在农村引进"外国式双轮马车"。指南中绘制出了双轮马车的外观，并介绍了其构造。这种马车容易控制，结实稳固且载货量大。

冬季最常见的交通工具非雪橇莫属。驿站雪橇较为低矮，由椴木皮制成，长度与成年人的身高相仿，雪橇内侧铺有厚厚的毛毡。乘客通常穿羊皮大衣躺在雪橇中，再盖上毛毯。雪橇因简单轻巧的结构和易操作性而备受欢迎。除了运客，雪橇还被用来运货，不仅是在冬天，其他季节也是如此。坐雪橇还是俄国各等级的人们最喜爱的娱乐方式，人们通常在旅行用的雪橇上雕刻、镀金，并用昂贵的织物和毛皮来装饰它。

雪橇历史悠久，结构独特。在西伯利亚和欧俄北方，别致的窄长雪橇很常见。旅行者这样描述窄长雪橇："雪橇的主体是一块窄木板。乘客

图5-6　伊丽莎白·彼得罗夫娜女皇的雪橇

通常面对面坐在雪橇两侧，腿交叉放置，这样才能坐下。雪橇后方可以放置行李。窄长雪橇的自重非常轻，底部宽而薄的滑行板可以顺利通过最深的雪域。窄长雪橇上还有一个带孔的横杆，可以插入带帆的杆子。牵引窄长雪橇的狗的体形与牵引其他雪橇的狗的体形一样，只是腿更长一些。雪橇犬通常穿鹿毛制成的袜子，四条腿上缠绕柔软的宽绳，通过宽绳牵引雪橇。宽绳由生麋鹿皮制成，与雪橇犬的身体相接触的那部分则用熟皮制成，这样可以减小摩擦。"①

K. П. 克拉舍宁科夫在关于堪察加的书中描述了当时西伯利亚的交通工具。他特别提到了窄长雪橇："在堪察加，15卢布就能买到上好的窄长雪橇和雪橇犬……窄长雪橇平均可承载5普特的行李，此外还可以放下犬饲料和乘客自带的粮食。此地的雪橇每天可以行驶30多俄里，而在

---

① Зиннер Э. П. Сибирь в известиях западноевропейских путешественников и ученых XⅧ в. Иркутск，1968，с. 212-213.

图 5-7　马车夫的轻便马车

冰层上则行驶得快得多——每天 150 俄里。"①

　　18 世纪俄国的陆路交通工具仍然主要靠马匹牵引，北方还会用狗和鹿牵引，南方则会用牛牵引。不过，18 世纪的俄国出现了第一批使用发动机的交通工具。1752 年，彼得堡的宫廷农民 А. И. 沙姆舒列尼科夫制造出了一架"自行式马车"——靠人力驱动的四座四轮马车。随后，他又发明出了自行式雪橇。② 18 世纪 80 年代，И. П. 库里宾开始研发自行式"无轮车"，并于 1791 年制作出了模型。

　　然而，所有这些发明都没有受到重视，甚至根本没有进入政府的视

---

①　Крашенинников С. П. Описание земли Камчатки. М.，1952，с. 398–400.

②　Вейсман А. Д. Транспорт России периода разложения феодально-крепостнических отношений. К вопросу о попытках создания самодвижущихся средств сухопутного, безрельсового транспорта. Автореф. канд. дис. М.，1956，с. 7.

线。乌拉尔的农民阿尔塔莫诺夫发明的第一辆自行车——靠人力驱动的双轮车也未引起关注。1801 年，这位发明家骑着自己发明的自行车从维尔霍图里耶抵达了莫斯科。

18 世纪，И. И. 波尔祖诺夫发明了蒸汽机，这是一种通用于工业和交通运输业的发动机。然而，在封建农奴制社会，这项伟大的发明并未被广泛应用于实践中。

18 世纪，俄国出现了邮局，这代表着通信手段的进步。邮政通信的雏形最早出现于 17 世纪。最初，邮件仅用于外交事务中。后来，国家很快就发现，邮件同样适用于内部事务，行政部门、工商业活动以及私人都需要使用邮件。18 世纪初，国家行政管理制度发生了重大变革，中央和地方政府之间需要建立长期稳定的联系，邮政服务便应运而生。国家为了构建民族共同体而建立了邮政服务，而邮政服务反过来又扩大和巩固了民族共同体。

17 世纪末，俄国共存在三条邮路：莫斯科-阿尔汉格尔斯克邮路，莫斯科-里加-斯摩棱斯克邮路以及莫斯科-欧洲邮路。在彼得一世统治时期，彼得堡和莫斯科之间、雷瓦尔和维堡之间、莫斯科与基辅、别尔哥罗德和阿斯特拉罕之间分别建立了邮路。后来，许多大城市乃至西伯利亚和南方地区也建设了邮路。到 18 世纪末，俄国几乎所有省份和省城都有邮路，并与首都建立了邮政联系。邮局最初行使行政职能和军事职能，后来其职能越来越广泛。邮局无处不在，政府和私人都可以使用。18 世纪初的改革也涉及邮政通信领域。彼得一世试图在借鉴欧洲国家现代邮政技术的基础上，创建"统一的俄国邮局，使之满足俄国政府和社会的需要"[①]。18 世纪 20～50 年代，邮政通信领域的改革工作中断，直到 18 世纪下半叶，彼得一世的蓝图才最终实现。18 世纪中叶，全国邮路的总

---

① Соколов Н. И. Санкт-Петербургская почта при Петре Великом, с. 143.

长度只有 16 万~17 万俄里，而到了 19 世纪初，俄国已经出现了 3200 个邮局、450 多个邮政机构，有近 3.8 万匹马运送邮件。[①]

邮政服务业的文书工作主要模仿德国开展，甚至在很长一段时间内，俄国的邮政公文都是用德语书写的。邮件寄送的步骤如下。先分别登记每条路线的邮件数量，然后进行邮递。18 世纪末，各地的邮递频率逐渐固定了下来，从彼得堡到里加、莫斯科、维堡、克里木、乌克兰和白俄罗斯的邮件每周邮递两次，而从彼得堡到君士坦丁堡的邮件每月邮递一次，寄往喀琅施塔得和皇村的邮件每日都要邮递。俄国通过里加与欧洲建立了邮政联系，又通过维堡与斯堪的纳维亚半岛的国家建立了邮政联系。从莫斯科寄往彼得堡和斯摩棱斯克的邮件每周邮递两次；从莫斯科寄往基辅、克里木、阿斯特拉罕、沃罗涅日、阿尔汉格尔斯克和西伯利亚的邮件每周邮递一次；从莫斯科寄往土耳其的邮件每月邮递两次。俄国寄往欧洲的邮件都途经斯摩棱斯克。到 18 世纪末，俄国几乎所有省城都有邮局。邮局在接收信件后填写邮件登记表，然后将该表与信件一起装入包裹，密封好之后寄出。包裹通常在午夜降临前的 1~2 小时发出。包裹每到达一个中转站，就会有相应的记录。包裹到达目的地之后，邮递员将免费送货上门，收件人只需签收即可。

早在 17 世纪末，彼得一世组建西伯利亚邮局时，就首次以立法的形式规定"不得拆开或翻看任何人的信件"，这保护了个人隐私。[②] 当然，这项法令和其他许多法令一样，常常被违反。但这毕竟是一项立法，通信人的隐私从此得到了法律保护。

邮政通信工作的流程越来越规范：接收和投递邮件的时间被固定了下来，邮递员更加关注邮件的运输安全，邮件信息也有详细记录。1807

---

① Базилевич К. Почта в России в XIX в., ч. I. М., 1927, с. 7 – 9；Виткавичюс П. П. Старинная почта в Прибалтике. —В кн.：Из истории естествознания и техники в Прибалтике. Вильнюс, 1980, с. 74.

② ПСЗ, т. III, № 1654, с. 515.

年，邮政局长颁布了法令，规范了邮政工作步骤，这是俄国的第一个邮政法。[①] 就这样，在 18 世纪，邮局成为一个独立的部门，整个国家的邮政通信工作都置于其统一管理之下。从 18 世纪中叶开始，除了信件，人们也开始邮寄物品。

除了邮递信件和物品，邮局还能提供客运交通工具，乘客可以搭乘运送邮件的邮车。司法委员会曾制定法令，通过限制旅客和行李的数量来规范邮局的客运工作："一辆邮车最多能容纳 4 名旅客，旅客若在前 4 站下车，则按 1 戈比／站的标准收费，若旅客乘坐的距离超过 4 站，那么超过的部分按俄里计费，旅客可免费携带不超过半普特的行李。"[②]

随着客运交通的不断发展，旅客越来越迫切地需要道路基础设施。早在 18 世纪初，驿站里出现了第一批旅馆。1715 年，彼得堡出现了第一个旅馆（也是驿站），许多来到彼得堡的外国旅客在这里留宿。彼得一世大力鼓励旅客相互交流，驿站经常为旅客举办招待会和舞会。通常，公路上每隔 20 俄里就有一个驿站，驿站中有旅馆。

到 18 世纪末，彼得堡和莫斯科的邮政总局已经发展成了规模庞大的通信公司，拥有许多部门和大量员工。莫斯科邮政总局由 8 个科室组成：办公室、会计科、现金和包裹接收科、包裹发行科、邮件发行科、邮件分类科、外国邮件发行科、密件发行科。[③]

随着邮政通信服务的出现，信件成为人与人之间沟通的常见手段。18 世纪以前，俄国很少有人写信，并且，那时人们写的信辞藻华丽、篇幅很长，信中大量引用圣经的内容。而到了 18 世纪，信件的篇幅缩短，逐渐具有商务性质，所含的有效信息量更大，信的内容也越来越世俗化，通信文化逐渐形成。国家于 1701 年颁布的法令禁止用半名和绰号在信件

① Соколов Н. И. Московский почтамт в XVIII столетии. Спб. , 1911, с, 61.

② Сб. РИО, т. 43, с. 369.

③ Вигилев А. Н. История отечественной почты, ч. II. м. , 1979, с. 109.

上署名，此外，署名中不得出现"农奴"一词。1708 年，《优美词句之如何写出赞美之词》一书被翻译成俄文，该书使通信者学会更细腻地表达感情。渐渐地，人们在信中约定俗成地用"您"或"仁慈的先生"称呼收信人，祝颂语常写"为您效劳"，署名则常用"谦卑的仆人"，等等。[1]

信件的邮费取决于重量。18 世纪俄国的纸张又厚又重，通信其实是一种奢侈的爱好。18 世纪信件的邮费大约是 20 世纪的 200 倍。除了邮递信件，邮局还开展报纸邮递业务，其中既包括国内报纸，也包括国外报纸。

18 世纪下半叶，俄国出现了邮政地图，地图上标注了邮站之间的距离。此外，俄国还出现了邮寄指南，其中介绍了邮递时间表，邮件的收发时间、价格、发送顺序和邮寄的相关规定等信息。邮政服务成为国家和社会生活中必不可少的一部分。

18 世纪，俄国陆续出现了管理陆路交通和邮政通信的中央行政机构。在 18 世纪初，地方道路建设工作由省长等地方长官负责。1719 年，监管道路交通的工作也被委托给了地方长官。[2] 莫斯科-彼得堡公路的建设则由专门的办公厅负责，1755 年，这个办公厅被改组为国家道路建设办公厅，负责管理全国的各大公路。[3] 25 年后，国家道路建设办公厅被取缔，其职能暂时由地方低级法院代为行使。1786 年，俄国再次组建国家道路委员会。[4]

后来，俄国又出现了各种各样的中央道路管理机构，但最终都解散了。直到 20 世纪初，俄国才形成了稳定的陆路交通管理系统。1809 年，交通管理局成立，它是专门管理道路建设的中央机构。该机构将俄国划

---

[1]　Соколов Н. И. Санкт-Петербургская почта при Петре Великом, с. 149.

[2]　ПСЗ, т. V, № 3295, с. 636.

[3]　ПСЗ, т. XIV, № 10377, с. 335–336.

[4]　ПСЗ, т. XII, № 16346, с. 546–549.

分为 10 个公路区，并在每个公路区设立道路管理员。然而，交通管理局实际行使职能的时间较晚。

综上所述，18 世纪俄国的交通业发生了本质性变化。随着运河的开凿，各地区的主要河道逐渐联结成了统一的国家水运网。此外，俄国获得了波罗的海和黑海两个出海口，得到了自由进入公共海域的机会，使国内水路与国际航线连接了起来。

水陆交通的发展加快了国家交通系统的建立，而国家交通系统的建立又刺激了经济增长和国内贸易的发展，促进了生产的区域专业化以及全俄市场的形成。

交通的发展和通信的普及在客观上丰富了各族人民的文化生活。俄国人本身也发生了明显的变化：视野更开阔，与世界的联系更紧密，对世界的兴趣也更浓厚。贵族是这些进步的最大受益者。不过，客观来看，在历史发展的进程中，广大人民群众也接触到了新的文化现象，所以上述进步也对普通民众产生了积极影响。

第六章
居民点

И. В. 弗拉索娃

Д. Н. 尚斯基

居民点，如城镇、乡村等，是社会物质文化的一部分，同时也是人们全部生产生活和精神活动的基础。劳动的前提是占有土地，因为土地为生产这一环节提供了"操作对象"；生产的物质基础是"各种建筑、运河、道路"，因为后者是生产的"血管系统"；[1] 而居民点则是人类在日常生活中发挥社会功能的前提和物质基础，也就是人类社会的"血管系统"。这个系统的发展受生产力水平、社会经济结构、人口密度、地理环境等多种因素的影响，因此，居民点的形式多种多样。

18世纪，俄国的城市居民点和农村居民点有着密切的联系。这不仅是因为两者都参与了国家的经济生活，还因为城市作为某个地区的经济文化中心，发挥的作用越来越大。农村居民点和城市居民点的特点越发鲜明。18世纪，城市居民点和农村居民点既保留了传统特色，也出现了新的特征：手工业和商业更加活跃，且居民点的分布更具规律性。与此

---

① Маркс К. и Энгельс Ф. Соч. , т. 23， с. 191.

同时，列宁认为，农村在经济、政治、思想等各方面与城市的差距越来越大。[①]

***

历史上早就出现过"农村居民点"这一概念，社会劳动分工的发展促进了聚居点的出现。据历史著作记载，18 世纪俄国农村居民点的出现是历史发展的自然结果。

农村居民点的形成受到了许多因素的影响，这些因素在不同时期产生的影响也不同。其中，自然环境是最重要的影响因素，它影响着村落的分布、经济发展状况、农村住宅的建筑方法和建筑材料等。不过，在不同历史时期，自然环境的影响形式和程度也不同。[②] 18 世纪俄国农业的发展打破了耕地相互隔绝的状态，这是农村居民点形成的基础。

18 世纪俄国农村居民点的地理位置（即它们所处的地形、是否邻近天然水域或森林等）取决于某一地区的经济发展状况和自然环境。18 世纪以前，俄国人已经根据地理位置对现有的农村居民点进行了分类。例如，俄国北部和南部的农村居民点多为谷地居民点（北部的农村居民点多分布在河谷，南部的农村居民点多分布在山谷），它们通常位于河流两岸和湖畔地带。[③] 北方的农村居民点位于谷地，是因为河谷土壤肥沃，适宜发展农业，并且沼泽和森林密布的河岸相对湿润；南方的农村居民点位于谷地则是因为河流干涸。欧俄森林地带的农村居民点都分布在分水

[①] 《列宁全集》第 2 卷，人民出版社，2013，第 193~199 页。——译者注

[②] Ковалев С. А. Сельское расселение. М., 1963, с. 100–101.

[③] Семенов-Тян-Шанский В. П. Город и деревня в Европейской России. Записки имп. Русского Географического общества, т. X, вып. 2. Спб., 1910, с. 8, 11; Сорочинская-Горюнова И. И. Типы населенных пунктов Восточного Приладожья. – Известия Всесоюзного Географического общества, 1946, т. 78, вып. 2, с. 189.

岭，一部分集中在冰碛地带（即有冰石堆积的气候干燥、排水良好的高地），另一部分集中在丘陵地带，后者主要分布于欧俄森林带的东部。[①] 随着对西伯利亚森林带的开发，18 世纪的西伯利亚也出现了两种农村居民点：位于海角或河口的居民点以及岛屿居民点。前者分布于河流阶地或支流汇入河流的地方，后者分布在河流旁边的岛屿上。[②]

北方的河谷居民点存在已久，但是直到 17 世纪末 18 世纪初才大量出现。瓦加河、皮涅加河和梅森河流域、扎沃尔日耶、奥涅加河和莫希河中游以及白海的南岸都分布着河谷居民点；[③] 俄国东北部的河流两岸也出现了河谷居民点；[④] 中部地区森林地带的河流两岸同样存在河谷居民点。[⑤]

17～18 世纪，在欧俄北部和中部森林地带，有许多分布在河岸的居民点。不过，并非所有居民点都分布在河岸，也有一些居民点位于分水岭。后者的出现时间更晚，在 16～17 世纪尚罕见。随着人口的增加，村庄附近的农业用地逐渐满足不了村民的需求。因此，北方的村民开始在

---

① Семенов-Тян-Шанский В. П. Город и деревня в Европейской России. Записки имп. Русского Географического общества，т. X，вып. 2. Спб.，1910，с. 16-17，26-27.

② Варанкин В. В.，Покшишевский В. В. Формы расселения и тппы сельских населенных пунктов в районе средней Ангары—верхней Лены. -Вопросы географии，1949，сб. 14，с. 64.

③ Едемский М. Б. О крестьянских постройках на севере России. —Живая старина，1913，вып. 1 - 2，с. 25；Романов К. К. Жилище в районах Пинеги. —Искусство Севера，т. 2. Л.，1928，с. 9 - 10；Он же. Жилой дом в Заонежье. - Там же，т. 1. Л.，1927，с. 48-49；Витов М. В. Историко-географические очерки Заонежья XVI -XVII вв. М.，1962，с. 90-94.

④ Власова И. В. Сельское расселение в Устюжском крае в XVIII -первой четверти XX в. М.，1976，с. 18；Она же. Сельские поселения в Верхневолжском и Верхнедвинском бассейнах. - В кн.：Новое в антропологических и этнографических исследованиях. Итоги полевых работ Института этнографии，ч. 1. м.，1974，с. 36；Она же. Сельские поселения в районах Пермской области. - В кн.：Полевые исследования Института этнографии 1978 г. М.，1980，с. 5.

⑤ Семевский В. И. Домашний быт и нравы крестьян во второй половине XVIII в. —Устои，1882，№ 1-2，с. 105.

"阔叶林"中开垦"荒地"。[①] 慢慢地，从分水岭通往河谷的道路两旁也出现了零星居民点。

18世纪，北方农民开垦耕地的愿望越来越强烈，因而分水岭上逐渐形成了居民点。[②] 此外，生产力的发展、生产工具和技术的改进使人们有能力在分水岭上居住。

在俄国中部地区的最北部，最早出现的居民点是沿河居民点，后来，分水岭上也逐渐出现了居民点。该地区的海拔高，土壤肥沃，商业和手工业发展得早，因此分水岭上快速形成了密集的居民点。[③]

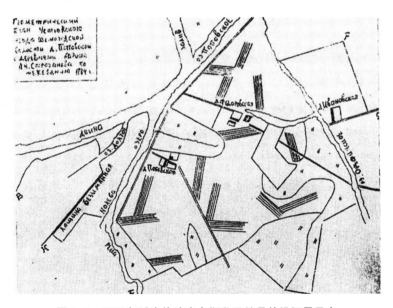

图6-1 1784年沃洛格达省乌斯秋日纳县的沿河居民点

① Богословский М. М. Земское самоуправление на Русском Севере в XVII в. , т. I. M. , 1909, с. 166.

② Рубинштейн Н. Л. Сельское хозяйство России во второй половине XVIII в. M. , 1957, с. 210, 230；Дружинин Н. М. Государственные крестьяне и реформа П. Д. Киселева, т. 1. М. -Л. , 1946, с. 318；т. 2, 1958, с. 210.

③ Народы Европейской части СССР, ч. I. M. , 1964, с. 284.

18 世纪以前，俄国南部草原地带就出现了谷地居民点。这些居民点多位于河流两侧的山谷，便于耕地和饲养牲畜，地势开阔。库班河畔的哥萨克村落平均每个村庄占地 18~28 平方公里，有些村落的面积更大。[1] 在 17~18 世纪，俄国南部黑土区和森林草原区的分水岭上也出现了居民点，后来它们逐渐变成了国境线。[2]

西伯利亚森林草原带和草原带的农村居民点规模很大。外贝加尔的农村居民点沿河流或道路分布，绵延数公里，周围有大量的山丘和耕地。[3] 该地区有很多对称分布于河流两岸的"成对的村庄"。伊利姆河两岸[4]的村庄也呈对称分布。此外，西伯利亚的分水岭地带也出现了居民点。

由于人们习惯根据自然环境来选择居住地，并且他们的经济活动能够带来稳定的物质收入，所以，居民点位置的选择在 18 世纪成了一种"历史传承"和文化传统。例如，俄国北部地区的沿河居民点早在数百年前就已出现，这种在河岸定居的传统一直延续到 18 世纪末甚至更久。北方的芬兰-乌戈尔人也继承了俄国人的这种定居传统。俄国的北欧邻国，尤其是芬兰对定居点的选择也遵循同样的规律：河谷和湖畔是首选的居住地。[5]

数百年来，俄国人在选择居住地时都遵循这一规律，新开发的地区也不例外。17 世纪至 18 世纪上半叶，西伯利亚的居民点大多分布在河

---

① Кубанские станицы. Этнические и культурно-бытовые процессы на Кубани. М. , 1967, с. 103，105；Заседателева Л. Б. Терские казаки во второй половине XVI–начале XX в. М. , 1974, с. 361.

② Народы Европейской части СССР，ч. I ，с. 285.

③ Власова И. В. Поселения Забайкалья. – В кн. ：Быт и искусство русского населения Восточной Сибири，ч. II –Забайкалье. Новосибирск，1975，с. 23.

④ Варанкин В. В. ，Покшишевский В. В. Указ. соч. . с. 64.

⑤ Финляндия. Географический сборник. М. , 1953，очерки XVIII，XIX .

岸，人们的各种交流都是通过河流进行的。[①] 直到 18 世纪下半叶，沿路居民点的重要性才凸显出来，新型居民点，包括沿路居民点和分水岭居民点等逐渐增多。[②]

18 世纪，俄国各农村居民点的地理位置和社会经济发展程度都不相同，这一点与往常一样。居民点在广大人民的经济活动中逐渐形成，并具有特定的经济功能。

俄国最常见的农村居民点类型是村庄。村庄大量分布于东欧和西伯利亚的森林地带。14 世纪，"村庄"一词首次在史料中出现。在该词出现以前，罗斯东北部和西北部已经使用了"土地村"一词，[③] 它在 10 世纪就已经出现，意为可居住、可开发的地块。[④] 14 世纪，土地村发展成了集住宅和农田于一体的居民点。15～16 世纪，随着封建地主土地所有制的发展，人们逐渐用"村庄"一词来表示农民的居住地。

---

① Шунков В. И. Очерки по истории земледелия Сибири. М. ， 1956, с. 263.

② Громыко М. М. Западная Сибирь в XVIII в. Русское паселеше и земледельчсское освоение. Новосибирск， 1965, с. 35； Покшишевский В. В. Заселение Сибири. Иркутск， 1951, с. 105； Сабурова Л. М. Русское население Приангарья. В кн. ： Быт и искусство русского населения Восточной Сибири, ч. I - Приангарье. Новосибирск， 1971, с. 53 - 54： Она же. Культура и быт сельского населения Приангарья конца XIX - XX в. Л. ， 1967, с. 102.

③ Воронин Н. Н. К истории сельского поселения феодальной Руси. - Известия Гос. академии истории материальной культуры. Л. ， 1935, вып. 138, с. 70； Весело-вский С. Б. Село и деревня в Северо-восточной Руси XIV - XVI вв. - Там же. М. - Л. ， 1936, вып. 139, с. 12 - 26； Кочин Г. Е. Развитие земледелия на Руси с конца XIII по конец XV в. - В кн. ： Вопросы экономики и классовых отношений в Русском государстве XII - XVII вв. М. - Л. ， 1960, с. 263. "村庄"来源于"树木"一词或立陶宛语中的"driva"一词，原意为耕地。

④ Павлов-Сильванский Н. П. Феодализм в удельной Руси. - В кн. ： Павлов-Сильванский Н. П. Соч. ， т. 3. Спб. ， 1910, с. 72 - 73； Кочин Г. Е. Развитие земледелия на Руси с конца XIII по конец XV в. - В кн. ： Вопросы экономики и классовых отношений в Русском государстве XII - XVII вв. М. - Л. ， 1960, с. 265； Романов Б. А. Изыскания о русском сельском поселении эпохи феодализма. - В. кн. ： Вопросы экономики и классовых отношений в Русском государстве XII - XVII вв. М. - Л. ， 1960, с. 389, 407, 410 - 413.

村庄包括宅院、耕地、干草场等地块，它作为一种居民点类型，是数百年来逐渐形成的。俄国不同地区的村庄存在着差异，因为各地的社会经济发展水平不同。

18世纪，村庄的社会结构经历了几个发展阶段，村庄的规模和管理方式也发生了变化。国家农民居住的北方村庄出现了按户分配土地的形式。通常，农民集体管理村庄。[①]

18世纪农民的耕作技术有所进步，人们大量开垦田地，三圃制获得了长足的发展。村庄交界处的农田出现了耕地交错现象，原本属于农民的林中田地上出现了私人土地。18世纪，俄国北方的国有村庄以及少数修道院村庄、教会村庄和商人村庄出现了地主土地所有制。但是，北方的大多数村庄仍然保留着原始的土地使用制度（习惯法），以往那种占用土地的形式仍然存在，并且农民可以自由支配并转让地块。不同的是，没有血缘关系的公共土地所有者之间的联系越来越紧密。得益于此，村庄的规模不断扩大，变成了拥有众多住户的居民点，但这里的"众多"只是相对的概念，与南方的农村居民点相比，北方农村居民点的住户依然很少。

18世纪，俄国改收人头税，这有助于扩大村庄的规模。先前，如果一户人家增添了人口，人们会在原本的宅院内增建新的房屋。但在改收人头税之后，原先的一个家庭分裂成了多个家庭，新组建的小家庭往往自立门户，建造属于自己的宅院。北方的德维纳河流域和白海沿岸的手工业区，即有造船厂的地方，出现了拥有大量住户的村庄。尽管北方的村庄规模有所扩大，但与俄国其他地区的村庄相比，其规模仍然很小，因为北方的村庄只能建立在河谷或湖畔有限的肥沃土地上。17世纪末，

---

① A. Я. 叶菲缅科认为这种经济形式为集体经济。—Ефименко А. Я. Исследования народной жизни, вып. I, М., 1884, с. 219. А. И. 科帕涅夫的研究表明，北方村庄的农民按户使用土地。—Копанев А. И. Крестьянство Русского Севера XVII в. Л., 1978, с. 138.

俄国北方平均每个村庄有 5 户人家，到了 18 世纪末，平均每个村庄有 8
户人家。[①] 此外，北方的国家农民所住的村庄规模较大，而修道院农民和
教会农民所住的村庄规模较小。[②] 在俄国东北部地区，如维亚特卡和彼尔
姆也有一些较大的村庄。18 世纪，新的农村居民点大量涌现，并迅速发
展成多住户村庄。[③]

村庄规模的扩大与农民家庭结构的变化有关。15~16 世纪的人们默
认一栋宅院里只有一户人家，即一个宅院就是一个家庭。过去，北方村
庄中的一栋宅院中只住一户人家，每户人家平均有 6~7 人。[④] 而从 17 世
纪下半叶开始，农民家庭的组成发生了变化。由于北方的农民经常在村
里转让地块，因此没有血缘关系的人也可能住在同一栋宅院内。18 世纪
初，农民家庭中出现了越来越多的"外人"（雇工、对分制佃农、无地贫
农及其家人），因此一栋宅院中不止有一户人家。所以，需要将"宅院"
和"家庭"这两个概念区分开来。[⑤] 后来，由于国家改征人头税，原本住
在同一屋檐下的多个家庭纷纷自建宅院，所以每个宅院里的人口数量减
少了，而村庄内的宅院数量增加了。[⑥] 以往的大家庭被拆分开来，宅院中
的"外人"逐渐消失。18 世纪下半叶，国家重新划分了土地，把修道院

①　Колесников П. А. Северная деревня в XV—первой половине XIX в. Вологда, 1976, c. 112.
②　Власова И. В. Сельское расселение Устюжского края... c. 83; Бакланова Е. Н. Крест-ьянский двор и община на Русском Севере. Конец XVII—начало XVIII в. М., 1976, c. 164–169.
③　Воейков А. людность селений Европейской России и Западной Сибири.—Известия имп. Русского Географического об-ва, т. XLV, вып. 1–3. Спб., 1909, c. 36–40; Яцунский В. К. Изменения в размещении населения Европейской России в 1724–1916 гг.—История СССР, 1957, № 1, c. 197; Власова И. В. Сельские поселения в Пермской области.., c. 5–6.
④　Витов М. В. Историко-географические очерки Заонежья XVI–XVII вв. М., 1962, c. 129–142.
⑤　例如，乌斯秋日纳县的一栋宅院中平均有 8.2 人。—Власова И. В. Сельское расселение в Устюжском крае.., c. 76.
⑥　Там же, c. 83.

和教会的土地收归国有，因此，北方村庄中的"宅院"和"家庭"两个概念再次重合。

此后，北方村庄内每户人家的人口数量变动不大，农户没有进一步分裂。国家禁止农民自由分配土地。在许多地区，自由占用地块或把土地转让给分离出去的家庭成员的做法已不复存在。土地由村社划分，而且农民只能在村社分配的土地上活动。[①] 从 18 世纪下半叶到 19 世纪初，俄国中部地区每家农户的人数也很稳定。[②] 这时，村庄规模的扩大完全是人口自然增长的结果。[③]

俄国北方的许多村庄重新分配了土地。不过，农民仍然拥有对新开垦的土地的占有权。政府颁布了法令，禁止农民自由转让土地。[④] 18 世纪下半叶，村庄的耕地面积有所扩大，因为新的土地习惯法鼓励北方农民开垦新地。土地测量工作的开展巩固了农民的这一权利。从 1764 年起，教会和修道院土地的世俗化也促进了农田面积的增加，原本的修道院土地和教会土地转移到了修道院农民和教会农民手中。[⑤] 土地的重新分配与耕地的开垦，使农民对于重新分配土地的愿望更加强烈，因此，只有再次重分土地才能满足农民的需求。

俄国其他地区的社会经济发展状况与北方完全不同。18 世纪，俄国南部省份开始在国家经济中发挥主导作用，因为南方黑土地的开发促进

---

① 18 世纪下半叶，乌斯秋日纳县每栋宅院里的平均居住人数没有增长，直到 19 世纪初一直保持同一水平（7.1 人／户）。—Власова И. В. Сельское расселение в Устюжском крае.., с. 88-89.

② Благовещенский Н. А. Сводный статистический сборник хозяйственных сведений по земским подворным переписям, т. I. - В кн. : Крестьянское хозяйство. М. , 1893, с. 6-11, 14-23, 26-35, 37, 138-161, 209; Семевский В. И. Домашний быт и нравы крестьян во второй половине ⅩⅧ в. —Устои, 1882, с. 68-70.

③ Яцунский В. К. Изменения в размещении населения Европейской России в 1724-1916 гг. —История СССР, 1957, № 1, с. 206-207.

④ ПС3, т. ⅩⅢ № 9874, 1008; т. ⅩⅦ № 12659.

⑤ Колесников П. А. Северная деревня в ⅩⅤ—первой половине ⅪⅩ в. Вологда, 1976, с. 166, 167, 171.

了当地市场经济的发展。南方的农村居民点在经济发展的过程中，形成了与北方截然不同的土地关系。18 世纪，在俄国中部和南部的许多省份，地主土地所有制占主导地位。这些地区不存在完整的大块土地，土地被划分成了零散的地块，归地主和农民村社所有。大约在 15 世纪，村社就开始为农户分配土地了，因为封建主都极力保卫自己的土地。18 世纪，村社制度依然存在，农民可以共同使用森林、渔场和牧场。① 但是，村社的农民却不能像国有土地上的农民那样自由使用土地。

更偏南的农村居民点也实行村社制度。这些地区的居民是低等官员（如射击军、波雅尔和哥萨克子弟）的后裔，在社会地位上属于赋役人口。他们要管理家庭、在国家机构供职，还要服兵役。他们的土地使用制度与普通农民不同：他们共同拥有土地，并按照职位分配土地。村社根据他们的职位重新分配土地（首次分配土地的标准是工资）。这些地区的居民生活在同一区域，共同拥有土地，并且共同监管村社所分配的个人土地的使用情况。② 18 世纪，一部分大地主从村社中分离了出来。大部分退休的公职人员成了国家农民，他们中还出现了一个特殊的群体——独院小地主，它们仍然生活在村社中，但保留个人土地所有权。③

18 世纪，在出现了地主土地所有制的农村居民点中，出现了不同"等级"的村庄。④ "第一等"村庄的规模最大，这些村庄多分布在中部黑土区，古老的居民点逐渐发展成了规模较大的村庄。"第二等"村庄的规模小、数量大，多为地主村。18 世纪以前，哥萨克农民（多居住在库班河畔、顿河畔和捷列克河畔）和国家农民就开始在俄国南方的草原和

① Александров В. А. Типы сельской общины в позднефеодальной России（ⅩⅦ—начало ⅩⅨ в.）. - В кн.：Проблемы типологии в этнографии. М.，1979，с. 94；Он же. Сельская община в России（ⅩⅦ—начало ⅩⅨ в.）. М.，1976，с. 182–187.

② Александров В. А. Типы сельской общины.., с. 98.

③ Важинский В. М. Землевладение и складывание общины однодворцев в ⅩⅦ в. Воронеж，1974，гл. 4.

④ Ковалев С. А. Сельское расселение. М.，1963，с. 72.

山麓地带聚居。哥萨克村比普通的村庄大几倍，居住着数百户甚至数千户人家，村里有护城河和城墙等防御设施，而普通村庄最多只有几十户人家，有上百户人家的村庄寥寥无几。[①]

17~18世纪，西伯利亚最常见的农村居民点也是村庄。但与其他地方不同，西伯利亚的城市先于村庄出现，西伯利亚的农业也是在城市中发展起来的。[②] 城市系统得到了巩固之后，周边才出现了村庄。18世纪，西伯利亚平均每个村庄有25户人家（共120~130人），[③] 其人口数量之所以这么大，是因为西伯利亚有许多适合耕种的土地，并且没有出现地主土地所有制。

18世纪下半叶，西伯利亚南部的草原带和森林草原带出现了村庄。西伯利亚南部地区的开发不是通过扩大原有居民点，而是通过建立新定居点实现的。因此，该地区的村庄比北方老村庄的规模还要小，平均每个村庄只有12户人家。[④]

西伯利亚的村庄规模取决于某一地区的居民类型。西伯利亚的自由农可以自己选择居住地，他们的村庄相对较小；而被政府派往西伯利亚耕地的农民和流放犯所居住的村庄规模非常大。18世纪，西伯利亚村民的构成复杂，国家农民占大多数，此外，还有退役官吏、马车夫、原教会农民。慢慢地，他们合并成了一个群体——国家农民。

西伯利亚的土地归国家所有，其村庄社会结构的演变历程与欧俄的北部地区相同。村社制度和习惯法深深扎根于西伯利亚的村庄中。附属

---

① Кубанские станицы，с. 104；Заседателева Л. Б. Терские казаки во второй половине XVIII — начале XX в. М.，1974，с. 360.

② Покшишевский В. В. Заселение Сибири. Иркутск，1951，с. 72 – 73；Шерстобоев В. Н. Илимская пашня，т. I. Иркутск，1949，с. 231-235；Воробьев В. В. Города южной части Восточной Снбири. Иркутск，1959，с. 19.

③ Громыко М. М. Западная Сибирь в XVIII в. Русское паселеше и земледельчсское освоение. Новосибирск，1965，с. 29.

④ Там же，с. 91.

村则比较特殊，村里的农民由来自欧俄的流放移民组成，其中包括异教徒。科雷万出现了规模相当大的附属村，

在西伯利亚东部，尤其是东部边疆区，除了普通村庄，还出现了哥萨克村。哥萨克村不仅提供军事服务，还从事农业生产。

村庄衍生出的新开屯继续存在于 18 世纪。新开屯是新建的居民点，其居民最初可免缴赋税。新开屯的结构与村庄没有太大区别，只是没有完整的农业用地。新开屯是村庄发展的初始阶段，欧俄北部地区的农村居民点在新开屯的基础上发展而成。[①] 随着人口的不断增长，村庄内出现了人多地少的局面，因此需要开发新开屯。新开屯的数量始终是某一地区经济潜力的体现。如果新开屯的数量少于老居民点的数量，就意味着该地区的经济缺乏活力。18 世纪初，新开屯在欧俄北部地区非常普遍，只有少数农村居民点的发展较慢。

除了新开屯，18 世纪俄国其他类型的农村居民点还有迁出村等。诺夫哥罗德把新的居民点称作迁出村，指的是从原住村迁出的家庭在其附近建立的新居民点，它附属于原有的村庄。迁出村与新开屯的含义相似，[②] 但又有明显的区别，后者指的是在新开发的土地上建设的村庄。[③] 16~17 世纪，外奥涅加湖地区用"迁出村"一词来指代附属于老村庄的教堂和远离村庄中心的一小部分村庄。而"新开屯"仅指新的村庄，它

---

① Шапов А. П. Историко-географическое распределение русского народонаселения. - В кн.: Шапов А. П. Соч., т. 2. Спб., 1906, с. 237; Богословский М. М. Земское самоуправление на Русском Севере в XVII в., т. I. М., 1909, т. I, с. 161; Романов Б. А. Изыскания о русском сельском поселении эпохи феодализма. - В. кн.: Вопросы экономики и классовых отношений в Русском государстве XII - XVII вв. М. - Л., 1960, с. 440; Воронин Н. НК истории сельского поселения феодальной Руси. - Известия Гос. академии истории материальной культуры. Л., 1935, вып. 138, с. 16, 72.

② Готье Ю. В. Замосковный край в XVII в. М., 1906, с. 128-129.

③ Андрияшев А. М. Материалы по исторической географии Новгородской земли. М., 1914, с. XXXI; Семевский В. И. Домашний быт и нравы крестьян во второй половине XVIII в. —Устои, 1882, с. 105.

不附属于原有的村庄。[①] 18 世纪，"新开屯"在俄国东北地区（乌斯秋日纳）表示老村庄附近的新村。在这里，"新开屯"更像是"迁出村"，而不是新开发的居民点。18 世纪以后，远离村庄的地方，如森林或分水岭地带也出现了新开屯。[②] 18 世纪，这些术语在俄国中部地区的含义与东北地区的含义接近。这些名词（如新开屯、迁出村等）的存在，证明某一地区的土地开发工作一直在进行。

就规模和人口而言，18 世纪的迁出村与老村庄的差别不大，尤其是在开发早、人口密集的地区。迁出村中每户人家的人口往往比老村庄还多，因为在迁出村形成之际，人们并没有立刻以家庭为单位建造住宅。18 世纪初，迁出村的一户宅院里可能住着多个家庭，并且每个家庭都包含几代人。[③] 较早出现的迁出村规模更大。18 世纪中叶，新出现的迁出村平均每村有 1~2 户人家，每户人家的人口都不多，而较早出现的迁出村平均每村有 3 户人家，且每户人家的人口较多，人口构成相当复杂。[④]

18 世纪下半叶，北方新开发的土地上出现了新开屯。[⑤] 它们迅速发展成了具备一定规模的村庄：拥有完整的农业用地，并且农民家庭迅速分裂，自立门户。1796 年，俄国北部地区，尤其是维亚特卡和彼尔姆出现了许多新开屯。[⑥] 新开屯不仅存在于 18 世纪，到了 19 世纪，俄国北方的农民继续开垦林中耕地，并建立新开屯。

---

①　Витов М. В. Историко-географические очерки Заонежья XVI–XVII вв. М. , 1962, с. 139.

②　Власова И. В. Сельское расселение в Устюжском крае. . , с. 78; Колесников П. А. Северная деревня в XV—первой половине XIX в. Вологда, 1976, с. 107.

③　Власова И. В. Сельское расселение в Устюжском крае. . , с. 79; Бакланова Е. Н. Крестьянский двор и община на Русском Севере. Конец XVII—начало XVIII в. М. , 1976, с. 31.

④　Власова И. В. Сельское расселение в Устюжском крае. . , с. 84.

⑤　Семевский В. И. Домашний быт и нравы крестьян во второй половине XVIII в. —Устои, 1882, с. 107.

⑥　Колесников П. А. Северная деревня в XV—первой половине XIX в. Вологда, 1976, с. 107; Списки населенных мест Российской империи, т. XXXI. Спб. , 1875, с. 181–185.

在 18 世纪的史料中，"新开屯"一词不仅指新建立的单个村庄，还指新出现的整个村落。[①]

在 18~19 世纪，俄国不断出现新的农村居民点，越来越多的农民从老村庄迁出，这与林中耕地的开发密不可分。[②] 农民在农忙时节搬到相对隔绝的新开屯，去远离村落的地方开垦田地。俄国南部的哥萨克农民也这样做，他们在冬季居住于库班河和顿河沿岸的新开屯中，而哥萨克村则是他们的永久居民点。[③]

18 世纪，俄国中部和南部地区出现了私人土地所有制，因此这里的新开屯并不常见。[④] 农民开垦农田、开发新开屯的愿望被地主打破了。即便在同一个省内，新开屯的分布也不均衡，因为一个省里既有国有土地，又有地主的私人土地。在国有土地上，新开屯可以自由开发，不受任何限制。这种差异在乌拉尔山脉一带表现得尤为明显。例如，国家农民可以不断开垦土地，而在实行世袭领地制度（斯特罗甘诺夫家族、拉扎列夫家族、舒瓦洛夫家族和戈利岑家族等的领地都为世袭制）的彼尔姆，则从未出现过新开屯。[⑤]

在开发西伯利亚的过程中，出现了一种独特的农村居民点，即远离村落的农用地。这种居民点通常出现在人口密度低、土地常年处于休耕状态、有开垦大片农业用地需求的地方。[⑥] 远离村落的农用地是一种相对

---

① Власова И. В. Сельское расселение в Устюжском крае.., с. 79 - 83; Колесников П. А. Северная деревня в ХV—первой половине ХIХ в. Вологда, 1976, с. 107.

② Шенников А. А. Земледельческая неполная оседлость и «теория бродяжничества». - В кн.: Этнография народов СССР. Л., 1971, с. 89.

③ Там же, с. 84, 85; Кубанские станицы, с. 104.

④ Романов Б. А. Изыскания о русском сельском поселении эпохи феодализма. - В кн.: Вопросы экономики и классовых отношений в Русском государстве ХII - ХVII вв. М. - Л., 1960, с. 440.

⑤ Власова И. В. Сельские поселения в районах Пермской области.., с. 6.

⑥ Шенников А. А. Земледельческая неполная оседлость и «теория бродяжничества». - В кн.: Этнография народов СССР. Л., 1971, с. 81-82.

孤立的农村定居点，普遍存在于西伯利亚。① 随着对远离村落的土地的开发，新开屯逐渐出现，开始拥有少许住户。慢慢地，新开屯中具备了各种类型的农业用地，逐渐发展成拥有众多住户的农村。② 不过，还有一些远离村落的农业用地沿着不同的道路发展，它们成了临时居民点，供农民在农忙时节暂时居住。在 18~19 世纪，这种临时居民点在西伯利亚很常见。

除了村庄和新开屯这些常见的农村居民点，还有一种居民点类型为俄国北部和中部地区的宗教村。宗教村历史悠久，16 世纪，北方就已经存在宗教村。有些宗教村发展成了工商业村。北部和中部地区的宗教村的概念与村社③相重合。随着时间的推移，宗教村中出现了教堂。后来，北方的宗教村不仅是行政中心，还成为宗教中心，随着村社制度的发展，它们又逐渐成了村社的中心。再后来，宗教村失去了宗教中心和村社中心的地位，被地主的领地取代。18 世纪，宗教村作为一种典型的农村居民点，在国有土地上不断发展，它不仅是农业性居民点，同时也是行政中心和宗教中心。18 世纪上半叶，北方的一些宗教村被"偏僻的小修道院"和教堂占为己有。④ 随后，根据不同地区的社会经济发展状况，宗教村像其他类型的农村居民点一样，呈现出了两种发展趋势：要么变得荒无人烟，要么发展成大型村庄。⑤ 早在 16~17 世纪，宗教村就开始与其他类型的农村居民点争夺宗教中心的地位。

18 世纪，俄国大型村庄的功能因地而异。在北方，大型村庄吞并了

---

① Буцинский П. Н. Заселение Сибири и быт первых ее насельников. Харьков，1889，с. 29，153.

② Сабурова Л. М. Культура и быт.，с. 102.

③ Витов М. В. Историко-географические очерки Заонежья ⅩⅥ – ⅩⅦ вв. М.，1962，с. 174；Богословский М. М. Земское самоуправление на Русском Севере в ⅩⅦ в.，т. Ⅰ. М.，1909，т. Ⅰ，с. 124；Воронин Н. Н. К истории сельского поселения феодальной Руси. – Известия Гос. академии истории материальной культуры. Л.，1935，вып. 138，с. 28.

④ Власова И. В. Сельское расселение в Устюжском крае.，с. 84，86.

⑤ Там же，с. 86.

越来越多的宗教村，成为行政中心、宗教中心和工商业中心。大型村庄显然比宗教村的规模大。[1] 18 世纪上半叶，北方也有一些大型村庄被修道院和教堂占有，但是，与俄国中部和南部地区不同，这里不存在地主，只有修道院农民、教会农民、对分制佃农、无地贫农和工人。北方的大型村庄同时也是宗教中心，因为这里的大型村庄中一定有教堂。而在俄国西北部（如诺夫哥罗德省和普斯科夫省），并非每个大型村庄内都有教堂。[2]

1763 年，教会财产被收归国有，因此，原先属于修道院和教堂的大型村庄归国家农民所有。17～18 世纪，西伯利亚也出现了大型村庄，其特点和功能与俄国北方的大型村庄相似。

有些地区的大型村庄归地主所有，这些地区的地主常常试图建造教堂。俄国西北部地区就是如此。尽管大型村庄中地主领地的占比更大，但地主领地并不是大型村庄的典型标志。[3]

各类农村居民点之间或多或少都存在着差别。从规模来看，大型村庄的规模最大。此外，大型村庄中出现了各种社会机构，除了行政服务机构，还有医院、残疾人收容所和学校。许多经济产业也在大型村庄中发展，如制革业、制砖业、炼油业等。大型村庄中的教堂周边多为神职人员的居住区。

在 18 世纪的史料中，地主领地周边的小村庄常常与大型村庄一起被提及。通常，这些小村庄多由地主居住，它不发达，也不是宗教中心。[4]

---

① Семевский В. И. Домашний быт и нравы крестьян во второй половине XVIII в. —Устои, 1882, с. 105；Власова И. В. Сельское расселенне в Устюжском крае.., с. 84.

② Дегтярев А. Я. Русская деревня в XV–XVII вв. Очерки истории сельского расселення. Л., 1980, с. 41.

③ Романов Б. А. Изыскания о русском сельском поселении эпохи феодализма. – В. кн.: Вопросы экономики и классовых отношений в Русском государстве XII–XVII вв. М. –Л., 1960, с. 425；Дегтярев А. Я. Русская деревня в XV–XVII вв. Очерки истории сельского расселення. Л., 1980, с. 41.

④ Веселовский С. Б. Указ. соч., с. 12.

事实上，并非所有的大型村庄都是宗教中心。在封建领地制度下，村庄逐渐边缘化，而地主领地则成了宗教中心。[①]

俄国北方的村落像大型村庄一样，多为宗教中心，周边的小村庄都附属于村落。村落的规模略大于大型村庄。[②]

18 世纪依然存在供自由居民居住的镇，它最早出现于 12 世纪。镇的特点在不同时期和不同地区各不相同。在 14～15 世纪，既有工商业镇，也有农业镇。在贵族和修道院的领地上，也有一些镇，这些镇归地主所有，居民享有各种特权；[③] 东北罗斯出现了有防御功能的镇。18 世纪，北方出现了一些非农业镇，即无耕地的镇。[④] 17 世纪，彼尔姆的镇也具有防御功能。[⑤] 16 世纪，外奥涅加地区的镇由许多村庄组成，后来还纳入了一些宗教村。[⑥] 由此可见，既有农业镇，也有非农业镇；既有独立的镇，也有由多个村庄组成的镇。北方的镇大体有两种类型：一种是多个村庄的组合（例如乌斯秋日纳县的尼科利斯克镇，该镇由 28 个村庄组成），另一种是独立的农业镇，其规模与村庄类似。[⑦] 而俄国中部地区的镇则完全是另一种类型，随着手工工场的发展，一些镇发展成了工业镇。

在很长一段时间内，西伯利亚，尤其是西伯利亚西南部的镇，主要

---

① Дегтярев А. Я. Русская деревня в XV–XVII вв. Очерки истории сельского расселения. Л., 1980, с. 43.

② Власова И. В. Сельское расселение в Устюжском крае.., с. 80, 84; Дегтярев А. Я. Русская деревня в XV – XVII вв. Очерки истории сельского расселения. Л., 1980, с. 42; Костомаров Н. И. Очерк домашней жизни и нравов великорусского народа в XVI и XVII столетиях. Спб., 1860, с. 9.

③ Воронин Н. Н. К истории сельского поселения феодальной Руси. – Известия Гос. академии истории материальной культуры. Л., 1935, вып. 138, с. 37–38.

④ Богословский М. М. Земское самоуправление на Русском Севере в XVII в., т. I. М., 1909, т. I, с. 161.

⑤ Семевский В. И. Домашний быт и нравы крестьян во второй половине XVIII в. —Устои, 1882, с. 108–109.

⑥ Писцовые книги Обонежской пятины 1496 и 1563 гг. Л., 1930, с. 141.

⑦ Власова И. В. Сельское расселение в устожском крае.., с. 81, 84, 86.

行使防御功能。慢慢地，这些镇的功能逐渐丰富，镇内出现了教堂、边防堡垒等建筑，变成了行政中心，且兼具军事功能和农业生产功能。18世纪以前，西伯利亚已经有多达 80 个镇。[①] 到了 18 世纪，西伯利亚的许多镇发展成了城市，如涅维扬斯克、塔吉尔、亚卢托罗夫斯克等，成为经济活动的中心。

某些地区古老的镇起初也是防御性居民点。在 18 世纪以前，它们已经开始向村庄转变。18 世纪初，北方的老镇变成了宗教村，[②] 后来成为普通的村庄。防御性村镇是哥萨克的典型居民点。[③]

驿站是一种非农业性居民点，供驿差居住。有些驿站相当大，例如，苏霍纳河畔上的波布罗夫驿站，共住有 40 户人家、188 名驿差。[④] 到了 18 世纪，驿站逐渐失去了原始的功能，变成了农业性居民点。

随着新型居民点的出现，也有一些居民点类型消失于 18 世纪，例如北方古老的"佩奇夏"，以及"村落遗址""领地遗址""扎伊米谢"等，这些都指废弃的村落。[⑤] 18 世纪，废弃的土地重新被开发，因此又出现了新的村庄。这些村庄的名字可以反映出它们的过去：现在的村庄曾经是一片荒地。

18 世纪，废弃的村落很罕见，因为它们大多已经被重新开发。废弃的村落总是备受重视，因为它拥有一个村庄所需要的完整的农业用地，只是暂时衰落了。废弃村落中的住宅可以保留下来，也可以拆掉重建，

---

① Громыко М. М. Западная Сибирь в XVIII в. Русское паселеше и земледельчсское освоение. Новосибирск，1965，с. 91；Шунков В. И. Очерки по истории земледелия Сибири XVII в. М.，1956，с. 44−45.

② Власова И. В. Сельское расселение в Устюжском крае.，с. . 8.1，84，86.

③ Заседателева Л. Б. Терские казаки во второй половине XVI − начале XX в. М.，1974，с. 360. Покшишевский В. В. Заселение Сибири. Иркутск，1951，с. 362.

④ Власова И. В. Сельское расселение в Устюжском крае.，с. 81.

⑤ Кочин Г. Е. Развитие земледелия на Руси с конца XIII по конец XV в. − В кн.：Вопросы экономики и классовых отношений в Русском государстве XII − XVII вв. М. − Л.，1960，с. 266.

这无可厚非，因为它不像农田那么重要，要知道，开辟一片农田要花费不少时间。[1]

随着采矿业的发展，在 18 世纪，乌拉尔、科雷万等地出现了工业村。工业村中除了有手工工场，通常还有行使军事行政职能的要塞（如西伯利亚的工业村）、住宅以及各种企业。有些工业村发展成了城市（如巴尔瑙尔）。[2] 工业村中的居民基本不从事农业活动。

旧礼仪派教徒居住的隐修区在发展模式和居民结构上都属于农业性居民点。西伯利亚的隐修区就是农业性居民点。外奥涅加地区的隐修区与大多数农村居民点一样，是某一地区的中心。[3] 一些隐修区内同时发展农业和手工业。[4]

总体来看，18 世纪俄国农村居民点的类型众多，但相互之间差异不大，特征相似。农村居民点大多沿袭传统，反映出了当时农民较为稳定的物质生活。

18 世纪的农村居民点不仅保留了原先的"布局"，还保留了传统的经济功能，甚至连规模也与以往一样，不同类型的农村居民点之间的差异也保持不变。

18 世纪，俄国农村居民点的布局变动不大。18 世纪以前，关于农村居民点的图示非常少。地图学的发展、土地测量工作，尤其是地图集编纂工作的开展以及各省地理志的出版，使用图片表示农村居民点的布

① Колесников П. А. Северная деревня в XV—первой половине XIX в. Вологда，1976，с. 107-108.

② Громыко М. М. Западная Сибирь в XVIII в. Русское паселеше и земледельчсское освоение. Новосибирск，1965，с. 117，126.

③ Соколовская М. Л. Северное раскольничье общежительство первой половины XVIII в. и структура его_ земель. —История СССР，1978，№ 1，с. 161.

④ Покровский Н. Н. Крестьянский побег и традиции пустынножительства в Сибири XVIII в. - В кн.：Крестьянство Сибири XVIII - начала XX в. Классовая борьба，общественное сознание и культура. Новосибирск，1975，с. 39-45.

局成为可能。得益于此，许多省份出现了大量记录农村居民点布局的资料。

古老的农村居民点依旧保留传统特征：住宅呈圆形集中分布，布局混乱。在人口密集的地区，建筑物成群排列，形似鸟巢。[1] 分水岭地区的农村居民点远离公路和河流，秩序同样混乱。[2] 以往，村庄中的建筑环村中心呈圆形分布，但到了 18 世纪，村内建筑则呈线形"排列"。[3]

18 世纪，政府颁布了改建村庄的法令，一些地主开始以街道为单位重新规划村庄，不过这种做法直到 19 世纪才普及开来。1837 年，国有资产部成立，此后，国家农民才开始以街道为单位规划村庄。[4]

街道式村庄由街道以及街道两边的住宅组成（其平面图呈长方形）。除了住宅，村庄里还有制油坊、火仓、展销会和教堂。

各地的村庄布局保留了地方特色和民族特色。所谓的"排状分布"就是住宅的传统布局方式——一排或几排房屋沿河湖而建，这是欧俄北部地区诺夫哥罗德的特色。[5] 随着住户的增加，这样的村庄慢慢变成了街道式村庄，老房子对面建起了新房子。街道式村庄在俄国中部的罗斯托夫、苏兹达尔更常见。

某一地区或某些民族的农村居民点独具特色。[6] 例如，在俄国的北部和中部地区，芬兰-乌戈尔人的居民点秩序混乱，而俄国人居住的村庄则

---

① Народы Европейской части СССР, ч. I, с. 287.

② Семевский В. И. Домашний быт и нравы крестьян во второй половине XVIII в. —Устои, 1882, с. 105.

③ Лебедева Н. И., Милонов Н. П. Типы поселений Рязанской области. - Советская этнография, 1950, № 4, с. 107.

④ Указ о перепланировке деревень 7 августа 1722 г. - ПС3, т. VI, № 4070; Указ 17 декабря 1753 г. - т. XIII, № 10162; Введенская А. Г. К истории планировки русской деревни XVIII и первой половины XIX в. —Труды Гим, вып. XV. М., 1941, с. 78—99.

⑤ Семевский В. И. Домашний быт и нравы крестьян во второй половине XVIII в. —Устои, 1882, с. 105.

⑥ Витов М. В. Формы поселений Европейского Севера и время их возникновения. — Краткие сообщения Ин-та этнографии, 1958, XXIX, с. 36.

较为规整，住宅呈排状分布。在较为偏南的中部地带，街道式村庄更常见。这些差异主要是由自然条件的特殊性、经济发展程度和交通特点造成的。排状居民点的防风能力强，而巢状居民点的防御能力更强（尤其是在 14~16 世纪），河流和湖泊的经济效益也是促进村庄呈排状分布的一个因素。① 某些地区将田地分割成条状，并在每块田地两端设置入口，这样，街道式村庄就建成了。② 在地主土地所有制占支配地位的地方，街道式村庄更普遍。

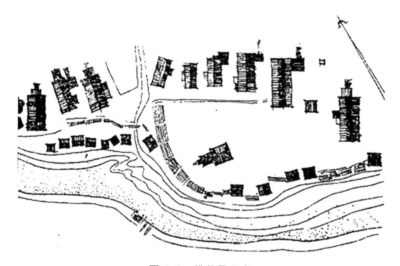

图 6-2　排状居民点

18 世纪，伏尔加河中游和卡马河流域的俄国人已经形成了建造街道式村庄的传统。16 世纪，俄国人开始在这些地区定居，那时还没有出现街道式村庄。而到了 18 世纪，这些地区已经出现了许多"分散的农户"。③ 俄

---

① Там же，с. 37.

② Стельмах Г. Е. Историческое развитие сельских поселений на Украине. Киев，1969，с. 23，26.

③ Шенников А. А. Крестьянские усадьбы Среднего Поволжья и Прикамья с XVI до начала XX в. -В кн. : Этнография народов Восточной Европы. Л. ，1977，с. 20.

国新开辟的领土上也迅速出现了街道式村庄，并且在南方和整个西伯利亚的哥萨克中普及开来。在西伯利亚的村庄中，只有大河沿岸的村庄呈排状分布。[①]

图 6-3　街道式村庄

就这样，古老的传统村庄，即只有一个住户的、无序的、呈排状分布的村庄慢慢变成了街道式村庄。农村居民点布局的变化与地区的自然地理条件、社会经济发展状况和人口自然增长速度有紧密联系。各民族的居民点特征也是由地理环境和社会条件决定的，后者极大地影响着某种居民点类型的普及。例如，北方俄国人和芬兰人生活在相同的自然和经济条件下，因此，他们的居民点类型也相同。

18 世纪的农村居民点体现了俄国村社制度的一些特征。例如，俄国北方的居民点呈"巢"状分布。这些"巢"由几个村庄组成，它们曾属

---

① Заседателева Л. Б. Терские казаки во второй половине XVI - начале XX в. М.， 1974，с. 361；Власова И. В. Поселения Забайкалья. —В кн.：Быт и искусство русского населения Восточной Сибири，ч. II，с. 29；Сабурова Л. М. Культура и быт.．，с. 103.

于同一个村社，拥有共同的名称，早在 18 世纪之前就已存在。在 18 世纪，这样的巢状村庄继续存在。[1]

在 18 世纪，随着社会经济的发展，村庄中的住户不再有相近的血缘关系，村庄之间的联系不像以前那样紧密，土地关系也发生了相应的改变。但是，自然条件使某些地方的巢状村庄保留了下来。18 世纪的巢状村庄仍然保留原来的土地所有制，即土地集体所有制。[2] 有许多巢状村庄合并了起来，形成了更稳定的农村居民点。

俄国其他地区没有类似于北方的巢状村庄。[3] 但是，俄国南部的村庄中也存在村社和家族居民点，其分布紧凑，作为独立的"单位"存在。[4] 西伯利亚的农村居民点将各个村社的家庭分割为独立的"单位"。卡马河沿岸的村庄也是如此。[5] 亲属共同居住的宅院也经常作为村庄中的一个独立"单位"。同一个村庄中的居民可能来自不同民族，他们有不同的社会地位和信仰。例如，库班河沿岸的村庄中有乌克兰人，外贝加尔的村庄里有来自"西伯利亚的"东正教信徒和旧礼仪派教徒。

不同的自然环境、历史背景、经济条件和民族，造就了多种多样的农村居民点。18 世纪，俄国各地的农村居民点特征鲜明。

18 世纪以前，在自然环境以及人类经济活动（如开垦土地）的影响下，俄国各类农村居民点的特征已经非常鲜明。传统的农村居民点类型——村庄固定了下来。尽管村庄的社会结构和土地关系发生了变化，

---

① Витов М. В. Историко-географические очерки.., с. 159；Едемский М. Б. Этнологические наблюдения в Пинежском крае Архангельской губ. —Север（Вологда）, 1923, № 3, 4；Романов К. К. Жилище в районе реки Пинеги.., с. 9 - 10；Ефименко А. Я. Исследования народной жизни, вып. Ⅰ, М., 1884, с. 203.

② Павлов-Сильванский Н. П. Феодализм в удельной Руси. - В кн.：Павлов-Сильванский Н. П. Соч., т. 3. Спб., 1910, с. 20.

③ 南部黑土区连绵不断的丘陵使得村庄无法呈巢形分布。Дегтярев А. Я. Русская деревня в ⅩⅤ-ⅩⅦ вв. Очерки истории сельского расселения. Л., 1980, с. 40.

④ Сабурова Л. М. Русское население.., с. 55.

⑤ Власова И. В. Сельские поселения в районах Пермской области.., с. 8.

但在 18 世纪，其仍然在许多方面沿袭了传统，尤其是在经济功能和村庄规模上。

随着社会经济的发展、政府政策的改变、对自然的进一步开发以及农业的整体发展，农村居民点的布局发生了一系列变化。

18 世纪，农村居民点的一些传统特征（例如北方巢状村庄的布局为住宅密集排列、呈圆形混乱分布）被保留了下来。随着村庄社会结构的变化，传统逐渐让位于 18 世纪特有的新要素（亲属开始居住在一起，村庄周边出现了相对独立的居住单位）。

社会的进步和地理环境使 18 世纪的农村居民点具有鲜明的地方特色和民族特色，地形各异、经济功能和布局也各有特点。总之，俄国传统的农村居民点是俄国人民物质文化的一部分。农村居民点在整体上具有统一性，同时又始终具有一定的多样性，在很长一段时间内保留了地方特色和民族特色。

* * *

通过对 18 世纪上半叶资料的分析，我们发现，当时并没有出现明确的"城市"概念。1721 年《行政长官条例》把城市划分为 5 类，将城市的最低居民数定为 200 人，这是俄国首次尝试从立法层面来定义城市，这也是政府建立城市行政体系的一次尝试。这些足以说明 18 世纪上半叶的"城市"概念并不明确。[①] 到 18 世纪下半叶，人们开始关注城市的军事功能、行政功能和司法功能。这一点从 B. H. 塔吉舍夫对城市的定义中就可以看出："城市中可以有防御工事，也可以没有防御工事，其中有军人、官吏、商人、工人、穷人和仆人，他们被统称为公民，由政府管辖。然

---

① 参见 Илизаров С. С. Русский феодальный город в источниках и историографии. XVIII в. М.，1981. Автореф. канд. дис.，с. 8–10。

而，只有省城得到了承认，而非县行政中心的城市仅被视为要塞，或者乡镇。"[1]

1768 年前后，叶卡捷琳娜二世的大臣们对俄国各省进行了调查，初步掌握了城市居民点的状况：城市中的建筑包括学校、残疾人收容所等各种"石式或木式公共建筑"、"手工工场"（制砖业是城市建设的基础）、河流、贸易场所等。此外，大臣们还统计了城市人口数量。[2]

18 世纪 70~80 年代，政府出台了一系列重要法令，在一定程度上改变了俄国城市的管理制度，将城市居民点与农村居民点区分开来。[3] 同时，城市居民点的数量大大增加。

在筹备 1785 年城市改革的过程中，政府将城市视为给予人们"利益和好处"的地点，它不仅惠及城市公民，还惠及城市周边的居民。[4] 一个意义模糊的名词"福祉"出现了，它含有"利益"和"好处"之义，这在某种意义上表明，国家开始关注人民福祉。当然，我们必须牢记，城市改革的根本目的是巩固贵族的统治地位，维护封建专制统治。因此，在实践中，维护城市公共设施让位于维护专制统治这一首要任务。

18 世纪，政府的城市管理政策是影响城市发展的重要因素。"除此之外，对非市民而言，城市的管理制度很合理，而对市民而言，城市政策则具有强制性……"[5] 此外，政府在建设理想城市的过程中遇到了重重困难。"俄国城市中的工业、商业和艺术蓬勃发展，学院、医院、市政行政

---

[1] Татищев В. Н. Лексикон Российской исторической... —В кн.: Татищев В. Н. Избранные сочинения. Л., 1979, с. 242.

[2] ЦГАДА, ф. 16, д. 375, л. 1-2 об.

[3] Рындзюнский П. Г. Городское гражданство дореформенной России. М., 1958, С. 47.

[4] Кизеветтер. А. А. Городовое положение Екатерины Ⅱ. Опыт исторического комментария. М., 1909, с. 22-23..

[5] Рындзюнский П. Г. Основные факторы городообразования в России второй половины ⅩⅧ в. —В сб.: Русский город, вып. 1. М., 1976, с. 108.

图 6-4　喀山的风景

机构矗立在一排排设施齐全的街道上……这些都只是立法者的幻想。"①
在 18 世纪前 25 年，俄国统治者的城市构想并未实现。在封建农奴制的背景下，俄国的城市发展状况非常复杂，矛盾重重。

　　18 世纪，俄国城市人口整体呈增长趋势。初次统计时，城市人口约占国家总人口的 3.2%，到 18 世纪末（1796 年），城市人口占国家总人口的 4.2%，个别地区的城市人口比重更大。18 世纪末，莫斯科和彼得堡分别有 40 万和 20 万城市居民；里加、阿斯特拉罕、喀琅施塔得的市民数量分别达到了 3 万人；人口数量在 1 万人左右的城市有 21 座，人口数量在 1.2 万~3 万人的城市有 12 座，人口数量在 3 万~8 万人的城市则有 33 座。另外，有 44.5% 的城市只有不超过 5000 名居民。②

　　18 世纪初，俄国城市已经具备了一定的经济和文化实力，这是其数百年来发展的自然结果，既有积极影响，也有消极影响。这些影响体现在地理、人口、外交政策、社会等各个层面。

---

① Сытина Т. М. Русское архитектурное законодательство первой четверти XVIII в. — Архитектурное наследство，т. 18. М.，1969，с. 73.
② Очерки истории СССР. XVIII век. Вторая половина. М.，1956，с. 151.

　　俄国复杂的社会经济发展进程促进了新城市的出现。彼得堡作为国家的新都，迅速成为俄国西北部的工业中心，该地区出现了大量的工商业村，其中许多迅速发展成了城市。手工工场的发展也为城市的出现奠定了基础。在乌拉尔地区，以大型冶金综合体为中心形成了一些大型居民点，到 18 世纪末，这些居民点不仅是经济中心，还是行政中心。[①] 在 18 世纪最后 25 年，黑海北岸的发展加速了该地区防御城市，如赫尔松、马里乌波尔、塞瓦斯托波尔、尼古拉耶夫、敖德萨的出现。[②] 作为俄国南部的军政要塞，这些城市的人口规模迅速超过其他城市。1795 年，黑海北岸的城市人口比重占该地区总人口的 6.72%[③]，而全国城市人口比重只有 4.2%。这不难解释：大量的建筑工程需要汇集大量的工人。俄国南部的城市居民点，为从中部地区迁来的工商业者开展经济活动创造了条件。[④]

　　北高加索、南乌拉尔、西西伯利亚和东西伯利亚地区的情况则有所不同，这些地区的自然条件不太宜居。在西伯利亚，只有首先解决了复杂的经济、交通和环境问题，才有可能出现城市居民点。有能力解决上述问题的地区密集分布着大量城市，它们的发展决定着整个西伯利亚的经济水平。秋明、托博尔斯克、托木斯克、克拉斯诺亚尔斯克、鄂木斯克、巴尔瑙尔是西伯利亚的重要城市。18 世纪末 19 世纪初，这些城市成了西伯利亚的经济中心。经济活动的开展以及西伯利亚城市的发展，在很大程度上受益于莫斯科-西伯利亚公路的建设。该公路于 18 世纪 40 年代建成，连接了各大居民点，极大地促进了沿线城市的发展。[⑤]

---

① 参见 Иофа Л. Е. Города Урала, ч. 1. М., 1951。

② 参见 Дружинина Е. И. Северное Причерноморье в 1775–1800 гг. М., 1959。

③ Кабузан В. М. Изменения в размещении населения Россин в XVIII —первой половине XIX в. М., 1971, с. 99–115.

④ Рындзюнский П. Г. Основные факторы.., с. 117.

⑤ Оглы Б. И. История формирования и тенденции развития городов Сибири. Автореф. докт. дис. М., 1981, с. 4–13.

一些古老的城市曾经是俄国东部和南部的国界线，在 16 世纪开始衰落，其中的防御工事等建筑都已"坍塌"。这些古老的城市居民点不再作为城市存在。例如罗曼诺夫，1779 年，罗曼诺夫变成了一座村庄。[①]

18 世纪 70~80 年代，国家农民和宫廷农民大量进入城市居民点，因此城市数量有所增加。在接下来的几十年，许多新建的城市发展成了发达的工商业中心，城市中的生活方式正在迅速普及。许多农村也发展成了城市。

18 世纪，某些私人工商业村与城市一样发达。然而，封建农奴制度延缓了这些工商业村转化为城市的进程。尽管有少数贵族提出了将工商业村升级为城市的想法，但这一思想遭到了大部分贵族的反对，它们实际上只是"私人村庄"[②]。这是专制统治的具体表现，统治者首先代表广大地主的利益。

图 6-5　托博尔斯克的风景

---

① Греков Б. Д. Опыт обследования хозяйственных анкет ⅩⅧ в. —В кн. : Греков Б. Д. Избранные труды, т. Ⅲ. М. , 1960, c. 247.

② 参见 Водарский Я. Е. Промышленные селения центральной России в период генезиса и развития капитализма. М. , 1972。

　　不同城市的发展路径明显不同，发展动力和实际发展状况也不同。城市居民点的密度因地而异，其密度又影响着市民的互动方式。城市人口的等级和民族构成也有很大差异，因此，城市居民点被划分为不同的区域，每个区域都有自己的建筑风格和文化特色。

　　莫斯科和彼得堡从 18 世纪的众多城市居民点中脱颖而出。作为国家的政治中心，它们主导着大型工业以及商业和文化的发展，拥有各种科学教育机构和剧院。它们与其他城市居民点的命运有一些共同点。18 世纪，莫斯科有所衰落，而彼得堡逐渐繁荣，成为政要的"长期居民点"。18 世纪 30 年代，彼得堡中心街道与前几个世纪自然形成的建筑群有很大不同，同时又与 17 世纪的俄国城市存在共同点。在街道上，"石房子"与"破旧的瓦砾房"相互交织，权贵们的豪宅面积可达 50 平方俄丈，而小官吏和神职人员的"豪宅"则小得多，且多为木式建筑。① 实际上，直到 18 世纪的最后几十年，彼得堡才形成了独特的外观。

　　在封建农奴制的背景下，即使是在定期改造的"新"城市中，土地也按等级和财产划分。各种大型建筑，包括宏伟的石式建筑，都集中在市中心，其中，官僚机构最为奢华。县市中出现了行政建筑综合体，这反映出了专制主义加强的趋势。②

　　专制主义加强的趋势在 18 世纪最后 25 年尤为明显。在 18 世纪 70~80 年代，俄国进行了改革。此时建造的行政机构地理位置便利，便于发挥职能。有些城市对于古老的行政建筑保护得很好，为了节约资源，这些城市没有新建行政机构。例如，阿尔汉格尔斯克省的建设报告（1786年）中提到："省城没有新建行政楼，沙皇阿列克谢·米哈伊洛维奇曾经

---

① ЦГАДА，ф. 16，д. 423，л. 1-4 об.

② Щенков А. С. Структура русских исторических городов в системе градостроительной ориентировки（на материалах городов XVI—первой половины XIX в.）. Автореф. канд. дис. М.，1980，с. 11-13.

建造的宽敞的大楼就是现在的办公楼……"① 在小型城市居民点，行政办公室往往位于"古老"的"破旧"建筑（如萨兰斯克）中，或者位于私人住宅（如霍姆斯克）中。② 尽管各省的行政建筑不够"坚固"，但确实在众多建筑中非常显眼。它们通常是城市中唯一的石式建筑，在火灾中发挥了不小的作用。

有关城市火灾的实地简报是我们了解灾情的独特来源。其中不仅记载了城市居民点不完善的"规划"，还提供了关于城市发展的"宝贵"材料。关于 1710 年舒亚火灾的报告清点了被烧毁的建筑物：教堂、一栋行政楼、一个海关办公室、一座商城（"其中有人从事大规模的葡萄酒出口贸易"）、存有粮食的粮仓。此后，该报告的作者做了一些补充："各级商人和小官吏都被烧伤，他们的宅院、财物、商铺和货物全都被烧成了灰烬。"③

18 世纪下半叶，参政院的火灾报告内容也大致相同。报告首先描述为挽救行政楼和公共建筑所做出的努力，然后记录了被烧毁的建筑，如教堂、修道院、"设施齐全"的酒馆、商铺等。④

这些报告与图片资料的记载基本一致，是 18 世纪大多数俄国城市《建筑集》编撰的基础。乍一看，城市居民点非常"传统"，与农村居民点没有什么区别。"教堂、公共建筑、数百栋杂乱无章的住房"，这是地图研究人员对俄国北部城市布局的总结，他们认为，城市的外观与"普通的封建村庄"具有惊人的相似性。⑤ 不过，这种论断尚需进一步验证。

---

① ЦГАДА，ф. 16，д. 597，л. 10-10 об.

② ЦГАДА，ф. 16，д. 381，л. 118；ф. 181，д. 209，л. 17 об.

③ Старинные акты，служащие преимущественно дополнением к описанию г. Шуи…М.，1853，№ 209，с. 374.

④ ЦГАДА，ф. 16，д. 630.

⑤ Еленевский Е. С，Миронов А. М. Планы уездных городов Карелии XVIII—начала XIX в. Петрозаводск，1960，с. 3，31.

当然，许多封建村庄都与城市存在直接联系，有些村庄甚至会发展成城市。在 18 世纪，村庄和城市的概念未被区分开来。城市，尤其是中小城市独有的特征尚不鲜明。

大部分城市居民并没有完全脱离农业。不仅如此，在许多城市，耕种业、牲畜饲养业和园艺业甚至是市民的主要生活来源，这种现象在全国各地都非常普遍。18 世纪的立法（如 1785 年的法规）允许市民在"市内外"从事农业活动。然而，部分人对于城市居民的农业活动和城市的"农业色彩"的评价失之偏颇。例如，西欧的旅行者认为，18 世纪的俄国城市只是"大型村庄"。实际上，许多欧洲城市，乃至西欧最大的城市与俄国城市的情况类似，城市中也有牧场、果园等。① 换言之，在 18 世纪，在城市中发展农业的情况是整个欧洲的普遍现象。

在 18 世纪的俄国城市中，农业实际上发展成了手工业，② 尽管当时关于城市居民点的资料中很少提及这一进程。18 世纪 80 年代，有资料记载了奔萨省总督管辖区的情况，这里居住的大多是独院小地主，其中描绘的画面乍一看很奇怪：城市中"几乎没有手工业，市民一般从事耕作业、畜牧业等家庭产业"，市民住在"用稻草覆盖、用荆条包围的黑色木屋中"。这些城市中的"展销会"广为人知，"许多人带着各种货物涌入展销会"。③ 当然，农产品是展销会上的主要商品。

尽管国家于 1785 年颁布了《俄罗斯帝国城市权利和利益诏书》，但市民在城市这一受严格管制的空间内仍然主要从事农业活动。1768 年，国家统计了城市中的农业用地面积，即"牧场和耕地"的面积。④ 《俄罗

---

① Braudel F. Civilisation matérielle et capitalisme. XV-XVIII siecles. T. I. Paris，1967，p. 371-372.

② М. Г. 拉宾诺维奇指出，人们对城镇居民的职业性质问题产生误解的主要原因是持"手工业、商业与农业相互排斥"的偏见。—Рабинович М. Г. Очерки этнографии русского феодального города. М.，1978，с. 53.

③ ЦГАДА，ф. 181，д. 209，л. 22-48（Нижний Ломов，Троицк，Чембар，Пенза）.

④ ЦГАДА，ф. 16，д. 375，л. 1.

斯帝国城市权利和利益诏书》禁止将城市牧场用于其他用途。对市民农业活动的限制，使城市中农业的重要性有所降低。不过，在18世纪末19世纪初，这一变化尚不明显。

从城市居民点的布局可以看出，城市中的商业和手工业有所发展。城市中的商铺、"商店"等贸易场所的数量明显增加，它们多为石式建筑。此外，越来越多的城市中出现了专门的贸易综合体——"商城"。

展销会中摊位数量的增加间接表明城市商人的资产越来越多，因为他们的存货变多了。18世纪末，商店成为城市中流行的贸易场所，其数量远远超过了"平民住宅"，后者大部分仍为木式建筑。商店大都不是独立的建筑，有些商店附属于教堂；随着《俄罗斯帝国城市权利和利益诏书》的颁布，直接开设在住宅中的商店出现了。① 对于当时的商人而言，不单独建造商店更方便，他们通常建造集住宅、仓库和"贸易场所"于一身的建筑综合体，以节省成本。

将住宅本身作为商品，是18世纪的新现象。曾经位于私人住宅中的旅馆逐渐独立出来。② 在18世纪最后三四十年，出现了用于出租的高层公共住宅③，低楼层住宅通常用于开设商铺。当然，这种现象在18世纪尚不普遍，只有大城市出现了可租赁的公共住宅。

18世纪城市工业的发展对城市面貌的影响非常微弱。一般来说，小型手工业，乃至部分大型手工业在城市出现前就已存在，因此，它们对城市居民点的布局没有产生新的影响。但"手工工场"是个例外，火药企业、冶金企业等有引发火灾的风险。因此，这些手工工场需要用围墙或"栅栏"隔开，有些城市还通过人造运河将它们与住宅区分离。18世纪下半叶，杜松子酒场、制革场、肥皂场等越来越多地搬到了城郊。在

---

① 这些商店的合法化进程开始较早，始于18世纪60年代末。
② 参见 Описание г. Рыбинска... по рукописи, написанной в 1811 г. Рыбинск, 1911, с. 12。
③ Кириченко Е. И. История развития многоквартирного жилого дома с последней трети XVIII по начало XX в.（Москва, Петербург）. Автореф. канд. дис. М., 1964.

某些地形特殊或有河流的地方，出现了大片的"手工工场区"，"商人的手工工场"都集中于此。[①]

商业和工业的发展加快了城市水域的开发，水域是城市区域的一部分。当时，工业废料几乎全部被排入河流。这种不环保的方式引起了市政府的注意，市政府在 18 世纪首次尝试对城市内的水域进行消毒。有些城市对水域进行消毒是为了美观。喀山省长克瓦什宁·萨马林提出了建造"铂矿"的方案，他说："铂矿除了能处理污染的水，还可以美化城市。"这也是制革场解决城市水污染的方法之一。[②]

对于城市商人来说，将河流纳入城市的一部分，有利于他们的发展。18 世纪，城市内的水域继续被"地主以及地主的仆人和农民"占有，木制"鱼梁"阻碍了船舶通行，河流周边的领地是不容侵犯的个人财产，地主把垃圾全部倒进河里：所有这些都导致春天洪水频发。商人认为"清理水道可能会促进水陆交通的发展，对国家和人民有益"[③]。这说明商人认为河流是城市居民点的重要组成部分。

18 世纪的城市居民点中出现了越来越多与工业无关的公共建筑，如"养老院"、"孤儿院"（有时商人在孤儿院教授孩子手艺并开办手工工场）、医院（通常包含救济院）、药房、浴室、餐馆、酒吧等。所有这些都证明，城市居民点与农村居民点的差别越来越大，城市的文化特色越发凸显。

18 世纪，城市中的教育机构也取得了长足的发展，尽管封建农奴制极大地阻碍了这一进程。建设公共设施的资金和原料已很匮乏，因此，各省分配给教育机构的资源更少。从这个方面来看，斯莫尔尼学院、莫斯科大学自然不能代表俄国所有城市的教育状况。学校的建设远远落后

---

① 参见 ЦГАДА，ф. 181，д. 209，л. 7 об.（Пенза）。
② ЦГАДА，ф. 16，д. 719，л. 3-4.
③ Сб. РИО，т. 123，1907，с. 399（наказ жителей г. Галича）.

于人民的教育需求，物质资源的匮乏又加重了这种情况，18 世纪的史料足以说明这一点。1727 年，梁赞"出现了中小学"，鲍里斯和格列勃大教堂内建造了五个"用于教学"的教室。但好景不长，1729 年，"学生们放假之后"，"秘密办公厅就占领了这些学校，学生受到了压迫，于 9 月逃出学校……"①

18 世纪下半叶的俄国建筑师认为学校的实际布局与设计图不符。В.И. 卡福塔列夫在喀山神学院的建筑报告中说，"该学院应进行改建，增建新的建筑……"② 但是，完全按照设计师的方案建造学校并不现实，因为可用的空间有限。18 世纪末，仅 500 座城市中就有 254 所学校。③

尽管文化不断"世俗化"，教会也从属于国家，但在 18 世纪，教会对于俄国的城市文化仍然具有重要影响。和以前一样，教会继续占有领地，并且与城市的公共空间相隔绝。1738～1742 年，莫斯科的人口登记簿关于教会土地的记载中，还有一幅彩色的大型城市居民点示意图。其中，官吏、贵族和商人的住宅经常与教堂、修道院领地交错分布。服务场所，如酒馆、药店等很少。④

莫斯科的教堂之多，使每一位来到这里的外国人为之震撼。俄国的城市也不例外：18 世纪 80 年代，旧鲁萨有 56 条街道、2300 名市民和 21 座教堂；普斯科夫有近 5000 名市民和 65 座教堂；德米特罗夫有 1280 名市民、16 座教堂。⑤

18 世纪俄国城市中的教堂具有两个新特点：一是火灾后教堂建筑的恢复和更新速度快；二是教堂分布密集。⑥ 这些特点不是传统文化的产

---

① ЦГАДА，ф.181，д.680，л.153 об.
② ЦГАДА，ф.16，д.719，л.17 об.
③ Очерки истории СССР..，с.426.
④ Переписная книга г. Москвы 1738–1742 гг. М.，1881.
⑤ ЦГАДА，ф.16，д.381，л.155 об.，424；ф.181，д.210，л.4 об.
⑥ 1747～1763 年，伊尔库茨克建成了 5 座石式教堂。—Копылов А. Н. Очерки культурной жизни Сибири XVII—начала XIX в. Новосибирск，1974，с.133.

物，而是政府政策的产物。

城市中街道的方向主要由教堂和钟楼等建筑决定。18 世纪新建的城市（例如奥伦堡）较为"规整"，其总体轮廓发生了巨大的变化。教堂也是如此，它们让位于政府办公室和省议会大厦，从市中心搬到了靠近城墙的教区边缘，周围建起了广场。① 新建城市内部的宗教礼仪也被"加以规范"。

那些不"规整"城市中的街道是自然形成的。人口登记簿中对于 18 世纪出现的无名街道和小巷有所记载，它们最初是通往教堂建筑的通道（"……一条道路从代祷教堂通往阿尔巴特街"，"还有一条道路通往……圣母升天教堂"）。② 18 世纪的街道不仅有"教堂通道"，③ 还有用于日常出行的道路。对于市民来讲，参加宗教仪式不仅是东正教徒的义务，也是满足自己情感和文化需求的方式。④ 教堂通道除了能通往教堂，还能通往住宅，满足了人们的日常生活需要。18 世纪的许多城市都保留了传统的街道布局。

小作坊通常建在宅院里，乌拉尔的许多企业则把工人住宅建在手工工场内部，作为手工工场的"附属建筑"。这些方法都轻松且合理地缩短了工人住所和工作场所之间的距离。⑤ 手工作坊（如铁匠铺等）逐渐从住宅中迁出，搬到远离水源的地区，新的街道便应运而生。这些街道的名称，如库兹尼奇街道、扎列茨基街道等，就体现了它们的由来。

许多平行于河流而建的传统街道，在 18 世纪仍然存在，并且具备了新的特征。随着工商业的发展，城市内水域的界线更加明显——建造了

---

① Крашенниникова И. Л. Облик русского города XVIII в. на примере Оребурга. — Архитектурное наследие，т. 26. М.，1976，с. 75.

② Переписные книги г. Москвы..，с. 237，454，456 等处。

③ Шквариков В. А. Планнровка русских городов XVIII в. М.，1939，с. 248.

④ Очерки русской культуры XVI в.，ч. 2. М.，1977，с. 77.

⑤ Алферов Н. С. Зарождение и развитие отечественной промышленной архитектуры на Урале. Автореф. докт. -дис. Свердловск-М.，1962，с. 16.

堤坝、码头、船坞等水利设施。海滨广场及周边水利设施密集的地区成为城市的次中心。

在 19 世纪以前，某些城市，如诺夫哥罗德、特维尔、卡卢加、敖德萨等的海滨街道成为市民交流的中心。[①] 海滨街道又叫"游廊"，"游廊"的独特构造逐渐成为城市居民点的一个特色。早期作为城市边界的土堤、教堂花园或绿地，都变成了城市的一部分，弗拉基米尔、莫斯科、特维尔、雅罗斯拉夫尔等许多城市都是如此。

18 世纪，城市中出现了用于消磨闲暇时光的休闲娱乐场所，如图书馆、剧院、"贵族和商人集会所"等，它们主要集中于首都。社会下层群众的社交娱乐场所主要是酒馆。对于酒馆是否属于城市生活的要素这一问题，我们暂时不做讨论。[②] 需要注意的是，酒馆存在于所有城市，包括小城市。18 世纪末，波尔霍夫有 234 户人家和 6 家酒馆，鲁扎有 290 户人家和 3 家酒馆，格扎茨克有 190 户人家和 5 家酒馆，克林则有 195 户人家和 4 家酒馆。[③] 这些城市中几乎没有其他的公共建筑（教堂除外）。

尽管在 18 世纪初，立法规定要在城中修建"长而宽的街道"，但在很长一段时间内，城市中的街道仍然保留着传统特征。街道上有"栅栏"或"拒马"，因此街道仍然较为"封闭"[④]。城市街道的宽度既取决于其功能，也取决于房屋的高度。大城市，如彼得堡、莫斯科和基辅的入城街道可达 13~22 俄丈宽，普通城市的街道比较狭窄。

18 世纪的城市路面材料复杂多样。石路仅大量存在于彼得堡、莫斯科等大城市。直到 18 世纪下半叶，俄国各城市中存在大量的木板路。同

---

① Шквариков В. А. Планнровка русских городов ⅩⅧ в. М. ，1939，с. 242.

② Рабинович М. Г. Указ. соч. ，с. 126~129.

③ ЦГАДА，ф. 16，д. 381，л. 22；ф. 181，д. 210，л. 8-19 об.

④ ЦГАДА，ф. 16， д. 630， л. 7（Белгород， 60－е гг.）；см. также：Рабинович М. Г. Очерки этнографии русского феодального города. М. ，1978，с. 176.

时代人认为，木板路是火灾迅速蔓延的主要原因之一。[1] 然而，在小城市中，哪怕是木板路也成了一种奢侈。丘赫洛马的商人库帕斯在给司法委员会的报告中建议"只沿主要街道建木板路……而其他街道……的木板路……可以拆除……"[2] 18 世纪俄国大多数城市的街道尚未铺设路面，18 世纪旅行者经常抱怨"泥泞的街道无法通行……"[3] 甚至 19 世纪也有诸多可信度高的史料提到了这一问题。

城市的发展及其社会经济功能的增强使城市布局逐渐发生了变化。旧的城市边界消失了：城墙被推倒，剩下的只有石墙。在定期改造城市的过程中，林荫道、运河等代替了以往的城墙作为城市边界，它们往往与许多街道穿插在一起。这种方式流行于各个地区。[4]

然而，上述情况只存在于严格按照设计图建造的城市中。俄国的广大城市，尤其是那些人口较少的城市并未如此修建城市边界，其原因不一而足。19 世纪初，一位雷宾斯克市民曾说："城市的边界不固定，因为其四面都是……地主的别墅。"[5] 当局在自然灾害，如火灾、流行病等发生后意识到了规范城市建设的必要性，要求"城市严格按照图纸改建私人住宅和公共建筑，要保证街道的平整和宽敞……"[6] 然而，在实践中，只有"官方"建筑严格遵守了政府要求。大多数城市中的"大型公共场所"[7] 往往出现在国家机构周围，而国家机构多在教堂建筑群周边。

---

① ЦГАДА, ф. 16, д. 719, л. 1（Казань, 1765 г.）.

② Сб. РИО, т. 123, с. 367.

③ Паллас П. С. Путешествия по разным провинциям Российской империи, ч. II, кн. 1. Спб., 1786, с. 4（описанне Уфы）.

④ Щенков А. С. Структура русских исторических городов в системе градостронтельной ориентировки（на материалах городов XVI – первой половины XIX в.）. Автореф. канд. дис. М., 1980, с. 11-13.

⑤ Описание г. Рыбинска.., с. 2.

⑥ ЦГАДА, ф. 16, д. 630, л. 3-4.

⑦ В. В. Кириллов曾使用该说法。Кириллов В. В. Русский город эпохи барокко（культурный и эстетический аспект）. -В кн.: Русский город, вып. 6. М., 1983, с. 160.

18 世纪，俄国的城市中出现了可供散步和社交的新型广场。彼得堡参政院广场上彼得一世纪念碑的落成，迈出了传统广场向纪念性广场转型的第一步，纪念性广场在 19 世纪逐渐普及。

18 世纪被认为是改造"中世纪混乱无序的城市"的开端。[①] 然而，在封建农奴制的支配下，作为新文化元素的"新型"城市的出现是一个不连贯的、缓慢的过程。城市居民点作为具有文化内涵的物质生活基础，特点更加鲜明。这一点在首都体现得最为明显，它成为俄国文化生活的焦点。但在俄国的大多数城市中，只有部分建筑得到了重建，如官僚行政机构、贸易场所以及少数工业建筑。这与当时俄国的社会经济和政治水平相当吻合。

---

① Шквариков В. А. Планнровка русских городов XⅧ в. М.，1939，с. 49.

第七章
农村住宅

Г. Г. 格罗莫夫

　　许多诞生于 18 世纪的新文化现象，早在 18 世纪以前就开始向农民的日常生活中渗透。农村的一些传统文化特征一直保留到 19 世纪，乃至 20 世纪。不过，能将传统延续到 20 世纪的情况只是少数，不属于封建时代的一般规律。

　　农村住宅通常是为农民家庭的各种需要服务的建筑群，它更多地服务于经济需要，而非日常生活需要，尽管在现实生活中很难将两者分开。因此，农村住宅的发展历程与小农经济的发展状况密切相关，农具以及农民内部的等级分化都影响着农村住宅的建造。农村住宅的构造既反映了俄国农村的社会经济结构，也反映了小农经济的生产力。

　　影响农村住宅建设的因素纷繁复杂，从 18 世纪的材料中很难发现农民的财产和社会等级与农村住宅之间的关系。俄国的封建专制统治以及地主的强权压迫使农民不得不隐藏自己的财富，哪怕是富农。富农的住所与普通的农村住宅不同，其房屋更坚固，装修更豪华，不过，它们的整体构造大致相同。只有在那些没有实行地主土地所有制且官僚鞭长莫及的地方，"农民"才有可能通过从事手工业，获得数万卢布/年的收入。然后，他们才有能力大刀阔斧地建造宏伟的豪宅。

我们在研究文化史的过程中，不仅要梳理某些新文化现象的传播情况，更要揭示促进或者阻碍其传播的原因。在这一方面，农村住宅史的研究者还面临着许多困难。农村住宅里不只有住所，还有生产场所。换言之，与其说农村住宅是住房，不如说是生产场所，农民在住宅中从事各种工作，缝纫、编织、纺纱、修理马具等，这使农民非常关注住宅的采光条件。然而，即使是木屋通常也只能靠三四个极小的天窗照明，窗孔的大小与普通的带框窗户相似（规格大约为 60 厘米×60 厘米）。

令人惊讶的是，大多数农村住宅的供暖系统极不环保，也就是说，农民的木屋中通常没有烟囱。要知道，最晚从 16 世纪开始，富农就开始在住宅里建造烟囱，有些富农甚至还建造了复杂的供暖装置。虽然农民的文化程度低，砖瓦原料短缺且价格高昂，但这些还不足以解释为何大多数农村住宅中都没有烟囱。

许多城市中常见的建筑工具，如纵锯和横锯等没有应用于农村住宅的建造中。所有的农村住宅都是用斧头建造的，农民从未接触过锯子。有些人在研究这一问题乃至其他相关问题时，脱离了整个小农经济的历史背景，忽视了农民的生活条件，因而对农村住宅的发展史产生了误解和偏见。

当然，我们不应该把 18 世纪俄国农民生活的孤立性绝对化。农民以各种方式与展销会、集市和城市产生联系，他们沿水路或乘马车前往各个地区，在展销会和集市上开展贸易……然而，农民生活的基本方式以及各种传统习俗仍然不变，只要小农经济这个系统继续运作，农民生活的各个环节就不会发生根本性变化。显然，这是农村住宅保守落后的主要原因，也是农民排斥先进的建筑技术、复杂的建筑结构以及附属建筑的主要原因。

俄国整个封建时期的"农村住宅"，都是集生活建筑和生产建筑于一体的建筑综合体，它能满足小农经济和农民家庭的基本需求。农村住宅的具体结构、房屋数量和质量随着时代、地域以及农民物质条件的变化而变化，但所有这些变化都保持在一定的限度内（若超过这一限度，就不属于农村住宅）。农村住宅主要由卧室、储藏室和干草棚组成，按功能可以分为生活建筑和生产建筑，生产建筑通常用于储存粮食等其他贵重物品。还有一些房屋可有可无，如浴室、地窖、板棚等，不同住宅中住户亲属关系不同，经济实力也不同，这些房屋的缺失并不会使一个家庭崩溃。

"农村住宅"这一概念不仅包括宅院本身，还包括宅院所在的整片土地及周边的农用地，即耕地、菜园以及用于打谷和堆放粮食垛的打谷场，有些打谷场中还有粮食干燥室。通常，菜园和打谷场等与宅院保持着一定的距离。

需要注意的是，一些传统的农村住宅建造方法一直沿用至 20 世纪。通常，农村中所有的谷仓都集中在一个地方——村中心或村郊。澡堂也距住宅区很远，通常在河流、湖泊或溪流旁边。有些人家的地窖也建在住宅之外。我们不应该把这种情况简单地归因于村社制度。实际可行性才是农民把一些非常重要的建筑（如谷仓等）建在自己宅院之外的主要原因。

在前工业时代，农村住宅的建造方法在很大程度上取决于现有的建筑材料以及气候条件。在整个 18 世纪，木材是农村住宅的基本建筑材料。事实上，那时可用作优良建筑材料的木材资源比现在丰富得多，尤其是在俄国南部地区。森林几乎提供了农民建房所需要的一切原料。只有用于制作炊具的石头和黏土需要从附近的矿区开采。① 18 世纪末，俄国

---

① 并非所有黏土都适合制陶并作为建筑材料，农民不辞辛劳地运输优质黏土，有时还在远离矿藏的地方出售。不仅如此，农民还非常了解用作建材的各种石头的特性。

人开始积极地开发俄国南部、西南部和东南部的草原地带，他们不仅发现了急需的建筑木材，还从当地学到了使用其他材料建造住宅的方法。

　　世世代代的农民在实践中总结出了丰富的建筑经验，找到了适用的建筑材料。松树和云杉被认为是最佳的建筑材料，其中，松树始终是农民的首选。落叶松和橡木以坚固性而闻名，但它们过重，难以加工，因此只能用作磨坊和粮仓等的底梁，因为磨坊和粮仓对于坚固程度的要求很高。其他木材，主要是桦树、桤木和杨树等，通常用来建造生产建筑。农舍还大量使用树条，不仅有柳树条等灌木树条，还有韧性很强的云杉树条。木材也可用于建造屋顶，桦树皮、云杉树皮等多作为屋顶的防水层，能够使屋顶的封闭性更强。

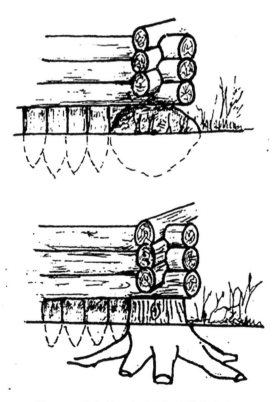

图 7-1　将角材固定成墙框的操作方法

　　人们在建筑实践中总结出了适合用作建筑材料的木材特征，从而为建筑材料的制备提供了全面的技术指导。农民在建造农舍前，首先需要选择木材品种，包括用于建造墙体、屋顶、房梁和外墙等各个部分的木材。制作底梁的木材必须是特殊的、有苔藓覆盖的"防寒"直立树木，但不一定有直木纹；制作屋顶的木材则必须是直纹木材。人们在选中的树木上做标记，如果条件允许，则直接将其砍掉，运到施工现场。如果适合用作建筑材料的森林距居民点很远，也可以先在森林中截好原木，将其竖立晾干，最后一起运到施工地。一般情况下，农民在住宅区周边加工原木。

　　在选择农舍建造地点时要仔细斟酌，充分考虑各方面的因素，如局部地形、风向、农田的位置等。居民点的统一布局"标准"普及缓慢且影响有限。农民在建设农村住宅的时候通常不会瞻前顾后，只要确定了建造地点，就可以开始施工，农舍的具体建筑方案都是一样的。如果农舍的空间相对宽松，除了最重要的几间房屋，如木屋、储藏室等要建在特定的位置，其余的建筑位置可以任意选择，不过，经验已经为具体的建筑实践提供了最合理的方案。

　　即使是建造大型基础建筑，如作为起居场所的木屋和储藏室等，农民通常也不会沿着墙边专门建造地基，而是直接将大石块或大树桩作为地基。在极少数情况下，例如墙壁的长度比普通建筑的墙壁长很多，人们才会增建地基。没有传统意义上的地基并不代表农民的住宅是落后的。原木建筑结构只需四个支点支撑即可，因为原木本身就很坚固。

　　原木建筑的墙框多由针叶树，如松树和云杉制成。松树和云杉的树干很直，树根与树顶的直径相差不大。一棵成熟的树（树龄在80～100岁），树根与树顶的直径相差6～10米，这种差异完全不影响建筑。两千年以来，整个东欧所有原木墙框建筑的长度基本在3俄丈左右。这一独

特的标准适用于所有以针叶树作为原木墙框的建筑。① 当然，有些建筑的
墙框可能没有这么大，不过在 10~20 世纪，大多数针叶树原木墙框的尺
寸都与此接近。

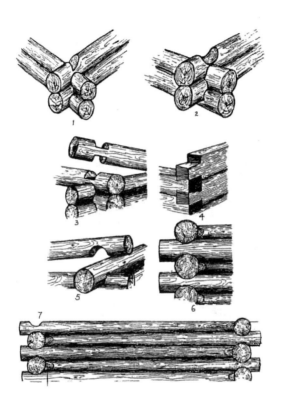

图 7-2　将原木搭建成墙框的方法

为了加固地基、搭建墙框，人们通常会延长原木的长度。不过这
种方法在建造生产建筑时很少使用。在搭建较长的墙框时，农民不会
使用单纯的原木结构，而是在墙的中部或其他地方垂直钉入短的原木

① Раппопорт П. А. Древнерусское жилище. —Археология СССР. Свод археологических источников，вып. Е-1—32. М. -Л.，1975，с. 129.

块（也叫"板条"）作为支墩，以增强墙框的稳定性，起到加固屋身的作用。

大多数建筑的基础构造都是"呈十字形交叉的原木"和"原木框"——四块头尾相连的交叉形原木结构。它们的构造形式虽然不同，但目的相同：不借助任何其他的连接零件（如卡板、钉子、木销、木棒等），只靠牢固的8个角来维持整个墙框的稳定。①

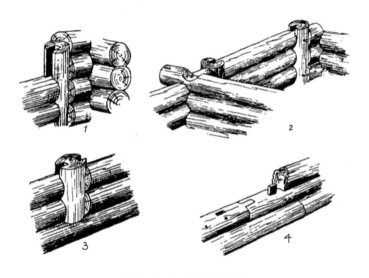

图 7-3　组装原木的方法

在搭建原木排时，要选择厚度、长度和树干构造相似的原木。每根原木在木排中都有固定的位置。第一层原木框搭好之后，在其基础上搭建第二层原木框，第三层原木框盖在第二层上面，以此类推，直到原木被堆到所需的高度。从结构上看，这种没有特殊黏合剂的木屋可达几层

---

① 使用额外的零件固定墙框的技术不仅为专业木匠所掌握，也为所有从小就使用斧头的农民所掌握。然而，这种技术对劳动力的需求大，因而极少使用，不到万不得已农民不会选择这种方法。

楼之高，因为原木被牢牢地连接在一起，有着稳定的垂直构造，木屋角落是最坚固的部分，屋墙中部的牢固性最弱。

上面提到过用"板条"加固墙壁的方法，在农村住宅中几乎从未被使用。建筑面积的增加更多的是通过改变整体结构来实现的。这种改良结构在 19 世纪被称为"有五面承重墙的平房"，自基辅罗斯时代起就被用于建筑实践当中。

原木墙框的高度不定，在 18 世纪，哪怕在同一地区，原木墙框的高度也可能不同。原木房屋主要有两层到三层：地下室（可有可无）、用于日常生活起居的楼层和阁楼，即屋顶。如果住房有两层，那么人们通常不会建造地下室，而是单独建造一个低矮的房屋，用最大、最坚固的原木做底梁。不同建筑的阁楼结构存在一定的差异。

虽然工匠掌握了叉梁屋顶建造技术，但这种技术很少应用于农村住宅中。最常见的屋顶建造技术以原木墙框为基础，在达到一定高度后，墙体面积逐渐缩小，最后在顶部合拢。既有四面屋顶，呈"篝火状"；也有双面屋顶，即两面（前面和后面）原木墙在顶部相交；还有单坡式屋顶，其由多种材料制成，不同的材料通常被叠加覆盖在一起：先铺一层桦树皮①，然后铺层薄木板——由松木制成的长条形木板，② 最后再铺一层草皮。因此，单坡式屋顶很重，其重量全部由原木排组成的墙体承受。这就是为什么农民不能把木屋的墙框做得太长。几代农民积攒下来的建筑经验形成了独特的农村住宅建筑文化，其随着时间的推移而变化，越来越协调。

茅草屋顶在 19 世纪成了贫困的代名词，但在 18 世纪的森林地带并非

---

① 普通的桦树皮薄脆易折。为了使桦树皮更结实，人们将桦树皮卷成筒状，熬煮数天，这样得到的桦树皮结实而有弹性。

② 在 20 世纪以前，农民一直使用薄木板建造木屋。但到了 19 世纪末 20 世纪初，薄木板被木板条取代。薄木板是一种短木板，用钉子一排排地固定在屋顶。

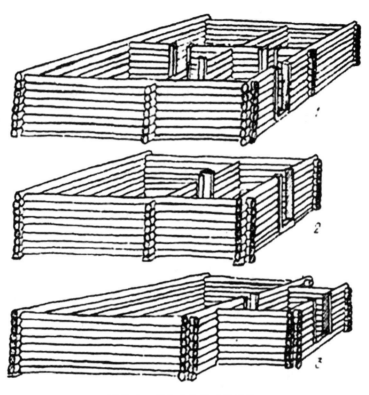

图 7-4 部分农舍的建筑结构

注：1. 十字交叉结构；2. 五面墙结构；3. 搭接式结构。

如此。① 由于森林区的木材丰富，降水量相对充足，用干草搭建屋顶并不划算。更何况，作为牲畜的冬季饲料，干草相当珍贵。

　　农村中最常见的大型农舍有多个木式储藏室，它们相互连接，间隔非常小，几乎"紧挨在一起"。它们通常由干草屋（或干草"桥"）连接，而非直接连在一起。另一种扩大农舍空间的技术就是扩建，即把储

---

① 乍一看，茅草屋顶似乎更容易建造。事实上，建造一个坚固的茅草屋需要掌握许多特殊技能。在森林草原地带，人们在建造屋顶时经常往稻草或芦苇中加入黏土，以起到黏合和防水作用。

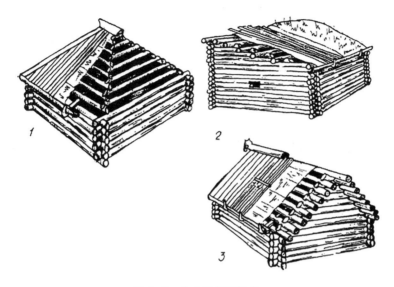

图 7-5　农舍的屋顶结构

注：1. 篝火式屋顶；2. 单坡式屋顶；3. 双面交叉式屋顶。

藏室的墙面延长一倍，紧挨着屋体增建一个房间，但这种方法不是很常见。

虽然现代式天花板在 18 世纪之前就已诞生，但是直到 18 世纪才普及，天花板的广泛使用促进了新建筑结构的出现。天花板的重量完全由墙壁上层的原木承受，因此，必须另外用特殊的大原木加固墙壁，以增加其支撑力。

农民常用苔藓或麻布填补墙体上原木之间的缝隙，以阻挡寒气入侵，富农则用填缝剂填补缝隙。原木上的纵向沟槽不仅能使木屋更加稳固，还加大了原木之间的接触面积。住宅的设计和建筑特点体现出了人们对取暖的迫切需求。农舍外部和内部的底梁周边都进行了防寒处理。另外，在天花板的凹槽中填补黏土、树叶或泥土，或在屋顶铺草皮等，都是为了御寒。

在 18 世纪，除了木材，一些农民也用黏土、土坯砖和瓦片等建造农舍。[①]这些材料并没有被俄国农民普遍使用，也没有大范围的普及。用这些建筑材料建造房子可以节约劳动力和原料，但在森林地带温和湿润的气候条件下，用上述材料建造的房屋寿命很短。黏土和木材的结合使房舍常年潮湿，加快了建筑的腐烂。

生产建筑也多为木式建筑，但相较于生活建筑，生产建筑对建筑材料的要求更高。农民通常将带垂直凹槽的木柱扎根于地下，然后把规格统一的原木垂直叠放。这样，墙体就搭建成了。堆起来的原木形成一堵堵坚实的墙，就这样，一个独立的空间出现了。墙体的建造虽易，屋顶的建造却相当困难。生产建筑的屋顶有两种建造方式：如果房屋的面积相对较小，如谷仓，那么只需要一对木桩将屋脊固定起来即可，因为墙体对屋顶的支撑力足够大；如果房屋的面积较大，如打谷场，那么就需要在屋顶的原木中钉入大量专用木杆，为屋顶打造一个额外的支架，这样的屋顶独立于屋身之外。也有一些生产建筑以篱笆为墙，不需要专门建造墙体。

家庭生产建筑通常使用简化的、更经济的原木墙结构。只有在原木垂直叠放，而非水平排列时，才需要专门建造墙体。

农舍的高度通常是衡量建筑水平的指标。通过这一指标，我们可以判断出农村住宅发展史各阶段的特点。直到 19 世纪，带地下室和无地下室的住宅并存于同一地区（甚至是城市）。[②]在 18 世纪，农村住宅大都没有地下室，但高度差异很大。从地域上看，俄国南北方的农村住宅高度差异很大。在北方，不带地下室的木屋早在 16 世纪就已出现，并于 18 世纪普

---

① 用树条编结再抹泥的木屋墙壁由单层或双层柳条构成，其中混有稻草、粪便或其他黏合剂。从外观上看，这样的建筑与用黏土建成的土屋非常相似。

② П. А. 拉波波尔特认为，带地下室和无地下室的住宅不可能并存于同一地区。但最近基辅的考古发现表明，被认为只有土窖的古基辅实际上也有地上建筑，甚至还有很高的原木住宅。-Раппопорт П. А. Древнерусское жилище. —Археология СССР. Свод археологических источников，вып. Е-1—32. М. -Л.，1975，с. 163；Толочко П. П. Массовая застройка Киева X-XIII вв. —В кн.：Древнерусские города. М.，1981，с. 63-94.

及开来。[①] 16~17 世纪，复杂的庭院建筑群和双层楼房出现并逐渐普及。

在俄国中部地区，最常见的住宅类型是地上木屋，它通常带有土筑地板。早在 17 世纪，住宅高度已经成了该地区的农民财富的象征。在富裕的工商业村中，农舍往往有两层，底层是宽敞的杂物间，大门非常气派，像城市住宅和贵族的豪宅一样。农舍里高大的木屋旁边通常有一间"过冬房"，即用于过冬的小木屋，也有土筑地板，农民常在那里度过寒冷的冬天。在 19 世纪，"过冬房"是北方大型农舍中的必备建筑。

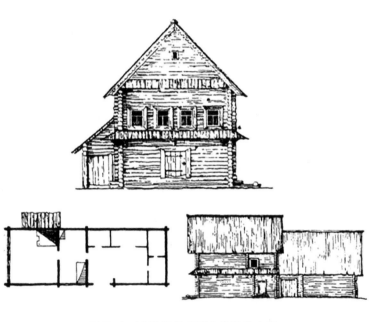

图 7-6　18 世纪带底层杂物间的木屋

南俄的土地在 18 世纪得到了大力开发，许多人开始在这里定居。来自非黑土区的居民将原居住地建造地上木屋的传统带到了这里。而南俄

---

① Шенников А. А. Крестьянские усадьбы ⅩⅥ–ⅩⅦ вв.（Верхнее Поволжье, северо-западная и северная части Европейской России）. —Архитектурное наследство, № 15. М., 1963.

恰好森林广阔，适合这样的建造方法。随着文化的传播，18 世纪初，部分南俄的原住民开始学习木屋的建造方法。带有地下室的农舍很少。在南俄各个地区，木地板和小酒窖不仅是地方特色，更成了社会地位和财富的象征。

接下来，我们将详细分析三种农村住宅：（1）带有土筑地板的"地上"住宅；（2）有木质或半木质地板、较为低矮的住宅（通常带有地下室，并且地下室很大）；（3）有大地下室的双层住宅，不过这种住宅很罕见，只出现在非常富有的农民家里。

影响上述三种住宅普遍程度的原因很复杂，其中最重要的是农民的财富情况及建造住宅的能力（是否拥有足够的木材、农民与地主的关系等）。地理位置当然也产生了影响，但即使在俄国的最北部，"过冬房"仍然大量存在，这意味着地理位置的影响有限。建筑物的高低也有一定的影响，建筑物越高，保暖性就越差。在双层木屋中，人们在夏天住二楼，在冬天住一楼。这表明农民的需求在不断增加，建筑能力也在提高。

地下室的使用情况相当有趣。大多数情况下，地下室被用作储藏室，但在冬天，尤其是在北方，农民还会在地下室饲养牲畜，为牲畜供暖。但是，这会缩短地下室的寿命，因为长期潮湿的环境加速了建筑材料的腐烂。

在农民家庭中，木地板和天花板的出现相对较晚。在冬季，农民多在木屋里饲养牲畜（这种说法有待商榷），清洗地板的传统也出现得较晚。通常，农民在木地板上铺稻草，并定期更换，每年只在"重大节日"清洗一次到两次地板，与打扫整个房子的频率一样。一些省份的农民通常不说"扫"地，而说"犁"地，这说明他们尚未使用木地板。①

虽然我们没有从是否铺设木地板以及是否有地下室这两个方面入手，

---

① Даль В. Толковый словарь живого великорусского языка, т. Ⅲ. м., 1955, с. 25.

来全面地研究 18 世纪俄国的农村住宅，但仍然可以发现，在城市周边的村庄（农民可以在农闲季节进城务工），也就是经济较发达的村庄中，木地板和地下室更常见。有大地下室的农村住宅在北方地区出现得较早，这不仅是因为地理原因，还因为这些省份的大多数农民都是国家农民，没有受到地主的剥削和压迫。

很难相信，现代人司空见惯的天花板在俄国住宅史上出现得并不早，并且其原始形式与现在的天花板完全不同。先进的木天花板出现于 18 世纪的农村住宅中，不过，那时它并没有在不同地方和社会群体中广泛传播。最早的天花板①是拱形屋顶内侧的特殊"拱顶"，多用薄木片制成。当时，许多农舍内部没有专门的天花板，因此拱顶就充当天花板。相关资料（首先是图片资料）显示，自 18 世纪以来，现代式天花板的普及，大大改变了农村住宅的特征，有关农舍的图片资料是最有力的证明。农舍中的窗户（通常有三扇窗户，极少数家庭有四扇窗户）通常在同一高度。在 16~17 世纪的图片资料中，农舍的窗户呈三角形，两边的窗户位于同一水平线上，位置较低，中间的窗户则较高，与屋檐齐平。三扇窗户"必须"这样排列，因为上方的窗户能够在"以不环保的方式"取暖时，把聚集在屋顶的烟雾排出屋外。如果房屋内部有平坦的天花板，就不需要在两扇侧窗之上增建第三扇窗了，因为平坦的天花板能够使烟雾均匀地弥漫在整个房屋。为了更好地排出烟雾，人们探索出了其他方法，即修建特殊的排烟管道——烟囱。这样一来，窗户的基本功能只剩下一个，即采光。平屋顶以及屋顶和天花板之间的空隙通过屋顶的小棚窗照亮。似乎有必要改变屋顶的结构，以减轻屋身中上层原木的承重。不过，到了 19 世纪末，双面交叉式屋顶才在农村普及。

---

① 20 世纪中叶，在本章作者的带领下，莫斯科大学历史系民族学教研室阿尔汉格尔斯克人种学考察队在阿尔汉格尔斯克州卡尔戈波尔区小霍鲁伊村的木屋里发现了这种原始的天花板。

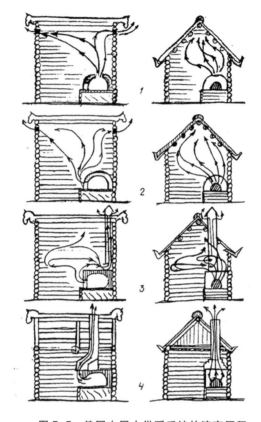

图 7-7　俄国木屋中供暖系统的演变历程

　　根据 19 世纪的民族学资料，可以清晰地得知天花板的结构。第一种天花板由原木排拼接而成，它们紧紧贴合在一起，原木之间的缝隙被完全填满，表面覆盖了一层黏土。更为古老的天花板由较薄的原木片拼接而成，木片彼此紧密地贴合在一起。在采光差的木屋中，不管是平的天花板，还是原木天花板，都有天窗。①

---

① 这种建造天花板的方法在阿尔汉格尔斯克和诺夫哥罗德地区一直沿用至 20 世纪中叶。莫斯科大学历史系民族学教研室的阿尔汉格尔斯克考察队和诺夫哥罗德考察队在本章作者的带领下发现了这一事实。

炉子一直是俄国农村住宅中最重要的元素之一。这主要是因为欧俄气候恶劣，冬季必须靠炉子取暖。实际上，所谓的"俄式炉子"其实是"鼓风炉"——一种古老的、地域性极强的发明，首次出现于特里波利耶部落。这种炉子的加热原理与用来烘烤面包的烤箱（现在在许多亚洲国家很常见）类似。但亚洲的烤箱通常只用于烘烤食物，而不用于室内取暖。西欧人民深知壁炉的优势，它通过石管和烟囱把烟排放到室外。不过，壁炉消耗了大量的燃料，并且只能用于室内供暖，无法烤面包。为了烤制面包，西欧的农村专门建造了公共烤炉。

从公元前三千年开始，黏土制成的半球形火炉就出现在了人们的住宅内。半球形炉子在东欧和中欧森林草原地带的供暖效果非常好，因为在生火时，半球形的炉子会迅速聚热，然后，其积累的热量会逐渐散布到整个房间。特里波利耶部落的这个发明逐渐在邻国传播开来，并成为许多国家的住宅中的必备装置。考古人员发现，到了公元前两千年初，类似的鼓风炉已经成为大多数东欧人民住宅中必不可少的元素。以前的供暖系统——开放式炉灶和壁炉只存在于临时性建筑中，如林间小屋、防空洞等。鼓风炉一直是为住宅长期供暖的主要工具。

在公元前两千年至公元前一千年，鼓风炉的设计发生了重大变化，它能更充分地利用燃料。鼓风炉的第一个改进就是用烟囱将炉口封住，使炉子变成一个封闭的空间，热能被全部储存在炉壁之内，只有废烟会从鼓风炉中排出。但是，由于当时的供暖方式不环保，漏出的热能也基本上被房间吸收了。几个世纪以来，炉子的结构、大小以及材料，都靠炉子制造者的经验决定，经验逐渐变成了传统。渐渐地，炉子里柴火的摆放位置都被严格固定下来，每个家庭主妇都清楚地知道把柴火放哪里能点燃炉子，在何处放置木材无法燃烧。18世纪，俄国炉子的具体形状发生了变化。在个别地区，炉子的材料和尺寸有所不同，但总体构造相同。

　　炉子总是建在特殊的支架——小型原木框上，炉子里装满了沙子或其他填充材料。炉子的"底部"与原木框的底部齐平。炉"底"不仅非常平整，而且耐用，因为炊具要常年在这个平面上移动。在制作好炉底之后，需要建造灶壁和炉顶。黏土是炉身的基本材料，有时也会用到石头，尤其是在炉壁下端，不过炉身主要由黏土制成。炉子不同部分的黏土配比不同，用于制作炉身的黏土需要精心挑选，这部分黏土通常可以制造上好的陶器。制作炉子所需的大量黏土在施工现场进行混合、调配。19世纪的民族学调查发现，还有其他制造炉身的方法。用有特殊外壳包裹的专用砖（极少用烧过的砖）砌成，或用黏土块制成，然后用木槌敲打，以最大程度地压实土块。尽管方法有所不同，但炉身的大小是固定的，其尺寸和结构都相仿。如果要建造陶炉，那么其外部必须非常结实。把非常干燥的木材放入现成的炉子中燃烧，连续加热数天，不仅能使炉子变得更干燥，而且能使炉壁和炉顶"变硬"。一个优秀的工匠可以把炉子做得很结实，必须用撬棍才能打开。

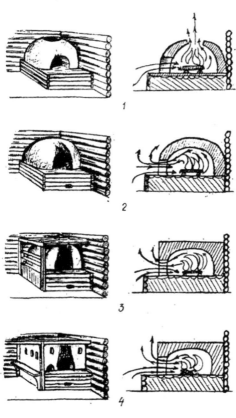

图7-8　俄国农舍中炉子的演变历程

18 世纪以前，俄国就已出现了既能供暖，又能作为暖炕使用的炉子。这种炉子有多种样式，有些呈平顶的长方体状。18 世纪，俄国出现了专门作为暖炕使用的炉子，其炉架之上有特殊的木板，可供睡眠使用。这种炉子的前端有一个专用的临时炉灶，用来烧干木柴杆和桦树皮，炉口前还有一个小平台，可以作为女主人的专用桌。小桌旁边有一个特殊的火炉，里面放着带灰的煤，这样就可以在早上直接生火，非常便捷，不用再向邻居"借"火（"失去火源"被认为是一种恶兆）。

炉子在小屋中占据了相当大的空间，其重量也非常大。出于这些原因，人们通常为炉子建造特殊的支架。在无地下室的农舍中，炉子直接放在地面上，偶尔摆放在特殊支架上。但如果农舍有地下室，那么炉子需要放置在井字架上。否则，一段时间后，整个木屋就会向放置炉子的一侧倾斜。然而，即使这样也不够，还需要用特殊的方木加固炉子。炉子的外角有炉柱，炉柱旁边有两块木板——靠近侧墙的木板和其上方的木板。在农民家庭中，这两块木板有额外的用途：其中一个用来放置高板床（如果它足够高），另一个用来存放粮食、面粉等物品。但木板主要是为了承受炉子的重量，使其更稳固。

随着平天花板的出现，用"不环保的方式"加热炉子的弊端越来越明显，这样不利于排出有害烟雾，因为平顶房屋内的烟雾比拱顶房屋内的烟雾弥漫得低得多。但直到 19 世纪下半叶，这种"不环保的"供暖方式才逐渐向"绿色"供暖方式转变，农舍中具备了烟囱，可以将有害烟雾排出室外。18 世纪，各种烟道被广泛使用，但这并不是烟囱。烟道是把烟排出屋外的特殊附加装置，它的制造技术并不复杂，因为那时陶器已经非常普及。用炉子供暖还有一个弊端，即炉子需要大量的木柴，当时的人们只会用斧子手工砍柴。我们现在所理解的"砍柴"与 18 世纪的含义相同。农民们不仅要砍伐树木并把他们运出森林，还要把树劈成小块晒干。所有这些都需要大量的劳动力，因此人们非常节约木材。有烟道的炉子和无烟道的炉子所需的柴火热值相差很大（至少差两倍）。而在手工工场生产的锯子尚未在农村普及之前，无烟道的炉子一直存在于俄国的农村住宅中。

图 7-9　烟道

图 7-10　1765 年无烟囱的农舍

　　炉子的用途多种多样。除了供暖，它还可以用来做饭、烤面包、晾晒蘑菇、浆果、谷物。总之，炉子在很多方面为农民提供着便利。[①] 农民不仅在冬季，而且在全年都使用炉子。即使在夏天也至少要每周加热一次炉子，只有充分加热了炉子，才能烤出足够多的面包。由于炉子能够长时间保温，农民便每天只在早上煮一次饭，然后把煮好的食物留在炉子里，直到午餐时间再拿出来吃，这时食物仍然是热的。只有在夏末吃晚餐的时候，农民才会重新加热食物。炉子的这一特点对俄国农民的烹饪习惯产生了决定性的影响，炖、煮和焖是最常见的烹饪方式。

　　18 世纪，俄国的农村住宅中诞生了一个新元素——"带边框的窗户"。[②] 通常，农村住宅中的大窗户用云母、进口玻璃或半透明的动物薄皮制成，自古以来就普遍存在于罗斯。但在 17 世纪，即便在城市住宅中，大窗户也很少见。通常，大窗户出现在前室和"堂屋"（即地主家中裁缝工作的专用房）中。在农村住宅中，大窗户自然更少见，农民对此相当陌生。商业和俄国本土玻璃生产的发展极大地改变了城市建筑和地主领地的面貌，那里的窗户尺寸越来越大，并且越来越多地使用玻璃。这种文化现象向农村的渗透极其缓慢。在 18 世纪，只有富农才会在农舍里安装尺寸为 60 厘米×70 厘米的"带边框的大窗户"，大多数农舍中的窗户都是天窗。此外，带边框的窗户只能在大型工商业村和靠近城市居民点的村庄中才能见到。大多数农民在 19 世纪中叶至 19 世纪末，才用上了带边框的窗户。虽然听起来很奇怪，但在更早的时期，"带边框的窗户"通常只出现在前室中，农民通常在这里招待客人。

---

① C. A. 托卡列夫教授在他的讲座中列举了俄式炉子的 10 种功能。其中包括养生功能、装饰功能乃至防御保护功能。在民间传说中，炉子经常被用来躲避敌人。

② "带边框的窗户"尺寸为 60 厘米×60 厘米或 60 厘米×70 厘米。它们通常被固定在墙壁上，两侧有"边框"。除侧框外，还有上边框和窗台。天窗的建造方法则简单得多：在相邻的两排原木上分别开一个口子。天窗的长度在 1/2~3/4 俄尺（35~47 厘米）。

图 7-11　老式农舍中的天窗

窗户的发展体现着农村住宅的文化特征。应该注意的是，农民家庭的大部分工作都是在室外进行的。只有女红的裁缝工作在室内进行，需要照明，因为这些工作通常在秋冬季节开展。但由于人们纺纱、织布的手艺非常娴熟，即便"看不清"，也能完成工作（就像现在的一些妇女能够用针熟练地缝补一样）。所以，一根或几根固定的火柴足以照明。

农舍的门通常很低。在冬天，农民会增建一些"低矮"的门，这样，农舍外的冷空气便不会立即钻入屋内。在冬季，人们通过把麻布、麻袋或稻草席塞在门缝处以防止寒风袭入。由此可以看出，农民对于防寒保暖的需求很强烈。

图 7-12　旧式农舍的门

农村住宅的内部布局有相当严格的不成文惯例。大件"家具"是木屋的必要组成部分，而且其位置是固定的。由大树雕刻成的宽大长椅沿着各面没有炉子的墙壁放置。即便在新建的农舍中依然能看到这样的长椅，它更常被用来睡觉，而不是坐立。长椅的位置不同，名称也不同。炉子对面的长椅被称为"长"椅，而背靠三角墙的长椅被称为"红"椅。炉子附近有一个用于放置器皿的长椅，这是供家中年长的妇女睡觉的地方。炉子的对角处摆放着圣像画，这个角落被称为神圣的"红角"。

农舍内部的必备建筑之一是高板床，这是一个特殊的平台，可供人们睡觉。在冬季，农民常常在高板床下面饲养小牛和羔羊。在 18 世纪，北方农舍中的高板床做得非常高——与炉子齐平。俄国中部和南部的高板床建得很低，只比地面高一点。农舍中的一个角落专门供当家夫妇睡觉（但不包括老人，他们在暖炕上睡觉），这个角落被认为是神圣的地方。

每把长椅上方都有置物架，用于存放各种日常生活用品和小工具。

木质衣架常被钉入墙壁中。

虽然大多数农舍都只有一个用于居住的大房间，但农民家庭的成员依然遵守传统的起居规则。放置器皿的长椅所在的那部分区域通常被认为是女人的房间，如果没有特殊需要，男人进入这片区域是不合适的，更不用说外人了。在北方有五面墙的农舍（俄语又叫"шовныша"或"шовныш"[①]）中，这部分区域则是一个独立的空间。此外，这片区域通常放置手摇磨等。

按照农民的礼节，入室拜访的客人应该待在靠近门口的那一半区域内。客人未经允许就进入放置桌子的"红角一侧"，是一种极不礼貌的行为，甚至可能被主人视为一种侮辱。这种礼节被农民严格遵守，成为农民的行为准则。

在18世纪，农舍必然附有前室，农民在生活中更多地称其为"桥"。顾名思义，最初前室就是农舍入口处的一小块空间，用木板搭成，并盖有小篷顶。[②] 18世纪以后，前室在农民住宅中的功能更加丰富。它们既是入口处的保护性围墙，也是夏季额外的生活区，还能充当储存食物的生产建筑。多功能性是农舍中各种建筑的共同特点，尤其是老式建筑，如木屋、谷仓、地窖等。

储藏室是农村住宅非常重要的一部分。这不仅是因为它是贵重物品的存放地，还因为它为农民提供了更广阔的生活空间，尽管其中没有火炉。储藏室可以用来储存粮食、面粉等许多物品。衣服和布匹也被存放在储藏室的箱子中，或者干脆直接挂在墙上。即使在冬天，年轻夫妇也

[①] Бломквист Е. Э. Крестьянские постройки русских, украинцев и белорусов（поселения, жилища и хозяйственные строения）. —Труды Ин-та этнографии, нов. сер., Т. 31. М., 1956, с. 216.

[②] Раппопорт П. П. Древнерусское жилище. —Археология СССР. Свод археологических источников, вып. Е - 1—32. М. - Л., 1975, с. 142；Засурцев П. И. Усадьбы и постройки древнего Новгорода. -Материалы и исследования по археологии СССР, № 123, М., 1963.

经常在储藏室里过夜。俄国南方有一个习俗，即女性嫁人后若与男方的家人生活在一起，那么她将拥有自己的专用储藏室，用来储存嫁妆，她的"小"家庭通常也住在这里。① 储藏室的建造特点取决于其重要性。通常，农民用上好的木材建造储藏室，并且建造时非常认真。储藏室中的地板和屋顶通常比木屋更坚固，因为它要保护物品免受老鼠和害虫的咬噬。许多地方的储藏室，乃至后来的谷仓都建在特殊的平台上，与地面保持一定的距离。

在 18 世纪，一个农村住宅中有不同的区域。不同地区宅院中的储藏室的位置也不同。在俄国北部地区，农村住宅里的大部分生产建筑都在同一个房间中，储藏室只是这个综合房间中的一部分。但是，即便这样的储藏室不是单独的一个房间，其所在的区域也仍然有坚固的地板和天花板。在俄国南部省份，储藏室多为独立的建筑。

16~17 世纪，农村住宅中出现了专门储存谷物的建筑——谷仓和粮仓。显然，它们是同一种建筑，只是名称不同，它们起源于封建领主和商人的家中，因为他们有大量需要储存的东西，后来慢慢普及到了农民住宅中。随着农民经济水平的提高，农民所拥有的粮食越来越多，慢慢产生了对粮食储存专用房的需求。就这样，谷仓和粮仓就出现在农村住宅当中。不同宅院中的谷仓的位置相同，但总是与房屋保持一定的距离，以便在发生火灾时保护粮食不被毁坏。同时，在所有的建筑中，只有粮仓和谷仓需要上锁，并且他们往往很显眼，有些谷仓就位于住宅的中央。谷仓和粮仓都是用上好的木材精心建造的，里面有专门的箱子、抽屉柜，用于储存粮食、贵重的家用器具等。

除了粮仓和谷仓，农村住宅中还有另一组与粮食生产密切相关的建

① Бломквист Е. Э. Крестьянские постройки русских, украинцев и белорусов（поселения, жилища и хозяйственные строения）. —Труды Ин-та этнографии, нов. сер., Т. 31. М., 1956, с. 189.

筑。这种建筑可能不是农民家庭中的基本建筑，但随着农业生产水平的提高，它们逐渐成为农村住宅的必要组成部分。这样的建筑用于在脱粒前烘干禾捆，粮食干燥室就是代表。秋季，在湿度较高的温带气候区，建造这样的设施在粮食收成量大的地区是必要的。为了使谷物完全脱粒，必须首先使其完全干燥。在正常的农业实践中，脱粒这一程序会拖延到 10~11 月。因此，即使是在干燥的秋季，谷粒在脱粒前也有可能因为长时间放置在草垛中而"受潮"。现实中有几种类型的粮食干燥室。其中最原始的一种类型是"尖顶形粮食干燥室"，其底部可以生火，火坑上方搭有堆成锥形的杆子，杆子外面铺有草皮。人们将禾捆放置在草皮上烘干。在整个 19 世纪，这种粮食干燥室被用于贫困家庭中或远离村庄的田地上。它们足以在脱粒前完全烘干谷物，但需要付出大量的精力，因为人们必须一直观察火和谷穗的情况，以免火势过大烧毁作物。

更常见的一种粮食干燥室是用于晾晒禾捆的专门建筑，其整体构造与尖顶形粮食干燥室一致，下部有火或加热器，上层房间中放置禾捆进行干燥。不过，这种双室的粮食干燥室要先进得多，危险性也小得多，因为加热室和干燥室之间被一块特殊的板隔开，隔板被黏土完全覆盖，并且配备专门的通风槽，用于排放暖空气和烟雾。在这样的粮食干燥室中，无论天气如何，禾捆都能被很好地烘干。这样的粮食干燥室通常在夜间烘干禾捆，以便人们利用白天的时间脱粒。19 世纪的民族志中记载了两种类型的谷物干燥房：坑式粮食干燥室（其加热区位于地下，只有烘干室被置于地面之上）和高架式粮食干燥室［其火箱（炉子）和烘干室都在地面之上］。后者需要更多的木材来建造，更方便，也更昂贵。在 18 世纪，尤其是在俄国西部省份，干燥棚流行开来，其窑炉不在底部，而是在侧面。它们更多地被用于地主的农场中，因为这样的烘干房可以容纳更多的谷物。

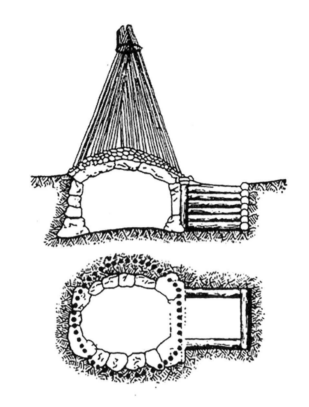

图 7-13　莫斯科省"尖顶形粮食干燥室"的正视图和俯视图

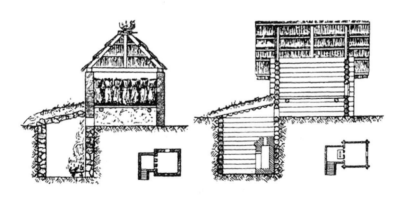

图 7-14　坑式粮食干燥室

早在18世纪以前，谷物干燥房就已经出现，但多被用于地主和修道院的农场中。到了18世纪，在俄国中部和北部省份的农家院落中，谷物干燥房占据了相当重要的位置。后来，谷物干燥房传播到了乌拉尔和西伯利亚的气候适宜区以及俄国南部省份，只不过并未普及。后来的民族学研究表明，粮食干燥室在南方很罕见。

从功能上讲，打谷场和专门用于清洗和捣压谷物的空间与粮食干燥室密切相关，前者是谷物的脱粒场所。18世纪，这样的场地被统称为"打谷场"。打谷场有时也包含其他建筑，如板棚（用于储存谷壳这种牲畜饲料）。所有这些结构通常都是由轻质的瓦片或栅栏制成。

这些生产建筑一般与住宅楼之间有一定距离，以免住宅楼受火灾的影响。由于粮食干燥室频繁发生火灾，这样的建筑布局能够保证火灾不会损害农民住宅中的其他重要建筑。

另一组建筑与农业的第二重要的分支——畜牧业有关，位于农民住宅附近。这是一种存在已久的专门饲养牲畜的建筑，不过它并没有成为农民的必备建筑，也没有在各地普及开来。这种建筑综合体最早出现在俄国北部地区，[①] 在那里显示出形成统一的集合体的趋势，将农民的所有住宅都集中在一个巨大的空间里，形成了农村住宅建筑群。这种统一是由俄国北部农民推动的，不仅是因为那里气候恶劣，而且还因为农民有极大的自由，他们并未受到地主专横的控制。

在其他地区，农村住宅建筑群的形成非常缓慢，直到19世纪末才零星出现了稳定的庭院建筑群。

用于饲养牲畜的棚屋比较特殊，表面有青苔覆盖，根据古代文献记载，早在18世纪前这一建筑就已经为人所知。通常情况下，棚屋用于饲养牛、家禽和蜜蜂，畜圈用于饲养绵羊。棚屋可以建在木屋附近，

---

① Шенников А. А. Крестьянские усадьбы XVI–XVII вв.

但不一定与它在同一屋檐下。通常情况下，棚屋上方会建造一个小房间，用于储存饲料（即干草房）。出于同样的目的，人们也会建造独立的畜圈或棚屋阁楼。牛饲养在露天棚子里，整个冬天都暴露在大自然中，这样的棚子在俄国南部省份很常见，这当然会影响牛的品种，导致牛的产仔率低下。著名的俄国乳牛品种是在北方地区饲养的，因为自 17 世纪起，俄国北方地区饲养牲畜的设施就相当完善了。

在牲畜建筑群中，值得一提的是板棚。板棚是住房旁边的一个带屋顶的房间，冬天在此饲养牛群。储存干草的建筑与它同名，这些建筑不仅建在村庄和村落附近，还会建在田野里。板棚足够宽敞，以便储存干草、稻草等其他物品。但板棚的建造取决于家庭的经济条件，大多数人不得不以损耗大的传统方式将干草保存在干草垛和麦秸垛中，这样将损失很大一部分干草（多达 1/4）。

在整个 18 世纪，俄国村庄和村落的布局进一步发生了变化。人口增长及人口密度增大迫使人们以新的方式对待土地，因此，更密集、更紧凑的建筑综合体应运而生。在许多因素的影响下，农庄中出现了不同类型的建筑综合体。现在已知的关于住宅历史的资料，使我们没有必要在具有神话色彩的"部落文化"传统中寻找这些建筑的起源。[①] 它们的诞生水到渠成，是经济、气候和农民的生活条件共同作用的结果，这些条件不可避免地促进了社会进步和农业生产的发展，同时，又反过来阻碍了这种进步。

在许多代建筑师和艺术家的努力下，俄国保留下来了载有丰富而独特的俄国农村建筑装饰品的史料。每一个了解过俄国木式建筑、领略过其美丽的人，都会不知不觉地被其比例的精巧、建筑整体和局部的艺术

---

① Бломквист Е. Э. Крестьянские постройки русских, украинцев и белорусов（поселения, жилища и хозяйственные строения）. —Труды Ин-та этнографии, нов. сер., Т. 31. М., 1956, с. 456.

表现力与美感以及雕刻装饰的别具一格震撼。但是，在对有关农村住宅的大量史料的分析后，我们并没有看到艺术家所描绘的美好画面。况且，我们真的可以理所当然地认为那些"装饰品"的错综复杂、每个房子的独树一帜，只是一个美学问题吗？对这种装饰品的全面分析仍有待深入，但只需观察它们分布的位置，就能够发现建筑装饰与农民的善恶信仰之间存在深刻的有机联系，而这几乎与官方信仰东正教无关。通常，无论一个家庭有多穷，都一定会通过"装饰"来突出自己的特点。

　　农民会以各种方式对位于屋顶的"原木"，即"正梁"进行装饰。马头或鸟头是常见的木雕形象。① 雕刻的艺术各不相同，表现力也不尽相同。但无论如何都必须装饰。类似的形象也可以雕刻在马厩、谷仓或牛棚的屋顶上。

图 7-15　鹦状木雕

　　第二个必须装饰的区域是住宅入口（大门、门）。橱柜门、大箱盖也通常被装饰。这些地方的装饰图案更多是象征太阳的符号，用简化后的

---

① Маковецкий И. В. Архитектура русского народного жилища. Север и Верхнее Поволжье. М., 1968, c. 180–181.

沉雕法创作。随着雕花窗的出现，类似的图案开始在窗框上出现，而太阳符号则用来装饰支撑天窗的拉板。

图 7-16　木雕母鸡

　　第三个必须装饰的地方则是木屋内部，屋内图案装饰也有严格的位置规定。首先是灶台，炊具上的图案等装饰并非乌克兰独有。彩色黏土、赭石和小浮雕被俄国和白俄罗斯的农民用来装饰火炉。火炉上的图案多为太阳和一些表示对火和太阳崇敬的图形，也经常出现动物形象，如马、天鹅。

　　马的图案也被用于装饰睡翁椅，一家之主通常躺在这种椅子上睡觉。马头是地凳和神龛（放置圣像的地方）上最常见的图案，也是人们最喜欢的装饰图案之一。农民在虔诚地信仰东正教的同时，仍旧把自己的命运、健康和幸福托付给古老的、亲切的、快被遗忘了的万神殿的庇护者。因此，我们很难把 18 世纪农村住宅的这些装饰品仅仅看作装饰品，尽管这些作品的精巧工艺常常吸引我们去欣赏它们。从外观上看，18 世纪的农村宅院给人留下的印象平淡无奇，只有木墙上银灰色的光泽、没有花园和篱笆、树木稀少的乡村街道的枯燥景观令人印象深刻。

　　18 世纪的农村住宅延续了以前的发展趋势。中世纪文化的典型特征在农村住宅中得到了最全面的体现，农村住宅的建筑技术适应当地的自然条件以及小农经济支配下的技术和经济条件。最后，人们以自己的方式制定出了某些固定的标准，在总结前人经验知识的基础上形成了自己的建筑特色。

首先，18世纪的农民对宅院进行精心设计，庭院要满足农民的基本经济需求，而经济需求又取决于每个家庭的经济状况，各家庭的贫富差距相当大。18世纪末至19世纪上半叶，民族学家所指的区域性宅院建筑群最终形成，原则上是同一类建筑群，构架大致相同，只是组合方式有所不同。在俄国北方，这些建筑都集中在一个房间内，而在南方则仍然保持独立，而中部各省的建筑群分布状况则介于南北之间。在这个过程中出现了一个非常重要的现象：农民个人的宅院最终正式从村社中分离了出来，成为一个独特的、有明确边界的经济单位。只是在俄国的封建官僚制度下，村社的平均主义原则限制了它的进一步发展，即农民的内部分化。即使是18世纪最富有的农户的住宅结构也与其他家庭相似，只是在规模、质量和数量上有所不同。

显然，农村住宅文化直接受到了城市住宅的影响。农村住宅中的所有创新都来自城市（如"带边框的窗户"和天花板等），并且新元素在城市周边的村庄中更为常见。然而，这种影响非常微弱，因为农村有着与城市完全不同的生活方式。与其说是农民沿袭了传统的生活方式，不如说是整个农村社会的结构较为稳定，因为农民的生活方式与农村经济体系之间保持了"平衡"。农民对城市建筑新元素的接受有限，不是因为他们不知道新事物的存在，而是因为他们无法在自己的能力范围内借鉴并付诸实践。

第八章
服 饰

P. M. 别洛戈尔斯卡娅

Л. B. 叶菲莫娃

18世纪的俄国服饰焕然一新,但只有贵族服饰发生了巨大的改变。

相较于以往,18世纪关于服饰的史料可谓不胜枚举。各种各样的书面资料(婚姻契约书、遗嘱、回忆录、财产分割证明、达官显贵的服装单等)中都包含有关服饰的信息。遗憾的是,鲜有资料同时记录了服装的名称和外观,这导致我们有时很难通过外观识别某类服饰。从18世纪的回忆录和期刊中也可以搜集到关于服装及其外观的信息。在此,18世纪末19世纪初的各省档案和地理考察作品发挥了重要作用,尽管其中对地方民间服饰的记载较为粗略。本章还参考了18世纪以后出版的民族学著作。由于农民服饰的特点相对稳定,我们可以凭借后来的资料推测18世纪俄国农民服饰的特点。此外,国家立法也是我们研究18世纪俄国服饰的重要史料。

画作是研究服饰史的重要史料。与以往不同,18世纪的绘画作品不计其数。肖像画、木版画以及民间工匠创作的实用艺术品,都呈现出了服饰的具体样式。描绘18~19世纪莫斯科、彼得堡和领地景观的版画和水彩画往往包含风俗画的元素，这对于 18 世纪服饰史的研究也有重要意义。保存于艾尔米塔什博物馆、俄罗斯国家历史博物馆以及莫斯科克里姆林宫等博物馆的 18 世纪服装对我们的研究最有价值。不过，凭借上述资料仍然无法详尽无遗地概述 18 世纪的俄国服饰史。

17 世纪的俄国已经具备改革服饰这一重要的社会物质文化的条件。17 世纪，欧洲人的生活方式和服饰已经逐渐渗透到俄国人的日常生活中。一些大贵族，如 В. В. 戈利岑、Н. И. 罗曼诺夫和 А. С. 马特维约夫的衣柜里出现了德式衬衫和欧式长袍。尼基塔·伊万诺维奇·罗曼诺夫喜欢穿法式服装和波兰式服装。① 沙皇阿列克谢·米哈伊洛维奇从童年就开始穿德式斗篷和长袍。② 1681 年，俄国颁布了一项法令，规定全体大贵族和官员在宫廷和克里姆林宫内只能穿短款波兰式上衣。③ 俄国进口的货物，除了各种纺织品，还有西欧的帽子、手套、围巾、长袜、丝带和饰缘。④ 从当时的肖像画和文字资料可以看出，在彼得一世改革以前，欧洲服饰已经传入俄国，并融入了人民的日常生活。但这种局部的"欧化"只局限于宫廷内部，没有扩散至其他任何一个重要的社会集团。⑤ 彼得一世改革之后，俄国服饰才发生了根本变化。

彼得一世推行服饰改革的主要目的是突出贵族这一统治集团的特殊性。在俄国，新服饰出现的时间与专制主义的加强、常备军和官僚机构的形成时间相吻合。国家管理体制改革也是为了突出政府和行政人员的

---

① Забелин И. Домашний быт русских царей в XVI и XVII столетиях, т. I, ч. 2. М., 1918, с. 63，64.

② Коршунова Т. Т. Костюм в России XVIII—начала XX в. Из собрания Государственного Эрмитажа. Л., 1979, с. 6.

③ Брикнер А. Г. Иллюстрированная история Петра Великого, т. I. Спб., 1902, с. 265.

④ Бакланова Н. А. Привозные товары в Московском государстве во второй половине XVII в. -В кн. : Очерки по истории торговли и промышленности в России в XVII—начале XVIII столетия. М., 1928, с. 97-100.

⑤ Очерки русской культуры XVII в., ч. 2. М., 1979, с. 9-10.

地位。同时，贵族本身，尤其是上层贵族对于将自己与其他等级区分开来的愿望越来越强烈，哪怕只是在外表上有所区分。贵族社会中日益普及的新服饰并没有被大部分俄国人接触到。

彼得一世在 1697~1698 年随大使团出国访问，其间他领略到了欧洲市民的风俗，亲眼看到了他们的生活，这一经历推动了俄国服饰发生真正的转变。1698 年，剃须令出台，该法令规定留有胡须的人必须纳税。这引起了同时代人的强烈反应，因为在俄国，胡须被认为是男人尊严的象征。许多有关服饰改革的法令都难以推行。1700 年 1 月 4 日颁布的第一项关于服饰的法令规定："莫斯科等城市"中的男性居民，除神职人员和农民以外，必须穿匈牙利式服装。[1] 其版型宽松，与旧俄式服装相仿。随后的法令又在此基础上加入了"德式服装和法式服装"。这些法令不止一次地强调："除神职人员、马车夫和耕地农民之外的所有等级"都要遵守法令。女性也被要求穿着欧式服装。[2] 人们被禁止着俄式服装出现在公共场所，"工匠不能制作和销售旧俄式服装"。不服从法令者将被处以罚款。礼服尤其受重视，[3] 俄国的宫廷服饰在华丽程度上不逊于欧洲宫廷服饰。在节日和典礼等盛大场合，贵族要穿用锦缎制成的最时髦的法式服装。鞋子也不例外，用俄国老式皮革加工法制作出来的鞋子不能防水，因此 1715 年法令建议采用新的皮革加工法。[4] 除首都市民外，各省市民也要穿新式服装。服饰改革是彼得一世改革的一个重要方面。这一点在法令中得到了强调：引进新式服装是为"国家和军事领导人的荣耀和气质"着想。

---

[1]　ПСЗ, т. IV, № 1741.

[2]　参见 Устрялов Н. Г. История царствования Петра Великого, т. III. Спб., 1858, с. 350; ПСЗ, т. IV, № 1887。

[3]　ТСЗ, т. IV, № 1898.

[4]　Семенова Л. Н. Очерки истории быта и культурной жизни России первой половины XVIII в. Л., 1982, с. 128.

接受新服饰并非易事，这意味着人们必须摒弃原有的习惯、传统和品位。在莫斯科，新的着装风尚"三年之后仍未确立"，新服饰在外省的传播则更慢。① 通常，长辈最难接受新服饰，他们认为这是对传统的背叛，也是对他们尊严的侵犯。青年贵族对此则持不同的看法，他们被彼得一世公派出国，学习军事、海军、工程等方面的知识。但是，他们回国后仍然不敢立即换上欧式服装，因为害怕被亲戚嘲笑。② 人们对于服饰改革的态度往往也代表着他们对于彼得一世其他改革的态度，那些反对服饰改革的人往往也反对彼得一世的其他改革。新式服装被反动贵族、部分神职人员等保守主义者顽固抵抗。例如，许多分裂运动的成员坚持拒绝穿新式服装。为此，国家出台了法令，承认了传统服饰的合法性。③ 这一方面是政府的让步，另一方面也导致保守主义者更加保守。

对新式服装的接受程度在很大程度上取决于人们的财产状况，因为这意味着要立即把整个衣柜里的衣服全部扔掉。1706年，西伯利亚市民因"物资匮乏"而乞求不买新衣服，就证明了这一点。④ 裁缝的技艺对于服饰改革的推行相当重要。许多宫廷裁缝和自由裁缝没有能力，有时也不愿意按照新的方法缝制衣服。为了使这项改革更易推进，1700年克里姆林宫门处展出了穿新式服装的人体模型，并且张贴了引进新服饰的法令。裁缝难以掌握欧式服装的制作工艺，而国内对于欧式服装的需求又不断增加，这就导致俄国出现了大量粗制滥造的成衣。1707年，国家出台了法令，命裁缝在德式服饰上盖章，"莫斯科的裁缝必须按照德式制衣法缝制衣服"。⑤

---

① Куракин Б. И. Жизнь князя Б. И. Куракина им самим описанная. —В кн. : Архив князя Ф. А. Куракина, кн. I. Спб. , 1890, с. 257.

② 参见 Семенова Л. Н. Очерки истории быта и культурной жизни России первой половины XVIII в. Л. , 1982, с. 128。

③ ПСЗ, т. VI, № 4034；т. VII, № 4596.

④ ПСЗ, т. IV, № 2132.

⑤ ПСЗ, т. IV, № 2175, с. 397.

新式服装成为贵族、官僚以及与贵族生活密切相关的市民群体，如仆人、警察等的生活必需品。随着时间的推移，新的穿衣风尚开始影响更多群体。

农民服饰保留了俄国传统服饰的特点，其整体特点与体现身份、年龄等信息的装饰细节变化不大。但斗转星移，农民服饰也发生了些许变化。

由彼得一世引入俄国的服装，主要受到 17 世纪法国贵族服装的影响。法国几乎是"新式服装的唯一发明者，并在很长一段时间内充当潮流的引领者，包括俄国在内的整个欧洲都处于法国的影响之下"①。欧洲人民所穿新式服装的款式、结构和轮廓总体相似。同时，不同国家的服饰又有自己的特点。通常，男装包括衬衫、背心、长袍、短裤、长袜和靴子，女装则有必不可少的胸衣、束腰半身裙以及下摆宽大的蓬裙。女性的扑粉发型和男性各式各样的假发也是整体造型的一部分。在不断变化的艺术风格的影响下，贵族服装的样式也发生了多次变化。18 世纪上半叶的服装具有巴洛克风格所特有的威严感和庄重感。服装修长的版型和华而不实的装饰与男士的长卷发和女性头发上带有花边的巨大配饰相呼应。到 18 世纪中叶，洛可可风格已经在建筑、绘画和实用艺术等领域成为主流。人们对于服饰之美的认知发生了改变。裙子的样式更加优雅，它的轮廓纤细，极富格调。男装极瘦的版型、女装中的紧身胸衣以及收腰和宽大裙摆的设计显得人非常瘦弱，甚至阻碍了人们的日常活动。18 世纪 70 年代，新的古典主义艺术风格确立，服装的样式再次发生了变化。在这种风格的影响下，服装的剪裁更简约严整，版型更舒适便捷，人们不再戴扑粉假发，不再梳笨重的发型，男人不再化妆，女人也大大减少了对化妆品的使用。

---

① Мерцалова М. Н. История костюма. М. , 1972, c. 114.

时尚这一新现象在18世纪以前的俄国尚不为人所知，到了18世纪，时尚则给其追随者们带来了诸多麻烦。当反映贵族礼服和日常服饰的"潘多拉"娃娃从巴黎传入俄国后，俄国宫廷意识到，服饰潮流发生了转变。

"潘多拉"娃娃每周都会从巴黎运往伦敦，再从伦敦发往世界各国——"从彼得堡到君士坦丁堡"①。新风尚传入外省则相当滞后，有时甚至会晚整整几年。直到1779年，俄国才出现了专门介绍时尚服装的定期刊物，《时尚月报：女士梳妆台藏书》杂志首次刊载了与时尚有关的内容。18世纪末，杂志《公益知识商店》创刊，介绍了服饰的变迁。但这些刊物基本只在俄国首都传播。18世纪末的一本旅游指南对摩登女郎有如下描述："没有什么比观察乡下的讲究人更有趣了，他们不模仿图画上的贵妇穿衣服，而是根据奶奶的讲述打扮自己。老太太一旦在店铺里看到城里来的摩登女郎，就会立刻回家给孙女描述她们的穿着打扮，面面俱到，连一枚小小的佩针都不落下……"②

从此，穿着华丽时尚被认为是崇高地位的象征。③ 然而，有些贵族成员并不热衷于追逐时尚，他们认为穿得有品位不等于一味地穿华服。因此，他们对追求奢侈的人嗤之以鼻。④

18世纪的贵族男装主要由卡夫坦袍、背心和短裤组成。卡夫坦袍的特色是单排扣设计，贴合腰部线条。它长度及膝，袖口有翻边，通常没有领子，侧边和背部都有开口，以便携带长剑——贵族尊严的象征。卡夫坦袍的样式直到18世纪末才发生变化，且变动很小，如袖口、口袋以

---

① Каменская Н. М. История костюма. М., 1977, с. 65.

② Ручной дорожник для употребления по пути между императорскими столицами. Спб., 1801, с. 89.

③ Русский костюм 1750-1830 гг., вып. I. Под ред. В. Рындина. М., 1960, с. 20.

④ Жизнь и приключения Андрея Болотова, описанные самим им для своих потомков. 1738-1793, т. II. Спб., 1871, стб. 417, 433-434, 538.

及外轮廓等。参加盛典穿的卡夫坦袍用丝绸、天鹅绒和锦缎缝制，有时还衬以毛皮，接缝处用金色或银色刺绣修饰。此外，这种卡夫坦袍还会用金银饰带、宝石和彩色刺绣点缀。宫廷中有如下规定：每个季节要使用特定的布料，"……夏天不应该使用天鹅绒，这样可以减轻衣服重量；冬天使用塔夫绸则会令人发笑……"[1] 男士日常穿的卡夫坦袍用布缝制。卡夫坦袍只需扣上面和中间的纽扣，这样可以露出里面的内衬，内衬的版型几乎与卡夫坦袍一样。在 18 世纪上半叶，内衬的袖子很瘦，没有外翻袖口；到 18 世纪中叶，内衬变成了无袖背心，背心上的装饰与卡夫坦袍的装饰一致，甚至连纽扣的形状和数量都一样，只在尺寸上有些差别。在 18 世纪上半叶，背心和卡夫坦袍由同一种布料制成，极少数背心由锦缎制成。到了 18 世纪下半叶，尤其是 18 世纪八九十年代，背心通常是白色的。

贵族男子通常在背心里面穿衬衫，衬衫由白色麻布制成，没有领子，胸前有开口。到了 18 世纪 20 年代，衬衫胸前的开口处出现了"带褶花边"作为装饰，[2] 袖口多以蕾丝或亚麻布缝制，从卡夫坦袍的袖口里总能看到衬衫。及膝短裤的布料与卡夫坦袍的布料相同。通常，贵族男子还佩戴细纱、麻纱或镶边领巾。在 18 世纪前 25 年，贵族男性通常将华丽的领巾露在背心外面，后来，他们把领巾包在脖子上，其华丽的花边被衬衫上的带褶花边取代。

贵族男装的变化还体现在皮鞋、长袜、假发、帽子和长剑上。18 世纪的男士皮鞋是直楦鞋，不分左右。彼得一世时期的皮鞋多为圆头，且有高跟和厚鞋底。鞋面上有扣子和宽大的皮质鞋舌作为装饰，后来鞋舌消失了。到了 18 世纪 80 年代，带跟皮鞋不再流行。圆头皮鞋被方口皮鞋取代，后者没有后跟，鞋头有蝴蝶结或搭扣作为装饰。同时，一直作为

---

① Кантемир А. Собрание стихотворений. Л., 1956, с. 72.

② 来自法语"jabot"，意为嗉囊。

军用鞋的靴子走到了时尚的前沿。长裤有各种颜色，但从18世纪下半叶开始，大多数长裤都是白色的。长裤可以分为薄长裤和保暖长裤，有些保暖长裤带有毛皮衬里。

涂粉假发是贵族男性整体造型中必不可少的一部分，它与新式服装相匹配。A. H. 拉吉舍夫曾略带讽刺地评论这种假发，强调它的等级属性："对不起，我的读者们，最后说明一下，我是在首都出生和长大的，如果有人不卷发，不涂粉，那么我无论如何都不会尊重他。"[1] 18世纪初，男士假发多为长长的卷发。贵族男性通常将头发在后脑勺处拢成一束，并打上蝴蝶结。18世纪30年代，贵族男性将头发束在黑色的小发包中。从18世纪中叶到18世纪90年代，假发通常被横向束在耳朵上方。到了18世纪末，许多贵族男性不再使用假发和发粉。他们或留中长发，将其高高地束在头顶，形成所谓的"钝头"；或将头发剪短，卷成卷发。为自己的头发做造型是一门伟大的艺术。《彼得堡新闻报》和《莫斯科新闻报》上经常刊登能熟练"梳头发"的农奴理发师的广告，这足以说明发型对贵族男性的重要性。

直到18世纪末，贵族男性仍然有画眉毛的习惯，尤其是那些穿着考究的贵族男性。羊毛帽或绒帽也是贵族男装不可或缺的一部分，其帽檐多呈圆形。老式三角形的帽檐会在三面镶上花边或蕾丝。到了18世纪末，三角帽被宽檐圆帽取代。

在整个18世纪，卡夫坦袍搭配背心是官方指定的礼服的唯一样式，也是最常见的套装。在宫廷舞会、集会、化装舞会等庆典活动中，贵族男子都如此穿着，日常生活中也常能看到这样的搭配。

许多不同款式的男装在18世纪普遍存在，它们没有严格规定的用途。新兴的常礼服和燕尾服都属于华服，当时，它们的面料更昂贵，并

---

[1] Радищев А. Н. Путешествие из Петербурга в Москву. М., 1950, с. 76.

有繁复的装饰。在日常生活中，如散步、私人访问等，贵族男子多穿呢绒衣服，它的唯一装饰就是纽扣。

常礼服与卡夫坦袍有很多相似之处，但常礼服更长，有双排扣，而且有翻领的设计。后来，常礼服逐渐取代了卡夫坦袍，再后来，常礼服又被燕尾服取代。常礼服通常有毛皮衬里，有时还用金银饰带或镶边作为装饰。例如，Д. И. 冯维辛在去意大利旅行前，为自己订做了一件极考究的黑貂皮大衣，大衣表面缝有金环和流苏作为装饰。[1] 这种大衣也可以当作日常出行的外衣。18 世纪末，有些贵族男子日常外出时就穿常礼服。[2]

夹克衫属于休闲男装，其长度比背心短，版型更宽松、更舒适。18世纪初最流行的是波斯特罗戈夹克，这是最舒适的工作服，由彼得一世从荷兰引进。

燕尾服出现于 18 世纪 70 年代的英国，是资产阶级的日常服装。它很快风靡法国，并在 18 世纪末传入欧洲各国。与卡夫坦袍不同，燕尾服的前襟开衩，且有高翻领，通常没有任何装饰。只有在盛大场合中穿的法式燕尾服，才用刺绣作为装饰。18 世纪末，燕尾服取代卡夫坦袍成为俄国贵族的礼服。燕尾服通常与马甲搭配，马甲实质上是经过改造的背心，是穿燕尾服时必穿的内衬。

1796 年，保罗一世登基，严苛的监管制度覆盖了社会生活的方方面面，当然也包括服饰。从资产阶级革命后的法国引入的服装受到了尖锐的排挤。同时代人指出，历史上没有任何改革比保罗一世改革更为剧烈和突然，就像魔术一样。在不到一天的时间内，一切都变了：衣服、发型、步态、面部表情，甚至还有职业。在公共场合穿燕尾服、头戴圆帽被视为"不雅、淫乱的行为"，这样的人会受到严酷的迫害。[3] 然而，法

---

[1]　Рассадин С. Ш. фонвизин. М. , 1980, с. 5.

[2]　Русская старина, 1879, т. 9, с. 382.

[3]　Русская старина, 1870, т. 11, с. 521.

国时尚已经深深扎根于俄国贵族的生活中。

18 世纪俄国服饰还有一个重要的变化，即出现了专门的家居服。白天，贵族在家中通常穿睡袍或披风，它们版型宽松，袖子肥大，有双排扣设计。睡袍是用棉布绗缝的，有些睡袍带毛皮衬里用以保暖。睡袍看上去相当有风度，许多达官贵人都穿睡袍接待访客，当然只是地位最低下的访客。Г. Р. 杰尔查文曾回忆道："Н. И. 帕宁伯爵曾穿灰色缎制的睡袍、戴有丝带的法式帽子接待高级官员。"[①] 帽子是家居服中不可缺少的配饰，因为它能遮住假发下面的短头发。

18 世纪末，贵族男性开始穿"家常便服"，[②] 包括不加装饰的燕尾服、有刺绣的短马甲和深色长裤。穿家常便服时通常要搭配靴子而非皮鞋，头发也要梳理。

18 世纪的俄国还有专门用来御寒的外衣。其中最流行的是肥大斗篷——风衣的一种。肥大斗篷有两种类型：不带袖子和带袖子的。毛皮大衣是冬天穿的外衣，有关其样式的信息很少。根据现有资料中关于大衣（如旧式毛皮大衣、俄式毛皮大衣、波兰式毛皮大衣等）的记载，可以推测这些毛皮大衣有多种类型，并且在很大程度上受到了欧洲的影响。毛皮大衣由毛皮或被毛皮包裹的布制成。冬季，贵族男子还会戴毛皮帽，帽子上有大耳朵作为装饰。此外，贵族男子也会戴便帽，便帽由布、天鹅绒和毛皮制成。严寒时节，贵族男子则戴由熊、海狸、狼等动物的毛皮制成的围巾。18 世纪末，保罗一世禁止男性佩戴围巾。

贵族生活方式的改变，使贵族服饰的样式逐渐丰富，这一变化在 18 世纪下半叶尤为明显。经历了 18 世纪下半叶的改革之后，贵族在地方政府中享有绝对的支配权，并积极参加政府机构、法院、地方政府委员会的选举，这些活动都伴随着各种各样的庆典。因此，贵族社会中出现了

---

① Державин Г. Р. Записки Г. Р. Державина 1743–1812 годов. М.，1860. c. 99.
② negligé（法语），意为服饰不整的、疏忽大意的。

新的交流形式，拜访、舞会和庆典越来越流行。哪怕是偏远的西伯利亚城市也出现了新型世俗娱乐活动。① 贵族丰富多彩的生活使他们有理由频繁更换不同类型的服装。

贵族的服饰开销巨大，朝臣也是如此。Г. А. 波将金的一件晚礼服价值 20 万卢布，这相当于 4 万名农民的年收入总和。② 奢侈之风加速了领地的没落。А. Д. 康捷米尔在他的《讽刺诗》中讽刺道："一个花花公子需要整个村庄为他买单。"③ 对于这一问题，И. А. 克雷洛夫在《旁观者》杂志上表示："花花公子即使活到 200 岁，也还不清在裁缝、鞋匠和其他工匠那里欠下的债务。"④

贵族的服饰开销如此之大，甚至达到了倾家荡产的程度，不仅是因为自己穿的衣服昂贵，他们仆人的衣服也非常昂贵。此外，大贵族通常有庞大的仆人队伍，包括熟练工匠、音乐家、艺术家，以及理发师、管家、车夫等。许多在家中服务的仆人，尤其是在待客以及陪同主人出行时，都需要穿制服。制服由长袍或背心和短裤组成，衣服上镶有黄金或彩色的圆环作为点缀。此外，仆人也需戴假发。受首都贵族的影响，外省的地主也让仆人穿短裤、夹克和大衣。然而，这对中下层贵族来说是一种负担。1775 年，国家颁布了一项宣言，请贵族注意通过区分各等级仆人的制服来突出"身份地位"⑤。

随着国内官僚机构的建立，公民制服也引入俄国，这是 18 世纪的一个独特现象。公民制服最初出现在某些政府机构的官员和贵族学生身上。后来，莫斯科大学、彼得堡矿业学院等教育机构也要求学生穿制服。穿

---

① 例如，1773 年，托博尔斯克警察厅宣布在西伯利亚省省长齐切林家中举办化装舞会，所有出席者都要穿舞会专用礼服。—Русская старина，1891，т. 7，с. 179.

② Эйдельман Н. Я. Грань веков. М.，1982，с. 11.

③ Кантемир А. Собрание стихотворений. Л.，1956，с. 72.

④ Зритель，1792，февраль，с. 75.

⑤ ПСЗ，т. XX，№ 14290，с. 10.

制服的主要目的是将某一群体与其他群体区分开来，表明他有特殊的权利和义务。国家于 1765 年颁布的关于驿站办公室官员制服的法令中强调："其他任何人都不得穿这种制服。"①

制服通常由呢绒制成，同样由卡夫坦袍、背心和短裤组成，颜色多样。袖口、领口和翻领通常与衣身的颜色不同，有时面料也不同。

1782 年，国家颁布了一项法令，规定各省的贵族服装应当与省徽的颜色一致。② 该法令规定："……不仅供职者应当穿这种颜色的衣服，而且该省的所有贵族，不论男女，都需要穿这种颜色的衣服。上法庭、去首都和所有公共场所都要穿省徽颜色的衣服。但这些还不是真正的制服，因为它们的样式不统一。" 1784 年 4 月，"有关贵族和省级官员制服"③的法令首次为整个俄国的所有贵族和官员制服建立了统一标准，不仅统一了制服颜色，而且还规定了各省的制服样式。整体来看，制服与 18 世纪 80 年代常见的卡夫坦袍相似，与卡夫坦袍不同的是，制服没有翻领，衣身和衣领的颜色也不同。此外，穿制服的时候必须佩剑、戴帽。

18 世纪末，保罗一世对官员的服装进行了全面的改革。1797 年，国家向各官僚机构发放制服，各省官员都穿上了统一的制服——深绿色的卡夫坦袍，"领口和袖口的颜色与省徽的颜色相同，纽扣上刻有省徽的图案"。④ 制服能够清晰地反映出一个人的社会地位、等级和职业。

彼得一世的改革从根本上改变了女性的穿衣习惯。除农村妇女外，"各等级的妇女，包括牧师、女执事以及龙骑兵、士兵和射击军的妻子"都须"穿裙子和长袖开襟外衣、戴帽子、半身裙下面还要穿德式靴子"⑤。新的穿衣时尚并没有被女性立即接受，也没有触及各个等级的女性。18

---

① ПСЗ, т. ⅩⅥ, № 11696, с. 95.

② ПСЗ, т. ⅩⅪ, № 15557, с. 713.

③ ПСЗ, т. ⅩⅫ, № 15975, с. 90.

④ ПСЗ, т. ⅩⅩⅣ, № 17806, с. 531; Санкт-Петербургские ведомости, 1797, N 17.

⑤ ПСЗ, т. Ⅳ, № 1887.

图 8-1　奥廖尔省的贵族制服

世纪 70 年代，И. Г. 格奥尔基注意到，不仅在首都，其他各省的贵族妇女也都穿着欧式服装，非常时髦，而其他等级的妇女在很长的一段时间内仍然穿传统服装。

18 世纪初，贵族女性穿独特的欧式服装出席宫廷庆典。一些外国人在描述 18 世纪初的俄国宫廷生活时强调，宫廷中的妇女都穿欧式服装，非常讲究。①

在整个 18 世纪，女士礼服乃至休闲装都由宽大的礼服、半身裙和胸衣组

---

① Вебер Ф. Быт Москвы 1716 г. – Русский архив, 1872, № 7；Дневник камерюнкера Ф. В. Берхгольца. 1721–1725. М., 1902, ч. Ⅱ.

成，胸衣和裙子穿在亚麻衬衫外面。硬挺的胸衣紧紧地将腰部束起，鱼骨的设计使人无法弯腰，因而妇女往往呈现出傲慢的姿态。胸衣外套着一层昂贵的丝织品，并与不同款式的半身裙和分体式礼服搭配。贵族女性会根据当下潮流用花边、纽扣和细绳来装饰胸衣。最初的半身裙是直筒状的，但是从 18 世纪 30 年代开始，半身裙的款型越来越别致。半身裙下面有一种叫"箍骨架"的特殊架构作为支撑。到了 18 世纪中叶，箍骨架和裙子的尺寸非常大，以至于同时代的人写道："女性走起路来很困难。"[①] 讽刺者评论道："如果这种时尚被普通女性接受，那么她们根本没有办法行走。"半身裙的面料多种多样，裙上的装饰品更是五花八门，包括花边、金银丝带、荷叶边等。

宫廷礼服由胸衣和蓬裙组成，蓬裙有时被可拆卸的大裙摆替代。叶卡捷琳娜二世规定，女性在宫廷中的特殊场合须穿"俄式礼服"。它的风格类似于无袖长衫，只是面料不同，前者由昂贵的锦缎缝制而成。

女士礼服，尤其是女士进宫时穿的礼服异常奢华。它用金线和银线绣成，有大量花边甚至宝石作为装饰。首都有一些不很富裕的贵族妇女也追捧这种时尚。贵族对奢侈品的追求过于狂热，以至于在 18 世纪下半叶，政府出台了一系列限制贵族服装奢华程度的法令。[②] 法令规定，贵族女性应当遵守"简单和得体的着装原则"，只能用不宽于 2 英寸[③]的花边来装饰晚礼服。衣服只能用莫斯科的金银锦缎制作。女士礼服应与男士礼服的颜色一致，并用国产丝绸或布缝制。

开襟裙分为几种类型。最早出现在俄国的开襟裙是长袖开襟外衣，它通常穿在夹克和半身裙外面。还有一种开襟裙叫作"罩衫"，[④] 在整个 18 世纪都很流行。它的一个显著特点是前部贴身，背部可以贴身，也可

---

① Трудолюбивая пчела，1759，сентябрь.

② ПСЗ，Т. ХХI，№ 15556，15557，15569.

③ 1 英寸 = 2.54 厘米。——译者注

④ "罩衫"一词有两层含义：一指所有宽松的衣服，一指剪裁精致的裙子（源自法语"robe"一词，该词泛指各种衣服）。

以是宽松的，后者会形成很深的褶皱，被称为"华托褶"。罩衫由天然天鹅绒或带图案的丝绸缝制而成。版型宽松的开襟裙被称为"萨马拉裙"。这些都是 18 世纪上半叶的典型女装。宫廷女性在某些场合要穿罩衫（比如新年、军事胜利纪念日等），在其他场合则须穿萨马拉裙（例如命名日）。[①] 18 世纪下半叶，尤其是 18 世纪 60 ~ 70 年代，最华丽的开襟裙是筒式连衣裙。[②] 与其他所有开襟裙不同的是，其下摆从腰部才开始变蓬，半身裙和长裙用同种布料制成，且装饰相同。

从 18 世纪中叶开始，贵族女性开始在衣服里面缝圆环或绦带，以使开襟裙的下摆呈现不同的形状，这种方式逐渐成为一种时尚。到了 70 年代，人们会在筒式连衣裙里面再穿一条精巧的裙子，叫作"波洛涅兹"，意为"波兰式的"。在 18 世纪，尤其是 18 世纪下半叶，出现了很多新款女装："所有款式的女装都受到了世俗文化和政治文化生活的影响，并且结构相似。"[③]

图 8-2　18 世纪 30 ~ 40 年代带华托褶的萨马拉裙

款式丰富是 18 世纪女装的一个典型特征。贵族女装包括以下类型：礼服和休闲装，外出服和家居服，晨礼服和晚礼服。18 世纪下半叶，贵

① Журнал придворной конторы на знатные при дворе Ея Императорского Величества оказии, 1736, с. 136.

② 源自法语"robe ronde"一词，指筒式连衣裙。

③ Коршунова Т. Т. Костюм в России XⅧ—начала XX в. Из собрания Государственного Эрмитажа. Л. , 1979, , с. 9.

族妇女开始穿白色晨礼服。日常休闲服的修饰不多，面料也比较简单，大多是单色的丝绸、羊毛、法兰绒和细麻布。在家中，女性不需要穿紧身胸衣，也不需要穿有流苏的外衣。贵族妇女在日常生活中最常穿的是半身裙和各种样式的半长开襟衫。18世纪上半叶，这些开襟衫通常包括夹克、卡夫坦袍和半长衫。到了18世纪下半叶，它们逐渐被风格各异的卡萨金和短上衣取代。女性在散步和外出时通常穿更精致的英式开襟裙。这种裙子没有荷叶边、蕾丝和丝带等装饰。

图8-3 身穿短外衣和半身裙的妇女

图8-4 穿英式开襟裙的妇女

18世纪80年代，除了华而不实的洛可可式盛装和宫廷礼服，另一种新式女装也在俄国流行起来。它更贴合女性身材的自然走向，摒弃了丑陋、僵硬的紧身胸衣和笨重不便的箍骨裙。这些新式服装在法国资产阶级革命爆发后广泛流行，具有崇尚古希腊、古罗马艺术的新艺术风格——古典主义的特色。这种女装的结构发生了根本性转变。类似于衬衫的连衣裙和高腰半身裙开始流行起来。[①] 这种裙子的腰带上通常缝有大开口，有时开口处还镶有荷叶边，裙身有厚厚的褶子。腰带通常系在腰部或胸部以下。这种裙子由轻薄的织物制成，如薄纱、细麻布、绉绸等。当时的贵族女性更喜欢带花纹的裙子和单色裙子，尤其是纯白色裙子。各种各样的头巾、围巾、披肩、斗篷也是整个18世纪贵族女装的必备要素，它们可以覆盖裸露的肩膀。斗篷和头巾是用厚厚的丝织品制成的，通常带有风帽。带花边或绣花的绉绸围巾是贵族女性的首选。在18世纪末，用薄纱和棉麻制成的围巾很流行，到了18世纪90年代，出现了带骨架的围巾，显得人非常高挑。与此同时，长披肩也成了一种时尚，披肩多由羊毛制成，女性佩戴披肩不仅是为了美观，更是为了保暖，因为她们的裙子通常由轻薄的织物制成，防寒性差。

折扇是18世纪女性造型中不可忽视的一个细节，它取代了彼得一世之前的羽扇。对于女性而言，它是"卖弄风情的武器"，不同的叠扇方法表达了不同的感情。18世纪的女性丝袜通常有丝绸、棉布和羊毛三种质地。18世纪上半叶，女士丝袜上通常有金银刺绣，到了18世纪下半叶，女性则更喜欢穿带有描边或刺绣的白袜。

高跟鞋随着新式女装的普及而出现。高跟鞋的材质多种多样，便鞋和休闲鞋通常是皮质的，与礼服搭配的高跟鞋和家用高跟鞋则由锦缎或丝绒制成。18世纪俄国的高跟鞋都是尖头鞋，到18世纪末，女鞋的鞋跟逐渐消失，鞋头仍然很尖，形状类似鲟鱼。除了全包式鞋子，还有方口高跟鞋。

---

① 这种款式的裙子被称作"短衫"，源自法语"chemise"一词，意为衬衫。

新的发型在改变女性形象方面发挥了重要作用。在彼得一世以前，已婚妇女不得在任何场合露出头发。而新的礼仪风尚和欧式服装的传入使妇女有机会展示自己的秀发。女性的发型随潮流而变，她们自己的发量往往不够用，因此不得不使用假发衬垫。购买假发是一笔不小的开支，而女性对它们的需求居然如此之大，以至于在彼得一世统治时期，国家颁布了关于向农民妇女购买长发的法令。在彼得一世统治时期，贵族女子的额头上常留有两绺头发，此外还有两大绺头发披在肩上，头发外面戴白色的蕾丝帽或细纱帽。到了 18 世纪 30 年代，涂粉假发开始流行起来，贵族女性不再在额边留头发，而是将头发全部梳起来，分成若干绺，散落在身后。到了 18 世纪 70 年代，贵族女性发型的高度不断增加。整个发型由丝带、鲜花、羽毛和头发等元素组成。从 18 世纪 80 年代中期往后，女性发型的高度明显变低，头发被卷成小卷，在后脑勺处盘成一个发髻。再后来，女性不再给头发涂粉，发饰也逐渐消失了。

18 世纪的女性有各种各样的头饰。18 世纪 80 年代以前最具代表性的头饰是帽子。帽子的样式取决于年龄、出行目的和天气。这一时期出现了带帽檐的帽子，其形状和装饰随多变的时尚潮流而定。

女装中明亮鲜艳的锦缎、丝织品以及大量的装饰使 18 世纪的女性大量地使用化妆品，她们的妆容与巴洛克风格和洛可可风格一致。到了 18 世纪末，古典主义艺术风格的流行，以及人们对轻薄面料的需求，使女性的妆容也发生了改变。到了 18 世纪 90 年代，柔弱和慵懒成为一种时尚。那时，只有农家妇女的面颊上才可以出现红晕，"贵族女性必须用化妆品掩盖这一缺陷，瘦弱、苍白和无精打采才是她们的标志"。①

欧式服装没有童装与成人装之分。在盛大的仪式中，少年男子也要穿成年男性的服装，戴假发，佩戴帽子，携带长剑。男童则穿短上衣，

---

① Зритель，1792，август，c.281.

并把上衣扎进长裤里面。① 图片资料显示，欧式女童装与成年女性的服装一模一样，都有华丽的开襟裙，发型也相同，唯一不同的是女童不用穿箍骨裙。少女胸衣中的鱼骨甚至比成年女性的胸衣更硬，她们的上肢仿佛被装进了箱子里。紧身胸衣阻碍了少女的身体发育，对女性的身体健康非常不利。这种畸形的审美在 18 世纪的文学作品中得到了充分的描写："我亲爱的女儿正萎靡不振地走着。你衣服上的所有系带已经被扔进了火里，你裙中的所有骨架都被卸掉。但为时已晚，你弯曲的脊柱无法再挺直。"② 穿这样的紧身胸衣，就不需要在裙子上系宽腰带，连衣裙由一体的紧身上衣和半裙组成。

由此可见，18 世纪俄国的贵族服装总体上为欧式服装，其发展历程也与欧洲国家一致，符合俄国贵族的新生活方式。应该指出，彼得一世推行的服饰改革不仅涉及贵族，还涉及了其他的一些社会等级，首先是市民。不过，18 世纪的商人、市民、手工业者等大多都穿传统俄式服装。在 18 世纪，城市是新旧风俗并存的地方。新的潮流在某个市民群体中的传播情况由这一群体的社会地位决定。

英国人 W. 考克斯在 1787 年访问俄国时指出："市民和商人在外表和生活方式上与农民没有区别。"③ 对于旧服饰的钟爱在一定程度上是由固有的生活方式和习俗（即广泛使用家庭手工织物）决定的。城市各等级人民的服装差异主要体现在面料上。经济条件好的人穿的是由国内面料或进口面料制成的衣服。穷人则使用自制的粗麻布、粗呢、印花布等面料缝制衣物。同时代人注意到，这种差异在整个 18 世纪都存在："衣服的价格各不相同；富人会购买带有金银纽扣的薄呢衣服，而穷人

---

① 卡夫坦袍、马甲和夹克配长裤的套装保存在俄罗斯国家历史博物馆纺织品部的 18 世纪系列藏品中，这些都是博物馆中罕见的展品，馆藏中没有欧式女童装。

② Радищев А. Путешествие из Петербурга в Москву. М.，1950，с. 118.

③ Русская старина，1877，т. XIX，с. 46.

只能穿本土生产的最朴素的衣服，到了夏天，他们则穿由土布或粗布制成的衣服。"①

图 8-5 穿不同款式男装的农民

18 世纪的某些思想家持有一种典型的观念，即服装应该反映一个人的等级、地位和财力。例如，И. Т. 波索什科夫要求为商人提供专有的制服。他认为，人们的衣着应该是这样的：不仅凭借外衣，而且"单凭内衣和衬衫，就能看出某个人的身份"②。

同时代人在描述 18 世纪最后三四十年的俄国城市生活时指出，男性大多穿着旧式服装。18 世纪末，有资料记载："人们如此依恋古老的习俗，以至于没有一个人穿德式服装。"对于同一时期的诺夫哥罗德也有类

---

① Георги И. Г. Описание всех обитающих в Российском государстве народов, ч. 4. Спб., 1776, с. 127.

② Посошков И. Т. Книга о скудости и богатстве. М., 1951, с. 208.

似的记载："男人通常穿俄式服装，一小部分富人穿德式服装。"① 其他城市的情况也与此相仿。不仅如此，传统的民间地方服装一直保留到 18 世纪末。这一点在女装上表现得最为明显，在男装中则体现在地方服装独特的样式上。同一款衣服在不同地方名字不尽相同。

城乡的传统男装主要包括衬衫、长裤和卡夫坦袍。② 从 18 世纪的图片资料来看，男士衬衫很长，几乎及膝，款型类似于卡夫坦袍，有长长的直筒袖，腋下缝有镶条，即长方形补丁，材质通常与衣身不同。衬衫的肩部还有粗布衬里，即垫肩，胸前和背部有两个倒三角空隙。值得一提的是，几个世纪以来，俄国男士外衣式衬衫的样式一直没有改变。在缝制时，衬衫中心布片的宽度由织机的宽度确定。男士衬衫没有领子，因此又叫"裸颈衫"；有开衩，可用左侧的纽扣扣住。关于雷宾斯克市民的服装有如下描述："他们穿的是斜领衬衫，直领的衬衫也很常见。衬衫通常用宽腰带束着，覆盖在裤子外面。"③

男裤的裤腿不宽，与裤腰宽度一样，裤子内侧有两个梯形补丁。裤子长及脚踝，通常由粗布、红布或条纹布制成。富裕的市民则穿棉绒裤和德式呢绒裤。卡夫坦袍通常套在衬衫外面。

俄式卡夫坦袍与德式卡夫坦袍不同。俄式卡夫坦袍较长，下摆过膝，有时长及小腿处，袖口外翻，后摆开衩，没有口袋。俄式卡夫坦袍有许多款式，其中最典型的是直筒卡夫坦袍。男子在穿直筒卡夫坦袍时，通常会在腰部系一条宽腰带。还有一款卡夫坦袍是收腰型的，这种卡夫坦袍或是背部没有开衩，或是侧面有褶皱。"长款衣服有收腰是最方便的，这种设计在东斯拉夫非常流行。它能紧紧地贴合身体，同时向下延伸，

---

① Ручной дорожник для употребления между императорскими столицами, c. 127. 彼得一世所穿的衣服就是"德式"服装，即欧式服装。

② 俄罗斯国家历史博物馆中几乎没有 18 世纪的俄式男装。由于其款式非常传统，因此，现存的 19 世纪俄式男装基本可以反映出其特点。

③ Гомилевский М. Описание г. Рыбинска. Спб. , 1837, c. 24.

图 8-6　穿卡夫坦袍、系宽腰带的农民

且总体相对较短，不会限制活动。"①

卡夫坦袍是最受普通男子欢迎的外衣之一。短外衣，如粗呢外衣、无领上衣、收腰长外衣等都是由它演变而来的，大体上都沿袭了卡夫坦袍的风格，只是在一些细节上有所不同，如长度、褶皱样式和拉链等。

有羊皮镶边的呢绒帽是常见的传统男帽，羊皮是"俄式"帽的典型标志。18 世纪的相关资料中对于俄式帽子有如下记载："红呢绒帽有黑羊皮镶边""绿呢绒帽有黑羊皮镶边""俄式红圆帽也有黑羊皮镶边"。1794 年，彼得堡的马车夫得到了"命令"，其中规定"冬季和秋季可以随意穿卡夫坦袍和毛皮大衣，不过一定要戴有黑色羊皮镶边的俄式黄呢绒帽，还要系黄色的羊毛腰带"②。还有其他款式的男帽，如棕色的毛毡帽，其有圆柱形帽冠和窄帽檐，即所谓的"圆柱帽"。此外，还有带檐便帽，如"红呢绒便帽""粗布便帽""黑羊皮便帽"。城市中最常见的是有圆边和帽顶的黑色"德式"便帽，它尤其受商人的喜爱。

① Маслова Г. С. Народная одежда русских, украннцев и белорусов XIX – XX вв. —Восточно-славянский сборник. М., 1956, c. 705.

② Памятники московской деловой письменности XVIII века. М., 1981.

至于男鞋，则主要有长靴和毡靴。长靴是直筒形的，毡靴高及脚踝，有时脚后跟处有鞋带。18 世纪末，关于奥波奇卡市民有如下记载："几乎没有人穿靴子，大多数人都穿草鞋。"[1]

18 世纪，男性额前的头发不超过眉毛，发尾长度及肩。此外，男性习惯在头发上洒格瓦斯。[2] 直到 18 世纪末，许多底层男子和半特权等级的男性成员都没有剃掉胡须。

除了基本服装，还有一种男装是类似长袍的外衣，它有很多名字：长袍、大褂、厚呢外衣等。它通常穿在卡夫坦袍外面，因长而宽松的剪裁引人注目，背部和下摆没有开衩。有些长袍的腰部有褶皱，例如厚呢外衣，这种外衣没有扣子，将人裹得严严实实，腰部通常需要系腰带。

冬天，男性穿毛皮大衣或有毛皮衬里的衣服，毛皮长袍也很流行。毛皮长袍多为俄式直筒双排扣长袍，由羊毛缝制而成，领子也是羊毛材质。商人穿由狐狸毛或猞猁毛制成的带大翻领的毛皮大衣。它们的剪裁与长袍相似，长至足底，两侧有扣钩。大衣表面的布料多种多样，这取决于个人经济状况，有些大衣表面甚至用天鹅绒缝制。羊皮大衣比皮草大衣更短，后背有褶皱。

皮袄也很流行，它通常有羊毛高领，衣身呈直筒形，表面有一层布料，没有拉链或扣子。没有布面的皮袄被称为不挂面皮袄。

富裕的市民多穿毛皮大衣，其他人则穿半毛皮大衣或卡夫坦袍。男士冬装还包括呢绒帽、毛皮帽或有毛皮装饰的帽子以及手套。[3]

大多数市民穿的都是旧俄式服装。然而，新的欧式服装并非完全没有影响到他们。某些新元素、细节、款式，还有各种各样的成衣渗透到

---

[1] Софийский П. И. Город Опочка и его уезд в прошлом и настоящем. Псков，1912.

[2] Радищев А. Н. Путешествие из Петербурга в Москву. М.，1950, с. 76.

[3] "皮质手套几乎长至肘部，皮质手套里面可以套冬天常见的连指手套或毛毡手套，它们比皮质手套短。"——Георги И. Г. Описание всех обитающих в Российском государстве народов, ч. 4, с. 128.

了市民的生活中。俄式卡夫坦袍的剪裁、贴身的轮廓以及背部的褶皱都受到了欧式服装的影响。И. Г. 格奥尔基曾提到，除了卡夫坦袍，商人和小市民还穿背心。18世纪上半叶的民间木版画中有对背心式男装的描绘，它通常有单排扣，胸前有扣子，底部摆围较大。穿背心的人没有佩剑，没戴假发，也没戴圆帽，证明他们不是贵族。民间壁画中还有对新式卡夫坦袍的刻画，其领口和袖口不同于典型的俄式卡夫坦袍，但也与条纹长裤和俄式帽子一起搭配。

18世纪末出现了关于市民打领带、穿带领衬衫和风衣的记载。当时，常礼服非常普遍，大小商人都身着常礼服。[①] И. Г. 格奥尔基指出，外国习俗越来越多地渗透到市民当中，许多小市民和商人开始追捧外国潮流。部分杰出的工商业者开始与政要交往，并与西欧商人建立私人联系。自然，他们的日常生活方式也与其他市民不同。根据现有的图片资料可以判断，在这种环境下，欧式服装的特色得以完全保留，被俄国贵族接纳。

农民、中产者和穷人所穿的衣服种类并不多。例如，在18世纪上半叶的一个轻工商业村——克里希纳村的农民财产清单中，只出现了以下几种男装：粗呢外衣、无领农民上衣、卡夫坦袍、羊皮大衣。[②] 1794年，库斯科沃的农民 C. 雅科夫列夫的衣柜中只有破旧的衬衫、卡夫坦袍、皮袄和腰带，总价值仅3卢布50戈比。[③] 18世纪末19世纪初，据莫斯科、弗拉基米尔等省的资料记载，夏季，农夫穿斜领粗布衬衫、家织的灰色或黑色粗布卡夫坦袍以及与卡夫坦袍样式相似的粗布上衣。稍富裕的农夫则穿由进口呢绒缝制的卡夫坦袍、蓝布上衣以及丝绸衬衫。农夫通常系家织的条纹宽腰带，所有农夫都戴高顶圆帽。冬季，农夫都穿不挂面

---

① 在18世纪末的雕版印刷画中，留着胡子的商人形象十分常见。—Успенский В. П. Записки о прошлом г. Осташкова. 1893，с. 24.

② Звягинцев Е. А. Русская фабричная деревня ⅩⅧ в. —Исторические записки, Т. 3, 1938, с. 309.

③ Щепетов К. Н. Из жизни крепостных крестьян России ⅩⅧ-ⅩⅨ вв. М.，1963，с. 47.

的毛皮大衣，戴皮手套或毛线手套，[1] 羊皮大衣套在卡夫坦袍外面。

平日里，农夫会在草鞋里面穿裹脚布。裹脚布是一块长约 3 俄尺的粗布条，人们将其缠绕在脚上，从脚趾开始，一直到膝盖结束，穿上鞋子后，用鞋带捆绑裹脚布使之固定。富裕的农夫在节假日和出游时会穿带铜钉的靴子。在正式场合，弗拉基米尔省的农夫还会佩戴环绕着五颜六色的彩带的高顶帽。[2]

工人的衣服更朴素。他们通常只穿裤子和衬衫。据官方资料记载："大量的工人衣衫褴褛、衣不蔽体。"[3] 有人试图为工人设计专门的制服，参政院甚至也下达过相关命令："……强烈要求手工工场改变工人丑陋的面貌……并且，布厂工人要尽快为全体工人制作制服，以便将工人与其他群体区别开来。"[4] 然而，这些命令并未被落实。即便是官营手工工场中的工人也穿不上像样的衣服。有这样的记载："俄国矿工的衣服破烂，有些工人甚至连一件衣服都没有。建议给每位工人发放粗布背心和长裤，这种衣服暖和厚实"，"再发一套穿在外面的皮衣和长裤，每个星期天给工人发一件衬衫"。[5] 大量的马车和皮手套被生产出来，出售给工人。从 18 世纪末的版画来看，工人的工作服中增加了围裙，但仍然没有统一的工人制服。

18 世纪，女性商人、小市民和农妇的服装仍然沿袭传统。18 世纪末的一位旅行者写道："直到现在，穿传统服装的人仍然占大多数。"[6] 他对

---

① Чеботарев Х. А. Историческое и топографическое описание Московской губернии. М., 1787, с. 91.

② Топографическое описание Владимирской губернни, составленное в 1764 г. Владимир, 1906, с. 9.

③ История Москвы, т. 2. М., 1953, с. 263.

④ Смирнов Д. Д. Быт нижегородцев в XVIII в. Горький, 1947, с. 226.

⑤ Заозерская Е. И. Мануфактура при Петре I. М.-Л., 1947, с. 120.

⑥ Георги И. Г. Описание всех обитающих в Российском государстве народов, ч. 4. Спб., 1776, ч. 4, с. 129.

托尔若克居民的评价是："他们把古老的传统完整地保留了下来。"①

衬衫是传统女装不可或缺的一部分。它由粗布衣身和缝在衣身上的袖子组成，袖子的面料更为轻薄（有些地区女士衬衫的袖子与衣身的面料相同）。女士衬衫的样式多种多样，从 18 世纪的图片资料来看，它们大多有领子，且袖子宽松。衬衫袖也有许多款式，有些袖口收窄，有些袖头处有褶皱，还有些"袖子很长，且有褶皱"。② 托尔若克和乌拉尔山脉周边地区的广大女性都穿带褶的长袖衬衫。

女性通常会在衬衫外面套萨拉凡，即无袖连衣裙。研究人员认为，萨拉凡形成于 17 世纪、18 世纪之交，③ 但当时的人们多用其他近义词指代"萨拉凡"，很少使用"萨拉凡"一词。在俄国北部，不仅农妇穿萨拉凡，女市民和女商人也穿萨拉凡。④ 1730 年的一张照片记录下了俄国妇女身穿带有金色纽扣的浅黄色萨拉凡的画面。18 世纪末 19 世纪初的旅行者笔记和旅行指南中也提及了萨拉凡。萨拉凡有许多款式，在不同的地区有不同的名称，如苏克曼、卡斯塔兰等。"萨拉凡"在特维尔省被称为"费列亚济"，该词起源于古代。据相关资料记载，"女性在衬衫外面套无袖的萨拉凡，也就是古代的卡斯塔兰"。⑤ 在诺夫哥罗德省，城镇和农村的妇人都穿萨拉凡，戴盾形头饰。⑥ 到了 18 世纪下半叶，苏克曼在特维尔省和阿尔汉格尔斯克省已经成为过时的老年服装了，它们指的都是最早的萨拉凡——古罗斯时带折叠袖的⑦衣服——的衍生品。这种萨拉凡由

① Ручной дорожник.., с. 127.

② Там же, с. 110.

③ Тазихина Л. В. Русский сарафан. —Краткие сообщения Ин-та этнографии, вып. XXII, 1955.

④ Русские тилы в неизданных гуашах 1730 г. к запискам Дюка Лирийского. —Старые годы, 1911, № 6, с. 24.

⑤ Ручной дорожник.., с. 160.

⑥ Сумароков П. Прогулка по 12 губерниям с историческими и статистическими описаниями. Спб., 1839, с. 6.

⑦ Русские. Историко-этнографический атлас. М., 1970, с. 204.

在肩部折叠后缝制成的布片和前后两片略带弧度的布片组成。不同地区萨拉凡的领口形状和摆围不同。

另一种萨拉凡是古老的楔形开襟款式，它也起源于古罗斯服饰，只不过后者无袖（18 世纪的开襟萨拉凡仍然带有袖子）。其有两片裙摆，可以通过纽扣系上，也可以直接缝上。裙摆总是通过两条长长的金银饰带或带纽扣的丝带装饰。18 世纪中期以后，楔形开襟式萨拉凡的领口开至胸部，呈长方形。到了 18 世纪末，其肩部变成了两条细长的肩带。资料中记载的 18 世纪、19 世纪之交的特维尔妇女所穿的服装就是这种萨拉凡，亦作"费里亚济"："每位姑娘都穿下摆长半俄尺的连衣裙，裙身前面系扣，这就是费里亚济。"[1]

直筒萨拉凡在 18 世纪非常流行，它又被称为直筒连衣裙或莫斯科式连衣裙，有时也被称为"皮大衣"。[2] 从现存的样本来看，它由 5~7 块矩形布片缝制而成，裙底镶边处有一条窄窄的褶边。与开襟式萨拉凡不同的是，直筒萨拉凡的整个裙摆都有装饰。

南方一些地区也有妇女穿萨拉凡。穿萨拉凡的多为 16~17 世纪俄国南部边疆军人[3]的后代——"独院小地主"。她们在服饰上保留了外地人特有的特征，即北方萨拉凡的特点和紧身衣元素。[4] 在俄国南部草原上，可以凭借萨拉凡将北方人与南方人区分开来。[5] 后来俄国北部和中部地区的农民向南迁移，萨拉凡便逐渐融入了南方人的日常生活。同一时期，

---

① Ручной дорожник.., с. 160.
② 萨拉凡被认为是"莫斯科时尚"。早在彼得一世统治时期以前就有人穿萨拉凡，这一点可以从军官后代的身上得到印证，他们坚定不移地穿着旧式服装。—Русские.., с. 208.
③ Маслова Г. С. Народная одежда русских, украннцев и белорусов XIX-XX вв. —Восточно-славянский сборник. М., 1956, с. 642.
④ Тазихина Л. В. Русский сарафан. —Краткие сообщения Ин-та этнографии, вып. XXII, 1955. с. 21.
⑤ Богданов В. В. Из истории женского южно-великорусского костюма: -Этнографическое обозрение, 1914, № 1-2, с. 132.

各种类型的萨拉凡被旧礼仪派教徒带到了俄国的其他地区。因受迫害而迁往西伯利亚、顿河流域、伏尔加河畔等地的旧礼仪派教徒继续穿萨拉凡，并把它视为合乎礼仪的标准服装。①

萨拉凡是用棉布、丝绸或家庭手工织物缝制的。女性通常在节假日穿丝质萨拉凡，只有富裕的女性市民和商人才会在工作日穿丝质萨拉凡。萨拉凡的收腰处通常在胸部下面，如果没有收腰的设计，那么为防止裙身起皱，一定要系腰带。农妇使用蓝色棉布和染色土布缝制萨拉凡。

带袖的女装有夹袍、坎肩、短上衣，而无袖、有肩带的女装则包括棉背心和斗篷。夹袍和坎肩存在于整个 18 世纪，女商人直到 19 世纪初仍然继续穿夹袍，富有的农村妇女也会穿夹袍和坎肩。大多数独院小地主家庭的女性穿萨拉凡、棉背心，戴盾形头饰。这种搭配在奥廖尔省以及图拉省的奥多耶夫县、克拉皮文县和切尔尼县尤其受欢迎。同一时期，这些地区的农妇常穿格子半身裙或连衣裙，戴双角帽。②

农妇穿的格子半身裙比萨拉凡的历史更为悠久。③ 18 世纪，俄国南部各省、中部部分地区、斯摩棱斯克以及伏尔加河畔（受移民的影响）等地的农妇经常穿格子半身裙。④ 北方也有少数地区的农妇穿格子半身裙。格子半身裙是"已婚妇女的象征"，相对而言，少女很少穿格子半身裙。格子半身裙有许多不同的款式。⑤ 从现有的图片和文字资料来看，18 世纪较为流行的是开襟格子裙。它由三块布片缝制而成，侧面与后面的布片相连，两侧的布片没有缝合，所以衬衫能从侧面或前面露出来。格子半

---

① Лебедева А. А. Одежда одной из локальных групп русского населения Забай калья. – В кн. : Из культурного наследия народов России, т. X XⅧ . л. , 1982, с. 143.

② Зеленин Д. К. Великорусские говорь с неорганическим смягчением гласных. Спб. , 1913, с. 56.

③ Русские. . , с. 212.

④ Там же, с. 213. Меленковский, Судогорский, Муромский уезды.

⑤ Зеленин Д. К. Обрядовое празднество совершеннолетия девицы у русских. Живая старина. Спб. , 1911, с. 243.

身裙靠腰带固定在腰上，腰带里面有抽绳。[①] 它通常由家庭手工织物，主要是深蓝色的格子布制成。格子裙上彩色条纹的宽度和颜色各不相同，这也是不同地区的独特标志。农妇在节日穿的格子半身裙常用彩色刺绣装饰。

有些独院小地主家庭的妇女也穿格子半身裙，因为独院小地主居所偏远，莫斯科的风尚没有传入这些地区。某些地区有这样的风俗：女孩在结婚前只能穿同一件衬衫。[②]

头饰和发型清晰地反映了女性的年龄和家庭地位。女性的头饰精美绝伦、造型别致。帕拉斯对德米特罗夫的女性有如下描写："这里农妇的头饰精美绝伦，我从未见过这样的头饰：她们头戴扁平的双角帽或高高的索罗卡，帽顶中部呈凹陷的半圆形，以突出两只'角'。农妇习惯把头巾包在双角帽上，并在后脑勺处打结。"[③] 塞古尔伯爵在日记中提到，特维尔的农村和城市妇女常常用珍珠、蕾丝和长长的头纱装饰帽子，这是该地区的一道亮丽的风景线。[④]

民间女性头饰鲜明地表现了地方特色。18世纪初，彼尔姆省的女商人在穿萨拉凡时，会佩戴独特的头饰——"金色或金银混色的宽丝带"，农村少女同样不戴头巾，而戴丝带，她们"要么模仿城市女性把丝带系上，要么把丝带的两端散在辫子后面"。

盾形头饰是已婚妇女最典型的装扮，通常与萨拉凡搭配。盾形头饰的形状多种多样，每个地区各有特色。维亚兹尼基县、戈罗霍韦茨县、

---

① Гринкова Н. П. Русская понева юго-западных районов РСФСР. —Сб. Музея антропологии и этнографии АН СССР, вып. 12. М. -Л. , 1949, с. 9.

② Зеленин Д. К. Указ. соч. , с. 243.

③ Паллас П. С. Путешествие по разным провинциям Российской империи, ч. I. Спб. , 1773, с. 49.

④ Записки графа Сегюра о пребывании его в России（1785 – 1789 гг.）. Спб. , 1865, с. 84.

科夫罗夫县和舒亚县的盾形头饰"尺寸非常大，或背面有两个尖角，或正面有一个尖角"①。富裕的妇女佩戴用黄金或珍珠制成的盾形头饰。

女性的头饰分为日常头饰、节日头饰和典礼头饰，通常与服装成套搭配。头饰要把妇女的头发完全覆盖住，因为妇女的头发不能被看到。佩戴头饰时，妇女通常将头发编成两股辫子，以各种方式盘在头顶。②而少女的头发通常编成一条辫子，沿着背部垂下。平日里，少女可以只用一条丝带束住头发，但在节日里，少女会戴上镶有金箔、串珠、玻璃珠、珍珠贝壳等饰品的华丽头巾，并用丝带、蝴蝶结、金丝银线绣成的特殊"发带"以及珍珠（在俄国北部地区）来装饰发辫。

订完婚的少女与其他少女不同。在俄国北部的某些地区，许下婚约的少女通常佩戴头顶有椭圆形图案装饰（多为金色刺绣）的头巾，这种习俗在俄国北部很普遍。皇冠是新娘在婚礼上佩戴的头饰，它由花冠和边饰组成，上面有玻璃串珠、金箔和宝石等装饰品。③

毛线或纱线长袜也是女装的一部分。毛线袜通常是蓝色的，白色的毛线袜上往往有红色羽状花纹。

女鞋的种类繁多。从18世纪的版画来看，城市妇女多穿长靴和毡鞋。青年女子，尤其是女商人通常穿"由锦缎、丝绸或摩洛哥革制成的平底鞋，多为红色"④。由此可见，18世纪的女鞋还包括锦缎鞋和"牛皮鞋"。

城市妇女非常喜欢穿斗篷，斗篷的上半部分是用布做的，有毛皮内

① Топографическое описание Владимирской губернии.., с.105. 盾形头饰表面通常覆盖织物。人们根据自己的财力选择亚麻布、丝绸或金线覆盖在头饰表面。通常，这些织物不固定在头饰上，但有时商人的妻子会以一种特殊的方式将其系在头饰上。例如，有资料这样描述弗拉基米尔商人的妻子："她们大多把白色亚麻布、细平布或丝巾从后面系在盾形头饰上。"

② Гринкова Н. П. Родовые пережитки, связанные с разделением по полу и возрасту. — Советская этнография, 1936, № 2, с. 24—25.

③ Молотова Л. Н. К вопросу о функциях девичьих головных уборов в северорусском свадебном обряде XVIII-XIX вв. —Советская этнография, 1979, № 1, С. 17.

④ Топографическое описание Владимирской губернии.., с. 10.

衬，边缘也用毛皮修饰。斗篷类似于披风，手臂处没有开口，也没有领子。手臂处有开口的带毛领的斗篷被称为肥大斗篷。它通常有毛皮衬里，衬里通常为松鼠毛、羊毛或狐狸毛等，还有貂皮领子。妇女根据自己的经济条件选择斗篷表层的面料，如天鹅绒或锦缎等。[①]

还有一种用于保暖的斗篷——肥大的斗篷式外衣。冬天穿的斗篷式外衣是用毛皮制作的，长度过膝，有风帽和袖口。这种斗篷式外衣体积较大，正面呈圆锥形，表层布料可以是锦缎等任何丝织品，也可以是单色毛织品。

18世纪的女士毛皮大衣有诸多款式：有的长及膝盖，有的长及脚跟；有的带袖子，有的则无袖，直接披在肩上。短款皮袄通常有袖子，领口很高，衣身上有许多密褶。短款皮袄的表层布料多为丝绸或蓝绸，里层是兔毛或松鼠毛。毛皮大衣分为休闲大衣和礼服大衣。休闲大衣用兔毛缝制而成，有狐狸领，而礼服大衣则用狐狸毛或其他更昂贵的皮毛制成，领子的材质与衣身一样。礼服大衣的表层是天蓝色或深红色的锦缎。穿礼服大衣时，女性通常戴黑色塔夫绸制成的风帽、毛皮帽或尖顶帽与之搭配。此外，女性在冬季也常戴毛皮手套。

当然，不是所有女商人和农妇都能穿得起各种款式的冬装。只有商人，尤其是富商有各式各样的冬装，而农妇的冬装类型则少得多。从版画上可以判断，最受农妇欢迎的是卡夫坦袍、无领上衣和斗篷。

彼得一世引入俄国的新"德式"连衣裙，无疑对18世纪的女市民产生了影响。到了18世纪末，"德式"连衣裙已经被广大城市女性普遍接受。这种连衣裙由半身裙、上衣和头巾组成。

半身裙在18世纪以前并不流行，[②] 它可能源于先前的格子裙，也可

---

① Авдеева Е. Старинная русская одежда, изменения в ней и моды нашего времени. – Отечественные записки, 1853, т. 6, с. 186.

② Русские.., с. 201.

能由波兰和立陶宛移民传入。① 与独院小地主不同，女商人和女性市民受到了彼得一世改革的影响，逐渐接受了半身裙。

贵族妇女和女市民穿的半身裙款式一样，唯一的区别在于装饰不同。大多数版画中的半身裙没有任何修饰。到了18世纪末，用荷叶边和银金色花边装饰半身裙的下摆逐渐成为一种时尚。半身裙可以由各种面料制成，如锦缎、天鹅绒、塔夫绸和棉布等，多与短上衣和"短袄"搭配。② 短袄是"不束胸的外套"，短上衣通常穿在短袄里面，样式随潮流而变。

短上衣、半身裙和短袄在农村很常见。18世纪中后期的史料中出现了以下表述："卡拉门卡裙""褐色薄毛裙""黑色柳斯特林裙""格子裙搭配短上衣"以及彩色（黄色和蓝色）"衬裙"。从图片资料来看，除了这些衣服外，女性还常在腰间系围裙，这是18世纪俄国女性市民服装中的新元素。

上述提到的"德式"服装在商人群体中非常流行。"如果贵族妇女碰巧嫁给了商人，那么她婚后必须穿萨拉凡，或者穿半身裙搭配短上衣，并且要戴头巾。"③ 女商人和小市民通常用头巾遮住头部，并把头巾系成"帽子"的形状，在额头上方打结。

贵族妇女常穿的时髦欧式服装也被城市女性接纳。例如，18世纪末，富裕的城市新娘穿欧式长裙出席婚礼。贵族妇女对女市民的影响还体现在服装的各种细节、装饰和版型上。棉背心就是对欧式服装的一种模仿。德拉巴特、盖斯勒和阿特金森的版画中描绘的女性穿的是当时流行的袖子狭长的裙子，外形介于列特尼克和萨拉凡之间。棉背心的前身是开襟的，前襟上缝有不同材质的扇形褶边。短上衣的款型与时尚的卡萨金相

---

① Зеленин Д. К. Обрядовое празднество совершеннолетия девицы у русских. Живая старина. Спб., 1911, с. 59.

② Словарь Российской Академни наук, 1789, ч. 5, с. 922.

③ Авдеева Е. Старинная русская одежда, изменения в ней и моды нашего времени. - Отечественные записки, 1853, т. 6, с. 187.

仿，宽大的领子上饰有浅浅的褶皱，褶边的面料非常轻薄。图片资料显示，18 世纪的女市民身穿披肩式大圆领的收腰连衣裙。披肩、毛质围巾、头巾以及服饰上的其他细节，甚至包括扇形褶边这一贵族服装中不可缺少的元素，都能在女商人身上看到。

文字资料中关于童装的信息非常有限。① 根据画作和为数不多的文物判断，童装与成人装没有区别。俄罗斯国家历史博物馆中陈列着俄国民间传统儿童衬衫，这些衬衫上有花纹，胸部和衣领处有开口，开口处缝有花边。博物馆中的两件 18 世纪的儿童萨拉凡同莫斯科式开襟连衣裙的样式一模一样，都有长肩带。由此可见，18 世纪的俄国显然没有专门的童装。

总之，18 世纪的俄国服饰呈现出了两种发展趋势：一是贵族服饰逐渐欧化，制服在贵族中普及开来；二是贵族以外的社会集团坚持穿传统的俄国服饰。后者的特色保留于农民服饰中。城市为这两种趋势相互碰撞、相互融合创造了条件，从而使俄国的服饰独树一帜。欧洲服饰的引入首先出于统治者的实际需求，他们希望能从外表上将贵族与其他等级区分开来。就这样，新式服装逐渐在俄国"生根发芽"。

---

① A. H. 拉吉舍夫曾这样描述农村儿童："很快走来了 4 个 5~7 岁的儿童，两男两女。他们都光着脚，全身上下只有一件衬衫。"农村儿童只穿衬衫的习俗一直延续至 19 世纪。

图书在版编目（CIP）数据

狂飙年代：18 世纪俄国的新文化和旧文化 . 第二卷 /
（俄罗斯）鲍里斯·亚历山德罗维奇·雷巴科夫主编；张
广翔，周婉玉译 . --北京：社会科学文献出版社，
2024.8. --（俄国史译丛）. --ISBN 978-7-5228
-4052-9

Ⅰ. K512.03

中国国家版本馆 CIP 数据核字第 20248US182 号

俄国史译丛

狂飙年代：18 世纪俄国的新文化和旧文化（第二卷）

主　　编 / 〔俄〕鲍里斯·亚历山德罗维奇·雷巴科夫
译　　者 / 张广翔　周婉玉

出 版 人 / 冀祥德
责任编辑 / 贾立平
文稿编辑 / 赵慧茹
责任印制 / 王京美

出　　版 / 社会科学文献出版社（010）59367226
　　　　　　地址：北京市北三环中路甲 29 号院华龙大厦　邮编：100029
　　　　　　网址：www.ssap.com.cn
发　　行 / 社会科学文献出版社（010）59367028
印　　装 / 北京联兴盛业印刷股份有限公司

规　　格 / 开本：787mm×1092mm　1/16
　　　　　　印张：30　插页：0.5　字数：394 千字
版　　次 / 2024 年 8 月第 1 版　2024 年 8 月第 1 次印刷
书　　号 / ISBN 978-7-5228-4052-9
著作权合同
登 记 号 / 图字 01-2023-1646 号
定　　价 / 158.00 元

读者服务电话：4008918866